Martin Löffelholz (Hrsg.)

Krieg als Medienereignis II

Martin Löffelholz

Krieg als Medienereignis II

Krisenkommunikation im
21. Jahrhundert

VS VERLAG FÜR SOZIALWISSENSCHAFTEN

VS VERLAG FÜR SOZIALWISSENSCHAFTEN

VS Verlag für Sozialwissenschaften
Entstanden mit Beginn des Jahres 2004 aus den beiden Häusern
Leske+Budrich und Westdeutscher Verlag.
Die breite Basis für sozialwissenschaftliches Publizieren

Bibliografische Information Der Deutschen Bibliothek
Die Deutsche Bibliothek verzeichnet diese Publikation in der Deutschen Nationalbibliografie;
detaillierte bibliografische Daten sind im Internet über <http://dnb.ddb.de> abrufbar.

Redaktion: Thomas Hanitzsch, TU Ilmenau.

1. Auflage Dezember 2004

Alle Rechte vorbehalten
© VS Verlag für Sozialwissenschaften/GWV Fachverlage GmbH, Wiesbaden 2004

Der VS Verlag für Sozialwissenschaften ist ein Unternehmen von Springer Science+Business Media.
www.vs-verlag.de

Umschlaggestaltung: KünkelLopka Medienentwicklung, Heidelberg
Gestaltung Umschlagbild: Kersten Hoppe

Gedruckt auf säurefreiem und chlorfrei gebleichtem Papier

ISBN 978-3-531-13997-5   ISBN 978-3-322-90833-9 (eBook)
DOI 10.1007/978-3-322-90833-9

Inhalt

3 Journalistische Kommunikation im Krieg

4 Militärische Kommunikation im Krieg

5 Politik, Vernetzung und Militainment

ANHANG

Vorwort

Mit dem vorliegenden Buch werden frühere Arbeiten des Herausgebers zum Forschungsfeld Krisen- und Kriegskommunikation fortgesetzt. Explizit knüpft das Werk an die vor gut einem Jahrzehnt erschienene Aufsatzsammlung „Krieg als Medienereignis" an. Damaliger Ausgangspunkt war die als „Desert Storm" bezeichnete militärische Operation, mit der 1991 die Armee des irakischen Diktators Saddam Hussein aus dem besetzten Kuwait vertrieben wurde. Anders als der Vorläuferband geht „Krieg als Medienereignis II" jedoch nicht von einem spezifischen Konflikt aus. Der 2003 von den USA und ihren Alliierten geführte Krieg gegen den Irak wird in diesem Buch zwar differenziert analysiert; im Fokus der Beiträge steht jedoch eine konfliktübergreifende Perspektive.

Die Vorarbeiten für dieses Buch begannen in den Jahren 2000 und 2001 während einer Gastprofessur an der Atma Jaya University Yogyakarta (Indonesien). Dem Deutschen Akademischen Austauschdienst, der den Aufenthalt förderte, sei daher nochmals gedankt – auch für die Unterstützung bei der Organisation mehrerer internationaler Konferenzen, die wir seither als Beiträge zur Konfliktlösung und Krisenprävention in Indonesien, dem bevölkerungsreichsten muslimischen Staat der Welt, unter Beteiligung weiterer Partner (darunter die Friedrich-Ebert-Stiftung) durchgeführt haben. Wie wichtig diese interkulturellen, interreligiösen und interethnischen Dialoge sind, zeigen nicht zuletzt die Terroranschläge der vergangenen Jahre.

In der journalistischen Berichterstattung, aber auch bei wissenschaftlichen Bemühungen, wird häufig vernachlässigt, dass die Opfer terroristischer Attentate und anderer gewaltsam ausgetragener Konflikte in vielen Regionen der Welt leben – oder sterben. Vor diesem Hintergrund bietet der vorliegende Sammelband Einblicke in die Werkstatt der Krisen- und Kriegskommunikationsforschung, bei der Konflikte – und der Umgang der Medien mit ihnen – nicht als isolierte Ereignisse begriffen werden. In den Blick genommen werden sowohl grundlegende Aspekte (wie etwa die Rolle von Öffentlichkeitsarbeit in

Kriegszeiten), als auch aktuell diskutierte Fragen (wie die Chancen eines „Friedensjournalismus"). Überwiegend stammen die Beiträge von Wissenschaftlern. Gewonnen werden konnten darüber hinaus drei Vertreter einer militärisch geprägten Sicht auf das Themenfeld – darunter Generalmajor Walter Jertz, der während des Kosovo-Konfliktes (1999) als militärischer Sprecher der Nato agierte. Insgesamt bietet der Band somit ein facettenreiches Bild der Krisen- und Kriegskommunikationsforschung am Beginn des 21. Jahrhunderts.

Allen Autorinnen und Autoren sage ich Dank für die konstruktive Zusammenarbeit und für die Geduld angesichts eines aufwändigen redaktionellen Bearbeitungsprozesses, der aber – so hoffen wir – der Qualität des Bandes mehr zu- als abträglich war. Besonders danken möchte ich in diesem Zusammenhang Thomas Hanitzsch, der als umsichtiger und durchsetzungsfähiger Redakteur wesentlich dafür verantwortlich ist, dass dieses Werk publiziert werden konnte. Unterstützung haben wir von weiteren Kolleginnen und Kollegen erhalten; hervorheben möchte ich Kersten Hoppe, die ein ansprechendes Titelbild entworfen hat, und Angelika Röpcke, die mit Kompetenz und Sorgfalt die Tücken der Korrektur- und Satzarbeiten minimiert hat.

Unverzichtbar für eine anwendungsorientierte Analyse der Krisen- und Kriegskommunikation und hilfreich bei der Konzeption des Bandes waren daneben Diskussionen mit Journalisten, Sicherheitspolitikern, Vertretern von Nicht-Regierungsorganisationen und Soldaten verschiedener Länder und Kulturen. Ermöglicht wurden die Gespräche durch diverse Forschungs- und Vortragsaufenthalte (u.a. in Abu Dhabi, Australien, Bosnien-Herzegowina, Kosovo, Indien, Indonesien, Pakistan, Philippinen, USA) sowie durch Einladungen und Förderungen verschiedener Institutionen (Akademie für Information und Kommunikation der Bundeswehr, Alexander von Humboldt-Stiftung, Auswärtiges Amt, Bundesverteidigungsministerium, Bundesakademie für Sicherheitspolitik, Deutsche Forschungsgemeinschaft, Führungsakademie der Bundeswehr, Heeresführungskommando und anderen).

So wie der 1993 publizierte erste Band vermittelt „Krieg als Medienereignis II" einen Überblick über den Stand der internationalen Krisen- und Kriegskommunikationsforschung. Schon heute ist freilich klar: Es bedarf erheblicher weiterer Anstrengungen, um dieses komplexe Forschungsfeld empirisch und theoretisch besser zu durchdringen. Die vor einiger Zeit an der TU Ilmenau aufgebaute Internationale Forschungsgruppe Krisenkommunikation wird dazu ihren Beitrag leisten (www.crisis-communication.de).

Erfurt, im Oktober 2004   M.L.

1 EINFÜHRUNG

Krisen- und Kriegskommunikation als Forschungsfeld

Trends, Themen und Theorien eines hoch relevanten, aber gering systematisierten Teilgebietes der Kommunikationswissenschaft

Martin Löffelholz

1 Kommunikationsforschung in einer friedlosen Welt

Nach dem Zerfall des sowjetisch dominierten Systems zentralistisch-autoritärer Regime entstanden in den neunziger Jahren vielerorts Hoffnungen auf ein friedlicheres Zusammenleben der Völker. Mit den Sezessionskonflikten auf dem Gebiet der früheren UdSSR, den Kriegen auf dem Balkan, den Luftangriffen der Nato im Kosovo (1999), den Anschlägen auf Pentagon und World Trade Centre (2001) sowie der gewaltsamen Beseitigung der Taliban-Herrschaft in Afghanistan (2001) und des Regimes von Saddam Hussein im Irak (2003) wurde jedoch deutlich: Im 21. Jahrhundert mag ein Dritter Weltkrieg unwahrscheinlicher geworden sein, ein Zeitalter weltweiten Friedens steht dennoch nicht bevor. Die Erforschung der Bedingungen, Strukturen und Leistungen von Krisen- und Kriegskommunikation bleibt daher eine zentrale Aufgabe der Kommunikationswissenschaft und angrenzender Disziplinen. Angesichts neuer sicherheitspolitischer Herausforderungen - wie nicht zuletzt dem Strukturwandel der Beziehungen von Politik, Militär und Öffentlichkeit - ist davon auszugehen, dass die Relevanz dieses Forschungsfeldes sogar zunehmen wird.

Für die Kommunikationswissenschaft ist das keine überraschende Erkenntnis. Die Disziplin - ihre Vorläufer eingeschlossen - setzt sich seit langem mit den Beziehungen der Medien zum Krieg auseinander. Schon Tobias Peucer, der 1690 die erste Dissertation über das deutsche Zeitungswesen publizierte, zählte Kriege zu den besonders berichtenswerten Ereignissen (vgl. Kunczik 1995: 88f.). Und der Schriftsteller und Sprachforscher Kaspar Stieler, der als „Begründer einer aufklärerischen Zeitungswissenschaft" (Conter 1999: 77) gilt, forderte in dem 1695 publizierten Sachbuch ‚Zeitungs Lust und Nutz' eine objektive Kriegsberichterstattung (vgl. Stieler 1969). Seither wurde eine - bis zur Unübersichtlichkeit - große Zahl von Beiträgen zum Forschungsfeld Krisen- und Kriegskommunikation publiziert. In Anbetracht des enorm umfangreichen Literaturbestandes kommt themenspezifischen Bibliographien eine wichtige Rolle bei der Erschließung des Forschungsfeldes zu (vgl. u.a. Becker 2002b; Zöllner 2001; Carruthers 2000; Hammond & Herman 2000; Becker 2000; Bußler 1998; Löffelholz 1993a; Lerg 1992; Simon 1991; Signorelli & Gerbner 1988). Derartige Zusammenstellungen sind unverzichtbar, obgleich der Stand der Forschung damit keineswegs hinreichend dokumentiert wird.[1]

Angesichts dieser Situation wird das Forschungsfeld Krisen- und Kriegskommunikation in dem vorliegenden Beitrag systematisch beschrieben und eingegrenzt.[2] Dafür werden zunächst wesentliche Trends der Krisen- und Kriegskommunikation dargestellt. Denn das Gesicht des Krieges verändert sich im 21. Jahrhundert ebenso wie die internationale Sicherheitspolitik und die globale Kommunikationsordnung (Abschnitt 2). Daran schließt eine Beschreibung der Befunde empirischer Forschung an. Wenngleich krisen- und kriegsübergreifende Untersuchungen dabei Ausnahmen darstellen, ermöglicht eine große Zahl von Fallstudien mosaikartige Einblicke in die Bedingungen, Strukturen und Folgen der Krisen- und Kriegskommunikation (Abschnitt 3). Auf dieser Grundlage wird geprüft, inwieweit Generalisierungen möglich sind: Eine Theorie der Krisen- und Kriegskommunikation existiert zwar genauso wenig wie eine allgemeine Kommunikationstheorie. Mit Hilfe von Ansätzen mittlerer Reichweite können die vielfältigen empirischen Befunde jedoch geordnet und neue Forschungsfragen generiert werden. Diskutiert wird darüber hinaus, in-

---

[1]   An einer systematischen Erschließung der wissenschaftlichen Literatur zum Forschungsfeld Krisen- und Kriegskommunikation arbeitet die Internationale Forschungsgruppe Krisenkommunikation (www.crisis-communication.de).

[2]   Dabei schließe ich an frühere Arbeiten an, in denen Rahmenbedingungen, Kernprobleme und zentrale Fragestellungen der Krisen- und Kriegskommunikationsforschung thematisiert worden sind (vgl. Löffelholz 1993b, 1995, 2001a, 2001b, 2002a, 2002b).

wieweit grundlegende soziologische Überlegungen - systemtheoretischer, konstruktivistischer und anderer Provenienz - sich für eine theoretische Beschreibung von Krisen- und Kriegskommunikation eignen (Abschnitt 4). Schließlich werden die Perspektiven des Forschungsfeldes Krisen- und Kriegskommunikation zusammenfassend skizziert (Abschnitt 5).

2 Trends der Krisen- und Kriegskommunikation

Mit der Konzentration der Krisen- und Kriegskommunikationsforschung auf einzelne - medial herausgehobene - Krisen und Kriege reduziert sich ihr Untersuchungsgegenstand auf spezifische (Medien-)Ereignisse, deren prozessualer Charakter oft undeutlich bleibt. Anders als die vorherrschende Kasuistik suggeriert, wird der Krieg als Medienereignis freilich von einem komplexen und dynamischen Beziehungsgeflecht aus Politik, Militär und Medien geprägt (vgl. Löffelholz 2004a). Um den Untersuchungsgegenstand der Krisen- und Kriegskommunikationsforschung umfassender zu bestimmen, sind daher nicht nur Einzelereignisse, sondern primär konfliktübergreifende Strukturen und langfristige Trends in den Blick zu nehmen. Einzubeziehen sind dabei Entwicklungen im Medienbereich genauso wie der Strukturwandel sicherheitspolitischer Kommunikation. Dessen Dynamik beruht, nicht zuletzt, auf der Veränderung politischer Konfliktkonstellationen.

2.1 Strukturwandel sicherheitspolitischer Kommunikation

Für die Länder Europas bedeuteten die Ereignisse der Jahre 1989/90 zweifellos eine Zäsur. Mit dem Ende des Kalten Krieges löste sich ein Konfliktmuster auf, welches mehr als vier Jahrzehnte lang das europäische Bedrohungs- und Sicherheitsverständnis definiert hatte. Das „Gleichgewicht des Schreckens" sorgte für die weitgehend friedliche, aber stets gefährdete Koexistenz von Staaten, deren Ideologien, politische Systeme und wirtschaftliche Verfassungen sich deutlich entgegenstanden. Für andere Weltregionen besaß die Bipolarität von USA/Nato und UdSSR/Warschauer Pakt dagegen kaum eine stabilisierende Funktion. Im Gegenteil: Zwischen 1945 und 1990 nahm die Zahl bewaffneter Konflikte weltweit zu (vgl. Gantzel & Schwinhammer 1995).

Das Ende der vom Antagonismus zweier Hegemonialmächte bestimmten Weltordnung änderte daran wenig. Heute nicht mehr wahrscheinlich sind zwar Konfrontationen wie die Kuba-Krise im Jahr 1962, bei der die Welt am Rand

eines mit Nuklearwaffen geführten Krieges zwischen den Vereinigten Staaten
und der Sowjetunion stand (vgl. May & Zelikow 1997; Allison 1971). Gewaltsame Konflikte prägen jedoch weiter den Lebensalltag und die politische A-
genda in vielen Staaten. Auffällig: Während die Zahl zwischenstaatlicher Kriege
seit Ende der sechziger Jahre kontinuierlich sank, ist die Zahl innerstaatlicher
Konflikte seit 1945 permanent gewachsen (vgl. Rohloff 2001: 453 u. 457).

Dass „die Dritte Welt (...) mehr und mehr mit sich selbst im Krieg liegt"
(Gantzel & Schwinhammer 1995: 107), muss jedoch keineswegs heißen, dass
die westlich-demokratischen Staaten als Akteure der globalen Krisen- und
Kriegskommunikation an Relevanz verlieren. Ethnisch-religiöse Konflikte oder
innerstaatliche Befreiungskämpfe in Afrika, Asien oder Südamerika werden
nach wie vor politisch oder ökonomisch - gelegentlich auch: medial - entgrenzt.
Wie lokale oder regionale Konflikt internationalisiert werden, zeigte sich proto-
typisch beim Bürgerkrieg im Kongo Ende der neunziger Jahre. Alle Kriegsparteien erhielten logistisch-militärische Hilfe - die einen aus Frankreich, die anderen aus den USA. Nicht humanitäre Aspekte legitimierten deren indirekten Interventionismus, sondern aggressive Interessenpolitik. Beiden Industriestaaten
ging es, im Sinne der schon beiseite gelegten Imperialismustheorie, um einen
verbesserten Zugang zu den reichen Bodenschätzen des Kongo (vgl. Rohloff
2001: 449).[3] Das zeigt: Auch wenn die (gewaltsamen) Austragungsformen vieler
Konflikte territorial begrenzt bleiben, kann sich die Kommunikation über regionale Krisen im Zeitalter globaler Medien schnell internationalisieren oder gar
globalisieren – und damit den Verlauf von Konflikten reflexiv beeinflussen.

Neben dem weiter bestehenden Interventionismus einzelner Staaten trägt
der Relevanzgewinn multilateral organisierter Institutionen zur Internationalisierung von Krisen- und Kriegskommunikation bei. Organisationen wie die
Nordatlantische Verteidigungsgemeinschaft (Nato), die Organisation für Sicherheit und Zusammenarbeit in Europa (OSZE), der Verband südostasiati-
scher Staaten (ASEAN), die Organisation Amerikanischer Staaten (OAS), die
Organisation für Afrikanische Einheit (OAU) oder die Vereinten Nationen
(UNO) erhöhen die strukturelle Komplexität sicherheitspolitischer Kommunikation (vgl. Ferdowski 2002: 277-360).

Vor allem die Vereinten Nationen etablierten sich nach dem Ende des Kalten Krieges zunehmend als exekutives Organ weltweiter Friedenssicherung -
sichtbar bei den erfolgreichen UN-Einsätzen in Namibia (1989/1990) oder

---

3   Lokongo (2002) vermutet, dass die Berichterstattung westlicher Medien über die Konflikte im
    Kongo 1996/97 von den politischen Interessen der USA nachhaltig geprägt wurde.

Kambodscha (1992). Die zentrale Rolle der Vereinten Nationen als Akteur globaler Krisenkommunikation zeigt sich sogar bei Kriegen, bei denen die Grenzen des „global peace keeping" deutlich wurden. Zwar konnte die UNO eine gewaltsame Konfliktaustragung in Somalia, Ruanda, Bosnien, Kosovo oder Irak nicht verhindern und geriet - auch aufgrund der „Obstruktionspolitik der USA" (Hacke 2003: 350) - mehrfach an den Rand der Handlungsfähigkeit. Ihre Relevanz als nicht-hegemoniales Forum weltweiter Sicherheitspolitik wurde damit jedoch nicht geschmälert.

In der globalen sicherheitspolitischen Kommunikation fungieren die Vereinten Nationen daher weiterhin als wichtige Bühne zur öffentlichen Thematisierung existenzieller Fragen über Krieg und Frieden. Dem kann sich sogar die USA als einzig verbliebene Welt-Hegemonialmacht nicht entziehen: Der live im Fernsehen übertragene Auftritt von US-Außenminister Colin Powell im UN-Sicherheitsrat am 5. Februar 2003 - ein modellhaftes Beispiel für das inszenierte Werben um die öffentliche Meinung - signalisierte den Unterstützern und Zweiflern (vor allem) in der US-Bevölkerung, dass die US-Regierung der weltöffentlichen Diskussion keineswegs ausweichen wollte, weil sie von der Legitimität eines Angriffs nachhaltig überzeugt war. Territorialstaaten bleiben insofern zwar Hauptakteure der sicherheitspolitischen Kommunikation. Der langfristige Bedeutungsaufstieg transnationaler Organisationen, ob auf globaler oder weltregionaler Ebene, erweitert gleichwohl die Strukturen sicherheitspolitischer Kommunikation um eine entscheidende Komponente.

Die Betonung von Internationalisierungs- und Globalisierungsprozessen darf freilich nicht dazu führen, die Komplexität innerstaatlicher Krisen- und Kriegskommunikation zu unterschätzen. So werden die auf dem Boden der Demokratischen Republik Kongo ausgetragenen Konflikte nicht nur von ausländischen und transnationalen Akteuren geprägt. Neben Nachbarstaaten wie Ruanda, Uganda und Angola und als Vermittlern auftretenden Ländern wie Belgien, USA, Südafrika sowie den Vereinten Nationen strukturiert eine Vielzahl innerterritorial verankerter Akteure die Krisen- und Kriegskommunikation. Dazu gehören Rebellengruppen wie Rassemblement Congolais pour la Démocratie (RCD) oder Mouvement pour la Libération (MLC) sowie lokale Kriegsherrn, die ihre Herrschaft mit Hilfe ethnisch geprägter Milizen und wechselnder Unterstützung externer Akteure sichern (vgl. Tull 2003).

Ähnliche komplexe Strukturen finden sich in allen Gebieten mit Sicher-
heitsproblemen.[4] Afghanistan, Algerien, Angola, Bolivien, Bosnien, Burundi,
China, Guatemala, Haiti, Indonesien, Irak, Iran, Israel, Jemen, Kaschmir, Ko-
lumbien, Kosovo, Liberia, Nordkorea, Pakistan, Palästina, Philippinen, Ruanda,
Russland, Saudi Arabien, Serbien, Somalia, Tadschikistan, Tschetschenien und
andere: Auf Krisenprävention oder Konfliktlösung zielende Kommunikationsstrategien von außen intervenierender Staaten oder transnationaler Akteure
müssen scheitern, solange sie der ethnischen, religiösen, ökonomischen und
politischen Komplexität jener Regionen nicht hinreichend Rechnung tragen.

Die (kommunikativen) Konsequenzen einer Politik, die den Krieg und seine Vorbereitung betont, die Kriegsfolgen jedoch vernachlässigt, reichen im
Zeitalter globaler Medien jedoch weiter. Nach Einschätzung der an der Har-
vard-Universität lehrenden Politologin Jessica Stern (2003: 10) vernachlässigen
gerade die USA, wie ihre

> Politik auf diejenigen Menschen wirkt, die die Terrororganisationen bereits als Nach-
> wuchskräfte im Blick haben. (...) Zum Beispiel werden die negative Wirkung, die von der
> Vernachlässigung Afghanistans ausgeht, und das Chaos im Nachkriegs-Irak ignoriert.

Bekannt war das schon vor den Desastern, welche die USA in Afghanistan und
nach dem Einmarsch in den Irak erfahren haben. Der Strukturwandel sicherheitspolitischer Kommunikation zeigt sich insofern nicht nur bei Auseinandersetzungen innerhalb und zwischen Staaten. Unabhängig davon, ob terroristische Anschläge zur Gruppe der so genannten „neuen Kriege" (Kaldor 2000),
die durch starke Asymmetrien zwischen den Konfliktparteien charakterisiert
sind, gerechnet werden sollten, ist nicht erst seit dem 11. September 2001 klar,
dass Terrorismus vor allem eines ist: ein gleichermaßen menschenverachtendes
wie medienwirksames Instrument der Public Relations von Gruppierungen, die
in einem traditionellen militärischen Konflikt chancenlos wären (vgl. Giessmann 2002: 134f.; Carruthers 2000: 163-196; Semati 1997). Nach den verhee-
renden Anschlägen auf das World Trade Centre und das Pentagon hat der
Politiker Wolfgang Schäuble konstatiert: „Terrorismus ohne Medien ist ziemlich schwierig." (zit. in Gaus 2002: 58). Offenkundig sind die medialen Aufmerksamkeitsstrukturen offener Gesellschaften für öffentlichkeitsorientierte
Aktivitäten von Terrororganisationen anfällig.

---

4   Neben staatlichen Akteuren beschäftigt das Sicherheitsunternehmen Control Risks Group ein
     Netz von Beobachtern, die helfen, die Risiken für Unternehmensinvestments abzuschätzen.
     Nach dem aktuellen Jahresbericht unterliegen derzeit besonders Süd- und Südostasien höhe-
     ren Risiken aufgrund terroristischer Aktivitäten (vgl. Control Risks Group 2003).

Wenn militante Gruppen Attentate verüben, bei denen die Symbolik des Gegners Grundlage der Zieldefinition darstellt, wenn Anschläge in einem Land mit hoher Mediendichte erfolgen, wenn ungewöhnliche Waffen, etwa Jets der zivilen Luftfahrt, benutzt und damit viele Menschen getötet werden, ist eine breite mediale Berichterstattung sicher. Gesteigert werden die damit ausgelösten kommunikativen Effekte, wenn es darüber hinaus gelingt, die Attentate so zu organisieren, dass sie live im Fernsehen übertragen werden. Genau das haben jene geschafft, welche für die Angriffe auf das World Trade Centre verantwortlich sind. Nachdem der erste Turm getroffen worden war, vergingen einige Minuten bis zum Einschlag eines weiteren Flugzeugs in den zweiten Turm - genau so viel Zeit, um Fernsehteams in Stellung zu bringen, die dann genauso ungeplant wie zwangsläufig live berichteten. Kommunikative Aspekte der Kriegsführung erfahren also nicht nur auf Seiten staatlicher Akteure einen Relevanzgewinn. Anders formuliert: Der Terrorismus ist in der Mediengesellschaft angekommen - für das 21. Jahrhundert keine erfreuliche Perspektive.

2.2   Relevanzgewinn des sicherheitspolitischen Kommunikationsmanagements

Anders als die aufwändigen Inszenierungen der Kriege im Kosovo, in Afghanistan oder im Irak vermuten lassen, haben staatliche Akteure die Bedeutung des sicherheitspolitischen Kommunikationsmanagements recht spät erkannt. Erst nach der Niederlage der US-Streitkräfte im Vietnamkrieg (1965-1973) gelten die medienbezogenen Public Relations als bedeutsamer Teil der sicherheitspolitischen Kommunikation. Einflussreiche Politiker und Militärs suggerierten, der Krieg sei weniger auf dem südostasiatischen Schlachtfeld als auf der nordamerikanischen Medienbühne verloren worden. Unabhängig von seinem faktischen Gehalt führte dieses medienbezogene Vietnam-Syndrom zu einem Relevanzgewinn kommunikativer Aspekte bei der Kriegvorbereitung und Kriegsführung (vgl. Cook 1998; MacArthur 1993: 127ff.). Seither lässt sich, zunächst in den USA, später auch in anderen Ländern, eine Professionalisierung der sicherheitspolitischen Öffentlichkeitsarbeit beobachten.

Als im Frühsommer 2004 Medien weltweit Folterbilder, die in einem von US-Militärs geleiteten Gefängnis in Bagdad aufgenommen worden waren, publizierten, wurde freilich erneut klar: Trotz eines enormen Kommunikationsaufwandes können weder Sicherheitspolitik noch Militär letztlich voraussagen, wie der Journalismus sich in Krisen und Kriegen verhalten wird, also welche Aspekte geheim gehalten werden können, was über einen Einsatz berichtet wird oder welche Themen mediale Breitenwirkung erzielen werden. Während des Kosovo-Krieges (1999) zum Beispiel waren rund 2000 Journalistinnen und Journalisten in der Region unterwegs, um über den Konflikt und seine Folgen zu berichten (vgl. Webster 2003: 59). Allein schon deshalb ist eine völlige Kontrolle des Journalismus illusorisch. Die Beziehungen zwischen sicherheitspolitisch-militärischem Kommunikationsmanagement und Medien sind in offenen Gesellschaften daher als prinzipiell nicht-deterministisch zu charakterisieren.

Dass sicherheitspolitische Akteure den Journalismus nicht steuern können, obgleich sie ihn brauchen, begründet zusätzlich, warum das Kommunikationsmanagement an Relevanz gewonnen hat. Benötigt wird der Journalismus, weil Demokratien - anders als autoritäre Gesellschaften - gegen die öffentliche Meinung auf längere Sicht keinen Krieg durchhalten können. Schon im Vorfeld eines Angriffs wird eine Vielzahl kommunikativer Aktivitäten entfaltet, um die Mehrheit der Wahlbevölkerung sowie verbündete oder anderweitig relevante Staaten von der Notwendigkeit eines Krieges zu überzeugen. Der Auftritt von Colin Powell im Sicherheitsrat sowie weitere Aktionen der US-Regierung im Vorfeld des Irak-Krieges demonstrieren, wie sehr die Relevanz medialer Inszenierungen bei der Vorbereitung eines Konflikts gewachsen ist.

Traditionelle politische Formen zur Aushandlung von Entscheidungen über Krieg und Frieden verlieren demgegenüber an Bedeutung. Wenn generell „Politik als Theater" (Mayer 1998) organisiert wird, erscheint eine „Tribunalisierung der internationalen Politik zwecks Legitimierung militärischer Interventionen" (Münkler 2003a: 26) nur konsequent. Eine Orientierung an - besser jedoch: eine Auseinandersetzung mit - den Regeln der Mediengesellschaft wird damit für Sicherheitspolitik und Militär alternativlos. Angesichts der Komplexität medialer Kommunikation ist das keine einfache Aufgabe. Vor längerem entstanden daher Strukturen, deren Primärzweck das Management sicherheitspolitisch-militärischer Kommunikation darstellt.

In den USA gründet das sicherheitspolitische Kommunikationsmanagement auf drei konzeptionellen Säulen: den beim Militär entwickelten „Information Operations", der aus der auswärtigen Politik stammenden „Public Diplomacy" sowie dem in der US-Innenpolitik verwendeten „Political News Management" (vgl. Brown 2003: 90ff.). Der Begriff „Information Operations" löste in den Neunziger Jahren den engeren Terminus „Information Warfare" ab. Im Verständnis des Pentagon gehören zu den Informationsoperationen alle „actions taken to affect adversary information and information systems while defending one's own information and information systems." (zit. in Taylor 2003: 103) Verschiedene Kommunikationsbereiche werden dabei verbunden: der „Command and Control Warfare", also auf die unmittelbare Kriegsführung bezogene Kommunikation, die „Civil Affairs", kommunikative Anstrengungen, die auf die Kooperation militärischer Einrichtungen mit zivilen Organisationen zielen, sowie die „Public Affairs" als Interface des Militärs zu den Medien.[5] Konzeptionell weniger klar präsentiert sich das weite Feld der Public Diplomacy.[6] Dazu zählen staatlich geförderte transnationale Rundfunksendungen, kulturelle Austauschprogramme sowie weitere auf das Ausland gerichtete zivile Informationsarbeit. Alle diese Aktivitäten, so heterogen sie angelegt sind, zielen auf die Verbesserung des Images der USA. Nach dem Ende des Kalten Krieges sank die Bedeutung der Public Diplomacy allerdings nachhaltig. So verschwand nach Amtsantritt von US-Präsident Bill Clinton das Direktorat für Public Diplomacy, welches seine Vorgänger Georg Bush sr. und Ronald Reagan gefördert bzw. eingerichtet hatten. Wie gering der Wert von Public Diplomacy bewertet wurde, zeigte sich des Weiteren, als die United States Information Agency, einst Initiator und Koordinator entsprechender Vorhaben, 1999 aus Kostengründen in das State Department eingegliedert wurde.

Unmittelbar nach dem 11. September 2001 gewann die Public Diplomacy jedoch erneut Relevanz: US-kontrollierte Hörfunksender wie ‚Radio Liberty' weiteten zum Beispiel ihre auf Afghanistan zielenden Programme erheblich aus und sendeten nunmehr auch in den Landessprachen Dari und Pashtu. Auch das Angebot der ‚Voice of America' für den Nahen Osten wurde deutlich erweiterte (vgl. Brown 2003: 91ff.). Als neue Koordinierungsinstanz richtete die Bush-Administration im November 2001 innerhalb des Verteidigungsministeriums das Office of Strategic Influence (OSI) ein, welches jedoch schon im Februar 2002, nach heftigen Protesten US-amerikanischer Medien, wieder abgeschafft wurde. Der nach einem Bericht der ‚New York Times' entstandene Eindruck, das OSI setze bewusst Falschmeldungen ein, gefährdete die Glaubwürdigkeit der Regierung Bush so stark, dass eine Schließung des Büros als einziger Ausweg blieb (vgl. Christiansen 2004: 71f. u. 78).[7]

---

[5] Vgl. dazu den Beitrag von Schlüter in diesem Band. Zum Begriff „Information Warfare" vgl. Cronin & Crawford (1999).

[6] Der Begriff, seit längerem als Fachterminus gebräuchlich, hat weder Einzug in die politik- noch in die kommunikationswissenschaftliche Einführungsliteratur zur politischen Kommunikation gehalten (vgl. z.B. Vowe 2003; Jarren & Donges 2002; Jarren, Sarcinelli & Saxer 1998; Schulz 1997). Das gilt auch für den englischen Sprachraum (vgl. z.B. McNair 1999).

[7] Der in der Fachzeitschrift ‚Publizistik' erschienene Beitrag von Christiansen zeigt, dass auch wissenschaftliche Arbeiten nicht frei von Euphemismen sind. Im Titel wird der Krieg in Afghanistan, militärischer Diktion folgend, als „Kampagne" bezeichnet (Christiansen 2004: 66).

Das schnelle Ende des OSI indiziert freilich keineswegs einen Relevanzverlust des sicherheitspolitischen Kommunikationsmanagements. US-Präsident Bush richtete Anfang 2003 im Weißen Haus das Office of Global Communications ein, das mit der generellen Vertretung der US-Interessen betraut wurde (vgl. Eckert 2003: 16). Damit wurde das Primat der Politik wieder gestärkt. Die Koordination unmittelbar kriegsrelevanter Kommunikationsaktivitäten erfolgt dagegen weiterhin im Pentagon, in militärischen Führungsstäben sowie in speziellen Zentren, die konfliktbezogen gebildet werden. Im Afghanistan-Krieg wurden alle kommunikativen Aktivitäten in „Coalition Information Centres" koordiniert, welche die USA und ihre Verbündeten in Washington, London und Islamabad aufbauten (vgl. Brown 2003: 93). Die Idee stammt vermutlich von Alastair Campbell, über viele Jahre Kommunikationsberater des britischen Regierungschefs Blair. Im Kosovo-Krieg (1999) hatte Campbell das Media Operation Center geleitet, welches den Nato-Einsatz mit Hilfe von Kommunikationsmethoden begleitete, die im zivilen Bereich erprobt worden waren. Einige der von Campbell engagierten PR-Fachleute hatten zuvor den erfolgreichen Wahlkampf der britischen Labour-Partei organisiert (vgl. Shea 2000).

Die in nationalen politischen Auseinandersetzungen entwickelten Instrumente des „Political News Management" („Spinning") ersetzen seither zunehmend jene Verfahren, die statt Glaubwürdigkeit Misstrauen erzeugen (vgl. Sharkey 2001). Während im zweiten Golfkrieg Journalisten in Informationspools zusammengefasst und von den Kampfhandlungen weitgehend fern gehalten wurden, konnten im Irak-Krieg „eingebettete" Journalisten die kämpfende Truppe unmittelbar beobachten. Die Einbettung von Journalisten in Streitkräfte erscheint als Versuch, die Freiheit journalistischer Berichterstattung durch Erzeugung emotionaler Nähe einzuschränken, ohne die Autonomie der Medien prinzipiell in Frage zu stellen. Das „Embedding" kann als militärstrategische Reaktion auf den nicht-deterministischen Charakter der Beziehungen von Militär und Medien in demokratischen Gesellschaften verstanden werden. Trotz der Professionalisierung des Kommunikationsmanagements in den USA kann von einer offenen Informationspolitik freilich keine Rede sein. Im Gegenteil: Der Präsident der Newspaper Association of America, Tony Ridder, warnte im Herbst 2003 öffentlich vor einem „beunruhigenden Trend zur Heimlichtuerei" (zit. in Schön 2003a: 30) in der Bush-Administration.[8]

---

8   Ridder ist gleichzeitig Chef des Medienkonzerns Knight-Ridder, zu dem neben 31 Regional-zeitungen die national verbreitete Tageszeitung ,USA Today' gehört.

In Deutschland veränderte sich das sicherheitspolitische Kommunikationsmanagement ebenfalls gravierend. Deutlich wurde das bei der Auflösung der Akademie für Psychologische Verteidigung und der Gründung der Akademie der Bundeswehr für Information und Kommunikation (AIK) im März 1990 in Strausberg. Dahinter stand ein Paradigmenwechsel: Statt eines Gegeneinander von Bundeswehr und Öffentlichkeit rückte die Idee eines stärkeren Miteinanders in den Vordergrund (vgl. Zöllner 1993). Konsequenterweise endete 1989 auch die Zeit der „Psychologischen Verteidigung" - ein Truppenteil der Bundeswehr, der während des Kalten Krieges mit eher schlichten Kommunikationsinstrumenten operierte, etwa mit Gasballons Flugblätter in den deutschen Osten schickte. An dessen Stelle trat seit 1990 das Bataillon für Operative Information. Im Oktober 2002 wurde dieses umstrukturiert und mit einem veränderten Auftrag versehen - ein klares Signal der Professionalisierung des militärischen Kommunikationsmanagements. Denn mit der wachsenden Zahl von Auslandseinsätzen der Bundeswehr seit 1993 (Mitwirkung am UN-Einsatz in Somalia) wuchsen die Ansprüche zur Ansprache gegnerischer Streitkräfte und zur zielgruppengerechten Information der Bevölkerung in Einsatzgebieten.[9]

Innerhalb der Streitkräfte kommt der Informations- und Medienzentrale der Bundeswehr in St. Augustin eine wesentliche Bedeutung zu. Sie verantwortet, neben dem Bundesministerium für Verteidigung, den Vertrieb diverser Medien. Zuständig ist sie zudem für einen Teil der Bildungsarbeit sowie die Messestände der Bundeswehr (vgl. Damm 2002: 56). Nachdem die Kienbaum-Unternehmensberatung die interne und externe Kommunikation der deutschen Streitkräfte analysiert hatte, wurden deren Aufgaben und Strukturen neu ausgerichtet. So fusionierten die Zeitschriften der drei Teilstreitkräfte (Heer, Marine, Luftwaffe) zu dem monatlich erscheinenden Magazin ,Y'. Dieser Schritt stärkt zweifellos die Entwicklung einer Gesamtidentität der Bundeswehr.

Eine wichtigere Rolle kommt seit 2000 auch dem Intranet zu. Weniger fokussiert erscheint dagegen der Internet-Auftritt des deutschen Militärs. Eine Vielzahl von Organisationseinheiten präsentiert sich im Netz - und sorgt für eine, zurückhaltend formuliert, unübersichtliche Außendarstellung. Freilich hatdas, aus Sicht der Streitkräfte, nicht nur problematische Folgen:

> Interessant ist, dass die Offensive der Bundeswehr im Internet dieser eine weitgehende Meinungsführerschaft beschert. Gibt man in eine Suchmaschine den Suchbegriff ,Bundeswehr' oder einen inhaltlich das Militär betreffenden Begriff ein, so erscheinen im Wesentlichen offizielle Bundeswehrquellen. (Damm 2002: 59)

---

[9] Vgl. dazu die Beiträge von Jertz und Bockstette sowie von Reeb in diesem Band.

Insgesamt indizieren diese Veränderungen einen deutlichen Relevanzgewinn kommunikativer Aspekte. Auch bei anderen mit Sicherheitsfragen befassten Akteuren spielt die medial vermittelte Kommunikation eine sichtlich größere Rolle. Die AIK fördert seit einigen Jahren den Diskurs über sicherheitspolitische Kommunikation unter Berücksichtigung medialer Aspekte (vgl. Hoffmann 2004; Gareis & Zimmermann 1999). Die Bundesakademie für Sicherheitspolitik (BAKS) in Berlin bezieht entsprechende Themen ebenfalls stärker in die Weiterbildung von Multiplikatoren ein. Einen Think Tank, der die Veränderungen der sicherheitspolitischen Kommunikation systematisch in den Blick nimmt oder gar Grundlagenforschung leistet, gibt es in Deutschland hingegen nicht. Die Bundeswehrhochschulen, das Sozialwissenschaftliche Institut der Bundeswehr, die AIK und die BAKS sind weder demgemäss ausgestattet noch setzen sie entsprechende Schwerpunkte. Auch die Berliner Stiftung Wissenschaft und Politik, die anspruchsvolle Politikberatung leistet, wendet sich dem Themenfeld allenfalls zögerlich zu. Insofern bleibt die Beratungsarbeit primär Unternehmen vorbehalten, die sich jedoch auf kurzfristige Aspekte der sicherheitspolitischen Kommunikation konzentrieren.

Die Abhängigkeit staatlicher Stellen von privatwirtschaftlich ausgerichteten Organisationen findet sich auch in anderen Bereichen der sicherheitspolitischen Kommunikation, insbesondere bei der Krisen- und Kriegskommunikation. Kriegsführende Parteien vertrauen seit langem nicht nur auf eigene PR-Abteilungen, sondern beauftragen zusätzlich kommerzielle Agenturen, die sich zum Teil auf Konflikt-Öffentlichkeitsarbeit spezialisiert haben. Solche PR-Agenturen werden eingesetzt, um den Journalismus, vor allem in Kriegszeiten, im Sinne sicherheitspolitischer oder militärischer Partialinteressen zu beeinflussen (vgl. Becker 2002a: 20ff.).[10] Das ist keine triviale Aufgabe. Denn die Medien - konkreter: der Journalismus, der mit Hilfe von Medien operiert[11] – funktionieren keineswegs als simple Werkzeuge, die beliebig instrumentalisierbar wären. Das gilt, seit es die moderne Kriegsberichterstattung gibt.

2.3   *Ökonomisierung, Pluralisierung und Globalisierung der Kriegsberichterstattung*

Die massenmedial vermittelte Kriegsberichterstattung entstand mit der Herausbildung eines periodischen Zeitungswesens im 17. Jahrhundert. Für die aufstrebenden Zeitungen und Zeitschriften der absolutistischen europäischen

---

10   Vgl. dazu den Beitrag von Kunzcik in diesem Band.
11   Zur Differenz von Medien und Journalismus vgl. Altmeppen (2004).

Gesellschaften lieferten die gewaltsamen Konflikte zwischen 1618 und 1648, vereinfachend häufig als „Dreißigjähriger Krieg" bezeichnet, den Stoff für publikumswirksam präsentierte Nachrichten, die - aus heutiger Sicht betrachtet - in Inhalt und Aufmachung freilich eher Abenteuergeschichten glichen.[12] Die Relevanz dieser schriftstellernden Kriegsberichterstattung reduzierte sich im 19. Jahrhundert. Mit der Professionalisierung journalistischer Berufsrollen und dem Übergang zur großbetrieblichen Medienproduktion entstanden die Basisprinzipien des heutigen Informationsjournalismus und ein differenziertes journalistisches Berufsfeld, so auch die Arbeitsrolle des Kriegsberichterstatters.

Als erster Protagonist der modernen Kriegsberichterstattung gilt William Howard Russell, der für die Londoner ‚Times' 1854 von der Krim über den Krieg berichtete, den England zusammen mit Frankreich gegen Russland führte. Schon Russell ordnete seine Berichterstattung keineswegs den kriegspolitischen Interessen Englands unter und geriet deshalb in Konflikt mit den Militärs. Gegen Ende des Krieges, im Jahre 1856, verpassten ihm die Engländer daher einen Maulkorb und schufen damit die Militärzensur (vgl. McLaughlin 2002: 49ff.). Das demonstrierte frühzeitig die enorme Relevanz der Kriegsberichterstattung für sicherheitspolitische und militärische Entscheidungen.

Mit allen folgenden gewaltsamen Konflikten - vom amerikanischen Bürgerkrieg (1861-1865) bis zum Irak-Krieg (2003) - veränderte sich die Kriegsberichterstattung genauso gravierend wie der Journalismus generell. Medientechnologische Innovationen, ökonomische Profitinteressen, sicherheitspolitische Instrumentalisierungsabsichten sowie Informations- und Unterhaltungsbedürfnisse des Publikums stellen prägende Faktoren der Kriegsberichterstattung dar. Live-Berichterstattung, satellitengestützte Übermittlung recherchierter Informationen, web-basierter Journalismus oder die Professionalisierung des militärischen Informationsmanagements haben die Bedingungen und Formen der Kriegsberichterstattung nachhaltig verändert. Gleichwohl gibt es Konstanten der Berichterstattung über Kriege, welche sich seit dem 19. Jahrhundert kaum gewandelt haben. Neben sicherheitspolitischen Intentionen zur Instrumentalisierung des Journalismus gelten vor allem die ökonomischen Interessen von Medienunternehmen als maßgebliche Triebkräfte der Entwicklung (vgl. u.a. Thrall 2000; Allen & Seaton 1999; Hudson & Stanier 1998; Löffelholz 1993a).

---

12 Vor Beginn des Zeitalters der Massenmedien gab es zwar ebenfalls Formen der Berichterstattung über Kriege. Diese waren jedoch auf die Ausdrucksmöglichkeiten von Schreibern und Boten, Offizieren und Chronisten, Historienmalern und Märchenerzählern begrenzt. Zur historischen Einordnung vgl. den Beitrag von Dominikowski in diesem Band.

Wie eng beide Aspekte miteinander verflochten sein können, zeigte sich zuletzt bei der Berichterstattung über den Irak-Krieg im Frühjahr 2003.[13] Der
gebürtige Australier Rupert Murdoch, Chef der News Corporation, einem der
weltweit größten Medienkonzerne, verknüpfte vor und während des Krieges
politische mit ökonomischen Interessen, indem er sein Unternehmen auf einen
strammen Pro-Kriegskurs brachte. Mit einer Auflage von 40 Millionen Exemplaren dominieren die rund 175 zum Konzern gehörenden Printmedien die
Zeitungsmärkte vieler Länder. In Australien, Neuseeland und Großbritannien
verfügen sie gar über eine beherrschende Stellung. Das britische Boulevardblatt
‚The Sun', welches vor allem durch Oben-Ohne-Fotos bekannt wurde, ist mit
einer Auflage von 3,4 Millionen Exemplaren Marktführer auf der Insel. In den
USA engagiert sich die News Corporation vor allem im Fernsehsektor: Mit
Sky-TV, United Television und 20th Century Fox besitzt Murdochs Konzern
gewichtige Stimmen im hart umkämpften TV-Markt (vgl. N.N. 2003).

Während der ersten Kriegswoche überflügelte der zum Unternehmen gehö-
rende Nachrichtensender ‚Fox News' mit einer durchschnittlichen Zuschauer-
zahl von 4,16 Millionen sogar den wichtigsten Konkurrenten CNN, der mit
3,74 Millionen Zuschauern pro Tag hinterher hinkte (vgl. Handelsblatt,
04.04.2003). Ganz im Stil der hurrapatriotischen und emotional aufgeladenen
Berichterstattung des Boulevardzeitung Sun schlug sich Fox News ohne journalistische Skrupel auf die Seite der Angreifer und berichtete täglich über die
„Heldentaten" der US-Soldaten.[14] Murdoch selbst nahm dabei erheblichen
Einfluss auf die Kriegsberichterstattung der zum Konzern gehörenden Medien.
So stimmte er mit der Chefredakteurin der Sun telefonisch Schlagzeilen ab; an
den morgendlichen Redaktionssitzungen bei Fox in New York nahm er während des Krieges oft persönlich teil (vgl. N.N. 2003). Seine politische Auffassung galt dabei als redaktionelle Richtschnur:

> Ich denke, Bush handelt sehr moralisch, sehr korrekt, und ich denke, das wird auch wei-
> terhin so sein. (…) Das Beste, was bei dem ganzen für die Weltwirtschaft herauskommen
> kann, wäre ein Ölpreis von 20 Dollar pro Barrel. (zit. n. N.N. 2003)

---

13   Wobei die propagandistische Ausrichtung der Berichterstattung vieler US-Medien über den
     Irak-Krieg in den Kontext der Attentate des 11. September 2001 und deren Konsequenzen
     zu stellen ist (vgl. dazu u.a. McChesney 2002; Carey 2002).
14   ‚Fox News' stand dabei keineswegs allein. Mit dem Konkurrenten MSNBC führte ‚Fox' sogar
     eine öffentliche Auseinandersetzung, wer der „patriotischste Sender" sei: Gegenseitig warfen
     sich beide vor, die Berichterstattung des anderen gefährde das Leben US-amerikanischer Sol-
     daten und grenze an Landes- und Geheimnisverrat (vgl. Süddeutsche Zeitung, 04.04.2003).

Die ökonomischen Interessen von Medienunternehmen passen freilich keineswegs immer zu den kriegerischen Ambitionen von Regierungen. In Spanien beispielsweise überholte der Privatsender ,Telecinco' mit seinen Abendnachrichten in der letzten Woche des Irak-Krieges erstmals das Staatsfernsehen TVE in der Zuschauergunst, weil er sich - im Gegensatz zu TVE - nicht auf den kriegsfreundlichen Kurs der Regierung Aznar eingelassen hatte. Offenkundig auf politischen Druck hatte TVE unter anderem darauf verzichtet, live über die europaweit größte Antikriegsveranstaltung zu berichten, an der in allen größeren Städten Spaniens rund fünf Millionen Menschen teilgenommen hatten. Von dieser - basale journalistische Standards ignorierenden - Form der Kriegsberichterstattung des Staatsfernsehens profitierte, wörtlich genommen, ,Telecinco', das die Informationsinteressen und politischen Auffassungen seines Publikums ernster nahm (vgl. Mayer 2003), ohne jedoch explizit einen „Friedensjournalismus" (Galtung 1998b) zu verfolgen.[15]

Medien in demokratischen Gesellschaften können also nicht nur Unterstützer oder gar Verstärker, sondern auch Opponenten kriegerischer Absichten sein. Telecincos Berichterstattung über den Irak-Krieg demonstriert, dass ein an klassischen professionellen Regeln orientierter Journalismus ein einträgliches Geschäft sein kann, solange die redaktionelle Linie sich an den politischen Interessen der Publikumsmajorität orientiert. Anderseits wirken ökonomische Profitinteressen von Medienunternehmen dann kriegstreibend, wenn - wie bei der Berichterstattung von ,Fox News' über den Irak-Krieg - ein propagandistischer Journalismus von einem relevanten Teil des Publikums gratifiziert wird. Das bestätigt einmal mehr, wie sehr der Journalismus, in Kriegs- wie in Friedenszeiten, an politische, ökonomische und kulturelle Entwicklungen geknüpft ist. Die enge Bindung der Krisen- und Kriegsberichterstattung an gesellschaftliche Bedingungen lässt sich an vielen Beispielen nachweisen - aktuell etwa anhand der auffälligen Veränderungen arabischer Mediensysteme.

Der vielfach thematisierte Bedeutungsgewinn arabischer Nachrichtensender verweist nicht nur auf eine veränderte Medienlandschaft in den bis dahin eher restriktiven arabischen Gesellschaften. Einiges spricht dafür, dass der Aufschwung von ,Al-Jazeera' (Arabisch: „Die Halbinsel"), dem 1996 in Katar gegründeten ersten arabischen Fernsehnachrichtenkanal, einen grundlegenden Wandel der gesellschaftlichen Rahmenbedingungen in den arabischen Staaten indiziert. Gravierende Konsequenzen besitzt die Gründung von ,Al-Jazeera'

---

[15] Zu den normativen Ansprüchen und zur Kritik des „Friedensjournalismus" vgl. den Beitrag von Hanitzsch in diesem Band.

darüber hinaus für das globale Mediengefüge. Spätestens seit dem Angriff von
US-Truppen auf Afghanistan im Jahr 2001 gilt der Sender vielen, darunter
einer großen Zahl westlicher Medienbetriebe, als unerlässliche Informationsquelle (vgl. Miladi 2003). Nach dem Erfolg von ‚Al-Jazeera' wurden weitere
Fernsehsender aufgebaut, darunter ‚Al-Arabiya' (Saudi Arabien), ‚Abu Dhabi
TV' (Vereinigte Arabische Emirate), ‚Akhbar an-Nil' (Ägypten) sowie die zumeist von libanesischen, tunesischen und algerischen Geschäftsleuten finan-
zierten Sender ‚Al-Mustakilla', LBCI, ‚Future' und ANN.[16] In anderen Weltregionen führte der ‚Al-Jazeera'-Effekt ebenfalls zur Neugründung von Fernseh-
nachrichtenstationen. In Indien beispielsweise starteten im April 2003 gleich
sechs neue Kanäle, die den vorhandenen vier indischen Informationssendern,
aber auch den international aktiven Anbietern BBC, CNN, CNBC, ‚Fox' und
‚Deutsche Welle' starke Konkurrenz in einem der bevölkerungsreichsten Länder der Welt bescherten (vgl. Neue Zürcher Zeitung, 28.03.2003).

Diese seit der zweiten Hälfte der neunziger Jahre zu beobachtende Pluralisierung der Fernseh-Kriegsberichterstattung[17] bedeutet nicht nur für die betroffenen Regionen, also den Nahen Osten, den nordafrikanischen Raum und den
indischen Subkontinent, eine Alternative zu dem bis dahin dominanten westlich orientierten Blick auf Krisen und Kriege. Auch in westlichen Industriestaaten ermöglicht der Relevanzgewinn arabischer Fernsehstationen eine
Sicht auf politische und ökonomische Probleme, die zuvor nahezu ausschließlich Arabisch sprechenden Intellektuellen vorbehalten war. Dabei darf freilich
nicht vergessen werden, dass die von ‚Al-Jazeera' und anderen ausgestrahlten
Nachrichten für Zuschauer in Europa und Nordamerika in der Regel nicht
unmittelbar zugänglich sind, sondern von westlichen Fernsehstationen, aufgrund entsprechender Kooperationsabkommen, verbreitet - und damit auch:
selektiert - werden. Dieser Einfluss wird sich verringern, wenn ‚Al-Jazeera'
seine Programme nicht nur in Arabisch, sondern - wie geplant - auch in Eng-
lisch sendet. Freilich zeigen die harschen bis brutalen Reaktionen der US-
Regierung, dass die neuen arabischen Fernsehstationen schon heute sehr ernst

---

16 An die Bekanntheit von ‚Al-Jazeera' konnten diese regional ausgerichteten Sender, mit Aus-
    nahme von ‚Al-Arabiya', bislang jedoch nicht anknüpfen.

17 Bei westlichen Printmedien ist gleichfalls ein größeres Interesse an Nachrichten aus dem
    arabischen Raum zu beobachten. Zur Pluralisierung der Print-Berichterstattung trägt u.a. das
    1998 in Jerusalem gegründete und nun in Washington und London beheimatete Middle East
    Media Research Institute (Memri) bei. Memri übersetzt arabischsprachige Medienbeiträge ins
    Englische und verkauft diese an westliche Medienunternehmen. Seit 2002 bietet Memri zu-
    dem einen deutschsprachigen Service an (vgl. Meister 2003).

genommen werden: Nach Ausstrahlung eines Videos von Osama bin Laden und einer als US-feindlich eingestuften Berichterstattung über den Afghanistan-Krieg wurde der Korrespondent von ‚Al-Jazeera' aus den USA ausgewiesen. Und im November 2001 wurde das Kabuler Büro des Senders, offenbar absichtlich, von der US-Luftwaffe bombardiert (vgl. Miladi 2003: 158f.).

Die vielfach gelobte Pluralisierung der Kriegsberichterstattung sollte jedoch nicht darüber hinweg täuschen, dass nach wie vor die „Globalisierung einer am US-Stil ausgerichteten, kommerziell getriebenen Nachrichtenkultur den Rundfunk in anderen Teilen der Welt beeinflusst" (Thussu 2003: 119 - Übers. ML). Vor allem der 1980 in Atlanta gegründete global orientierte US-Sender ‚Cable News Network' (CNN) hat mit seiner 24-Stunden-Berichterstattung eine große Zahl anderer Fernsehstationen in Form und Inhalt beeinflusst. Den Startpunkt dafür markierte 1991der zweite Golfkrieg, als CNN als einziger Fernsehsender der Welt, den Beginn der US-Angriffe auf Bagdad live schilderte (vgl. Volkmer 1999, Löffelholz 1995, 1993a). Neben ‚BBC World' als dem - abgesehen von CNN - international prominentesten Fernsehangebot haben seither viele weitere Stationen entsprechende konzeptionelle Aspekte übernommen, so etwa ‚Independent Television News' (Großbritannien) und NTV (Deutschland), in Asien unter anderen ‚Star News' und ‚China Central Television' (CCTV), in Südamerika beispielsweise ‚Globo News' (Brasilien), im arabischen Raum, wie erwähnt, ‚Al-Jazeera' und in Afrika ‚SABC Africa' (Südafrika). Freilich prägen politische, ökonomische und kulturelle Kontexte die Berichterstattung von Fernsehsendern so weitreichend, dass von einer global homogenisierten Krisen- und Kriegsberichterstattung pauschal keine Rede sein kann.

Für die These einer westlich dominierten globalisierten Nachrichtenkultur spricht allerdings, dass Fernsehsender bei der Berichterstattung über Auslandsthemen im Allgemeinen und der Krisen- und Kriegsberichterstattung im Besonderen stark von dem Video- und Audiomaterial abhängig sind, welches die beiden weltweit wichtigsten Fernsehnachrichtenagenturen produzieren und vertreiben. Reuters Television, mit Hauptsitz in Großbritannien, unterhält 77 Büros und setzt in rund 150 Ländern etwa 2500 Journalisten und Kameraleute ein. Associated Press Television News, mit Hauptsitz in den USA, verfügt über 83 Büros in 67 Ländern (vgl. Thussu 2003: 119f.). Da gleichzeitig CNN und ‚BBC World' als Leitmedien sowohl für diplomatische Kreise als auch für andere Medien gelten, sprechen Tunstall und Machin (1999: 88 - Übers. ML) von einem globalen „US/UK-Nachrichten-Duopol" in der Fernsehauslandsberichterstattung.

Vor diesem Hintergrund überrascht es nicht, dass sich das World Wide
Web und vor allem die so genannten Warblogs, also kriegsbezogene Online-
Tagebücher, seit Ende der neunziger Jahre zunehmend als alternative Informationsquellen in der Kriegsberichterstattung etablieren konnten. Angesichts der
weiterhin herausragenden Relevanz des Fernsehens erscheint es zwar (noch?)
überzogen, von einem „Cyber-Krieg" (Rüb 2003) zu sprechen (vgl. Katz 1999).
Allerdings besteht kein Zweifel, dass die über das Internet verbreiteten Medienangebote an Bedeutung gewonnen haben - und das Internet immer mehr
selbst zu einem Teil der kriegerischen Auseinandersetzungen wird (vgl. Brenner 2002, Cronin & Crawford 1999).[18]

Neben den hier skizzierten Trends der Krisen- und Kriegskommunikation
gibt es weitere Entwicklungen, mit denen sich die Krisen- und Kriegskommunikationsforschung theoretisch und/oder empirisch bereits ausführlicher beschäftigt hat (vgl. u.a. Thussu & Freedman 2003; Staiger 2003; Kempf & Luostarinen 2002; Ispandriarno, Hanitzsch & Löffelholz 2002; Zelizer & Allan
2002; Albrecht & Becker 2002; Hammond & Herman 2000; Carruthers 2000;
Allen & Seaton 1999; Beham 1996; Imhof & Schulz 1995; Löffelholz 1993a).
Das Forschungsfeld Krisen- und Kriegskommunikation kann auf dieser Basis
als ein komplexes und gesellschaftlich hoch relevantes Spezialgebiet der Kommunikationswissenschaft charakterisiert werden, welches bislang jedoch weder
angemessen abgesteckt noch systematisch erschlossen wurde. Um das Forschungsfeld einzugrenzen, werden daher im nächsten Abschnitt die Themen
der Krisen- und Kriegskommunikationsforschung anhand ausgewählter Studien beschrieben.

3   Themen der Krisen- und Kriegskommunikationsforschung

Ähnlich wie bei anderen kommunikationswissenschaftlichen Spezialgebieten
richten sich die Themen der Krisen- und Kriegskommunikationsforschung
stark an Fragen aus, die aus der Beobachtung aktueller Ereignisse abgeleitet
werden. Jeder gewaltsame Konflikt, der in den letzten Jahrzehnten medial intensiver thematisiert wurde, induzierte eine große Zahl wissenschaftlicher Fallstudien. Wie schon vor mehr als einem Jahrzehnt konstatiert (vgl. Löffelholz

---

[18]   Vgl. dazu den Beitrag von Bucher in diesem Band.

1993b: 15f.), stellen konfliktübergreifende oder Konflikte vergleichende empirische Untersuchungen dagegen Ausnahmen dar.[19] Das gilt auch weiterhin. So lösten die journalistisch aufwändig begleiteten Kriege in Bosnien (1992-1995), Kosovo (1999), Afghanistan (2001) oder Irak (2003) sowie die Terroranschläge in den USA (2001) vielfältige Forschungsaktivitäten in Form kasuistischer Einzeluntersuchungen aus (vgl. u.a. Zelizer & Allan 2002; Becker 2002b; Becker 2002c; Zöllner 2001; Hammond & Herman 2000; Allen & Seaton 1999; Kempf & Schmidt-Regener 1998), während Konflikte, die weniger im Rampenlicht der Medienöffentlichkeit westlicher Industriestaaten stehen, nur gelegentlich zu entsprechenden Studien führen. Analysiert wurde unter anderen die Berichterstattung über die Kriege in Liberia (vgl. Atkinson 1999), Uganda (vgl. Leopold 1999), Ruanda (vgl. McNulty 1999; Honke & Servaes 1994), Zimbabwe (vgl. Alexander & McGregor 1999), Äthiopien (vgl. Styan 1999), Tschetschenien (vgl. Koltsova 2000), Kambodscha (vgl. Füßer 1997) sowie über den Konflikt zwischen den USA und Libyen (vgl. Hertog 2000), die rumänische Revolution (vgl. Stoiciu & Shinar 1992), die Auseinandersetzungen in China (vgl. Topping 1999) und die Rolle der Medien für die Konflikte in Indonesien (vgl. Ispandriarno, Hanitzsch & Löffelholz 2002). Manche dieser Publikationen tragen essayistische Züge, liefern also - durchaus hilfreiche - Problembeschreibungen, ohne sich jedoch auf empirische Befunde zu stützen oder gar den theoretischen Diskurs einzulassen. Statt auf essayistische Quellen stützt sich die folgende Identifikation der zentralen Themen und Desiderata der Krisen- und Kriegskommunikationsforschung ausschließlich auf wissenschaftliche Arbeiten im engeren Sinn.

3.1   Medienangebote: Muster und Inhalte der Krisen- und Kriegsberichterstattung

Die meisten empirischen Studien zur Krisen und Kriegskommunikation liegen im Bereich der Medienangebotsforschung vor. Das hat freilich, anders als der Friedensforscher Jörg Becker (2002a: 17f.) unterstellt, weniger ideologische als forschungsorganisatorische Gründe. Bei akuten Konflikten fehlen oft Zeit und

---

[19]   Zu diesen Ausnahmen gehören die Analyse der Medienberichterstattung über die Friedensgespräche in Nordirland und dem Mittleren Osten (vgl. Shinar 2000), die Untersuchung der Berichterstattung von US-Nachrichtenmagazinen über die Kriege in Bosnien und Ruanda (vgl. Wall 1997), die Studie über den Einsatz von Propaganda im Zweiten Weltkrieg, Falklandkrieg und zweiten Golfkrieg (vgl. Baumgartner 1994) sowie die Analyse der Vietnam- und Golfkriegsberichterstattung in Fernsehnachrichten Deutschlands und der USA (vgl. Claßen 1996).

Mittel, um eine seriöse Untersuchung zu konzipieren und noch während der
Auseinandersetzungen durchzuführen. Im Unterschied zu Beobachtungen und
Befragungen können Inhaltsanalysen jedoch auch nach der Beendigung eines
Konfliktes durchgeführt werden, ohne die Datenqualität zu mindern. Daher
stützen sich viele Studien auf dieses Instrument.

Dass eine so bedingte Konzentration auf Medienangebote „fragwürdig" sei,
weil „jeder contentistische Ansatz einem simplen Stimulus-Response-Modell
von Kommunikation verhaftet" (Becker 2002a: 18) sei, ist weder theoretisch
nachvollziehbar, noch entspricht es den (nachlesbaren) Forschungsansätzen
der meisten inhaltsanalytischen Untersuchungen. Diese ermöglichen selbstverständlich keine unmittelbaren Einblicke in die Produktion und Rezeption von
Krisen- und Kriegsberichterstattung, vermitteln aber Einsichten in die Modelle,
mit denen Printmedien und Rundfunk Krisen und Kriege darstellen.[20]

Die Befunde belegen, dass die Medienberichterstattung über Krisen und
Kriege in der Tat bestimmten Mustern folgt.[21] Untersuchungen zur Auslandsberichterstattung zeigen eine generelle Tendenz westlicher Medien, Länder aus
der Nachrichtenperipherie thematisch auf Konflikte, Krisen und Katastrophen
(sowie Sportereignisse) zu verengen (vgl. Rössler 2003: 314). Eine komparative
Studie zur Berichterstattung österreichischer Tageszeitungen über den Zweiten
Golfkrieg (1991), den Falklandkrieg (1982) und den deutschen Angriff auf
Frankreich im Zweiten Weltkrieg (1940) weist nach, dass die Struktur und Inhalte von Kriegsberichterstattung, die zu unterschiedlichen Zeiten und unter
unterschiedlichen Bedingungen entstanden ist, große Ähnlichkeiten aufweist
(vgl. Baumgartner 1994).

Vor einem beginnenden Krieg durchläuft die Berichterstattung offenkundig
bestimmte Phasen, die Savarese (1993) als „Überraschung", „Interesse", „Ge-
wöhnung", „Abwarten" und schließlich, mit dem Beginn eines Krieges als
„Nachrichtenschwemme" charakterisiert. Das gilt freilich nur für jene gewaltsamen Konflikte, die in die Aufmerksamkeit eines bestimmten Journalismus-
systems fallen. Ein solcher Krieg dominiert in der Anfangsphase die gesamte
Berichterstattung: Spezialausgaben, Sonderseiten, Live-Berichterstattung, Eil-
meldungen, Programmunterbrechungen indizieren - und inszenieren - den
Bruch der Normalität. Eine Inhaltsanalyse der Darstellung des Irak-Krieges

---

20   Dominant sind Analysen von Fernsehangeboten und Printmedien, während Radiosendungen
     selten untersucht wurden. Eine Ausnahme ist beispielsweise die Analyse der Kommunikation
     über den zweiten Golfkrieg anhand von Radiohörer-Telefonaten (vgl. Knoblauch 1999).
21   Vgl. dazu die Beiträge von Dominikowski und Hammond in diesem Band.

durch deutsche Fernsehsender belegt, dass alle Stationen bei Kriegsbeginn den Umfang ihrer Berichterstattung - gegenüber dem Vorkriegsniveau - verdreifacht bis versechsfacht haben (vgl. Krüger 2003: 400).

Nach dieser Phase der Monopolisierung oder zumindest Dominierung der Berichterstattung durch den Krieg weicht die Monothematisierung bei den meisten Medien recht schnell der üblichen Themenkonkurrenz. In dieser Phase der Rückkehr zur Ereignisberichterstattung verliert der Krieg an Neuigkeitswert, führt zu geringeren Einschaltquoten und wird - je länger er dauert - zu einer Geschichte neben anderen. Während des Irak-Krieges dauerte es knapp zwei Wochen bis sowohl die öffentlich-rechtlichen (ARD, ZDF) als auch die privat-kommerziellen Sender (RTL, SAT1) den Berichterstattungsumfang auf das Vorkriegsniveau gesenkt hatten. Eine Ausnahme bildeten auf Nachrichten spezialisierte Stationen (NTV, N24), die erheblich länger deutlich umfangreicher als vor Kriegsbeginn berichteten. Die Verringerung des Berichterstattungsumfangs erfolgt freilich nicht linear. Bei als besonders relevant eingeschätzten Ereignissen nimmt die Quantität der Berichterstattung erneut zu, allerdings lediglich für einen kurzen Zeitraum (oft nur für einen Tag), um dann wieder abzusinken (vgl. Krüger 2003: 400). Kriege stellen insofern zwar herausragende Medienereignisse dar, ihre quantitative Darstellung orientiert sich jedoch an den Routinen des Ereignisjournalismus.[22]

Inhaltsanalytisch untersucht wurde des weiteren die Qualität der Kriegsberichterstattung: Stereotypisierung, Freund-Feind-Polarisierung, Militainment[23] Trivialisierung, Ritualisierung, Personalisierung, Simplifizierung, Kollektivtypisierung, Expertainisierung, Pseudo-Dramatisierung, Emotionalisierung, und einseitige Orientierung an staatlichen Informationsquellen des eigenen Landes stellen häufig verwendete - und häufig kritisierte - Formen der journalistischen Konstruktion von Kriegen dar (vgl. Gleich 2003; Floto, Sieg & Wiebeck 2002; Shinar 2000; Imhof 1995; Fico, Ku & Soffin 1994). Die Hintergründe von gewaltsamen Konflikten werden zudem nicht hinreichend beleuchtet.

Eine Analyse der Berichterstattung über die Konflikte in Bosnien (1992) und Ruanda (1994) in den Zeitschriften ‚Newsweek', ‚Time' und ‚US News' and ‚World Report' ergab, dass die in den Medien genannten Ursachen beider Konflikte von historischen Entwicklungen abstrahieren: Der Bosnienkonflikt wurde als „Verirrung" apostrophiert, die Gewalt in Ruanda als „typisch afrika-

---

22 Wenig untersucht ist der Nachkriegsjournalismus. Eine Ausnahme ist die Studie von Rockel (2000), in der die Berichterstattung nach Ende des Indochina-Konfliktes analysiert wurde.
23 Vgl. zum Thema Militainment den Beitrag von Virchow und Thomas in diesem Band.

nisch" dargestellt (vgl. Wall 1997). In der deutschen Berichterstattung über den Krieg in Ruanda dominieren ebenfalls Stereotype („archaischer Konflikt") und historische Entwicklungen werden ausgeblendet (vgl. Honke & Servaes 1994). Als Interpretationsrahmen für die Darstellung des Krieges wurde daneben ein Muster gewählt, welches rassistische Züge trägt: Afrikaner werden als brutal kämpfend beschrieben, Weiße hingegen als Helfer, die sich bemühen, die Folgen der Auseinandersetzungen zu lindern (vgl. Schmoll 1998).

Weitere Ergebnisse inhaltsanalytischer Studien zeigen, dass Medien aus Ländern, die nicht direkt in einen Konflikt einbezogen sind, deutlich problematisierender berichten als Medien aus Ländern, die in den Konflikt involviert sind[24] (vgl. Nohrstedt et al. 2000). Gestützt wird dieser Befund durch eine Analyse von Leitartikeln zur Beteiligung Deutschlands am Kosovo-Konflikt aus fünf deutschen Qualitätszeitungen. Insgesamt wurden in rund der Hälfte aller Beiträge eine Kriegsbeteiligung unterstützt, in einem Viertel alternative Lösungen befürwortet und in lediglich 14 Prozent Kritik geäußert. Medien, so schlussfolgern die Autoren, sind in Kriegszeiten weniger kritisch und geben partiell ihre Wächterfunktion auf (vgl. Eilders & Lüter 2000). Ähnliches gilt für die Berichterstattung über den Krieg in Bosnien (1992-1995).

Eine Analyse europäischer Tageszeitungen sowie aus den USA und Israel weist nach, dass die Medien nicht einseitig berichteten, sich mit keiner der drei Volksgruppen identifizierten[25], aber die Position der internationalen Gemeinschaft, in den Krieg einzugreifen, weitgehend unterstützten. Die Medien haben, wie der Autor meint, insofern versagt, als dass sie einer friedvollen Lösung von Beginn an keine Chance gaben[26] (vgl. Kempf 1999a). Auf der Basis einer Analyse überregionaler Qualitätszeitungen kommt Hafez (2002: 207) zu dem Fazit:

> Die Presse wird in akuten Krisenzeiten (und ohnehin in Kriegszeiten) zur Co-Konfliktpartei des politisch-wirtschaftlichen Komplexes, denn der Umweltdruck und die Interessen des Gesellschaftssystems werden größer als das Autonomiestreben der Medien. Den Verlust an inhaltlicher Autonomie gleichen die Medien durch eine Verlagerung zum Stimmungs- und Sensationsjournalismus aus.

---

24 Analysiert wurden je eine der führenden Tageszeitungen Großbritanniens, Norwegens (involviert), Griechenlands und Schwedens (nicht involviert) in den ersten drei Tagen des Nato-Bombardements von Serbien.

25 Allerdings zeigte eine Anschlussuntersuchung, dass Medien durchaus selektiv Angehörige der Volksgruppen zitieren (vgl. Jaeger, Mattenschlager & Meder 1999).

26 Kempfs Analyse (1999) umfasst 1132 Artikel aus je einer Tageszeitung aus Finnland, Großbritannien, Schweiz, Österreich, Frankreich, Israel und USA. In Deutschland wurden sechs Zeitungen einbezogen. Der Untersuchungszeitraum war von Juli 1990 bis März 1996.

Warum Medien aus Ländern, die in Konflikte involviert sind, einen Krieg eher unterstützen, wird durch weitere Studien plausibilisiert. Auf der Basis einer Diskursanalyse von vier Titelgeschichten des ‚Spiegel', die nach Beginn der Luftangriffe sowie nach Beendigung des Kosovokrieges publiziert wurden, wird angenommen, dass nationale Identität und Zugehörigkeit in Kriegszeiten medial betont und an eine verbindliche Definition des „Eigenen" gebunden werden, die sich von dem konstruierten „Fremden" abhebt und so politisch-militärisches Handeln legitimiert (vgl. Klaus, Goldbeck & Kassel 2002).

Andere Untersuchungen weisen nach, dass in Kriegen überwiegend regierungsamtliche und militärische Quellen benutzt werden, womit eine gewisse Vorprägung verbunden ist, obgleich die Position der einzelnen Medien durch die Auswahl zitierter Stellungnahmen weiterhin deutlich wird (vgl. Vincent 2000; Thussu 2000).[27] Beim Kosovo-Krieg zum Beispiel übernahmen viele Medien europäischer Länder unhinterfragt politische Argumente für den Nato-Angriff (z.B. Genozid an Albanern, Milosevic-Hitler-Vergleich) und befürworteten damit den Krieg (vgl. Savarese 2000). Generell beeinflussen Medien nicht nur gesellschaftliche Diskurse, sondern werden durch diese selbst geprägt - wie etwa bei der Legitimation („unbegrenzte deutsche Solidarität") der geplanten militärischen Angriffe der USA nach den Anschlägen vom 11. September 2001. Anhand einer Analyse der Berichterstattung des Boulevardblattes ‚Bild' wird unter anderem gezeigt, mit welchen diskursiven Strategien Medien die Rede von „Terror als Krieg" übernehmen (vgl. Bündger 2001).

Auch wenn Medien nicht als unmittelbare Sprachrohre für Regierungen operieren (müssen), wird eine Vielzahl medialer Strategien eingesetzt, um für eine Kriegsbeteiligung in der und durch die Berichterstattung Position zu beziehen. Zu diesen Strategien gehören sprachliche Stilmittel (vgl. Zimmermann 1992), nationale Stereotypen (vgl. Schmiese 2000) sowie die Konstruktion von Feindbildern (vgl. Kunczik 2001; Jaeger 1998; Ohde 1994; Feichtner 1994; Klenner et. al. 1993; Skopljanc 1993), beispielsweise die Degradierung von Personen durch die Verwendung pejorativer Charakterisierungen (vgl. Stacharowsky 1994). Der Einsatz „zweiseitiger Botschaften" („Doppelbindungen"), womit Informationen, die der eigenen Position kritisch gegenüberstehen, abgewehrt werden können (vgl. Reimann 1998), oder von rührseligen

---

27 Die Studie von Vincent (2000) basiert auf einer Untersuchung von 645 Meldungen aus New York Times, Washington Post, Los Angeles Times, Christian Science Monitor sowie den Hauptnachrichten der TV-Sender ABC, CBS, CNN, MSNB während des Kosovo-Krieges.

Geschichten über das Schicksal von Kriegsgefangenen (vgl. Kempf 1994a) stellen weitere mediale Strategien dar.

In einer vergleichenden Diskursanalyse von Zeitungsartikeln zum zweiten Golfkrieg und zum Vietnamkrieg wird aufgezeigt, wie moralisierte Deutungsmuster in unterschiedlichen historischen Kontexten in Medien verwendet werden. Im zweiten Golfkrieg zum Beispiel relativierten die Kriegsbefürworter in Deutschland die einstimmige Ablehnung von Faschismus und Krieg, um einen Krieg bejahen zu können (vgl. Schallenberger 1999).[28] Sogar die Berichterstattung über Friedensbemühungen - und deren Scheitern - kann zur medialen Rechtfertigung eines Krieges dienen (vgl. Kempf 1998a). Alternative Konfliktlösungsstrategien spielen in der Medienberichterstattung freilich eine untergeordnete Rolle (vgl. Kempf 1997).[29]

Die wichtigsten Themen der Berichterstattung über Kriege sind die Kriegsführung, Opfer und Schäden sowie die Reaktionen auf den Krieg. Die erwähnte Inhaltsanalyse deutscher Fernsehsender zum Irak-Krieg macht darüber hinaus darauf aufmerksam, wie intensiv der Journalismus in Krisen- und Kriegen sich selbst thematisiert. Mehr als ein Zehntel aller Beiträge beschäftigt sich mit den Bedingungen, Formen und Konsequenzen der Kriegsberichterstattung (vgl. Krüger 2003: 404).

Ebenfalls umfangreich war die medienkritische Diskussion zur Berichterstattung über die Terroranschläge vom 11. September (vgl. Baum 2001) und über den Kosovo-Krieg (vgl. WZB 2000). Verallgemeinernd lässt sich schlussfolgern, dass in Mediengesellschaften der öffentliche Diskurs über die Probleme des Journalismus bei der Konstruktion von Krisen und Kriegen als Medienereignisse notwendigerweise dazu gehört. Denn nur wenn auf die - in Kriegszeiten sowieso gebrochene - Aura des Lieferanten von Wirklichkeit verzichtet wird, kann journalistische Glaubwürdigkeit erhalten werden. Entfernt sich der Krieg jedoch aus dem Mittelpunkt öffentlichen Interesses, gibt es für den Journalismus offenbar keinen Grund mehr, sich allzu sehr in Frage zu

---

28 Die Verwendung moralisierter Deutungsmuster wurde auch in der Berichterstattung über den Kosovo-Krieg nachgewiesen (vgl. Hammond 2000).

29 Die Analyse von jeweils einem TV-Sender und drei Tageszeitungen aus Finnland, Schweden, Deutschland, Äthiopien, Irak, USA und Norwegen zwischen August 1990 und Januar 1993 (zweiter Golfkrieg) zeigt, dass weniger als ein Fünftel der untersuchten Beiträge sich mit Alternativen zum Krieg befassen, während der Einsatz militärischer Mittel gegen den Irak die am intensivsten diskutierte Konfliktlösungsoption darstellt (vgl. Kempf 1997).

stellen, wie eine explorative Inhaltsanalyse der medialen Selbstthematisierungs-
strategien im Irak-Krieg ergab.[30]

Die Ergebnisse belegen, dass während der eigentlichen Kriegsphase, also
bis zum Einmarsch der US-Truppen in Bagdad, vor allem für Zeitungen und
Zeitschriften über ihre Probleme umfassend informiert haben. Rund ein Viertel aller Printmedienbeiträge, die den Irak-Konflikt thematisieren, beschäftigt
sich beiläufig oder im Kern mit den Medien selbst. Im Mittelpunkt steht dabei
die kritische Reflexion der Fernsehberichterstattung. Das ist deshalb besonders
interessant, weil das Fernsehen erheblich weniger häufig über seine eigenen
Grenzen sowie diejenigen anderer Medien im Krieg nachdachte - zumindest in
den Nachrichtensendungen, die auch im Krieg kein Forum der Selbstreflexion
bieten. Das von den Printmedien am meisten behandelte Thema war der eingebettete Journalismus, gefolgt von der Bewertung der Berichterstattung anderer Medien, den PR-Strategien der US-Regierung, der Kritik an der stark polarisierenden Darstellung der Konfliktparteien sowie den Arbeitsbedingungen
der Kriegsreporter. Nach dem Einmarsch der US-Streitkräfte in Bagdad nimmt
die Zahl selbstkritischer Artikel jedoch, wie erwähnt, rasant ab.

Neben den bisher dargestellten Themen wurden eine Vielzahl weiterer Aspekte der medialen Darstellung von Krisen und Kriegen untersucht. Dazu
gehören die Verbreitung von Propaganda durch kroatische und serbische Medien während des Krieges in Bosnien-Herzegowina[31], die transnationalen Diskurse über die Balkan-Kriege in Frankreich, Großbritannien und Deutschland
(vgl. Grundmann, Smith & Wright 2000), die Verwendung geschlechtsspezifi-
scher Argumentationsstrategien in der Berichterstattung über eine Protestbe-
wegung gegen die Besatzungspolitik in Israel (vgl. Lemish & Barzel 2000), die
Visualisierung konfliktiver Ereignisse am Beispiel der Anschläge des 11. September 2001 und des Afghanistan-Feldzuges (vgl. Gottmann 2002), die Berichterstattung japanischer Tageszeitungen über internationale Konflikte (vgl.
Cho & Lacy 2000), die Beziehung zwischen Zensur und Emotionalisierung der

---

[30]   In die Inhaltsanalyse einbezogen wurden zwei Nachrichtenprogramme von Fernsehsendern,
       die Titelseiten sechs überregionaler Tageszeitungen sowie die Angebote von drei informati-
       onsorientierten Zeitschriften und einer Wochenzeitung. Durchgeführt wurde die Studie von
       einer Arbeitsgruppe im Rahmen des Forschungsseminars „Der Irak-Konflikt als Mediener-
       eignis", welches im Sommer 2003 an der TU Ilmenau durchgeführt wurde. Den sehr enga-
       gierten Seminarteilnehmern danke ich für ihre exzellente Arbeit.
[31]   Analysiert wurden Printmedien aus der Zeit von Januar bis Mai 1993 und Fernsehnachrichten
       von Februar bis April 1993. Die Stichprobe umfasste 2.278 Zeitungsartikel und 66 Nachrich-
       tensendungen (vgl. Malesic 1998).

Berichterstattung während des zweiten Golfkrieges (vgl. Newhagen 1994a)
oder die mediale Darstellung von Kriegsveteranen aus dem Vietnamkrieg (vgl.
Patterson 1991).

Zusammenfassend kann konstatiert werden, dass die inhaltsanalytischen
Befunde zur Krisen- und Kriegskommunikation eine enorme Vielfalt aufweisen. Nur vereinzelt nehmen die Untersuchungen Bezug aufeinander. Von einer
systematischen Erschließung der Formen und Inhalte medialer Krisen- und
Kriegskommunikation ist die Forschung, trotz aufschlussreicher Einzelbefunde, weit entfernt. Ein wichtiger Schritt zur Verbesserung der Erkenntnisse über
die Muster der Krisen- und Kriegskommunikation wäre eine differenzierte Sekundäranalyse, in der die verwendeten Ansätze, Fragestellungen, Vorgehens-
weisen und Befunde beschrieben, bewertet und miteinander in Beziehung
gesetzt werden. Sinnvoll erscheinen darüber hinaus eine länder-, kultur- und
konfliktübergreifende Längsschnittstudie zur Identifikation basaler Strukturen
der medialen Darstellung von Krisen und Kriegen sowie die Entwicklung eines
standardisierten Instruments zur Durchführung von Einzeluntersuchungen,
um die Vergleichbarkeit der Befunde entsprechender Analysen zu erhöhen.

3.2   Medienrezeption: Nutzung, Wirkung und Aneignung von Kriegsberichterstattung

Dass von Medienangeboten keineswegs unmittelbar auf die Nutzung, Wirkung
und Aneignung krisen- und kriegsbezogener Informationen geschlossen werden darf, kann in der Kommunikationswissenschaft als konsentiert gelten. Eine
große Zahl von Variablen beeinflusst, was Rezipientinnen und Rezipienten mit
medialen Aussagen über Krisen und Kriege machen. Publikumsvorstellungen
vom Krieg basieren auf individuellen, sozialen und kulturellen Konstruktionsprozessen. Zu den prägenden Faktoren gehören unter anderen die Rezeptions-
situation, der Grad an persönlichem Beteiligtsein (Involvement) der Rezipienten, ihr Vorwissen, die politische Bewertung des Konfliktes oder die den Medien zugeschriebene Glaubwürdigkeit. Die allgemeine Mediennutzungsfor-
schung weist zudem darauf hin, dass es *das* Publikum nicht gibt, sondern allenfalls Publikumssegmente, also Personen mit ähnlichen Merkmalen, Interessen
und Gewohnheiten. Berichte über einen spezifischen Konflikt können deshalb
von Individuen, Gruppen und Organisationen unterschiedlich verarbeitet,
bewertet und eingeordnet werden (vgl. u.a. Bonfadelli 1999; Jäckel 1999; Charlton & Schneider 1997).

Empirisch konnte nachgewiesen werden, dass die mediale Kommunikation
über bestimmte Krisen und Kriege bei einer Mehrheit des Publikums erhebli-

che Aufmerksamkeit bindet - jedenfalls am Anfang der Berichterstattung (vgl. Ehlers 1991; Imhof 1997). Über den Beginn des zweiten Golfkrieges am 17. Januar 1991 zum Beispiel waren zwei Drittel der US-Bevölkerung spätestens eine halbe Stunde nach dem Angriff informiert. Nach zwei Stunden und 30 Minuten wussten nahezu 95 Prozent der Bevölkerung Bescheid. Als Quelle ihrer Erstinformation gaben zwei Drittel der Erwachsenen das Fernsehen an; immerhin ein Drittel aller Kindern erfuhr die Nachricht ebenfalls aus dem Fernsehen, also nicht von relevanten Bezugspersonen. Die meisten Rezipienten, die über das Radio über den Kriegsbeginn informiert wurden, wechselten umgehend zum Fernsehen. Am ersten Tag nach Kriegsbeginn lasen die Leser von Printmedien nahezu alles, was sie zu dem Thema bekommen konnten (vgl. Gantz & Greenberg 1993). Gezeigt werden konnte darüber hinaus, dass das Interesse des Publikums mit zunehmender Konfliktdauer abflaut. Denn Rezipienten neigen zu einer Indifferenz gegenüber Ereignissen, die sie selbst nicht betreffen (vgl. Ehlers 1991; Imhof 1997; Grimm 1997).[32]

Ähnliche Muster der Informationssuche und der Diffusion von Informationen zeigten sich auch in anderen Krisensituationen – beispielsweise bei den Anschlägen auf das Pentagon und das World Trade Center (vgl. Emmer et al. 2002).[33] Am schnellsten über die Attentate informiert waren Jüngere, höher Gebildete sowie Erwerbstätige. Primärquelle der Erstinformation war das Fernsehen (44,9 Prozent der Befragten), gefolgt vom Radio (28 Prozent), der interpersonalen Kommunikation (22,8 Prozent) und dem Internet (2,3 Prozent). Viele derjenigen, welche die Nachricht nicht über das Fernsehen erhalten hatten, wechselten umgehend das Medium, bemühten sich also um visuelle Informationen: „In der Extremsituation konnte das Fernsehen alle seine Vorteile ausspielen: Glaubwürdigkeit, Visualität und Aktualität." (Emmer et al. 2002: 171).[34] Generell kann konstatiert werden, dass bei Ereignissen mit extremem Nachrichtenwert - dazu gehörten die terroristischen Anschläge des 11. Sep-

---

[32] Bislang kaum analysiert wurde der Zusammenhang zwischen nachlassendem Publikumsinteresse und abnehmendem Umfang des Medienangebots (s. Abschnitt 3.1). Zu vermuten ist, dass beides sich wechselseitig beeinflusst. Medienmacher, vor allem beim Fernsehen, haben das Publikumsinteresse über die tägliche Messung von Einschaltquoten im Blick - und richten ihre Angebote daran aus. Der Rückgang der Medienberichterstattung wiederum kann dem Publikum eine Normalisierung anzeigen, die das Interesse ebenfalls sinken lässt.

[33] Die Ergebnisse basieren auf der Befragung einer Stichprobe von 1460 Deutsch sprechenden Personen ab 16 Jahren mit Wohnsitz in Deutschland im Januar/Februar 2002.

[34] Zu den weiteren Inszenierungstechniken des Fernsehens, die bei Rezipienten einen „faszinativen Sog" bewirkten, zählt Hickethier (1991) Simultaneität, Ubiquität, Augenzeugenschaft sowie Ereignisdramaturgie.

tember 2001 zweifellos - sich die Medienrezeption grundlegend verändert. So benutzen Rezipienten etwa andere Muster bei der Informationssuche, die interpersonale Kommunikation wird verstärkt, und entsprechende Ereignisse graben sich tief in das Gedächtnis ein (vgl. Emmer et al. 2002: 166ff.).

Krisen und besonders Kriege lösen, wie andere Studien belegen, ambivalente Gefühlsreaktionen aus: Verunsicherung, Deprimierung, Ängstlichkeit, aber auch - in Abhängigkeit vom jeweiligen Konflikt - Zufriedenheit, dass eine Problemlösung versucht wird – und sei es eine gewalttätige. Zu Beginn des zweiten Golfkriegs zum Beispiel erklärte ein Drittel der Befragten, sie seien nun deprimiert oder ängstlich. Ein Fünftel meinte dagegen, zufrieden zu sein, dass endlich etwas unternommen werde (vgl. Greenberg 1993: 402). Die intensivere Nutzung von Nachrichtenmedien korreliert dabei positiv mit einem größeren Wissensstand über Konflikte (vgl. Pan et al. 1994).

Untersucht wurden darüber hinaus etwa die Beziehungen zwischen der Bewertung von Krisennachrichten und der Glaubwürdigkeit von Quellen (vgl. Newhagen 1994b), zwischen der Nachrichtenverbreitung und erzieherischen Wirkungen (vgl. Hoffner & Haefner 1994; Voort, Lil & Vooijs 1992), zwischen der Mediennutzung und dem Grad des persönlichen Beteiligtseins (vgl. Lo 1994), zwischen Medienangeboten und Sympathiezuweisungen (vgl. Goetsch 1997), zwischen Erinnerungskultur und Patriotismus nach dem 11. September 2001 (vgl. Horowitz & Wanstrom 2001) sowie zwischen Mediennutzung und Informationsbedürfnis in Kriegszeiten, die durch militärische Zensur und Dauerberichterstattung gekennzeichnet sind (vgl. Kempf & Reimann 1992).

Empirisch gut belegt ist des Weiteren, dass in den USA bei beginnenden Krisen die öffentliche Unterstützung und das Vertrauen in den Präsidenten, seine Politik, den Kongress und das Militär deutlich zunehmen. Dieser so genannte „Rally-Effekt" (abgeleitet aus „Rally around the flag") zeigte sich erneut nach dem 11. September 2001. Während Präsident George Bush vor den Anschlägen nur von weniger als 50 Prozent der US-Bevölkerung unterstützt wurde, stieg dieser Anteil nach den Terrorangriffen auf über 80, zum Teil sogar 90 Prozent (vgl. Medientenor 2003). Eine eher konsonante und undifferenzierte Berichterstattung der Medien scheint den Effekt zu begünstigen. Nach einiger Zeit gehen seine Folgen jedoch wieder zurück. Die politische Klasse wird spätestens nach zehn Monaten wieder so bewertet wie auf dem Vorkriegsniveau (vgl. Parker 1995; McLeod, Eveland & Signorielli 1994).

Ob die Medienberichterstattung dazu beitragen kann, Kriege zu beenden oder zu verstärken, ist umstritten. Einerseits werden Medien genutzt, um eine patriotische öffentliche Meinung zu stimulieren. Andererseits wird den Medien aber auch das Potenzial zugeschrieben, Friedensbemühungen zu fördern. In jedem Fall hat der zunehmend globale Charakter des öffentlichen Kommunikationssystems die Qualität sicherheitspolitischer Handlungen verändert. Denn auch das politische System nimmt vieles über die Medien vermittelt wahr. Die Berichterstattung in Kriegssituationen prägt jedoch offenbar stärker die symbolische Themenstruktur als den tatsächlichen sicherheitspolitischen Entscheidungsprozess. Die Bedeutung der Kriegsberichterstattung für den politischen Prozess nimmt offenbar zu, wenn Sicherheitspolitiker die Medienangebote nicht mit anderen Informationsquellen abgleichen können. Besonders relevant ist Kriegsberichterstattung vor allem in Phasen der Entscheidungsfindung und wenn es im Entscheidungszentrum einen Dissens gibt (vgl. Robinson 2000; Jakobsen 2000; Dietz & Menzel 1999).

3.3 Medienproduktion: Kontexte und Strukturen journalistischer Kriegskonstruktion

Anders als in der Rezeptions- und in der Medienangebotsforschung gibt es in der Kommunikatorforschung, die sich mit den Bedingungen, Strukturen und Prozessen der Entstehung von Medienaussagen befasst[35], nur eine vergleichsweise geringe Zahl empirischer Untersuchungen zur Krisen- und Kriegskommunikation. Das ist zum einen, wie erläutert (s. Abschnitt 3.1), auf die besonderen organisatorischen Probleme bei der Durchführung von Befragungen und Beobachtungen während eines laufenden Konfliktes zurückzuführen.

Zum anderen gehört die Kommunikatorforschung zu den Teilgebieten der Kommunikationswissenschaft, denen - im Unterschied zur Rezeptionsforschung - traditionell weniger Aufmerksamkeit geschenkt wird. Wie die mediale Wirklichkeit von Krisen und Kriegen im Detail entsteht, wie sich beispielsweise die offenkundigen Abhängigkeiten des Journalismus vom sicherheitspolitisch-militärischen Kommunikationsmanagement auf die redaktionelle Arbeit auswirken, ist empirisch bislang kaum erforscht. Es verwundert daher nicht, dass sich eine breite normative Debatte über die Ideale eines „Friedensjournalismus" entfalten konnte, die mit der ökonomischen und professionellen Realität redaktioneller Tätigkeit wenig zu tun hat.[36]

---

35 Zum Stand der (empirischen) Kommunikatorforschung vgl. Löffelholz (2003a) und Bentele (2003) sowie im Hinblick auf die Theoriebildung Löffelholz (2004b).

36 Der norwegische Friedensforscher Johan Galtung setzt sich seit langem für dieses Journalismuskonzept ein. Zusammen mit Richard Vincent hatte er in dem 1993 herausgegebenen Band „Krieg als Medienereignis" zehn Regeln für eine friedensorientierte Berichterstattung

Aufgrund der geringen Zahl empirischer Untersuchungen stützen sich Einsichten in die Abhängigkeiten, Arbeitsbedingungen und redaktionellen Konsequenzen der Krisen- und Kriegsberichterstattung weitgehend (nur) auf die Reportagen von Kriegskorrespondenten. Seit Jahrzehnten erhöht jeder medial intensiver beachtete Konflikt die Zahl solcher subjektiv-journalistischer Nachkriegsreflexionen (vgl. Löffelholz 1993b: 15f.). Vor allem Fernsehjournalistinnen und -journalisten, die in Kriegen einem größeren Publikum bekannt werden, tendieren dazu, ihre (zeitweilige) Prominenz monographisch zu vermarkten. Als unmittelbare Folge des Irak-Krieges erschienen beispielsweise allein auf dem deutschen Buchmarkt mindestens drei von Journalisten verfasste Schilderungen ihrer Erlebnisse während der US-Angriffe auf Bagdad (vgl. Kloss 2003; Rados 2003; Tilgner 2003).[37]

Trotz der enormen Zahl international verfügbarer Werke zur journalistischen Selbstbeschreibung von Krisen- und Kriegsberichterstattung wurde deren Gehalt bislang nicht komparativ analysiert. Eine solche Studie wäre sinnvoll, um ein über individuelle Einschätzungen hinausgehendes Bild der Abhängigkeiten und Arbeitsbedingungen des Journalismus im Krieg zu zeichnen - und darüber hinaus Strukturen und Konzepte der Selbstbeobachtung des Krisenjournalismus zu beschreiben. Auf diese Weise können nicht nur zentrale Handlungsmaximen der Krisen- und Kriegsberichterstattung aufgezeigt, sondern auch - wie andernorts begründet (vgl. Löffelholz 1995: 171ff.) – generelle Einsichten in die Reflexionsfähigkeit des modernen Journalismus gewonnen werden.

In den wenigen Studien zur Produktion von krisen- und kriegsbezogenen Medienangeboten stehen die Charakteristika von Kriegsberichterstattern (vgl. Seib 2002; McLaughlin 2002; Fröhlich 2002; Evans 2001; Richter 1999a; Pedelty 1995; Knightley 1975; Tunstall 1971), die als eine spezifische Subkultur beschrieben werden können (vgl. Tumber & Prentoulis 2003), sowie die Bezie-

---

veröffentlicht (vgl. Löffelholz 1993a). Propagiert wird das Konzept auch von manchen Kriegsberichterstattern, wie etwa dem Briten Jake Lynch. Dem „Friedensjournalismus" ähnlich ist die Idee eines „Journalism of Attachment" („Journalismus der Verbundenheit"), welche der BBC-Journalist Martin Bell verfolgt (vgl. den Beitrag von Hanitzsch in diesem Band).

37 Darüber hinaus gibt es eine Vielzahl journalistischer Selbstbeschreibungen, die in Form kürzerer Beiträge erschienen sind - beispielsweise die Artikel der Kriegsreporter Peter Miroschnikoff, Thomas Roth und Peter Philipp in einem von der ‚Deutschen Welle' (2001) publizierten Band zur Rolle der Medien in Krisen und Kriegen oder die Beiträge der Journalisten Nik Gowing, Kieran Baker, Yvonne Ridley und Gordon Corera in Thussu & Freedman (2003).

hungen zwischen Kriegsberichterstattung und sicherheitspolitischem Kommunikationsmanagement im Mittelpunkt (s. Abschnitt 2.2). International diskutiert wird dabei unter anderem über die Legitimität der Geheimhaltung militärischer Informationen sowie über die Bedeutung einzelner sicherheitspolitischer PR-Instrumente wie beispielsweise der Zensur oder der „Einbettung" von Journalisten in Streitkräfte (vgl. u.a. Brown 2003; Taylor 2003; Kunczik 2002, 1995, 1991; Hammond & Herman 2000; Nohrstedt et al. 2000; Filk 1999). Untersucht wurde zudem die wachsende Bedeutung kommerzieller PR-Agenturen für die Krisenkommunikation (vgl. Kunczik, Zipfel & Biesinger 2000).[38]

Zu den empirischen Analysen der journalistischen Arbeit in Krisen und Kriegen im deutschen Sprachraum gehört eine Untersuchung der Arbeitsbedingungen von Kriegsberichterstattern in den gewaltsamen Konflikten im ehemaligen Jugoslawien (vgl. Richter 1999a). Auf der Basis einer Leitfaden-Befragung von acht Kriegsreportern[39] werden unter anderen Arbeitserfordernisse (vom Passierschein bis zur Arbeitserlaubnis), Sicherheitsmaßnahmen, technische Rahmenbedingungen, Möglichkeiten, Hindernisse und Grenzen journalistischer Recherche, Ansprüche an psychische und physische Belastbarkeit sowie das Selbstverständnis von Kriegsberichterstattern erläutert. Einbezogen wird zudem die Arbeit in Nachkriegsgebieten. In einer methodisch ähnlich angelegten Untersuchung wurde das Selbstverständnis und die Arbeitsbedingungen von Kriegsreportern analysiert, die im Irak-Krieg 2003 als eingebettete Journalisten tätig waren (vgl. Vogt 2004).

Dieser knappe Überblick signalisiert deutlich erhöhten Forschungsbedarf: Angesichts der mangelhaften empirischen Durchdringung der Produktion krisen- und kriegsbezogener Medienaussagen fehlen sowohl weitere explorative Studien, in denen die journalistische Arbeit in Krisen und Kriegen fallorientiert erkundet wird, als auch eine repräsentative (möglichst ländervergleichende) Befragung von Journalistinnen und Journalisten, die aus Krisen- und Kriegsgebieten berichten. Neben zusätzlichen Befragungen von Kriegsberichterstattern sind vor allem Beobachtungen von Redaktionen sinnvoll, die sich auf Kriegsberichterstattung vorbereiten oder diese leisten. Angesichts der (Selbst-)Inszenierung mancher Frontberichterstatter als geradezu heldenhafte individuelle

---

[38] Vgl. den Beitrag von Kunczik in diesem Band.
[39] Die Leitfadengespräche wurden 1998 geführt. Zu den Befragten gehörte der Stern-Reporter Gabriel Grüner, der von 1991 bis 1995 als Kriegsberichterstatter auf dem Balkan tätig war und im Juni 1999, bei der Recherche über die ersten Tage des Friedens im Kosovo, zusammen mit zwei Begleitern erschossen wurde.

Akteure, wird die Relevanz der „Heimatredaktionen" für die Produktion von Medienaussagen nachhaltig unterschätzt. Journalismus operiert jedoch, wie seit langem klar ist (vgl. Löffelholz 2003b), als ein komplexes soziales System, dessen Strukturen den Produktionsprozess von Medienaussagen stark beeinflussen. Empirisch zu analysieren sind daher unter anderen die redaktionsinternen Entscheidungsprozesse in Krisen- und Kriegssituationen, die journalistische Verarbeitung systemexterner Ansprüche oder die Unterschiede zwischen redaktioneller Routine- und Krisenkommunikation. Darüber hinaus sind komplexere (Multimethoden-)Untersuchungen anzugehen, in denen die Beziehungen zwischen Journalismus und sicherheitspolisch-militärischer Public Relations empirisch analysiert werden.

3.4   Organisationskommunikation: Krisenkommunikation als Public Relations

Neben Studien zur Produktion, Präsentation und Rezeption konfliktiver Ereignisse und kriegerischer Auseinandersetzungen liegen weitere empirische Untersuchungen zur Krisenkommunikation vor, die sich auf die Frage konzentrieren, wie Organisationen in Krisen kommunizieren. Von den Ergebnissen dieser vor allem auf Unternehmen bezogenen Krisenkommunikationsforschung kann die auf politische Konflikte und gewaltsame Auseinandersetzungen ausgerichtete Kriegskommunikationsforschung durchaus profitieren. Umgekehrt kann die Analyse der medialen Produktion, Präsentation und Rezeption konfliktiver Ereignisse Anregungen zum besseren Verständnis der Krisenkommunikation von Unternehmen liefern. Aufgrund der Ähnlichkeit der Fragestellung bietet es sich deshalb an, wie Anfang der Neunziger Jahre vorgeschlagen (vgl. Löffelholz 1993b), Krisen- und Kriegskommunikation konzeptionell miteinander zu verbinden.

Mit den Bedingungen, Formen und Folgen unternehmerischer Krisen setzen sich diverse Disziplinen auseinander. Kommunikative Aspekte spielen dabei jedoch weder in der Psychologie oder Soziologie, noch in den Wirtschafts- oder Politikwissenschaften eine besondere Rolle. Die vorhanden empirischen Untersuchungen der Bedingungen, Formen und Konsequenzen von Krisenkommunikation als Teil der Organisationskommunikation sind überwiegend im Kontext der Kommunikations- und Medienwissenschaft entstanden. Grob können dabei zwei Gruppen von Studien unterschieden werden: In der ersten steht die Frage der unternehmerischen Vorbereitung auf erfolgreiche Krisenkommunikation im Mittelpunkt, während in der zweiten Gruppe Krisensituationen und deren kommunikative Folgen fallstudienartig und ex post untersucht werden. Die Praxisrelevanz von Krisenkommunikation als Bestandteil unternehmerischen Handelns in Krisensituationen hat dazu geführt, dass das Thema zunächst in der so genannten Praktikerliteratur aufgegriffen wurde. Die meisten Werke stützen sich auf eine mehr oder weniger differenzierte Analyse von Kommunikationsstrategien anhand ausgewählter Krisenfälle, vor allem von (Groß-)Unternehmen.[40] Das gilt auch für die wissenschaftliche Literatur.[41]

Die komparative Analyse diverser Krisen zeigt, dass ein relevanter Teil von Unternehmenskrisen (auch) durch die Medienberichterstattung über das tatsächliche oder vermeintliche Fehlverhalten von Unternehmen ausgelöst wurde. Sowohl die Beobachtung von als auch der Aufbau guter Beziehungen zu den Medien spielt demnach für die Bewältigung von (publizistischen) Krisen eine wichtige Rolle. Unternehmerische Krisenfälle sind im Durchschnitt nach rund drei Monaten beendet. Allerdings variiert die Dauer je nach Krisenursache. Krisen, die auf fehlerhafte Produkte oder Dienstleistungen zurückgehen, sind zumeist nach wenigen Wochen bewältigt. Krisen, die enger mit Kunden oder Lieferanten verknüpft sind, können hingegen oft erst nach einem Jahr beendet werden. Aufgaben im Rahmen von Krisenkommunikation nehmen vor allem Vertreter der Abteilung Unternehmenskommunikation sowie Führungskräfte und Vorstand wahr. In der latenten und akuten Krisenphase sind Vorstand und andere Spitzenkräfte deutlich häufiger an Kommunikationsvorgängen beteiligt als in Nicht-Krisensituationen sowie in der Nachsorgephase (vgl. Roselieb 1999).

Trotz des zweifellos gewachsenen generellen Problembewusstseins für die Relevanz von Krisenkommunikation schöpfen mittelständische und sogar viele größere Unternehmen, zumindest in Deutschland, keineswegs alle Möglichkeiten zur Vorbereitung auf die Bewältigung von (publizistischen) Krisen aus. Ein Großteil der Unternehmen verfügt über keine institutionalisierte Struktur zur Krisenkommunikation, etwa eigens geschultes Personal oder einen detaillierten

---

[40]   Zur Ratgeberliteratur gehören u.a. Möhrle (2004), Ruff und Azis (2003), Faern-Banks (2002), Guillery und Ogrizek (1999), Coombs (1999), Bland (1998), Reineke (1997), Puchleitner (1994), Klimke und Schott (1993), Mitroff und Pearson (1993), Dougherty (1992), Lambeck (1992), Berge (1990), Apitz (1987), Pinsdorf (1987), Fink (1986).

[41]   Besonders intensiv untersucht wurden beispielsweise die Auseinandersetzung zwischen dem Ölmulti Shell und der Umweltschutzorganisation Greenpeace über die beabsichtigte Versenkung der Öl-Bohrplattform Brent Spar (vgl. Hecker 1997), die Krisenkommunikation beim Grubenunglück in Borken (vgl. Mathes, Gärtner & Czaplicki 1993) oder - in vergleichender Perspektive - Krisen bei den Unternehmen Audi, Exxon, H+H Metalform, Hoechst, Johnson & Johnson, Klöckner-Humboldt-Deutz, Lufthansa und Pierrier (vgl. Hauser 1994).

Krisenkommunikationsplan. Mit welchen vielfältigen (publizistischen) Krisen Organisationen konfrontiert werden können, wird ebenfalls kaum berücksichtigt. Immerhin sehen jedoch zumindest größere Unternehmen die (Vorbereitung auf) Krisenkommunikation als festen Bestandteil ihrer Unternehmenskommunikation an (vgl. Broscheit 2004: 75ff.; Lehrke 2003).

Die empirische Untersuchung der Beziehungen von Unternehmenskommunikation und Medienberichterstattung in Krisensituationen weist nach, dass selbst kleine Unstimmigkeiten in der Unternehmenskommunikation erhebliche Folgen haben können. Nur wenn beispielsweise zum Krisenfall abgegebene Stellungnahmen inhaltlich konsistent sind, besteht die Chance, dass ein Unternehmen glaubwürdig bleibt. Gezeigt werden konnte darüber hinaus, dass im Verlauf der journalistischen Beschäftigung mit einer Krise Schuldzuweisungen publizistisch umbewertet werden können - nicht immer zum Vorteil des Unternehmens. Wenn etwa - wie beim Grubenunglück in Borken – in der Darstellung der Medien aus einem ‚unvermeidbaren, überraschenden Unglück' ein Ereignis wird, das „vorhersehbar war und auf Schlamperei beruhte", entsteht neben der Primärkrise eine publizistisch induzierte sekundäre Krise, die aufgrund des damit einher gehenden Vertrauensverlustes und Imageschadens erheblich längere Zeit zur Bewältigung erfordert (vgl. Mathes, Gärtner & Czaplicki 1993).

Andere Studien weisen darauf hin, dass für den Erfolg des Krisenmanagements eines Unternehmens die Kommunikation mit externen Anspruchsgruppen von nachhaltiger Relevanz ist. Die Verweigerung der Kommunikation mit solchen Gruppen, etwa weil deren Bedeutung als gering eingeschätzt wird, kann im Medienzeitalter stark nachteilige Folgen haben, wie etwa die Auseinandersetzung um die Versenkung der Öl-Bohrplattform Brent Spar gezeigt hat. Greenpeace gelang es, sich mit Hilfe entsprechender PR-Aktionen medial so zu positionieren, dass ein erheblicher Teil der Kundschaft des Öl-Konzerns Royal Dutch/Shell gegen das Unternehmen mobilisiert wurde (vgl. Scherler 1996). In weiteren Untersuchungen wurden unter anderen die Rolle von Journalisten in der Krisenkommunikation untersucht (vgl. Gesellschaft für Wirtschaftskommunikation 1989), die Funktion von Krisenkommunikation als Managementaufgabe bestimmt (vgl. Lindheim 1994), die Strukturen der Krisenkommunikation aus Unternehmenssicht betrachtet (vgl. Schulz 2000) oder analysiert, inwieweit erfolgreiche Krisenkommunikation tatsächlich geplant werden kann (vgl. Marra 1998).

Zu den Desiderata der auf Organisationen bezogenen Krisenkommunikationsforschung gehören empirische Studien, in denen die Rolle der Rezipienten in der Beziehung zwischen Journalismus und Unternehmen in Krisenzeiten beschrieben wird. Lohnenswert erscheint zudem eine international vergleichende longitudinale Analyse der unternehmensbezogenen Krisenberichterstattung verschiedener Medien. In jedem Fall signalisieren sowohl die Praxisrelevanz des Themas als auch der bisherige Forschungsstand einen großen Bedarf an theoretisch elaborierten empirischen Studien.

4 Theorien der Krisen- und Kriegskommunikation

Sowohl in der auf Unternehmen bezogenen Krisenkommunikationsforschung als auch in der auf gewaltsame Auseinandersetzungen ausgerichteten Kriegskommunikationsforschung dominieren Studien, bei denen auf eine explizite Anbindung an den theoretischen Diskurs verzichtet wird. Das lässt sich jedoch keineswegs daran festmachen, dass diese Arbeiten nicht aus der Friedensforschung, sondern aus der Kommunikationswissenschaft kommen, wie Becker (2002b: 267) behauptet. Weder zeichnet sich die Friedens- und Konfliktforschung per se durch besondere theoretische Tiefe aus, noch kann der Kommunikationswissenschaft pauschal Theorieferne bescheinigt werden. Das gilt auch für die Krisen- und Kriegskommunikationsforschung.

4.1 *Begriffsexplikationen: Krise, Krieg und Kommunikation*

Obgleich Krisen intra- und interindividuell, intra- und interorganisatorisch oder intra- und interkulturell auftreten und kommuniziert werden, wird der Begriff Krisenkommunikation oft nur auf „alle Kommunikationsanstrengungen nach Eintritt eines Schadens" (Merten & Zimmermann 1998: 376) bezogen. Dieses im Kontext der Public Relations-Forschung generierte Verständnis erscheint jedoch zu eng, um die mit dem Terminus bezeichneten Phänomene adäquat zu erfassen. Abgesehen von den vielfältigen Merkmalen der Kommunikation als flüchtigem, selektivem, reflexivem und komplexem sozialen Prozess[42] beziehen differenziertere Begriffsbestimmungen vor allem die Charakteristika von Krisen (vgl. Broscheit 2004: 12ff.) und Kriegen (vgl. Staiger 2003: 97ff.) ein.

---

[42] Bei der theoretischen Identifikation von Kommunikation sind eine Vielzahl von Aspekten zu berücksichtigen - etwa individuelle Merkmale, ökonomische Bedingungen, Machtverhältnisse, Wahrnehmungskanäle, Medientypen, Kommunikationsrollen oder Kommunikationsformen (vgl. Löffelholz & Quandt 2003; Schmidt & Zurstiege 2000; Merten 1999).

Krisen können als (vermutete) Bedrohungen zentraler Werte eines Systems definiert werden. Dabei wird Sicherheit - bis hin zur Gefährdung der Existenz - reduziert, Zeitressourcen werden verknappt und hoher situativer Entscheidungsdruck induziert. Krisen sind zudem durch die ungewollte Gefährdung dominanter Ziele (z.b. eines Unternehmens oder Staates), einen ambivalenten und nicht vorhersehbaren Ausgang und die nur teilweise Beeinflussbarkeit des Ablaufs gekennzeichnet. Damit unterscheiden sich Krisen von Konflikten (die nicht zwangsläufig die Existenz gefährden), Störungen (die keine dominanten Ziele berühren) und Katastrophen (die stets negativ enden). Kriege wiederum können als fortbestehende Krisen gesehen werden, die gewaltsam zugespitzt werden.

Wird der Terminus Krise - entgegen des Alltagsverständnisses - nicht nur auf die Vorgeschichte eines Krieges, sondern auch auf die kriegerischen Ereignisse selbst bezogen, stellen Kriege eine besondere Kategorie von Krisen dar (vgl. Löffelholz 1993b: 11). An Kriegen sind zumindest zwei militärische bzw. bewaffnete Sozialsysteme beteiligt, sie weisen eine hohe Intensität (vor allem) physischer Gewalt gegen Menschen oder Sachen sowie eine gewisse Kontinuität der Kampfhandlungen auf (vgl. Staiger 2003: 98f.). Diese Beschreibung von Kriegen geht über das traditionelle Verständnis des Krieges als zwischenstaatlichem Konflikt hinaus. In binnen- oder (partiell) außerstaatlichen Konflikten, die seit dem Ende des zweiten Weltkriegs die Statistiken gewaltsamer Auseinandersetzungen dominieren, ist zumindest eine der Kriegsparteien dem nicht-staatlichen Bereich zuzuordnen (vgl. Trotha 1999: 87ff.).

Krisen-Charakteristika wie Unsicherheit, Entscheidungsdruck und Zeitknappheit sind Phänomene, die in kognitiven und sozialen Prozessen generiert, verstärkt oder reduziert werden. Krisen und sogar Kriege „existieren" also nicht in einem ontologischen Sinne, sondern beruhen auf rekursiven Beobachtungen, die kommunikativ miteinander gekoppelt sind. Die Genese und der Verlauf einer Krise basieren damit in besonderer Weise auf den Bedingungen und Formen von Kommunikation. So gesehen können Krisen und Kriege (auch) als soziale Ereignisse verstanden werden, die durch fehlende oder misslingende Kommunikation konstituiert werden (vgl. Löffelholz 1995). Das gilt sowohl für so genannte Primärkrisen, etwa einen Chemieunfall, als auch für medieninduzierte Sekundärkrisen, also publizistische Krisen (vgl. Fiedler 1994: 212).[43]

---

[43] Da Krisen stets von öffentlichem Interesse sind, besteht bei jeder Art von Krise die Möglichkeit, dass sie zu einer Image schädigenden publizistischen Krise wird (vgl. Reineke 1997: 12).

Die Differenz von Primär- und Sekundärkrise verweist auf zwei voneinander zu unterscheidende Typen von Krisen- und Kriegskommunikation[44] (vgl. Löffelholz 2003a): die Kommunikation *über* Krisen (Sachdimension) und die Kommunikation *in* Krisen (Sozial- und Zeitdimension). In einer Krisensituation, etwa dem Unglück in einem Chemiebetrieb, unterliegt die Kommunikation der Akteure den durch Existenzgefährdung, Unsicherheit, Entscheidungsdruck und Zeitknappheit induzierten Bedingungen von Krisen, während die handelnden Personen gleichzeitig über die Krise kommunizieren, um sie zu bewältigen (Kommunikation *über* Krisen *in* Krisen).

Für die Medienberichterstattung über derartige Unglücke gelten jedoch andere Bedingungen: Journalisten berichten über Krisen, ohne davon selbst unmittelbar betroffen zu sein. Krisencharakteristika wie Existenzgefährdung und Entscheidungsdruck sind Gegenstand der Berichterstattung, prägen aber nicht notwendigerweise die journalistische Arbeit (Kommunikation *über* Krisen). Allerdings: Reporter, die in Krisensituationen, etwa kriegerischen Konflikten, tätig sind, können dadurch in ihren Handlungen beeinflusst oder sogar existenziell gefährdet werden. Das wiederum prägt die Ergebnisse der Berichterstattung, also die Kommunikation über Krisen und Kriege.

Die Kommunikation über Krisen ebenso wie die Kommunikation in Krisen bezieht sich, im Unterschied zur Risikokommunikation (vgl. Ruhrmann 1992), auf gegenwärtige, akut ausgelöste oder schwelende krisenhafte Ereignisse. Die Begriffe Krisen- und Risikokommunikation sind jedoch keineswegs so trennscharf, wie die Unterscheidung von potenziellen und akuten Ereignissen nahe legt (vgl. Roselieb & Barrot 1999: 36). Denn Risikofaktoren stellen gleichzeitig potenzielle Krisenauslöser dar (vgl. Bühler 2000: 44). Risiken können daher als antizipierte potenzielle Krisen verstanden werden. Krisenkommunikation wäre insofern als Folge eines eingetretenen Risikos (Bewältigungskrise) oder einer unzureichenden oder gescheiterten Risikokommunikation (Legitimations- und Akzeptanzkrise) aufzufassen (vgl. Dombrowsky 1991). Anders formuliert: Wird krisenpräventive Kommunikation unter den Begriff Krisenkommunikation subsumiert, ist Risikokommunikation als Subkategorie von (proaktiver) Krisenkommunikation zu beschreiben (vgl. Marra 1998: 464).

---

[44] Zur Kriegskommunikation gehört die Kriegsberichterstattung als operative Ausprägung des sozialen Systems Journalismus. Kriegsberichterstattung bezeichnet „alle journalistischen Operationen und Konstruktionen, die Krieg und/oder kriegsbezogene Ereignisse thematisieren bzw. deren Thematisierung vorbereiten." (Staiger 2003: 101; vgl. den Beitrag von Staiger in diesem Band).

4.2   Wege zu einer allgemeinen Theorie der Krisen- und Kriegskommunikation

Die Begriffsexplikationen verdeutlichen, dass eine theoretisch elaborierte Beschreibung der Krisenkommunikation von einer Theorie der Kommunikation auszugehen und diese mit den besonderen Charakteristika von Krisen (bzw. Kriegen) als Bedingungen und Themen von Kommunikation zu verknüpfen hat. Trotz diverser Arbeiten zur theoretischen Grundlegung von Kommunikation (vgl. u.a. Krallmann & Ziemann 2001; Burkart 1998; Schmidt 2000, 1996; Merten 1999, 1977) liegt eine umfassende Theorie der Kommunikation bisher allerdings nicht vor. So simpel erfolgreiche Kommunikation erscheint, so schwierig ist es offenbar, sie zu beschreiben und die vielfältigen mit ihr verbundenen Aspekte aufeinander zu beziehen. Die Kommunikationswissenschaft konnte immerhin nachweisen, dass die lange vorherrschenden behavioristischen bzw. technizistischen Vorstellungen von Kommunikation als Reiz-Reaktions-Handlung oder als Transmission von Information von einem Sender zu einem Empfänger zu simplifizierend sind, um der Komplexität von Kommunikation als sozialem Prozess gerecht zu werden. Als eine zentrale, die Komplexität steigernde Besonderheit der direkten wie der medial vermittelten Kommunikation konnte beispielsweise Reflexivität identifiziert werden: Danach wirken die beabsichtigten oder unbeabsichtigten (möglichen) Folgen von Kommunikation auf den Kommunikationsprozess unmittelbar zurück - etwa aufgrund von Erwartungserwartungen des Kommunikators (vgl. Merten 1977: 161f.).

Angesichts des Fehlens einer konsentierten allgemeinen Kommunikationstheorie stützt sich die Krisen- und Kriegskommunikationsforschung, analog zu anderen Spezialgebieten der Kommunikationswissenschaft, primär auf theoretische Ansätze mittlerer Reichweite. Im Prinzip können die entsprechenden kommunikationswissenschaftlichen Theorien vergleichsweise problemlos in der Krisen- und Kriegskommunikationsforschung verwendet werden. Das gilt insbesondere für die Nachrichtenwerttheorie (vgl. z.B. Galtung 1998b; Ruhrmann 1993), den Agenda-Setting-Ansatz (vgl. z.B. Goodman 1999; Iyengar & Simon 1993), den Framing-Ansatz (vgl. z.B. Eilders & Lüter 2000; Iyengar 1996; Iyengar & Simon 1993; Halliday, Jansen & Schneider 1992), diskursanalytische (vgl. z.B. Höijer, Nohrstedt & Ottosen 2002; Bündger 2001), rezeptionsorientierte (vgl. z.B. Goetsch 1997; Parker 1995; McLeod, Eveland & Signorielli 1994; Lo 1994; Gantz & Greenberg 1993) sowie medienpsychologische Ansätze (vgl. z.B. Reimann 1998; Kempf & Reimann 1994; Voorts, Lil & Vooijs 1992). Weitere theoretische Ansätze mittlerer Reichweite beruhen auf betriebswirtschaftlichen und organisationsbezogenen kommunikationswissenschaftlichen Arbeiten, die in erster Linie auf Unternehmenskrisen gerichtet sind (vgl. z.B. Broscheit 2004; Seeger 2002; Uhde 1996; Mathes, Gärtner & Czaplicki 1993; Pümpin & Prange 1991; Krystek 1987).

In der Politikwissenschaft stellt die Demokratietheorie Ausgangspunkte für eine Beschreibung der Beziehungen zwischen Politik und Medien in Krisensituationen bereit (vgl. z.B. Albrecht 1995). In manchen politikwissenschaftlichen Arbeiten wird der Stand der Debatte in der politischen Kommunikationsforschung (vgl. Vowe 2003; Jarren & Donges 2002) jedoch kaum berücksichtigt und deshalb die Funktion der Medien recht schlicht dargestellt.[45] Die Beziehungen zwischen Sicherheitspolitik, Militär und Öffentlichkeit können jedenfalls nicht mit Hilfe einfacher Kausalmodelle beschrieben werden.[46] In der Kommunikationswissenschaft werden deshalb komplexere Modelle zur Analyse von Intersystem-Beziehungen zwischen Politik, Öffentlichkeitsarbeit und Medien benutzt (vgl. Jarren & Donges 2002: 127ff.).

Bei der Beschreibung dieser Beziehungen ist unter anderem die Bedeutung der wechselseitigen strukturellen Anpassungsprozesse von Medien und Politik, etwa die Mediatisierung der Sicherheitspolitik, nicht zu unterschätzen (vgl. Löffelholz 2004a). Zu berücksichtigen sind daneben, wie Luostarinen und Ottosen (1998) in ihrem Modell der Beziehungen von Medien und Militär verdeutlichen, das Zusammenspiel von technologischen Neuerungen und historischen Erfahrungen. Aus der politikwissenschaftlichen Friedens- und Konfliktforschung stammen schließlich - wissenschaftlich wenig hilfreiche - normative Ansätze, nach denen die „Arbeit der Massenmedien dem Frieden zu dienen habe und nie dem Gegenteil" (Becker 2002a: 13; vgl. z.B. Kempf & Luostarinen 2002; Galtung 1998b).

Von dieser normativen Position grenzen sich systemtheoretisch-konstruktivistische Theorien deutlich ab.[47] Schon nach dem zweiten Golfkrieg entstanden Arbeiten zur Krisen- und Kriegskommunikation, für die Konstruktivismus und Systemtheorie eine wesentliche Basis darstellen. Was der Journalismus aus

---

[45] So meint etwa Müller (2002), dass die Rolle der Medien vor, im und nach dem Krieg sich in drei archetypischen Rollenmodellen beschreiben lasse: der „Wachhund", der die Aussagen der Regierung genau prüft; der „Schoßhund", der als Transmissionsriemen der offiziellen Informationspolitik wirkt; der „Kampfhund", der den Konflikt durch Feindbilder verstärkt.

[46] Der steuerungstheoretische Determinationsansatz zur Beschreibung der Inter-Relationen von Journalismus und Öffentlichkeitsarbeit, der Mitte der Achtziger Jahren entwickelt wurde und eine einseitige Abhängigkeit des Journalismus von den Public Relations konstatierte, konnte empirisch jedenfalls nicht bestätigt werden (vgl. Löffelholz 2004c).

[47] Vgl. dazu die Beiträge von Staiger, Görke und Hanitzsch in diesem Band.

Krisen und Kriegen macht, ist demnach kein Abbild der Wirklichkeit, sondern
ein Modell, das auf medialen Konstruktionsregeln beruht. Die Erwartungen
von Unternehmen oder Sicherheitspolitik, dass Krisen aus ihrer je spezifischen
Sicht medial dargestellt werden, können daher - konstruktivistisch gesehen -
enttäuscht werden, ohne dass dem Journalismus ein Vorwurf zu machen wäre.
Denn der Journalismus operiert nach eigenen Regeln, entwirft also *journalistische*
Modelle der Kriegswirklichkeit. Das bedeutet, dass der Journalismus nicht
fehlerhaft oder manipulativ handelt, sondern - im Sinne seiner Regeln - korrekt
operiert, wenn statt komplizierter Prozesse Personen in den Vordergrund ge-
rückt werden (Personalisierung) oder statt vieler Details nur wesentliche Informationen präsentiert werden (Vereinfachung). Die so entstehenden Produkte journalistischer Arbeit stellen ihrerseits Angebote für die Wirklichkeitskonstruktion von Rezipienten dar (vgl. u.a. Filk 1995; Görke 1993; Löffelholz
1995, 1993b; Weischenberg 1993; Gödde 1992).

Konstruktivistische Überlegungen wurden später in der politikwissenschaftlichen Forschung zur Rolle der öffentlichen Meinung in der Außenpolitik aufgenommen und weiter entfaltet (vgl. Weller 2000).[48] Eine detaillierte „Erkundung der Bedeutsamkeit konstruktivistischer und sozialsystemischer Ansätze
zur Beschreibung von Kriegsberichterstattung" hat in jüngster Zeit der Medienwissenschaftler und Journalist Jan Staiger (2003) vorgelegt. Ausgehend von
einer kritischen Auseinandersetzung mit den Systemtheorien Luhmannscher
Prägung sowie dem soziokulturellen Konstruktivismus skizziert er ebenso
facettenreich wie anspruchsvoll die wesentlichen Dimensionen einer „systemischen Kriegsjournalistik" (Staiger 2003: 93): Beobachterabhängigkeit, Selbstorganisation, Selbstreferenz, Nichtlinearität und Viabilität stellen Basisprinzipien
journalistischer Wirklichkeitskonstruktion dar.[49] Anders als anderen theoretischen Ansätzen fehlt der konstruktivistisch-systemischen Betrachtung bislang
freilich die empirische Prüfung, welche sich jedoch - angesichts des dahinter
stehenden non-kausalen Denkens - nicht einfach auf die klassische sozialwissenschaftliche Methodologie stützen kann.

Diese Bemerkungen weisen darauf hin, dass die Weiterentwicklung theore-
tischer Ansätze zur Beschreibung von Kommunikation in Krisen und Kriegen
in mehrere Richtungen erfolgen kann. Zum einen erscheint es sinnvoll, erprob-

---

48 Vgl. dazu auch den Beitrag von Weller in diesem Band
49 Für eine Zusammenfassung seiner Überlegungen vgl. den Beitrag von Staiger in diesem Band.
    Zur Weiterführung der systemtheoretischen Debatte über Aspekte der Krisen- und Kriegs-
    kommunikation vgl. darüber hinaus die Beiträge von Görke und Hanitzsch in diesem Band.

te Ansätze mittlerer Reichweite im Hinblick auf die Differenz von Krisen- und Routinekommunikation zu elaborieren. Beide Formen von Krisenkommunikation - die Kommunikation in Krisen (Sozial- und Zeitdimension) und die Kommunikation über Krisen (Sachdimension) - wären dabei einzubeziehen. Zweitens wäre zu prüfen, welche weiteren theoretischen Ansätze mittlerer Reichweite zur Analyse von Krisenkommunikation verwendet werden können. Drittens bieten die vorhandenen Arbeiten zur Beschreibung von Krisen- und Kriegskommunikation aus sozialsystemischer und konstruktivistischer Perspektive eine hilfreiche Basis zur Entwicklung einer allgemeinen Theorie der Krisenkommunikation. Insbesondere Staigers unkonventioneller Blick auf Kriegsberichterstattung liefert hier wichtige Ansatzpunkte. Einschränkend ist freilich zu konstatieren, dass eine allgemeine Theorie der Krisenkommunikation unbefriedigend bleibt, solange es nicht gelingt, den kommunikationswissenschaftlichen Grundbegriff Kommunikation hinlänglich präzise theoretisch zu fassen.

5   Perspektiven der Krisenkommunikation(sforschung)

Bei der Analyse von Krisen- und Kriegskommunikation sind, wie dieser Beitrag gezeigt hat, keineswegs nur spezifische (Medien-)Ereignisse, sondern vor allem konfliktübergreifende Strukturen und langfristige Trends in den Blick zu nehmen. Denn die mediale Kommunikation von Krisen wie Kriegen wird von einem komplexen und dynamischen Beziehungsgeflecht geprägt. Neben der Veränderung politischer Konfliktkonstellationen trägt insbesondere der Strukturwandel sicherheitspolitischer Kommunikation zu dieser Dynamik bei. Insbesondere die folgenden Entwicklungen spielen dabei eine wichtige Rolle - und sind in Zukunft intensiver zu erforschen:

- Der Relevanzgewinn multilateraler Organisationen erweitert die Strukturen sicherheitspolitischer Kommunikation und internationalisiert die Krisen- und Kriegskommunikation, ohne die Komplexität innerstaatlicher Krisenkommunikation zu reduzieren.

- Während öffentlichkeitsorientiertes sicherheitspolitisch-militärisches Kommunikationsmanagement und Public Diplomacy an Relevanz gewinnen, verlieren traditionelle Formen zur Aushandlung politischer Entscheidungen über Krieg und Frieden an Bedeutung.

- Das (US-)Militär versteht Information und Kommunikation als Kernressourcen globaler Kriegsführung des 21. Jahrhunderts. Der nicht-deterministische Charakter der Beziehungen von Medien und Sicherheitspolitik wird dabei zunehmend berücksichtigt.

- Kommunikative Aspekte der Kriegsführung werden auch von nicht-staatlichen Akteuren intensiver berücksichtigt. Zunehmend professioneller nutzen Terrorgruppen die Anfälligkeit medialer Aufmerksamkeitsstrukturen offener Gesellschaften für krisenhafte Ereignisse.

- Ob der Journalismus vorbereitet ist, den aktuellen Herausforderungen der Krisenkommunikation zu begegnen, erscheint zweifelhaft. Die Erosion des Qualitätsjournalismus geht einher mit dem Bedeutungsgewinn nicht-journalistisch erstellter, über das Internet verbreiteter Informationen.

Die intensivere Auseinandersetzung mit diesen (und weiteren) grundsätzlichen Themen wird dazu beitragen, das Forschungsfeld Krisen- und Kriegskommunikation über die Beobachtung aktueller Ereignisse hinaus zu führen. Bislang ist die Forschung, trotz einer sehr großen Zahl empirisch ermittelter Einzelbefunde, von einer systematischen Erschließung der Produktion und Rezeption medialer Krisen- und Kriegskommunikation weit entfernt. Notwendig erscheint zudem die Intensivierung der theoretischen Debatte: Studien ohne explizite Anbindung an den theoretischen Diskurs dominieren weiterhin die Krisen- und Kriegskommunikationsforschung. Von der (Weiter-)Entwicklung einer allgemeinen Kommunikationstheorie würde die theoretische Beschreibung von Krisen- und Kriegskommunikation zweifellos profitieren. Ausgehend von der Analyse bisheriger Forschungsthemen können wesentliche Desiderata identifiziert werden:

- Angesichts der Vielzahl empirischer Studien über krisenbezogene Medienangebote ist eine Sekundäranalyse durchzuführen, in der die Ansätze, Methoden und Befunde dieser Studien beschrieben werden.

- Aufgrund der Parzellierung der Medienangebotsforschung ist eine länder-, kultur- und konfliktübergreifende Längsschnittstudie zur Identifikation basaler Strukturen der medialen Darstellung von Krisen (Kriegen) sinnvoll.

- In der Rezeptionsforschung sind insbesondere repräsentative empirische Untersuchungen der (langfristigen) kognitiven und emotionalen Konsequenzen von Krisen- und Kriegsberichterstattung anzuraten.

- Zur Verbesserung der Datenlage in der Kommunikatorforschung ist ein Verbundprojekt erforderlich, in dem unter anderem die Beziehungen zwischen Journalismus und Sicherheitspolitik empirisch beleuchtet werden.

In demokratischen Gesellschaften gehören Entscheidungen über Krieg und Frieden zu den wichtigsten Themen. Kommunikative Aspekte spielen dabei, wie in diesem Beitrag deutlich wurde, eine zunehmend wichtige Rolle. Vor diesem Hintergrund ist es an der Zeit, das Forschungsfeld Krisen- und Kriegskommunikation systematischer als bisher (empirisch) zu erschließen. Neben einer verbesserten (auch interdisziplinären) Kooperation interessierter Fachwissenschaftler erscheint in Deutschland insbesondere die Einrichtung eines spezialisierten Forschungsinstituts (zumindest eines Forschungsschwerpunktes) ein sinnvoller Schritt zu sein, um den vielfältigen Herausforderungen der Krisen- und Kriegskommunikation im 21. Jahrhundert besser begegnen zu können.

2 DIE ENTWICKLUNG DER KRISENKOMMUNIKATION

Massenmedien und Massenkrieg

Historische Annäherungen an eine unfriedliche Symbiose

Thomas Dominikowski

1 Die Mythen der Kriegsberichterstattung - und ihrer Geschichtsschreibung

Nach dem verlorenen Vietnamkrieg hatte in den Reihen der US-Militärs über zwei Jahrzehnte lang die Maxime gegolten, Journalisten möglichst von den Kriegsschauplätzen fernzuhalten. So wurden die Kriege in Panama 1989, am Persischen Golf 1991 und im Kosovo 1999 weitgehend ohne journalistische Augenzeugen geführt. Nachdem diese Vorgehensweise zunehmend Kritik herausgefordert hat, erhoffte sich das Militär im Irak-Krieg 2003 mit einer gänzlich anderen Medienstrategie mehr Erfolg: dem „embedding" von Kriegs-berichterstattern in bestimmte, häufig auch frontnahe Truppeneinheiten. Auf diese Weise wurden die Medien mit packenden Bildern versorgt, die allerdings wenig analytisch und meist sogar wenig informativ waren. Durch Liveberichte von der Front wurde der kommunikative Raum besetzt, noch bevor sachliche Information, gegnerische Meldungen oder gar kritische Stimmen ihn füllen konnten.

Das Konzept des „embedding" war jedoch alles andere als neu, griff es doch - wenn auch in neuer Qualität - auf ein Repertoire der Medienkontrolle und -lenkung zurück, das sich in 150-jähriger Geschichte der Berichterstattung über Kriege herausgebildet hat. Aktuelle Medienkriege basieren auf histori-schen Erfahrungen - und auf Mythen und Konstrukten, welche die Kriegsbe-

richterstattung in ihrer Entwicklung „zwischen Prohibition und Exhibition"
(Schmolke 1991: 35) produziert hat. Die Geschichte der Medien im Krieg und
ihre Rolle für den Krieg, speziell die Entwicklung der Kriegsberichterstattung
und ihrer Mythen, stehen im Mittelpunkt dieses Beitrages - einer historischen
tour d'horizon durch eine unfriedliche, symbiotische Beziehung. Dabei werde
ich zunächst chronologisch vorgehen und die wesentlichen historischen Phasen in der Entwicklung der Kriegsberichterstattung herausarbeiten, welche
auch in der nebenstehenden Übersicht dargestellt sind (vgl. Tab. 1). Am Ende
werde ich dann einige die Chronologie überspannende Merkmale in der Geschichte von Medien und Krieg aufzeigen.

Die Geschichte der Kriegsberichterstattung besteht aus vielerlei Mythen. So
wie die Kriegsberichterstattung Mythen produziert und damit unsere Bilder
vom Krieg strukturiert, so ist auch ihre Darstellung selbst fragwürdig. Über
Kriegsreporter wird meist in Form von Anekdoten und Abenteuern berichtet.
Die packenden Stories über die Erlebnisse im Kriege lassen sich (ebenso wie
die Berichte vom Kriegsgeschehen selbst) auf dem Medienmarkt gut verkaufen. Das Ergebnis: ein Heldenmythos über einen ganz besonderen Menschen-
schlag, der sich nicht nur todesmutig an die Front begibt, sondern dabei auch
tapfer gegen den Feind, gegen Konkurrenzzeitungen, gegen die Widrigkeiten
der Kommunikationstechnik und schließlich gegen die Zensur der eigenen
Militärs zu kämpfen hat. So beschreibt es beispielsweise Stein in seiner 1968,
mitten im Vietnamkrieg erschienenen reißerischen Geschichte der US-
Kriegskorrespondenten mit dem Titel „Under Fire".

Nicht nur vom Medienmarkt, auch aus politischen Interessen heraus werden Mythen über den Krieg - und über die Kriegsberichterstattung - produziert. Angefangen beim Vorwurf des Versagens der deutschen Publizistik im
Ersten Weltkrieg über den Mythos vom perfekten Funktionieren des Goeb-
belsschen Propagandaapparats oder die Behauptung, dass freie Kriegsberichterstattung der Feindspionage diene, bis hin zur These, Medienberichte hätten
die Anti-Vietnamkriegsbewegung evoziert, werden Aussagen über die Einflüsse
der Berichterstattung gemacht, die meist auf einfachen, linearen Wirkungshypothesen basieren. Bei näherem Hinsehen sind solche Annahmen nicht nur
wissenschaftlich kaum haltbar, sondern sind auch vom politischen Kalkül interessierter Kreise getragen und lanciert worden, um Zusammenhänge damit zu
entschuldigen oder zu verschleiern. So wird eine Geschichte der Kriegsberichterstattung entworfen, die von Heldenmythen, kausal-deterministischen Wir-
kungsunterstellungen und politischen Interessen geprägt ist. Um zu anderen
historischen Deutungen zu kommen, ist langwierige Spurensuche nötig.

Tabelle 1: Merkmale und Entwicklung der Kriegsbeichterstattung in historischer Perspektive

Antike	Berichte durch Feldherren, spezielle Schreiber oder Boten Ziele: Ruhm, strategische Desinformation des Gegners, Stimmungsmache bei eigener und fremder Bevölkerung
Frühes 19. Jahrhundert	Entstehung von massenhaft verbreiteten Medien - Entwicklung von Massenmedien und Massenkrieg erste „unabhängige" Kriegsberichterstatter Ziel: Auflagensteigerung durch Kriegsberichte Krimkrieg als erster „Pressekrieg" Präzedenzfall der Zensur im Krimkrieg (1855)
„Goldenes Zeitalter" 1860-1914	Entwicklung eines Berufsstandes der „Schlachtenbummler" Einsatz neuer Technologien (Fotografie, Telegrafie), Veränderung des Aktualitätshorizonts Krieg im Pressebericht überwiegend als fernes, fremdes Abenteuer
Erster Weltkrieg	Aufbau großer Propagandaapparate zur „geistigen Kriegsführung" starre und restriktive Handhabung von Zensur und Presselenkung „Versagen der Publizistik" bei der Erzeugung von Kriegsbegeisterung?
Zweiter Weltkrieg	Steigerung des Propagandaaufwands und Perfektionierung der Medienlenkung: von Zensur und Nachrichtensperre zur Nachrichtensteuerung umfangreicher Einsatz der neuen Medien Hörfunk und Film
Vietnamkrieg	erster „Krieg im Wohnzimmer": umfangreiche abendliche Fernsehberichterstattung aus Vietnam bisher einziger Krieg ohne offizielle Zensur Umkippen der öffentlichen Stimmung durch Gräuelbilder aus Vietnam?
Von den Falklands bis zum Kosovo	Fernhalten der Medien vom Schlachtfeld - Kriege ohne journalistische Augenzeugen „Echtzeitberichte" vom Krieg durch Satellitentechnologie
Golfkrieg 2003	Informationsmanagement: „feeding the media" - PR-orientierte Vorbereitung und Begleitung von Kriegen ‚Information Warfare': Information und Mediensteuerung als integrierter Bestandteil der Kriegführung „embedding": Einbettung von Journalisten in Truppenteile

2   Die Anfänge: Von Caesar bis Napoleon

Kriegsberichterstatter gibt es, seit es Kriege gibt. Irgendjemand hat immer über
die Kämpfe und Konflikte berichtet, seien es die heimkehrenden Soldaten,
seien es die Feldherrn selbst. Gaius Julius Caesar mit seinen „commentarii de
bello gallico" ist kein Einzelfall. Schon seit frühester Zeit gilt Information als
ein Kampfmittel - nach innen wie nach außen. Man wollte „Front und Heimat
verbinden", die Zivilbevölkerung schnell vom Ausgang der Kämpfe unterrich-
ten - wie der Läufer von Marathon -, den Gegner durch Berichte von der eigenen Stärke einschüchtern, ihn gezielt desinformieren und verwirren durch
Falschmeldungen über die eigenen Ziele und Strategien: das sind bis in die
heutige Zeit gültige Ziele der Kriegsberichterstattung.

Alexander der Große führte bei seinen Feldzügen Schreiber mit, deren Berichte von Schlachterfolgen unverzüglich verbreitet wurden. Dadurch eilte ihm
ein Ruf als erfolgreicher Feldherr voraus, der seiner Armee Zulauf brachte und
gerade damit zu seinen Erfolgen beitrug. Dass die Wahrheit tatsächlich immer
das erste Opfer eines Krieges ist (wie US-Senator Hiram Johnson 1917 fest-
stellte), lässt sich schon bei den Assyrern nachweisen. Auf ihren Keilschrifttta-
feln wird ein erfolgreicher Schlachtverlauf beschrieben, obwohl sich die Orte
der Schlachten immer mehr dem Territorium des angeblichen ‚Siegers' nähern
(Bertkau et al. 1944: 2657f.).

Ein entscheidender qualitativer Sprung in der Entwicklung der Kriegsberichterstattung ist mit der Entstehung massenhaft verbreiteter publizistischer
Medien zu verzeichnen, vor allem mit der wachsenden Bedeutung der Tageszeitungen in der ersten Hälfte des 19. Jahrhunderts. Medien werden in immer
stärkerem Maße in die Vorbereitung und Führung von Kriegen involviert, und
die Erfolge der Kriegführenden hingen wesentlich auch von den Fähigkeiten in
der Öffentlichkeitsarbeit ab. Dies ist zu erklären durch einen tief greifenden
Wandel in Art und Strategie der Kriegsführung: Waren es vorher relativ kleine
Söldnerheere und Berufsarmeen, die Schlachten schlugen, so wurde jetzt der
Typus des Volkskrieges vorherrschend, in dem große Freiwilligen- bzw. Wehr-
pflichtarmeen gegeneinander zogen, wofür die Bevölkerung entsprechend
publizistisch vorbereitet und betreut werden musste. Es ist nicht nur ein zufäl-
liger Synchronismus, sondern eine bemerkenswerte Synergie zwischen der
Entwicklung der Massenmedien und der Entstehung des Massenkrieges festzustellen. Ohne das eine wäre das andere kaum denkbar gewesen.

Napoleon Bonaparte wird eine umfangreiche und erfolgreiche Pressepolitik
bescheinigt. Er hatte die Bedeutung und Macht der Presse erkannt und nutzte

sie geschickt. Die von ihm eingeführten Armee-Zeitungen berichteten über seine Siege in Italien und Ägypten (1796/97 und 1798/99). In den besetzten Gebieten - ebenso wie in Frankreich - vereinnahmte er die Presse mit unterschiedlichen Mitteln von der Bestechung über die zwangsweise Durchsetzung ihm genehmer Berichterstattung bis hin zum Zeitungsverbot. Oft gab Napoleon selbst detaillierte Anweisungen über Inhalt und Umfang der von im gewünschten Nachrichten. Seine Presselenkung konnte jedoch seine Niederlage im Russlandfeldzug weder verhindern noch publizistisch in einen Sieg verwandeln. Vielmehr verkehrte sich die überzogene Presselenkung und Verherrlichung des Feldherrn bisweilen in ihr Gegenteil: Sie wurde unglaubwürdig, weil die zensierten Berichte offensichtlich nicht mit den Realitäten übereinstimmten.

3 William Howard Russell und der „erste Pressekrieg"

Kriegsberichterstatter im heutigen Sinn, also vom Militär relativ unabhängige Korrespondenten, welche die Armeen begleiten und für ihr Medium über die Kämpfe berichten, traten in der ersten Hälfte des 19. Jahrhunderts nur vereinzelt auf. Ihr Berufsstand nahm jedoch in dem Maße zu, wie sich die Zeitungen zu profitablen Wirtschaftsunternehmen entwickelten, welche die Entsendung eigener Kriegsberichterstatter finanzieren konnten.

Als der erste „Pressekrieg" der Geschichte gilt im allgemeinen der Krimkrieg (1853-1856, zwischen Russland, England, Frankreich und anderen), den Dutzende von französischen und englischen Korrespondenten begleiteten, die vor allem über die Belagerung und den Fall Sewastopols (1855) berichteten. Der bekannteste von ihnen war William Howard Russell, oft auch als der erste Kriegsberichterstatter bezeichnet, der 1854 für die ‚Londoner Times' die englischen Truppen zuerst nach Malta und dann auf die Krim begleitete. In diesem Krieg gab es noch keine institutionalisierte Zensur und Presselenkung. Den Umgang mit den Medien mussten die Militärs erst noch erlernen. Die Anwesenheit von Journalisten auf dem Schlachtfeld war neu und ungewohnt. Nicht anders erging es den Presseleuten: Wie und von wo aus sollten sie berichten? Als Augenzeugen aus den vordersten Schlachtlinien (wohin man sie aber oft nicht ließ)? Durch die Befragung zurückkehrender Frontsoldaten? Oder an der Seite des Generalstabes, der aus gebührendem Abstand das Geschehen beobachtete? (vgl. Knightley 1975: 9ff.)

‚Times'-Reporter Russell berichtete über die englische Armee schon aus Malta, noch bevor die Truppen ins Einsatzgebiet auf der Krim zogen. Er kritisierte dabei den katastrophalen Zustand und die miserable Führung der englischen Truppen. Obwohl er keineswegs in zersetzender Absicht, sondern durchaus in patriotischer Gesinnung schrieb und den Kriegseinsatz selbst nie infrage stellte, erntete er viel Protest von den kritisierten Militärs, aber auch von patriotischen Kreisen an der „Heimatfront". So entstand eine öffentliche Diskussion über die Aufgaben und die Grenzen des neuen Genres „Kriegsberichterstattung".

Bei der Belagerung Sewastopols zog Russell ebenfalls die Kritik der Generalität auf sich, welche ihn beschuldigte, die Grenzen militärischer Geheimhaltung und Sicherheit zu überschreiten, zu viele Informationen über Anzahl und Standorte von Waffen weiterzugeben und so dem russischen Zaren Nikolaus gute Dienste zu leisten. Tatsächlich bleibt aber ungeklärt, ob die Gegenseite durch Russells Berichte oder durch ihre Spione schneller und genauer informiert wurde - ein Beispiel für wirkungsvolle Wirkungshypothesen. Denn zum Ende des Krieges, am 25 Februar 1856, wurde eine Zensur der Presse eingeführt und damit der Präzedenzfall für fast alle folgenden Kriege geschaffen.

Die Berichte aus dem Krimkrieg gingen überwiegend in brieflicher Form an die Redaktionen. Aktualität unterlag einem anderen Zeithorizont als heute. Zwar gab es zu jener Zeit schon die elektrische Telegraphie, doch die Verbindungen waren kaum ausgebaut. Dafür erhielt jedoch ein anderes Medium im Krimkrieg seine „Feuertaufe": die Fotografie. Mehrere Fotografen begleiteten die Truppen, darunter der Engländer Roger Fenton, der einen von drei Pferden gezogenen Laborwagen mit sich führte. Seine 350 Fotografien wurden zwar nicht für die Presse genutzt (dies war technisch erst ab etwa 1880 möglich), aber in Ausstellungen propagandistisch eingesetzt. Fentons Fotografien zeigen keine Schlachtszenen, sondern nur Soldaten hinter den Linien. Damit geben sie ein wenig authentisches Bild vom Krieg - nicht nur aufgrund praktischer Schwierigkeiten mit der noch wenig entwickelten Fototechnik, sondern vor allem, weil Fentons Expedition von der englischen Regierung in der Absicht finanziert worden war, mit dem neuen, „objektiven" Medium ein von seinen Schrecken bereinigtes Bild des Krieges zu produzieren (Freund 1976: 117f.).

Mit der Medienbegleitung des Krimkriegs sind in gewisser Weise neben propagandistischen auch demokratische Elemente in die Kriegführung eingeführt worden. Der englische Kriegskorrespondent Edwin Lawrence Godkin wies schon Ende des 19. Jahrhunderts darauf hin, dass durch die Kriegsberichterstattung die Öffentlichkeit stärker am Krieg partizipierte und einen größeren Einfluss darauf gewann (vgl. Knightley 1975: 17). Doch es war weniger demokratisches Sendungsbewusstsein als ökonomisches Profitinteresse, das die Verleger veranlasste, Journalisten ins Kriegsgebiet zu schicken. Die Schilderungen der Kämpfe und Schlachten waren publikumsträchtig und auflagensteigernd, vor allem bei Exklusivberichten. Die ‚Londoner Times' erhöhte durch die Berichte ihres Korrespondenten Russell ihre Auflage während des Krimkrieges um ein Drittel. In diesem „ersten Pressekrieg" offenbarte sich gleichzeitig eine wesentliche Triebkraft der Kriegsberichterstattung: das ökonomische Interesse der Medienunternehmen, durch die Mediatisierung des Krieges Geld zu verdienen.

Im nächsten größeren Krieg, dem amerikanischen Sezessionskrieg von 1861 bis 1865, kam erstmals die Telegrafie in größerem Maß zum Einsatz - bei den Militärs, aber auch auf Seiten der Presse. Die Definition von Aktualität passte sich der beschleunigten Kommunikation an - und wurde zu einem bestimmenden Moment der Berichterstattung. Krieg avancierte zu einem Medienereignis. Mehr als 500 Reporter waren allein für den Norden im Einsatz. Die große Konkurrenz zwang die Journalisten, möglichst schnell möglichst exklusive Stories zu liefern. Patriotismus und Loyalität gegenüber der eigenen Seite wurden dabei meist höher bewertet als professionellen Standards entsprechende Meldungen. Dies gilt übrigens nicht nur für die amerikanische, sondern ebenso für die britische Presse, die aufgrund besonderer nationaler Interessen eher auf Seiten der Südstaaten stand. Um die als wichtig eingeschätzte Unterstützung durch die britische Öffentlichkeit aufrechtzuerhalten, wurden mit Geldern des konföderierten Geheimdienstes englische Journalisten bestochen und sogar verdeckt eine Wochenzeitung gegründet, welche die Interessen der Südstaaten in England propagierte.

Die folgenden Jahre bis zum Ersten Weltkrieg werden bisweilen als das „Goldene Zeitalter" der Kriegsberichterstattung bezeichnet (Knightley 1975: 42). Die Zeit war reich an Kriegen, Konflikten, Aufständen und militärischen Auseinandersetzungen, der größer werdenden Kaste von journalistischen „Schlachtenbummlern" bot sich ein weites Betätigungsfeld. Viele Kämpfe fanden in den Kolonialgebieten statt, in den Reportagen jener Zeit nahm der Krieg dadurch oft das Bild eines fernen und fremden Abenteuers an und bekam fiktionale Züge.

4 „Gräuelpropaganda" im Ersten Weltkrieg

Ein neues Zeitalter der Kriegsführung und der Kriegsberichterstattung begann mit dem Ersten Weltkrieg: Der Massenkrieg wurde zu einem vorher nicht gekannten Massensterben, und die Massenmedien wurden in neuer Qualität zu Instrumenten der Massenpropaganda. Der Staat bemächtigte sich der Medien und entwickelte eine rege Propagandatätigkeit. Aus einer bislang marginalen Presse- und Propagandapolitik entstanden in Großbritannien und Frankreich umfangreiche Propagandaapparate, die zunächst mit Geheimdienstgeldern finanziert wurden. Zu den wichtigsten Aufgabengebieten dieser Einrichtungen gehörte die Gräuelpropaganda (vgl. Read 1945): Bilder und Berichte vom hässlichen, barbarischen Deutschen, welche die vom Kriegsbeginn überraschte alliierte Bevölkerung und Armee auf Kampf und Durchhalten einstellen sollten. Gräuelgeschichten hatten meist einen wahren Kern, häufig aber waren sie maßlos übertrieben - wie das Gerücht von den deutschen Soldaten, die ein belgisches Kind verspeist hätten. Die Zeitungen verbreiteten solche „Nachrichten" meist unhinterfragt, auch wenn die Unglaublichkeit jener Meldungen auf der Hand lag. Während aber in den ersten Kriegsmonaten solche Propagandamaßnahmen offenbar Wirkung zeigten, kam es im späteren Kriegsverlauf, als es für die alliierten Truppen zeitweilig schlecht aussah und die „Gräuelpropaganda" nochmals verstärkt wurde, zu einem Bumerangeffekt: Durch die offenkundig übertriebene Darstellungen wurden nicht nur die Meldungen selbst, sondern auch die sie verbreitenden Stellen unglaubwürdig. Den propagandistischen Vorsprung Englands und Frankreichs holte das Deutsche Reich bis Kriegsende dennoch nicht mehr auf. Die deutsche Presse- und Propagandapolitik blieb während des Kriegs völlig unzureichend in ihrer Organisation und Durchführung (vgl. Nagel 1989: 25-45; Koszyk 1968). Für die militärische Pressearbeit war die Abteilung IIIB der Obersten Heeresleitung zuständig, die ursprünglich nicht für die Informationsverbreitung, sondern deren nachrichtendienstliche Beschaffung zuständig war. Eine zentrale zivile Pressestelle existierte zu Kriegsbeginn nicht. Anfangs übernahm die Presseabteilung des Auswärtigen Amtes diese Aufgabe, erst gegen Kriegsende wurde eine Pressestelle beim Reichskanzler eingerichtet. Zwischen militärischen und zivilen Stellen war die Aufgabenteilung unklar, und so entwickelte sich zwischen ihnen oft ein Kompetenzgerangel, das eine effektive Pressepolitik zusätzlich behinderte.

In Deutschland wurde - ebenso wie in England und Frankreich - mit Kriegsbeginn die Pressefreiheit aufgehoben und die Zensur eingeführt. Ausführliche Bestimmungen schrieben den Redaktionen vor, worüber nicht berichtet werden durfte. Dies betraf militärische und strategische Informationen, etwa Schiffsbewegungen oder die Situation der Gummiindustrie, aber auch innenpolitische Zusammenhänge. Der „Burgfrieden" musste gewahrt bleiben, politische Differenzen im Land waren für die Berichterstattung tabu. Für diese „nationale Aufgabe" war die deutsche Presse zur freiwilligen Selbstbeschränkung bereit; sie nahm die ihr zugewiesene Rolle der „geistigen Kriegsführung" bereitwillig an. Allenfalls die autoritäre und uneinheitliche Anwendung der Zensurbestimmungen, welche die Journalisten im Unklaren über ihre Kompetenzen ließ, sie jeglicher Eigenverantwortung enthob und sie zu vorauseilendem Gehorsam zwang, führte zu einer gewissen Unzufriedenheit mit der Presselenkung.

In diesem Licht erscheint die nach dem Ersten Weltkrieg aufgestellte Behauptung vom „Versagen der deutschen Publizistik" keineswegs angemessen, sondern als politisch motivierte publizistische Dolchstoßlegende. Die Presse sollte, so der Vorwurf, zu wenig Patriotismus, Durchhaltevermögen und Siegesgewissheit in der Bevölkerung entfacht haben, so dass schließlich die Stimmung in der Heimat den Truppen an der Front in den Rücken fiel (vgl. Bertkau et al. 1944: 2690). Tatsächlich jedoch entsprach die Stimmung der bis aufs letzte ausgebluteten Bevölkerung sehr exakt der aussichtslosen militärischen Lage, und der Mythos vom Versagen diente lediglich dem Interesse, von den eigentlichen Schuldigen an der verfehlten Kriegspolitik abzulenken.

Die eigentliche Kriegsberichterstattung, also die Meldungen von der Front, wurde von allen kriegsführenden Parteien weitgehend restriktiv gehandhabt. Auf deutscher Seite durfte kein deutscher Journalist in die Nähe der Front. Lediglich mit ausländischen Reportern ging man in der ersten Kriegsphase, als sich noch militärische Erfolge vorweisen ließen, großzügiger um und begleitete sie zum Kampfgeschehen. Auf englischer Seite wurde jeder in der Nähe der Front aufgegriffene Journalist ausgewiesen. Erst ab Juni 1915 erlaubte das britische General Headquarter einigen ausgewählten Journalisten, den Truppen an die Front zu folgen. Sie wurden in einem Haus hinter den Kampflinien komfortabel untergebracht und mit militärischen Begleitern versehen. Nach ihren beaufsichtigten Exkursionen an die Front hatten sie ihre Berichte militärischen Zensoren vorzulegen, die alle ausgehenden Informationen kontrollierten.

Die USA, die 1917 in den Krieg eintraten, hatten eine besondere Art, ihre Journalisten von einer kritischen Berichterstattung abzuhalten. Wer die Truppen nach Europa begleiten wollte, musste nicht nur Überprüfungen über sich ergehen lassen und 1.000 US-Dollar für seine Zulassung bezahlen, sondern zusätzlich noch eine Kaution von 10.000 US-Dollar hinterlegen (vgl. Knightley 1975: 124)[1]; die dann verfiel, wenn die Reporter gegen die vorgeschriebenen Zensurbestimmungen verstießen.

Zwar gab es immer wieder einzelne Reporter, welche die Zensur umgingen oder austricksten, aber von freier Berichterstattung konnte dennoch keine Rede sein. Weder war eine freie Bewegung im Kampfgebiet möglich, noch ein Wechsel der Fronten, um sich von beiden Seiten ein Bild zu machen. Denn dann liefen die Journalisten Gefahr, als feindliche Spione inhaftiert zu werden. Der größte Teil der Berichterstatter fügte sich mehr wohl als übel den Zwängen, ohne sich um eine kritische Distanz und um eine angemessenere Berichterstattung zu bemühen. Die sogenannten „Augenzeugenberichte" von der Front entwarfen so nur ein geschöntes Bild des tatsächlich blutigen und brutalen Alltags im Grabenkrieg.

Politiker und Militärs auf allen Seiten, besonders aber der britischen, veröffentlichten während des Krieges stets „bereinigte" - sprich gefälschte - Zahlen und Fakten vom Kriegsgeschehen. Sie versuchten, die Medien strategisch einzusetzen, um Verluste und Niederlagen publizistisch in Siege zu verwandeln. Die Zahl der eigenen Verluste wurde gedrückt, die der Gegenseite übertrieben; Niederlagen wurden fast nie gemeldet, sondern als „Frontbegradigungen" kaschiert. Zwar waren die Fälschungen oft kaum zu übersehen - etwa wenn sich nach einer Woche von Siegesmeldungen der Frontverlauf um keinen Meter verschoben hatte - doch die Zeitungen brachten die Berichte meist unhinterfragt. Die Glaubwürdigkeit solcher Erfolgsmeldungen litt in der Bevölkerung mit der Zeit immens, da die Manipulationen offensichtlich waren.

Als sich der Kriegsverlauf für die Westmächte ungünstig entwickelte, hoffte man gerade in Großbritannien auf einen Kriegseintritt der USA - und versuchte, diesen propagandistisch zu beeinflussen. Dafür wurde eine US-Sektion des britischen Propagandabüros eingerichtet, die regelmäßig Informationen an wichtige amerikanische Persönlichkeiten sandte, Informationsveranstaltungen für US-Journalisten durchführte und ihnen Besichtigungen der Front ermöglichte. Mit diesen Anfängen moderner Öffentlichkeitsarbeit gelang es, in den US-Medien, die zuerst relativ neutral und ausgewogen über den Krieg in Europa berichteten, immer mehr eine britische Perspektive vom Geschehen durchzusetzen. Der Kriegseintritt der USA, der auch von der Stimmung in der Bevölkerung beeinflusst war, wurde so publizistisch vorbereitet.

---

1   Nach Mott (1962: 620) waren es lediglich 2.000 US-Dollar Kaution.

Als Fazit lässt sich festhalten, dass der Aufwand zur Kontrolle, Lenkung und Beeinflussung der Medien im Ersten Weltkrieg erheblich zunahm. Die Kriegsberichterstatter fügten sich mangels Handlungsalternativen in die Strukturen. Militärs und Politiker waren im Umgang mit den Medien jedoch noch keine Profis. Bis zum nächsten Weltkrieg hatten die meisten ihre Lektion aber gelernt.

5 Die Perfektionierung der Medienlenkung

Noch im Vorfeld des Zweiten Weltkrieges wuchs der institutionelle Aufwand zur Medienlenkung beträchtlich. Während das deutsche Propagandaministerium schon seit 1933 arbeitete, wurde in Großbritannien allerdings erst zwei Tage vor Kriegsbeginn das Ministry of Information mit 12 Mitarbeitern gegründet. Innerhalb der ersten vier Kriegswochen stieg der Personalstand jedoch schnell auf 999 Personen. Die Briten führten ihre Medienpolitik zunächst nach dem Vorbild von 1914/18 weiter: Ein ausgesuchter Pool von „Augenzeugen-Journalisten" wurde hinter der Front stationiert (und kontrolliert), zu Hause wurden „bereinigte" Zahlen und Fakten veröffentlicht. Schon in der ersten Kriegsphase (bis Mai 1940) waren die Kriegsberichterstatter mit dieser Situation sehr unzufrieden: An der Westfront passierte nicht viel, und was passierte, durfte nicht berichtet werden. Dadurch lernten die britischen Stellen jedoch dazu und betrieben im weiteren Kriegsverlauf nicht mehr nur Informationsverhinderung. Über den Wüstenkrieg in Afrika oder über die Luftangriffe auf deutsche Städte gab es ausführlichere - wenn auch keineswegs verlässlichere - Informationen.

Die deutschen Stellen betrieben im Vergleich zu den Westmächten von Beginn an eine wesentlich professionellere Medienarbeit. Das Goebbelssche Ministerium perfektionierte die Kriegsberichterstattung und -propaganda zum „Informations-Management". Zwar durfte auf deutscher Seite kein unabhängiger, ziviler Berichterstatter an die Front, doch es gab die Propaganda-Kompanien (PK), militärische Einheiten mit einer Grundausbildung an den Waffen, die als Reporter aus den vordersten Frontlinien berichteten. Sie umfassten 1943 etwa 2.000 Personen, die in 13 Kompanien organisiert waren. Damit, so lobt etwa das „Handbuch der Zeitungswissenschaft" von 1944 unter dem Stichwort „Kriegsberichterstattung" (Bertkau et al. 1944: 2690-2693), sei ein fachkundiges und realistisches Berichten möglich gewesen.

Tatsächlich hatte das Nazi-Regime mit diesem Konzept in den Medien des neutralen Auslands anfangs durchaus Erfolg. Den nationalen wie internationalen Medien wurden umfangreiche und handwerklich perfekte Kriegsberichte angeboten (bis September 1944 z.B. 80.000 Wortberichte, 1,5 Millionen Bilder und 5,5 Millionen Filmberichte - vgl. Bertkau et al. 1944: 2692), die zahlreich veröffentlicht wurden. Von britischer und französischer Seite waren gleichwertige Berichte kaum zu erhalten. Die deutsche Propaganda setzte dabei in großem Umfang die (relativ) neuen Medien Hörfunk und Film ein, die im Zweiten Weltkrieg ihren ersten großen Kriegseinsatz bestanden - ein wichtiger Entwicklungsschub für die Medientechnologie ebenso wie für Reportagestile. Gegenüber ausländischen Reportern war das Propagandaministerium sehr zuvorkommend; solange noch deutsche Siege vorzuzeigen waren, lud es sie sogar ein, nach Deutschland zu kommen. Es gab für sie keine offizielle Vorzensur, bei nicht genehmer Berichterstattung drohten aber Sanktionsmaßnahmen von der Ausweisung bis zur Inhaftierung wegen Spionageverdachts. Spätestens mit der Wende im Kriegsverlauf 1943 wurde die deutsche Propaganda und Informationspolitik zusehends restriktiver und defensiver, denn mit militärischen Niederlagen ließ sich keine erfolgreiche Propaganda betreiben.

Publizistisch ähnlich professionell wie die Deutschen traten die USA in den Krieg ein. General Eisenhower prägte die Maxime „public opinion wins war". Die USA begleiteten ihren militärischen Einsatz mit einer groß angelegten Public-Relations-Kampagne, zu der eine große Zahl „betreuter" Kriegsberichterstatter in Europa gehörte. Die Korrespondenten konnten sich im Kampfgebiet relativ frei bewegen, waren bei der Weiterleitung ihrer Berichte jedoch auf die technischen Einrichtungen der US-Army angewiesen. So konnten die Zensurstellen sensible Meldungen zurückhalten. Den Journalisten wurden auf regelmäßigen Pressekonferenzen nicht nur trockene (und meist falsche) Fakten präsentiert, sondern „kriegsnahe" Inszenierungen geboten. So wurde bei einem der „Briefings" ein mit Schlamm bedeckter, angeblich direkt von der Front kommender Infanterist vorgeführt, der die Strapazen des Kriegseinsatzes authentisch vorführen sollte.

Während des Zweiten Weltkrieges lassen sich zahlreiche Beispiele für die Produktion von Mythen durch die Kriegsberichterstattung vorfinden. Eines davon ist die Geschichte des „Wunders von Dünkirchen" im Mai/Juni 1940: Beim Vorstoß deutscher Truppen an die Kanalküste konnten sich mehr als 300.000 englische und französische Soldaten mit letzter Not nach England hinüberretten. Kein einziger Journalist war vor Ort, sie konnten nur aus zweiter Hand von der englischen Küste aus berichten. Die Medien verbreiteten eine

Darstellung des Vorgangs, dass der Rückzug ohne große Verluste ein „Wunder" sei und nur der heldenhafte und mutige Kampf der eigenen Soldaten Schlimmeres verhindert habe. Erst lange nach Kriegsende rückten Untersuchungen dies in ein anderes Licht: Die Armee war in Dünkirchen in katastrophalem militärischem wie moralischem Zustand. Dadurch wurde die Niederlage erst herbeigeführt und der Rückzug notwendig. Doch bis heute noch wirken die Wunder- und Heldenmythen nach, welche die Kriegsberichterstattung nicht immer planmäßig, aber doch leichtfertig produziert, und welche die historischen Fakten entstellen - nicht nur im Zweiten Weltkrieg.

6 Vietnam: Der erste „Krieg im Wohnzimmer"

Der Vietnamkrieg markiert in der Geschichte der Kriegsberichterstattung einen bedeutenden Einschnitt: hier kam das Medium Fernsehen erstmals zum Kriegseinsatz, und es war einer der wenigen Kriege ohne eine militärische Zensur. Die Attribute, die ihm heute zukommen, etwa als der erste „Krieg im Wohnzimmer", erlangte er aber im Wesentlichen erst in der späteren Kriegsphase. Bis 1964 war er nur einer von vielen mäßig beachteten Krisenherden und Kriegsschauplätzen auf der Welt. Die USA waren in ihn „nur" durch Militärberater einbezogen. Erst nach dem „Tonking-Zwischenfall" - einem Seegefecht im Jahr 1964 - griffen die USA direkt in die Kampfhandlungen zwischen dem Norden und dem Süden ein. 1960 hielten sich lediglich drei Agenturkorrespondenten und ein Zeitungsjournalist in Südvietnam auf, noch 1963 fanden alle Kriegsberichterstatter beim gemeinsamen Abendessen in einem Saigoner Restaurant an einem Tisch Platz. Als nach 1964 das militärische Eingreifen der USA offensichtlich war, änderte sich die Situation. Weil die vorher von den USA betriebene Informationsstrategie der Dementierung des Militäreinsatzes immer unglaubwürdiger wurde, machten sie eine Kehrtwende und starteten eine große PR-Kampagne: Sie luden amerikanische und internationale Journalisten nach Vietnam ein, ermöglichten kostenlose Transporte, halfen mit Krediten aus und sicherten gute Arbeitsmöglichkeiten zu. Wer in Vietnam als Journalist akkreditiert war - und dazu brauchte es bloß ein Visum und ein Begleitschreiben des Medienunternehmens - hatte den Rang eines Majors und konnte Unterkunft, Verpflegung und Transport von der US-Army beanspruchen. Das Resultat der Kampagne: 1967 waren schon rund 700 Journalisten in Südvietnam - so viele, dass die Militärs die Kontrolle verloren. Denn die Korrespondenten hatten lediglich einige Grundregeln militärischer Geheimhaltung zu berücksichtigen, unterlagen aber sonst keinen Auflagen. Auch die Übermittlung von Berichten wurde nicht kontrolliert. Damit war Vietnam der erste (und einzige) größere (Medien-)Krieg ohne eine offizielle Zensur.

Die Kriegsberichterstatter in Vietnam entsprachen keineswegs alle dem nachträglich häufig bemühten Ideal eines investigativen Journalismus mit kritisch-pazifistischer Grundhaltung, stets darauf bedacht, die Gräueltaten der USA aufzudecken. In Südvietnam hatte sich ein typischer Querschnitt internationaler Kriegs- und Krisenberichterstatter versammelt, und sie verrichteten ihr Handwerk weniger aus Idealismus, sondern nach den professionellen Regeln ihres jeweiligen Mediums. Human-Touch-Berichte über die harten Ledernacken (Motto: „home town boy becomes hero") besaßen dabei einen großen Stellenwert. Wegen der Unübersichtlichkeit des Kriegsschauplatzes und filmtechnischer Probleme konnte das Fernsehen selten Kampfszenen zeigen. Stattdessen wurden den Zuschauern Bilder von startenden Hubschraubern oder durch den Dschungel marschierenden Soldaten geliefert. Es gab auch Kämpfe, die eigens für die Fernsehkameras inszeniert wurden. So bekamen die Fernsehbilder oft einen exotisch-fernen, fiktional-irrealen Charakter.

Obwohl der Krieg in Vietnam mit äußerster Brutalität geführt wurde, fand sich diese Realität des Krieges in den Medien kaum wieder. Erst das Massaker von My Lai markiert einen Umschwung: Anfang September 1969 wurde publik, dass US-Soldaten am 16. März 1968, also schon anderthalb Jahre vorher, die 130 Bewohner eines Dorfes niedergemetzelt hatten. Eine Untersuchung der Army selbst hatte den Vorfall ans Licht gebracht. Zu einem großen Medienereignis wurde My Lai aber erst im November und Dezember 1969. Vorbehalte von Herausgebern, ob die Story nicht zu blutrünstig sei, aber auch die gleichgültige Haltung von Kriegsberichterstattern behinderten die Themenkarriere des Massakers von My Lai. So meinte Peter Arnett, der sich in Vietnam als Korrespondent der Nachrichtenagentur ‚Associated Press' die ersten Sporen verdiente, dass er über Gräueltaten nicht berichten würde, selbst wenn er Augenzeuge wäre, weil er damit Wertungen vornehmen würde. Er wolle aber nur Fakten berichten (vgl. Knightley 1975: 396f.). Andere Reporter jedoch erinnerten sich, nachdem My Lai ein Thema geworden war, dass sie auch vorher schon Massaker und Gräuel beobachtet hatten. Trotzdem blieb My Lai eine der wenigen Ausnahmen von Reportagen, die der Brutalität des Krieges Ausdruck gaben und die Öffentlichkeit wachrüttelten, blieb ein Peak in den Themenkarrieren des Krieges. Denn das Interesse an Gewaltbildern war mehr von einer vermuteten auflagensteigernden Wirkung abhängig als von einem antibellizistischen Engagement. Es gab später noch größere Massaker als das in My Lai, die aber kein Medienereignis wurden.

Vietnam konnte zum ersten „Wohnzimmerkrieg" der Geschichte avancieren, weil das Fernsehen erstmals in großem Stil als Kriegsberichterstattungs-Medium eingesetzt wurde - ein Faktum, das die Technologien und Strukturen der Fernsehberichterstattung wesentlich beeinflusste (vgl. Mahoney 1975). Die großen US-Fernsehstationen brachten allabendlich die neuesten (allerdings noch nicht live gesendeten) Bilder aus Vietnam in die Wohnzimmer. In den Nachrichtensendungen zwischen 1968 und 1973 hatten sie einen konstant hohen Anteil von 20 bis 25 Prozent (vgl. Patterson 1984b: 401). Dass aber die Medien- und speziell die Fernsehberichterstattung durch ungeschminkte Darstellungen von Kämpfen, Toten und Massakern die Haltung der amerikanischen Bevölkerung zum Vietnamkrieg so weit gewandelt habe, dass sich die USA schließlich aus Vietnam hätten zurückziehen müssen, ist nur ein zweckdienlicher Mythos - der sich allerdings bis heute noch hält. In den 80er Jahren haben inhaltsanalytische und andere Studien (z.B. Culbert 1988; Patterson 1984a, 1984b; Bailey 1976) nachgewiesen, dass Bilder von Kämpfen und Toten nur fünf bis sieben Prozent der gesamten Vietnam-Fernsehberichterstattung ausmachten (vgl. Patterson 1984b: 402). Beinahe alle abendlichen Übersichten über die Kämpfe kamen unverändert aus den militärischen Pressestellen (vgl. Bailey 1976: 154).

Nun ist damit keineswegs gesagt, dass die Medien keinen Einfluss auf die öffentliche Stimmung hatten. Eine Reihe von Bildern aus dem Vietnamkrieg erlangten Symbolwert für eine kritische Bewegung gegen den Krieg, weil in ihnen die Realität des Kriegs deutlich wurde - darunter auch die Bilder aus My Lai. Das heißt aber nicht, dass durch diese Bilder die Antikriegsbewegung hervorgerufen wurde (und noch weniger, dass dies durch Zensur hätte verhindert werden können). Zur Erklärung des „Phänomens Vietnam" sind eine Reihe komplex zusammenspielender Faktoren zu berücksichtigen, so etwa die Konstellation des Dschungelkrieges selbst, der sogar für seine Befürworter bald zum Trauma wurde, sowie auch die Entstehung sozialkritischer Bewegungen in der zweiten Hälfte der 60er Jahre. Die Medienberichterstattung ist nur ein Faktor in diesem Gefüge. Eine sensibilisierte Öffentlichkeit hat die kritischen Medienbilder selektiv aus dem überwiegend unkritischen „communications pudding" (so der Vietnamberichterstatter Michael Herr, vgl. Knightley 1975: 423) herausgelöst.

7 Von der Medienabwehr zum Informationsmanagement

Die Militärs zogen aus Vietnam die Lehre, dass nur eine zensierte Kriegsberichterstattung eine Kontrolle der öffentlichen Meinung erlaubt, und setzten dies in den Kriegen der 80er Jahre um, am deutlichsten im britisch-argentinischen Falklandkrieg (1982) und bei der US-Invasion auf Grenada (1983). Dort wurde - begünstigt durch die geographischen Bedingungen - allen Journalisten der Zugang zum Kampfgebiet gänzlich verweigert. Während des Falklandkrieges wurden von britischer Seite 17 Korrespondenten nach strenger Kontrolle die Erlaubnis erteilt, auf einem britischen Kriegsschiff mitzufahren (vgl. Knightley 1982: 51). Dort war nicht nur das, was sie zu sehen bekamen - meist nur die Weite des südlichen Atlantik - gut zu beeinflussen, sondern auch ihre Kommunikationskanäle waren unter strenger militärischer Kontrolle. Darüber hinaus blieben als Nachrichtenquellen nur die täglichen Briefings des Londoner Ministry of Defense, bei denen die Informationen aber nicht nur sehr spärlich, sondern obendrein oft auch noch falsch waren - auch hier versuchten die Militärs, die Verbreitung von Falschmeldungen über die Medien als taktische Waffe einzusetzen. Beim US-Einsatz in Grenada wurden die Medien nach ähnlichem Muster nur weit entfernt vom Tatort in den USA informiert.

Auch im Golfkrieg 1991 folgten die Militärs der Strategie, die Journalisten vom Schlachtfeld fernzuhalten. Rund 1.000 Journalisten waren in Saudi-Arabien in einem Presse-Pool zusammengefasst - in relativer Nähe zur Krisenregion, aber eben doch völlig abgeschieden und auf die täglichen Lageberichte des US-Militärs angewiesen.

Die US-Militärs versuchten, das Bild eines mit modernen Präzisionswaffen höchst sauber geführten Krieges zu zeichnen, in dem mit „chirurgischen Schlägen" zielgenau nur militärische Infrastruktur zerstört werde, ohne nennenswerte Kollateralschäden herbeizuführen. Zielvideos aus Raketenköpfen sollten diese Behauptungen untermauern - ein Bildmaterial, das angesichts knapper anderer Bilder über das Kriegsgeschehen von den Medien gern und anfangs auch recht unkritisch verbreitet wurde. Erst nach Ende des Krieges wurde offenbar, dass nur etwa ein Fünftel der von den USA gegen den Irak eingesetzten Waffen Präzisionswaffen waren, das Bild der exakten Schläge also deutlich relativiert werden muss. Auch in weiterer Hinsicht war die US-Army bemüht, den Eindruck vom sauberen Krieg aufrechtzuerhalten. So wurden die Leichen von tausenden getöteten irakischen Soldaten auf der sogenannten „Straße des Todes" eilends mit Bulldozern im Sand verscharrt, um hier keine symbolträchtigen Bilder entstehen zu lassen. Diese Steuerung der Bildmedien funktionierte durchaus, die Medien zeigten vor allem Bilder des High-Tech-Waffenarsenals, kaum aber Bilder von Kriegsopfern (vgl. Griffin & Lee 1995: 818). Eine wichtige weitere Quelle für Bilder und Informationen waren während des Golfkrieges die Bilder aus Bagdad selbst. Zwar ging der Irak wenig geschickt und überwiegend repressiv mit den Medien um, aber dennoch war es möglich, dass Peter Arnett für den US-Sender CNN von den nächtlichen Bombenangriffen auf Bagdad live berichten konnte. Die unscharfen und grünstichigen Bilder von Explosionen und Luftabwehr-Feuer erzeugten eine eher irreale und artifizielle Aura, zugleich aber hatten sie durch ihren Echtzeit-Charakter den Anspruch größter Authentizität. Erstmals erlebten Fernsehzuschauer 1991 live die Übertragung eines Krieges.

Technische Voraussetzung dafür war die Weiterentwicklung der Medientechnologie: Durch die Digitalisierung der Bildmedien wurden diese flexibler und mobiler, und im Zusammenspiel mit Satellitentechnologie ließen sich die Bilder live übermitteln. Dies bedeutete eine neue Stufe für den Aktualitätshorizont der Kriegsberichterstattung, in der mit den 90er Jahren die Live-Schaltung in das Kriegsgebiet (oder zumindest in dessen Nähe) immer mehr zum Standard wurde. Allerdings bedeutete dieses Mehr an Aktualität keineswegs auch einen Zugewinn an Information, sondern die Inszenierung von Aktualität ist ein „Ritual des Dauermediums" (Prümm 1999: 9), das der Kabarettist Matthias Beltz angesichts der extensiven Live- und Sonderberichterstattung zum Golfkrieg 1991 auf die Pointe brachte: „Man sieht nichts, das aber stundenlang."

Der Golfkrieg 1991 wurde in den Monaten vor den Kampfhandlungen propagandistisch vorbereitet, um eine entsprechende Einstellung der Bevölkerung und eine Legitimation des Waffengangs zu erzeugen. Während dieses Faktum noch kein Novum ist, so stellt es doch eine neue Qualität dar, dass professionelle PR-Agenturen aus dem zivilen Bereich in diese Aufgaben mit einbezogen wurden. Mit einem Etat von mehr als zehn Millionen Dollar ausgestattet, wurde die britische Agentur ,Hill & Knowlton' im Auftrag der kuwaitischen Regierung aktiv, um ein Feindbild Irak aufzubauen. Dabei wurde unter anderem die sogenannte „Brutkasten-Story" produziert, nach der irakische Soldaten in Kuwait 300 Frühgeborene aus Brutkästen gerissen und auf den Steinboden geworfen hätten. Als Beleg dafür wurde eine 15-jährige Augenzeugin beigebracht, die sogar vor dem Menschenrechtsausschuss des US-Kongresses und dem UN-Sicherheitsrat aussagte. Diese Horrorstory, die sich später nachweislich und komplett als PR-Lüge herausstellte, beeinflusste die öffentliche Stimmung und speziell auch das Abstimmungsverhalten in Kongress und Sicherheitsrat entscheidend (vgl. Claßen 2003).

Im Golfkrieg 1991 zeigte es sich, dass allein die Abwehr der Medien, also das Fernhalten der Journalisten vom Schlachtfeld und das Unterdrücken bzw. gezielte Freigeben von Information (auch kritisch als „pre-censorship" bezeichnet, vgl. Sharkey 2001: 21) für die Militärs auch Nachteile mit sich bringt. Mit einer Kontrolle der Informationskanäle ist noch keine Kontrolle der öffentlichen Meinung erreicht. Vielmehr provozierte die allen demokratischen Ansprüchen entgegen laufende Zensurpraxis Proteste und Debatten über die Rolle der Medien im Krieg.

In bester amerikanischer Manier gab es im Gefolge des Golfkriegs von Journalisten angestrengte Gerichtsverfahren gegen die schwere Behinderung der Berichterstattung während des Krieges. Dies mündete schließlich in einer Veränderung der Medienstrategie des US-Militärs. 1992 erließ das Pentagon neue Regeln für die Kriegsberichterstattung, welche die offene und unabhängige Berichterstattung zur Norm erklärte (vgl. Kirtley 2001: 42) - was natürlich zunächst nur ein Lippenbekenntnis war.

Der Strategiewechsel des Militärs bestand darin, die Medien nicht mehr nur an der kurzen Informations-Leine zu halten wie in den zwei Jahrzehnten nach Vietnam. Denn man hatte erkannt, dass das Verknappen von Information ein Vakuum schafft, welches durch andere, gegnerische (oder jedenfalls nicht die eigenen) Bilder und Informationen gefüllt werden kann, und dass letztlich auch die Unterdrückung von Information Kritik hervorruft und die eigene Glaubwürdigkeit in Frage stellen kann. Stattdessen wurde nun mehr und mehr eine aktive Politik des Informationsmanagements verfolgt, welche den kommunikativen Raum besetzte und gestaltete und die Medien mit den so dringend benötigten Informationen und Bildern versorgte. Die „eingebetteten" Journalisten, die während des Golfkriegs 2003 direkt bestimmten Truppenteilen zugeordnet waren und von dort ihre Bilder und Live-Berichte absetzen konnten, sind vorläufiger Höhepunkt dieses Ansatzes.

Dies ist aber wohlgemerkt keineswegs gleichzusetzen mit offener und unabhängiger Berichterstattung, denn einerseits wird das, was die Journalisten zu sehen und zu hören bekommen, in beträchtlichem Umfang vorselektiert und gefiltert, und zum anderen wird gleichzeitig versucht, andere Informationsquellen (feindliche oder unabhängige Medien) zu unterdrücken, um die eigenen Berichte möglichst alternativlos zu machen.

Weitreichender noch wurde in der zweiten Hälfte der 90er Jahre die Rolle der Medien aus Sicht des Militärs umdefiniert und in die Militärdoktrin eingebettet: Das Konzept des Information Warfare wurde in die Militärstrategien integriert. Es sieht u.a. Maßnahmen vor, welche die Informations-Infrastruktur des Gegners beeinträchtigen und ausschalten - von Hacker-Angriffen auf feindliche Datennetze bis hin zum Einsatz von Bomben, die durch einen starken elektromagnetischen Impuls alle elektronischen Geräte funktionsunfähig machen. Darüber hinaus wird als integrierter Bestandteil von „Information Operations" auch die Instrumentalisierung der Medien bzw. Beeinflussung der Öffentlichkeit (im eigenen Land, im feindlichen Gebiet sowie in Drittstaaten) vorgesehen (vgl. Bernhardt & Ruhmann 2001; Bendrath 1999). Die Medien werden in diesem Konzept gleichsam zu „einer vierten Waffengattung neben Heer, Luftwaffe und Marine." (Wolff 2002)

Der Kosovo-Krieg 1999, der von der Nato gegen Serbien geführt wurde, war insbesondere aus deutscher Sicht ein besonderer Einschnitt, da dies der erste deutsche Kriegseinsatz seit 1945 war. Der Einsatz war nicht unumstritten, und so bedurfte es einiger Anstrengungen, um die Kampfhandlungen öffentlich zu legitimieren. Allerdings waren einige der im Vorfeld zur Rechtfertigung angeführten und öffentlich breit rezipierten Fakten - so zum Beispiel die „Operation Hufeisen", ein angeblicher Plan für eine große ethnische Säuberungsaktion der Serben, oder die Existenz von serbischen Konzentrationslagern im Kosovo - „bewusste Fälschungen" (Angerer & Werth 2001), welche mit maßgeblicher Beteiligung des deutschen Verteidigungsministeriums in die Welt gesetzt worden waren (vgl. Hammond 2000a: 22f.). Die deutschen ebenso wie die internationalen Medien verbreiteten diese Fälschungen bereitwillig und unkritisch; erst lange nach Kriegsende deckten investigativ arbeitende Journalisten diese Fälschungen auf (vgl. Angerer & Werth 2001).

Mit Beginn der Kampfhandlungen im Kosovo war auch für die deutschen Medien zu konstatieren, dass die professionelle Distanz in der Berichterstattung fehlte und bisweilen gar eine recht kriegerische Sprache gewählt wurde („Die Buchstaben stehen stramm", wie es die ‚Süddeutsche Zeitung' beschrieb) (zit. nach Richter 1999b: 28), so dass sich der DJV-Vorsitzende Hermann Meyn zu der Mahnung veranlasst sah, nicht in den „Jargon der Wehrmachtsberichte des Zweiten Weltkrieges zurückzufallen" (vgl. Richter 1999b). Dies ist ein weiterer Beleg dafür, dass Medien sich in Kriegs- und Krisensituationen leicht vereinnahmen lassen - im Wechselspiel mit Politik und Gesellschaft, in die sie eingebettet sind. Denn während die deutschen Medien im vom deutschen Militär mit geführten Kosovo-Krieg 1999 Distanz vermissen ließen, so wahrten sie im Golfkrieg 2003, in dem die deutsche Politik eine klar kriegsablehnende Haltung einnahm, eine sachliche Position, bei der zumindest ansatzweise versucht wurde, Informationsquellen zu hinterfragen, verschiedene Quellen abzugleichen und selbstreflexiv auf die Schwierigkeiten der Informationsbewertung in der Kriegssituation hinzuweisen. Dies war bei den US-Medien im Golfkrieg 2003 völlig anders, diese nahmen eine patriotisch-kriegsbefürwortende Haltung ein, und es überwog der Eindruck, dass die eingebetteten Journalisten in vorderster Front mitmarschierten und für den Sieg fochten.

Ein ähnliches Selbstbild hatten die US-Medien auch zuvor schon im Zusammenhang mit einem einschneidenden Krisenereignis, nach den terroristischen Anschlägen vom 11. September 2001, dokumentiert. Unter dem Eindruck der Ereignisse bekannten sich die meisten der US-amerikanischen Medien und -Journalisten eindeutig zu einer patriotischen Haltung („I am an American first, a journalist second", in: message 1/2002: 25), eine distanzierte Position wurde als Unterstützung des Terrorismus gebrandmarkt. Die Medien zeigten große Bereitschaft, ihre kritische Haltung auszusetzen und das Rollenverständnis des „Watchdog" aufzugeben (vgl. McChesney 2002: 18). Auch wenn dies überbordenden Emotionen geschuldet war und im Nachhinein eine durchaus selbstkritisch-reflektierende Debatte begann (vgl. Kleinsteuber 2002), so zeigt diese Episode dennoch eine treffende Rollenbeschreibung der Medien - und nicht nur der US-Medien - in Krisenzeiten: Sie lassen sich leicht für nationale Kriegsziele vereinnahmen, Raum für Kritik und Reflexion ist allenfalls hinterher.

8   Die strukturelle Militarisierbarkeit der Medien

Nach diesem historischen Abriss einiger Episoden und Entwicklungen in der Geschichte der Kriegsberichterstattung und der Medien im Krieg sollen abschließend einige die Chronologie überspannende Aspekte des Problemfeldes hervorgehoben werden, die mir für die weitere Diskussion des Themas bedeutend erscheinen.

Im historischen Überblick fällt eine bemerkenswerte Synergie, ja Symbiose von Krieg und Medien auf, ein wechselseitiges Verhältnis, aus der beide Nutzen zogen: Massenmedien und Massenkrieg - das eine wäre ohne das andere nicht denkbar. Kriege waren für Medien entscheidende Entwicklungsschübe und -sprünge; in ihnen kamen sie zum Großeinsatz, wurden erprobt, verändert, optimiert. Medientechnologie, die Art der Berichterstattung (z.B. die Aktualität), aber auch ökonomische und politische Medienstrukturen entwickelten sich in Kriegen enorm weiter. Kurz: Ohne deren Nutzung in Kriegen hätten wir heute andere Medien.

Umgekehrt konnten auch die Militärs von den Medien profitieren und sie für ihre Zwecke instrumentalisieren. Ihr Interesse war die effektive Manipulation und Meinungssteuerung im Dienste der Kriegführung, die Mobilisierung der Massen für den Waffengang. Die Medien waren für diese Zwecke brauchbar, und sie boten keinen Widerstand gegen ihre militärische Indienstnahme. Es muss insofern von einer strukturellen Militarisierung bzw. Militarisierbarkeit der Medien gesprochen werden. Dies lässt sich an vier Feldern verdeutlichen:

Erstens: Die Medien sind technologisch militarisiert. Zwar ist ihre Entwicklung nicht ausschließlich militärisch induziert wie bei der Informationstechnologie, doch kamen wesentliche Entwicklungsschübe durch Kriege zustande. In Kriegen kamen stets neue und neueste Medientechnologien zum Einsatz: Angefangen bei einer Felddruckerei, die Gustav Adolph im Dreißigjährigen Krieg mitführte, über die Fotografie im Krimkrieg, die Telegraphie im deutsch-französischen Krieg von 1870/71, Hörfunk und Film im Zweiten Weltkrieg, Fernsehen im Vietnamkrieg bis zur Live-Technologie im Golfkrieg 1991. Die Entwicklung der Medientechnologie ist von ihrer Kriegsgeschichte geprägt und zu einem wesentlichen Teil nach militärischen Anforderungen ausgerichtet (vgl. Eurich 1991).

Zweitens: Die Medien sind unter ökonomischem Aspekt militarisierbar. Sie ziehen einen wirtschaftlichen Nutzen aus dem Krieg. Katastrophen und Kriege, Massaker und Massensterben sind mediale Großereignisse, die sich auflagensteigernd vermarkten, „ausschlachten" lassen mit einer voyeuristischen Mischung aus Abscheu und Gewaltlust. Die Mediennutzung (Auflagen, Einschaltquoten) steigt in Kriegs- und Krisenzeiten. Kriege sind auch der Katalysator für ökonomische Konzentrationsprozesse im Medienbereich. Das ökonomische Interesse der Medienunternehmen an einer möglichst breiten, mit allen verfügbaren Medien und der größtmöglichen Aktualität betriebenen Verwertung des Kriegsereignisses trifft zusammen mit dem Interesse der Militärs an professioneller Meinungsführung durch die Medien.

Drittens: Die Medien sind politisch militarisierbar. Sie haben sich in Kriegszeiten stets auf die Seite der Herrschenden geschlagen und politische Loyalität gegenüber der eigenen Seite bekundet. Entgegen allen Ansprüchen an eine unabhängige, ausgewogene, sachliche und objektive Berichterstattung verloren die Medien in Kriegen jegliche kritische Distanz und bewerteten ihre „nationale Aufgabe" (wie es im Ersten Weltkrieg hieß) höher als ihren öffentlichen Auftrag. Sie ließen sich meist widerstandslos an die kurze Leine der Zensur legen und leisteten vorauseilenden Gehorsam gegenüber der militärischen Obrigkeit. Mit der Verbreitung patriotischer Propaganda und der Produktion von Feindbildern wurden sie so mitverantwortlich.

Viertens: Die Medien sind individuell militarisierbar. Die Kriegsberichterstatter vor Ort, an der Front, waren qua Position mit der Aufgabe einer distanzierten, politisch reflektierenden Berichterstattung überfordert. Sie waren als vereinzelte, in Konkurrenz zueinander stehende Reporter von den Militärs leicht zu kontrollieren. Ähnliches gilt für ihre Kollegen in den Heimatredaktionen, nur dass dort andere professionelle Zwänge vorherrschen. So wichtig es auch ist, von den Journalisten Verantwortung für ihre Berichte einzufordern: Auch die Strukturen des Mediensystems, in denen die einzelnen Journalisten arbeiten, haben wesentlich mit dazu beigetragen, dass die bisherige Kriegsberichterstattung so mangelhaft und kritikwürdig war. Die Militärs haben gelernt, sich auf diese Faktoren einzustellen und sie auszunutzen.

Zusammengefasst heißt das: Die Medien sind strukturell militarisierbar - ökonomisch, politisch, technologisch und professionell. Diese Zusammenhänge detaillierter zu erforschen, ist eine wichtige Aufgabe für die Kommunikationswissenschaft. Dafür wäre aber nicht nur die Rolle der Medien im Krieg, sondern auch schon jene im Frieden zu problematisieren - denn der Militarisierbarkeit der Medien (und der Gesellschaft) liegen Strukturen zugrunde, die auch schon in Friedenszeiten wirksam sind.

Die Privatisierung der Kriegspropaganda

Öffentlichkeitsarbeit in Kriegszeiten von der Revolution 1776 bis zum Irak-Krieg 2003

Michael Kunczik

1 Einleitung

Ohne den Anspruch auf Vollständigkeit zu erheben, soll auf eine sich insbesondere nach dem Ende des Zweiten Weltkrieges herauskristallisierende Tendenz bei der Kommunikation in Kriegszeiten hingewiesen werden, nämlich die Privatisierung der Kriegs- und damit auch der Gräuelpropaganda.[1] PR-Firmen haben für kriegsführende Staaten gearbeitet bzw. durch den Aufbau von Feindbildern bei der Vorbereitung von Kriegen mitgewirkt. Anhand von Beispielen soll demonstriert werden, dass sich die Grenzen zwischen staatlicher und „privater" Kommunikation in Kriegszeiten immer mehr verwischen. Unter Propaganda bzw. Public Relations werden dabei die Bemühungen verstanden, die Öffentlichkeit durch die Selbstdarstellung von Interessen zu beeinflussen und damit auch Interessen durchsetzen zu wollen. Hierzu gehört auch, den Gegner als Feindbild aufzubauen. Wenn Lasswell (1942: 106) Propaganda als die Manipulation von Symbolen definiert, um Einstellungen bezüglich kontro-

---

[1] Die Quellenlage ist ausgesprochen schlecht, da eines der wichtigsten Prinzipien dieser Form der Öffentlichkeitsarbeit die Geheimhaltung darstellt.

verser Themen zu beeinflussen, dann ist der Begriff Propaganda ohne weiteres ersetzbar durch PR.[2]

Der Politikwissenschaftler Herfried Münkler (2003b) betonte in einem Vortrag, dass früher Kriege meist bewaffnete Auseinandersetzungen zwischen zwei oder mehr Staaten waren. Das Verhältnis der Kriegsgegner war durch Symmetrie gekennzeichnet, d.h. es bestand die Möglichkeit „zu töten und getötet zu werden." Diese Art von Kriegen gehöre der Vergangenheit an, da er zu teuer und zu riskant sei. Das Monopol der Kriegsführung sei vom Staat wieder an private Akteure abgegeben worden. Vergleichbar konstatiert Schmid (2003) eine Privatisierung der Kriege und verweist in diesem Kontext auf Carl von Clausewitz, der 1810/11 in einer Vorlesung „Vom kleinen Krieg" den Begriff „kleiner Krieg" eingeführt hat. Der „kleine Krieg"[3] ist der zwischen regulärer und nichtregulärer Armee oder zwischen nichtregulären Armeen. Schmid (2003: 17) schreibt:

> Nur 15 bis 20 Prozent der etwa 200 Konflikte mit hoher Gewaltschwelle, die wir seit 1945 hatten, stuft die Kriegsursachenforschung als zwischenstaatliche Konflikte ein. Wir beobachten eine rapide Zunahme nicht-staatlicher Akteure in der internationalen Politik, z.B. Befreiungs- und Guerillaorganisationen, Privatmilizen, Söldner usw.

Im Folgenden soll dokumentiert werden, dass ein vergleichbarer Prozess der Privatisierung womöglich auch den Bereich der Kriegspropaganda erfasst hat.

2   Theoretische Vorüberlegungen

Die Bedeutung der Steuerung der öffentlichen Meinung in Kriegszeiten hat Carl von Clausewitz (1780-1831) in seinem postum 1832 veröffentlichten Werk „Vom Kriege" herausgestellt. Er vertrat u.a. die These, Napoleon habe seine Siege nicht nur seinem militärischen Können verdankt, sondern vor allem auch

---

2   Die Gleichsetzung von Propaganda und PR steht in der Tradition der PR. Bernays (1926: 212) schreibt in „Crystallizing Public Opinion": „The only difference between propaganda and education, really, is the point of view. The advocacy of what we believe in is education. The advocacy of what we don't believe in is propaganda."

3   Tolstoi (1956: 1402) beschreibt in „Krieg und Frieden", was geschieht, wenn der Krieg „einen volkstümlichen Charakter annimmt": „Es besteht darin, daß sich die Mannschaften, statt Haufe gegen Haufe vorzugehen, auflockern, einzeln angreifen und sofort fliehen, wenn größere Kräfte über sie herfallen, dafür aber später, sobald sich wieder eine Gelegenheit bietet, von neuem angreifen. So machten es die Guerilla-Kämpfer in Spanien, die Bergvölker im Kaukasus und nun auch die Russen im Jahre 1812."

der Begeisterung des Volkes. Krieg ist für Clausewitz (1969: 68) ein Konflikt widerstreitender Willen, „ein Abmessen der geistigen und körperlichen Kräfte vermittelst der letzteren." Die Moral steht im Zentrum des Krieges, nicht die physische Stärke. Sieg wird nicht durch Vernichtung erreicht, sondern durch das Zerbrechen der gegnerischen Moral. Damit wird die Bedeutung von Information und damit auch die Notwendigkeit der Kontrolle von Kriegsberichterstattung hervorgehoben. Es geht um die Informationspolitik der Regierung, d.h. das Volk und dessen Bereitschaft, den Krieg zu unterstützen, wird berücksichtigt.[4]

Karl Bücher (1847-1930), einer der Begründer der Kommunikationswissenschaft, argumentierte 1915, seit der Erfindung der Buchdruckerkunst erlebe die Welt immer wieder von neuem das Schauspiel, „daß jedem Krieg mit den Waffen ein Krieg mit Druckerschwärze zur Seite geht, in dem jede Partei die öffentliche Meinung für sich zu gewinnen sucht."[5] (Bücher 1926: 271f.) Tönnies (1922: 544) charakterisiert in seiner „Kritik der öffentlichen Meinung" die öffentliche Meinung in einem Lande, das sich im Kriegszustand befindet, dahingehend, dass man sich darüber einig sei, „daß der Krieg dem eigenen Lande aufgezwungen, daß er ein Verteidigungskrieg oder, wie die englische Formel lautet, ein gerechter und notwendiger Krieg sei." Tönnies (1922: 545) schreibt: „Die Gestaltung der öffentlichen Meinung im Kriege unterliegt naturgemäß der Sorge der Regierung und der Heeresleitung." Die von Tönnies verwandte Bezeichnung „englische Formel" für die Rechtfertigung eines Krieges ist durchaus angebracht. David Hume (1958: 348) schreibt 1749 in „Treatise of Human Nature":

When our own nation is at war with any other, we detest them under the character of cruel, perfidious, unjust and violent: But always esteem ourselves and allies equitable, moderate, and merciful. If the general of our enemies be successful, 'tis with difficulty we allow him the figure and character of a man. He is a sorcerer: He has a communication with daemons; as is reported of Oliver Cromwell and the Duke of Luxembourg: He is bloody-minded, and takes pleasure in death and destruction. But if the success be on our side, our commander has all the opposite good qualities, and is a pattern of virtue, as well as of courage and conduct. His treachery we call policy: His cruelty is an evil inseparabke

---

[4] Von Clausewitz wusste bereits, was Sir Arthur Ponsonby 1935 folgendermaßen ausdrückte: „The point is that propaganda is as much a weapon of war as a gun, and far more effective." (Squires 1935: 15)

[5] Der Bremer Kaufmann Ludwig Roselius (1874-1943), der Gründer von ‚Kaffee HAG' und für Deutschland während des Ersten Weltkriegs als Propagandist tätig, beeinflusste die bulgarische Presse dadurch, dass er die gesamte Druckerschwärze des Landes aufkaufte und nur an Zeitungen abgab, die deutschfreundlich schrieben oder zu schreiben sich verpflichteten (vgl. Kunczik 1997a: 221ff.).

from war. In short, every one of his faults we either endeavour to extenuate, or dignify it with the name of that virtue, which approaches it.

Die Mobilisierung des Hasses auf den Gegner ist ein wichtiger Aspekt der Beeinflussung der Moral der Bevölkerung bzw. der Truppe. Schneersohn (1927: 546) stellt in „Sozialpsychologie der Massenlüge" dialektische Verdrehungen bzw. Schlagworte kriegstreibender Staaten zusammen:

> Seit jeher kamen im Leben der Masse raublustige, kriegerische Leidenschaften mit entgegengesetzten religiösen, ethischen, kultur-sozialen Geboten der Solidarität und der Menschenliebe in Konflikt. Aber zu allen Zeiten baute sich die raublustige Bellikosität dialektisch ein Hintertürchen durch recht charakteristische und bekannte Konstruktionen.

Erwähnt wird neben dem „Vorbeugungskrieg" u.a. auch „erzwungener oder aufgezwungener Krieg". In diesem Sinn wies Matthew Rothschild im März 2003 in einem Artikel „President leading us around by the nose" darauf hin, dass Präsident George W. Bush, die öffentliche Meinung manipuliere: „[...] twice in his State of the Union speech and again last week, Bush used the words ‚if war is forced upon us'." (Rothschild 2003) Dabei sei klar, dass niemand den USA einen Krieg aufzwingen wolle.

Auch im Krieg gegen Serbien war die englische Formel gültig. Der Gegner war ein Monster. So konstatierte Tony Blair nach dem Sieg der Nato: „Die Gerechtigkeit hat über die Barbarei gesiegt." (Der Spiegel 14.06.1999) Er konstatierte den Triumph „der Werte der Zivilisation" im Herzen Europas. Jamie Shea, der Nato-Sprecher während des Krieges gegen Serbien, antwortete in einem Interview mit der ‚Frankfurter Allgemeinen Zeitung' (14.10.2001) auf die Frage, wie es mit dem Propaganda-Aspekt von Informationen stehe: „Wir wissen sehr wohl, daß moderne Konflikte nur durchgestanden werden können, wenn es die Unterstützung durch die Öffentlichkeit gibt."

Diese Unterstützung wird insbesondere durch einen Feindbildaufbau gewonnen.[6] Dies ist ein seit jeher beliebtes Verfahren, um die öffentliche Meinung in Kriegszeiten zu stabilisieren bzw. auf einen Krieg einzustimmen. Der Aufbau eines Feindbildes schafft bei der Bevölkerung ein Gefühl der Bedrohung, das mit einem Bedürfnis nach starker Führung bzw. mit einer erhöhten Bereitschaft, autoritäre Führung zu akzeptieren, verbunden ist. Je größer die angenommene Bedrohung durch einen tatsächlichen oder vermeintlichen Gegner ist, desto größer ist der Bedarf nach starker Führung. In Kriegszeiten

---

6   Herodot (485-424), der seit Cicero (De Legibus 1, 1, 5) als „Vater der Geschichtsschreibung" gilt, baute mit seiner Zweiteilung von „Hellenen und Barbaren" womöglich eines der ersten überlieferten Feindbilder auf (vgl. Cobet 1997: 282).

wird der Gegner zum Untermenschen, zur Bestie stigmatisiert. So wurde Deutschland im Ersten Weltkrieg von Herbert George Wells, der den Deutschen intellektuelle Inferiorität bescheinigte, als „Frankenstein Germany" bezeichnet, und Rudyard Kipling warnte: „The Hun is at the gate." Kipling meinte auch: „This is not war. It is against wild beast that we fight." (Kunczik 1998: 36) So wie die Sowjetunion für Ronald Reagan das „evil empire" war, charakterisierte Präsident Bush Sr. Saddam Hussein als neuen Hitler und meinte:

> Saddam tried to cast this conflict as a religious war, but it has nothing to do with religion per se. It has, on the other hand, everything to do with what religion embodies: good vs. evil, right vs. wrong. (Time 11.03.91)

In einem Interview mit ‚Newsweek' (03.12.2001) meinte Präsident Bush Jr.: „He is evil. Saddams evil."[7] Eng verbunden mit dem Feindbildaufbau durch Propaganda ist in Kriegszeiten die sprachliche Verharmlosung der durch die eigene Seite angerichteten Schäden, die, um David Hume zu paraphrasieren, natürlich im Dienst der „guten Sache" vorgenommen werden und bedauerlicherweise militärisch unumgänglich seien. Auch im Krieg gegen den Irak (2003) wurde die englische Formel genutzt. Donald Rumsfeld meinte, den hohen moralischen Anspruch des Krieges gegen den Irak betonen zu müssen: „The war is an act of self-defence and an act of humanity." (Sunday Hindustan Times 30.03.2003) Damit sollte das Abwerfen von Bomben zur humanitären Tat verklärt werden. Tony Blair behauptete in einem Essay mit dem Titel „Iraq's war of liberation" (Sunday Hindustan Times 30.03.2003):

> Our quarrel is not with the Iraqi people but with Saddam, his sons, and his barbarous regime which has brought misery and terror to their country. [...] This is not a war of conquest but of liberation. So we are doing all that is humanly possible to minimise civilian casualties and finish this campaign quickly.

Als der Vatikan den Krieg gegen den Irak als ungerechtfertigt bezeichnete (z.B. USA Today 30.04.2003), kam es zu einem Gespräch zwischen Bush und dem Vertreter des Vatikans. Ari Fleischer, der Sprecher des White House, der an

---

7   Bush wurde beim Feindbildaufbau u.a. auch von Friedensnobelpreisträger Elie Wiesel unterstützt. In einem Beitrag „Peace isn't possible in evil's face" stimmte er Bush vorbehaltlos zu und forderte ebenfalls die Intervention „to eradicate international terrorism, which, most civilized nations agree, is the greatest threat facing us today. [...] Saddam Hussein is the ruthless leader of a rogue state to be disarmed by whatever means is necessary [...]. We have a moral obligation to intervene where evil is in control. Today, that place is Iraq." (Wiesel 2003)

dem Gespräch teilnahm, berichtete, dass Bush gegenüber dem Gesandten des Papstes, Kardinal Pio Laghi, ausführte:

> [...] if it comes to the use of force, he believes it will make the world better. Removing the threat to the region will lead to a better, more peaceful world in which innocent Iraqis will have a better life.

Geradezu idealtypisch hat Tony Blair diese Denkweise auf den Punkt gebracht, als er am 2. April 2003 in einem Interview mit der ‚Londoner Times' ausführte, nachdem ihm Photographien verletzter und getöteter irakischer Kinder gezeigt worden waren: „I am ready to meet my maker to answer for those who have died or been horribly maimed as a result of my decision." (Time 12.05.2003)

Auch die Bedeutung sprachlicher Verharmlosung für die Steuerung der öffentlichen Meinung in Kriegszeiten darf nicht unterschätzt werden (z.B. Kollateralschaden oder „friendly fire").[8] Dies wurde erstmals während des Krimkrieges deutlich, als William Howard Russell 1854 mit seinen Berichten über den Krimkrieg geschickt öffentliche Empörung auslöste (vgl. Bullard 1974; Furneaux 1945). Zum ersten Male wurde der Schrecken des Krieges von einem Augenzeugen in der Presse beschrieben: das Leiden und Sterben der Soldaten, die Schrecken der Cholera usw. Die Öffentlichkeit kannte zuvor nur die offiziellen Kommuniques.[9]

---

[8] Auch während des Krieges gegen den Irak (2003) gab es wieder die üblichen sprachlichen Verharmlosungen. Dazu gehörten u.a. die Verwendung solcher Begriffe wie „friendly fire" (die eigenen Leute beschießen); „collateral damage" (tote Zivilisten); „shock and awe" (nichts anderes als Terrortaktik); „decapitation strike" (Ermordung gegnerischer Politiker); „regime change" (Regierungssturz durch einen Militärschlag) usw. Die Aktion gegen den Irak hieß „Operation Iraqi Freedom". In der ‚Sunday Times' (Colombo 06.04.2003) wurde eine Umbenennung in „Operation Iraqi Liberation" vorgeschlagen. Dann könne man das schöne Kürzel OIL verwenden. Möglicherweise wurde aber der Name „Operation Iraqi Freedom" gerade deshalb gewählt, um dieses Akronym zu vermeiden.

[9] Von Gerlach (1926: 109) zitiert eine Bemerkung von G. de la Forchardière im Oeuvre über den Verfasser der französischen Kriegsberichte, Oberst Jean de Pierrefou, der zugleich Verfasser eines Buches mit dem Titel „Plutarch hat gelogen" war: „Wenn Sie den Namen des größten Lügners Frankreichs kennen lernen wollen, so ist das unstreitig der Mann, der uns Plutarch als den größten Lügner Griechenland enthüllt hat. Denn unser Freund Jean de Pierrefou hat vier Jahre hindurch täglich den offiziellen Kriegsbericht redigiert, der vom Hauptquatier veranlasst wurde. Und, wie das eines Tages ein englischer Humorist gesagt hat, es gibt nun mal drei Abstufungen der Lüge: Es gibt die gewöhnliche Lüge. Es gibt die heilige Lüge. Und, als Höhepunkt, gibt es den amtlichen Bericht."

3   Privatisierung der Kriegspropaganda

Die Privatisierung der Kriegspropaganda kann bereits bei den „Gründervätern" der USA verortet werden. Die Revolution von 1776 ist durch die Propaganda von Samuel Adams und einigen anderen in Massachusetts beheimateten „private Agitatoren" in Gang gesetzt worden (Cutlip 1989: 107). Die öffentliche Meinung in Amerika war im Grunde gegen die Föderalisten, denen es allerdings ausgesprochen erfolgreich gelang, durch Propaganda und für die Medien inszenierte Pseudo-Ereignisse die Briten als Feind aufzubauen (Cutlip 1995: 29ff.). So wurde die „Boston Tea Party" regelrecht in Szene gesetzt, um über die Medienberichterstattung die Aufmerksamkeit der Öffentlichkeit zu wecken.[10] Das Motto von Samuel Adams war schlicht und prägnant (zit. nach Baldwin 1965: 8): „Put your enemy in the wrong and keep him there."

Wenn es einen Krieg gibt, der vor allem die Folge „privater" journalistischer Kriegstreiberei gewesen ist, dann handelt es sich um den spanisch-amerikanischen Krieg 1898. Nach Mott (1962: 527ff.) war der journalistische Hurrapatriotismus, der von William Randolph Hearst und Joseph Pulitzer im Wettkampf um die Auflagenhöhe betrieben wurde (gemeint sind die ‚New York World' und das ‚New York Journal' im Zeitraum zwischen 1896-98), verantwortlich dafür, dass Präsident William McKinley schließlich dem Druck der öffentlichen Meinung nachgab und Spanien den Krieg erklärte. Angebliche spanische Grausamkeiten auf Kuba, wie z.B. die Leiden der Kubaner in Konzentrationslagern, wurden dramatisch geschildert. Der Oberbefehlshaber der spanischen Truppen, General Valeriano Weyler y Nicolau, wurde zum „Schlächter" („the Butcher"). Viele der „Berichte", die angeblich aus Kuba kamen, waren reine Erfindungen. Für Kuba arbeitete ein amerikanischer Rechtsanwalt, Horatio S. Rubens, als PR-Berater (Cutlip 1995: 262). Joyce Milton (1989: 47) schreibt: „[...] virtually the only source of information about the rebellion was the daily press briefing held in the law offices of Horatio

---

[10]   Am 16. Dezember 1773 legte sich etwa ein Dutzend Revolutionäre Kriegsbemalung an, enterte ein britisches Schiff und warf die aus Tee bestehende Ladung über Bord. Mit der gleichen Zielsetzung wurden Vorfälle wie das „Horrid Boston-Massaker" publizistisch ausgeschlachtet. Das „Boston Massaker" war eine kleinerer Aufruhr, in dessen Verlauf am 5. März 1770 eine Gruppe von Männern britische Soldaten provozierten, worauf diese das Feuer eröffneten. Fünf Bürger Bostons wurden erschossen. Die revolutionäre Presse gab dem Ereignis das Etikett eines Massakers und stellte die Grausamkeiten der Briten heraus, um negative Emotionen zu schüren. Die Propagandisten nutzten das Ereignis auch dazu, um Kritik an einem stehenden Heer zu üben und publizistisch zu verbreiten (vgl. Cutlip 1995: 29ff.).

Rubens [...]." Auch wurden Pressereisen nach Florida organisiert, um Journalisten Gelegenheit zu geben, mit Flüchtlingen aus Kuba Kontakt aufzunehmen. Berichte über spanische Grausamkeiten erhöhten die Auflage, so dass sich in dieser Hinsicht ein regelrechter Wettkampf der Gräuelberichterstattung zwischen ‚World' und ‚Journal' entwickelte. So wurde z.b. gemeldet, dass Weyler Gefangene an Haie verfüttere (vgl. Millis 1931: 60).

Die Grundlagen für die Privatisierung der Kriegspropaganda wurden während des Ersten Weltkrieges gelegt. Insbesondere die britische Kriegspropaganda in den USA versuchte aus Gründen der Glaubwürdigkeit den Eindruck zu erwecken, es handele sich um private Initiativen (vgl. Kunczik 1998).[11] Den Briten gelang die Geheimhaltung ihrer Aktivitäten während des gesamten Krieges. Demgegenüber wurden deutsche und österreichische PR-Aktivitäten von den Amerikanern aufgedeckt. Zumindest einigen amerikanischen Journalisten war aber bewusst, dass die Kriegsgegner versuchten, die öffentliche Meinung zu beeinflussen. Die ‚New York Times' schrieb bereits am 9. September 1914 auf Seite 8: „The present European war [...] deserves to be distinguished as first press agents war."

Der Amerika-Abteilung des britischen Geheimdienstes stand der Schriftsteller Sir Gilbert Parker vor, der die USA gut kannte und Kontakte zu einflussreichen Persönlichkeiten besaß. Gegenüber der britischen Propaganda, die auch den Vorteil sprachlicher und kultureller Nähe zu den USA zu nutzen wusste, hatte es Deutschland schwer. Allerdings wurde im Dezember 1914 die Mitarbeit von William Bayard Hale gesichert, einem der führenden amerikanischen Journalisten und früheren Berater von Wilson.[12] Grattan (1969: 87) schreibt: „He was put in immediate charge of the news sheet, and was detailed to prepare pamphlets and other matter for the general public." Hale verhandel-

---

11   Charakteristisches Merkmal der britischen Propaganda war die Tätigkeit einer Vielzahl von nicht offiziellen Organisationen (vgl. Peterson 1939: 12ff.). Sehr wichtig war dabei die Oxford University, die 87 Publikationen, die sogenannten ‚Oxford Pamphlets', veröffentlichte, in denen in der Formulierung von Squires (1935: 17) die Mehrzahl der Autoren in der Lage war „to give a patriotic bias to the apparent objective presentation of material."

12   Der Verleger Hearst war über die Nebentätigkeit seines Korrespondenten nicht informiert (vgl. Doerries 1989: 59, Fn. 24). Wie eng die Beziehung zwischen Hale und Wilson waren, dokumentiert Josephus Daniels (1944: 76), Secretary of the Navy in Wilsons Kabinett. Während des Wahlkampfes, der Wilson schließlich ins Weiße Haus brachte, benutzten die Demokraten Hales „Woodrow Wilson: The Story of his Life": „It was the vade mecum of all Democratic speakers. It was the best story of Wilson before he became President, that had been written." 1913 schickte Wilson „his personal friend and biographer" Hale nach Mexiko, um die dortige Situation zu beurteilen (Daniels 1944: 181).

te u.a. mit der „League of American Women for Strict Neutrality", die ca. 200.000 Unterschriften für eine Petition an den Kongress gesammelt hatte (vgl. Millis 1935: 203).

Nicht übersehen werden sollte ein ganz anderer Aspekt der privaten Kriegs-PR, nämlich die Darstellung kriegslüsterner Staaten als angeblich friedliebend. So hat Ivy Ledbetter Lee (1877-1934), einer der Gründerväter der amerikanischen PR, für die Nationalsozialisten gearbeitet und diesen u.a. Ratschläge gegeben, wie das deutsche Image in den USA zu pflegen und dabei auch die Wiederbewaffnung zu thematisieren sei. Lee entwickelte konkrete Vorschläge für eine medienorientierte deutsche Außenpolitik (vgl. Kunczik 1997a: 298ff.). Er machte Vorschläge, wie deutsche Äußerungen zur Abrüstungsproblematik auszusehen hätten. In einem Memorandum wurde als Argument empfohlen:

> Das Deutsche Reich will nicht Aufrüstung um der Aufrüstung willen. Es ist bereit, alle Waffen zu zerstören, wenn andere Nationen dies ebenfalls tun. Wenn die anderen Nationen sich aber weiterhin weigerten, abzurüsten, dann bleibe dem Deutschen Reich nichts anderes übrig, als im vergleichbaren Ausmaß aufzurüsten. Das deutsche Volk könne nicht glauben, daß ihm irgendjemand dieses Recht verweigern wolle. (Hiebert 1966: 289)

Lee hat zwar keinen Feindbildaufbau betrieben, aber versucht, die Nationalsozialisten als harmlose, friedliebende Menschen erscheinen zu lassen, die nur Selbstverteidigung wollten. Nach dem Zweiten Weltkrieg wurde die „private" Propaganda für Staaten, die sich im Konflikt befanden, immer bedeutender. So wurde General Chiang Kai-shek (1887-1975) zum Helden des Westens im Kampf gegen den Kommunismus stilisiert. Ein besonderer Stellenwert kam dabei der PR-Firma ‚Hamilton-Wright‘ zu, die zwischen 1957 und 1962 für die Republik China arbeitet. Seagrave (1988: 505) betont, dass die Firma Zeitungsartikel, Photographien und Filme verbreitete (und zum Teil selbst verfasste), um ein günstiges Bild Chiang Kai-sheks und seines Regimes zu verbreiten sowie ein kommunistisches Feindbild aufzubauen.

Edward L. Bernays (1891-1995), ohne Zweifel der einflussreichste PR-Berater des 20. Jahrhunderts, war auch PR-Berater der Firma ‚United Fruit‘ (ab 1975 ‚United Brands’) und hat in diesem Kontext eine herausragende Rolle beim Sturz einer demokratisch gewählten Regierung in Guatemala gespielt, die von ‚United Fruit‘ gezielt als kommunistisches Feindbild aufgebaut worden war (vgl. Kunczik 1997b: 246ff.). Bernays (1965: 766) schreibt in seinen Memoiren am 7. Oktober 1953: „I was struck by the thought that although I was advising a banana company, I was actually fighting in the cold war." Er „kämpfte" gegen die angebliche „communist penetration" und „world-wide-revolutionary movements" (Bernays 1965: 744). Bernays (1965: 749) schreibt über seine Arbeit:

> As a first step I organized the 'Middle America Information Bureau, conducted by the United Fruit Company', set up in our office. We corresponded actively with 25.000 Americans group leaders and opinion molders. We tried to interest them in Middle America; we supplied them with facts and points of view.

Die PR-Strategie von Bernays bestand darin, die wichtigsten amerikanischen Massenmedien auszuwählen und die Journalisten mit der „company's version of the facts" zu „bombardieren". Pressereisen wurden durchgeführt. Ende 1953 wurde unter dem Kennwort „El Diabolo" von der Regierung Eisenhower die Order zum Staatsstreich gegeben.

Thomas P. McCann (1976: 164ff.), der auch bei 'United Fruit' seit 1952 als PR-Fachmann tätig gewesen war, berichtet, dass er 1970 für Honduras PR betrieben hat, das Krieg gegen El Salvador führte (vgl. Kunczik 1990: 203ff.) Honduras wurde in der Presse nicht günstig dargestellt. Insbesondere war es El Salvador gelungen, seine Version der Kriegsursache zu verbreiten. Die Botschaft lautete: Honduras habe den Krieg wegen einer Niederlage seiner Fußballnationalmannschaft gegen El Salvador in einem WM-Qualifikationsspiel begonnen. McCann schreibt (1976: 165): „I had never handled the PR for a war before; it was exciting and I got wright down to business." McCann, der sich seiner „aufregenden Aufgabe" offensichtlich mit Hingabe widmete, gibt an, der Tatbestand, dass El Salvador einen ehemaligen Beamten des Verteidigungsministeriums als PR-Berater engagiert hatte, habe ihn besonders motiviert. Er habe das Gefühl gehabt, Schach mit einem unbekannten Gegner zu spielen. Die „wichtigsten" nordamerikanischen und lateinamerikanischen Journalisten wurden eingeladen, um die honduranische Variante des Krieges zu verkaufen. Honduras wurde dahingehend beraten, jede Rhetorik und jede Übertreibung zu unterlassen - man wollte glaubwürdig wirken. Jeder Verdacht der Propaganda oder Lüge sollte vermieden werden. McCann entwarf u.a. ein Telegramm für den Präsidenten von Honduras, Osvoldo Lopez Arellano, dass an zwei Journalistenvereinigungen (Inter-American Press Accociation und Overseas Press Club) geschickt wurde. Der Inhalt lautete sinngemäß, dass die Republik Honduras über die unausgewogene und fehlerhafte Berichterstattung besorgt sei. Berichte über Völkermord, Vergewaltigung und andere Menschenrechtsverletzungen seien unzutreffend. Es handle sich um Propagandamachwerke. Die tatsächlichen Ereignisse sollten vernebelt werden. Honduras lud Journalisten ein, das Land zu besuchen und sich selbst ein Bild von den Fakten zu machen. McCann glaubt feststellen zu können, dass die Berichterstattung über Honduras immer wohlwollender wurde (Belege fehlen).

Der Ausbruch des Bürgerkrieges in Biafra im Juli 1967 wurde zunächst von den westlichen Medien nicht besonders beachtet.[13] Biafra hatte sich bereits im Februar 1967, also vor der „offiziellen" Loslösung von Lagos, mit Hilfe der PR-Firma ‚Ruder-Finn' darum bemüht, amerikanische Meinungsführer in Regierung, Parlament, Wirtschaft und Massenmedien zu kontaktieren und mit Informationen über die Lage Biafras zu versorgen. Die Selbständigkeit der Ostprovinz wurde als unumgängliche historische Notwendigkeit dargestellt (vgl. Zieser 1971: 183). Die Genfer PR-Agentur ‚Markpress', die ab Januar 1968 für Biafra den europäischen Raum betreute, organisierte Reisen von Journalisten (vgl. Davis 1977: 119ff.). ‚Markpress' gelang es nach Zieser (1971) in den Sommermonaten 1968 „Biafra zu einem Markenartikel des Hungers und des Kriegsleidens werden zu lassen. Die Formel vom ‚Völkermord an der christlichen Bevölkerung Biafras' [...] schockte damals die gesamte freie Welt." Zieser argumentiert, dass nach dem Arbeitsbeginn von ‚Markpress' im deutschen Sprachraum Formulierungen und Stereotypen in der Presse auftauchten, die zuvor nicht existent waren. Laut Zieser (1971: 182) habe dies ein quantitativer Vergleich - der aber nicht näher dargelegt wird - der Biafra-Berichterstattung der ‚Frankfurter Allgemeinen Zeitung' und der Veröffentlichungen von ‚Markpress' nachgewiesen. Ebenfalls 1968 wurde von Biafra in den USA die Agentur ‚Robert S. Goldstein Enterprises' beauftragt. Diese Agentur organisierte Pressekonferenzen in Biafra und gründete ein „Peace for Biafra Committee" - allerdings war die Zusammenarbeit nur sehr kurz und wurde noch 1968 wieder abgebrochen (vgl. Davis 1977: 48)

Die während des Golfkrieges von 1991 von Kuwait veranlasste und von der PR-Firma ‚Hill & Knowlton' vorgenommene massive Medienmanipulation und Desinformation stellt einen weiteren Schritt zur Privatisierung der Gräuelpropaganda dar.[14] Die Arbeit von ‚Hill & Knowlton' für Kuwait begann kurz

---

13 Vgl. ausführlicher Kunczik (1990: 130ff.). Auf die Bemühungen der Zentralregierung mit Hilfe von PR-Agenturen (u.a. Andrew Nash, Burson-Marsteller) die Weltöffentlichkeit zu beeinflussen, wird hier nicht eingegangen (vgl. Davis 1977: 60ff.).

14 ‚Hill & Knowlton Germany' hat am 14. März 2003 einen Brief verschickt, in dem betont wird, dass ‚Hill & Knowlton' als „lernendes Unternehmen" seine eigenen Schlüsse gezogen habe und seit nunmehr fast zehn Jahren keinerlei Aufträge annähme, die in einem solchen Umfeld angesiedelt seien: „Wir verfolgen ethische Grundsätze in unserer Arbeit und wenden uns gegen jede Form der Beeinflussung von Öffentlichkeiten für Krieg, Folter, Unmenschlichkeit oder Korruption."

nach der irakischen Invasion im August 1990. Die Agentur versuchte auf der einen Seite, ein Image Kuwaits als demokratisches Land aufzubauen (was es damals nicht war und auch heute noch nicht ist), und auf der anderen Seite den Irak als Feindbild aufzubauen. Dies geschah insbesondere durch Gräuelpropaganda. So bereitete ,Hill & Knowlton' „Beweismaterialien" für den UN-Sicherheitsrat, den Außenpolitischen Ausschuss und den Arbeitskreis für Menschenrechte des Kongresses vor. Kuwaitische Flüchtlinge, die als „Augenzeugen" vor diesen Gremien oder vor der Presse aussagten, wurden von ,Hill & Knowlton' ausgewählt und instruiert. Das Auftreten der 15-jährigen Nayirah as-Sabah bei einem öffentlichen Hearing des Arbeitskreises für Menschenrechte im Oktober 1990 über die Bedingungen in Kuwait unter irakischer Besatzung wurde von ,Hill & Knowlton' vorbereitet. Nayirah berichtete unter Tränen, sie habe gesehen, wie irakische Soldaten kuwaitische Babys aus Brutkästen gerissen und auf den Fußboden geworfen hätten, wo sie gestorben seien. ,Hill & Knowlton' sorgte nicht nur für die Zeugin, sondern veranlasste auch, dass ein Film, der die Aussage Nayirahs zeigte, von 700 Fernsehstationen gesendet wurde. Allein in einer einzigen Sendung am 10. Oktober 1990 (ABC Nightline) sahen 53 Millionen Amerikaner diese Szene. Im Januar 1992 deckte John R. MacArthur in der ,New York Times' auf, dass es sich bei Nayirah in Wirklichkeit um die Tochter des Kuwaitischen Botschafters in den USA handelte und es fraglich sei, ob sie sich zu der Zeit, in der sie ihre Beobachtungen angeblich gemacht hatte, überhaupt in Kuwait aufhielt. Nach Bekanntwerden dieser Tatsache war ,Hill & Knowlton' heftigen Vorwürfen ausgesetzt, weil die Agentur die Identität der Zeugin verheimlicht hatte. ,Hill & Knowlton' bestritt, irreführende Zeugenaussagen produziert zu haben. Auf die Frage, ob denn nicht Nayirahs Tränenappell die Bereitschaft zum Kriege mobilisiert hätte, antwortete Frank Mankiewicz, Vizepräsident von ,Hill & Knowlton', er sei stets gegen den Krieg gewesen und meinte: „Die Kriegsentscheidung habe nicht ich getroffen, sondern Präsident Bush." Der Vizepräsident sagte aber auch: „Kuwait war eindeutig ein Erfolg der Firma."[15] Zu beachten ist, dass sechs Senatoren die „Brutkastengeschichte" als Begründung ihres Votums für den Krieg benannt hatten. Der entsprechende Beschluss war mit nur fünf Stimmen Mehrheit gefasst worden.

Während der Kriege im zerfallenden Jugoslawien spielte die PR-Firma ,Ruder-Finn' eine unrühmliche Rolle. Bereits 1994 berichtete Scott M. Cutlip in seinem Standardwerk über die Geschichte der amerikanischen PR „The Un-

---

15   Frank Mankiewicz, zit. in ,Der Spiegel' vom 28.09.1992, 200-208, dort 205.

seen Power", dass „tiny Kosovo, threatened by Serbian aggression after Yugoslavia's break up" (Cutlip 1994: 771) die amerikanische PR-Firma ‚Ruder-Finn‘ mit der Vertretung seiner Interessen beauftragt hatte. Demnach hat ‚Ruder-Finn‘ im März 1993 eine intensive PR-Kampagne in den USA für den Kosovo durchgeführt. Cutlip erwähnt ferner, dass im Jahr 1993 ‚Ruder-Finn‘ nicht nur für den Kosovo, sondern auch für Kroatien und die Muslim-Führung von Bosnien-Herzegowina arbeitete. Geradezu prophetisch die 1994 von Cutlip (1994: 771f.) getätigte Aussage: „Again the objective is to move public opinion to embroil America in that fratricidal conflict." Bereits am 9. Februar 1990 erschien in der ‚New York Times‘ eine PR-Anzeige der Albanian-American Community und der American Friends of Albania in der u.a. folgender Aussage stand: „[...] KOSOVA has been converted into a real CONCENTRATION CAMP."

Während des Krieges in Jugoslawien berichtete die BBC, die Serben würden für jedes getötete Kind 300 Pfund zahlen, so dass Kinder zum bevorzugten Ziel von Heckenschützen würden (vgl. Krauze 1992). In diesem Kontext wurde ein Interview veröffentlicht, in dem behauptet wurde, die Serben zielten des Geldes wegen auf Kinder: „They target the children because of the money and because they are easier to kill. With their small size, the bullets make a bigger mess." (zit. nach Krauze 1992: 22) Es wurde die Zahl von 11.000 verletzten und 400 getöteten Kindern genannt. Inzwischen hat sich herausgestellt, dass die Meldung auf das kroatische Informationsministerium zurückzuführen ist. Zuerst erschien die Gräuelgeschichte in einer kroatischen Zeitung. Der verantwortliche Journalist hat zugegeben, die Information vom Kroatischen Informationsministerium bekommen und nicht weiter recherchiert zu haben: „Who could I ask? You can't expect us to ring them (the Serbs) and believe them when they say it isn't true." (zit. nach Krauze 1992: 22) Bei der Verbreitung der Gräuelstory hat ‚Ruder-Finn‘ mitgeholfen. Eine Mitarbeiterin der Firma, Rhoda Paget, hat zugegeben bei der Verbreitung der „Cash for a Corpse"-Story beteiligt gewesen zu sein:

> We were told it by a minister in the Croatian government. We merely informed them of its importance and have never checked its honesty. Neither do we have the resources to do so. Frankly, it's just not our job. It's the journalist's job to check them out [...]. (zit. nach Krauze 1992: 22)

Im Rahmen der anti-serbischen Propaganda von ‚Ruder-Finn‘ bemühte sich die Firma in den USA auch um die amerikanischen Juden. Die Juden waren dabei als Zielgruppe nur schwer für die anti-serbische Sache zu gewinnen, da sich sowohl Tudjmann als auch Izetbegovic antisemitisch geäußert hatten. Als

am 5. August 1992 Berichte über serbische Lager erschienen, wurden drei große jüdische Organisationen von der PR-Firma kontaktiert. Dabei wurden Parallelen zwischen den Konzentrationslagern der Nazis und den Lagern in Serbien hergestellt. Den Organisationen wurde nahe gelegt, Anzeigen in der ‚New
York Times' zu veröffentlichen und vor dem Gebäude der UN Protestkund-
gebungen durchzuführen. Serbien wurde mit Nazi-Deutschland gleichgesetzt.
James Harff, leitender Direktor von ‚Ruder-Finn', bezeichnete es als den größten Erfolg, dass man es geschafft habe, die Juden auf die Seite der Serbengeg-
ner zu ziehen (Interview von Jacques Merlino mit James Harff, abgedruckt in
Merlino 1993). Auf einem Niveau mit der PR-Firma argumentierte der deutsche Verteidigungsminister Scharping, als er die serbische Regierung mit den
Nazis gleichsetzte und behauptete, von den Serben „werden Selektionen vorgenommen, und ich sage bewußt Selektionen" (Der Spiegel 26.04.1999). Damit
wollte er an die Konzentrationslager der Nazis erinnern. Der deutsche Außenminister Fischer meinte durchaus im Sinne von ‚Ruder-Finn': „Ich habe
nicht nur gelernt: Nie wieder Krieg. Sondern auch: Nie wieder Auschwitz."
(Der Spiegel 26.04.1999). Es erscheint nicht ausgeschlossen, dass die beiden
Politiker Opfer der Informationsmanipulation von ‚Ruder-Finn' geworden
sind.

Neben ‚Ruder-Finn' war, wie Beham (1996: 183ff.) herausstellt, auch eine
deutsche Organisation als anti-serbischer Propagandist offensichtlich erfolgreich tätig. Die Gesellschaft für bedrohte Völker war ein anti-serbischer Propagandist, der auf den Kampf gegen den „serbischen Aggressionskrieg", den
„serbischen Faschismus" und die „Herrenvolkideologie" aufmerksam machte.
Beham (1996: 183) zitiert aus einem vom Leiter der GfbV, Tilman Zülch, 1993
editierten Buch „Ethnische Säuberung - Völkermord für Großserbien" eine
Passage, in der die Leistung der GfbV herausgestellt wird:

> Mit Demonstrationen, Mahnwachen, Kundgebungen, in Hunderten von Rundfunk- und
> Fernsehinterviews, mit Presseerklärungen, auf deutschen und internationalen Pressekon-
> ferenzen, mit Menschenrechtsdokumentationen und Berichten aus Kroatien und Bosnien
> von GfbV-Mitarbeitern haben wir immer wieder über die Verbrechen informiert und uns
> an Politiker und Öffentlichkeit gewandt.

Nach Beham (1996: 183) arbeitet die GfbV wie eine Nachrichtenagentur. Be-
ham (1996: 185) betont, „daß man die Arbeit der GfbV durchaus mit der einer
Public-Relations-Firma vergleichen kann." Eine Auswahl von Pseudo-
Ereignissen, die die GfbV inszeniert hat, findet sich bei Beham (1996: 185ff.),
wozu u.a. Mahnwachen, Kongressteilnahmen, Kundgebungen usw. zählen.
Beham (1996: 188) resümiert, „daß die Göttinger Organisation ganz unzwei-

deutig die politischen und militärischen Propagandaziele der Regierung in Sarajewo unterstützt."

Wie fließend die Übergänge zwischen staatlicher PR und Privatwirtschaft geworden sind, verdeutlichte Anfang September 2001 - also vor den Terroranschlägen des 11. September in New York und Washington - Außenminister Colin Powell. Er wolle für das Außenministerium „einen der weltbesten Werbefachleute" als Mitarbeiter gewinnen (Frankfurter Allgemeine Zeitung 18.10.2001). Powell führte aus: „Wir sind Verkäufer. Wir verkaufen das freie Wirtschaftssystem, das amerikanische Wertesystem; ein Produkt für das es einen großen Bedarf gibt." Die neue „Verkäuferin" bzw. „undersecretary of state for public diplomacy and public affairs" im Außenministerium wurde Charlotte Beers, die vormalige Chefin der Werbeagenturen ‚J. Walter Thompson' (1998) sowie ‚Ogilvy & Mather Worldwide' (1992-1997) (beide Unternehmen gehören zu den zehn größten Werbeagenturen der Welt). Als Powell ankündigte, dass Charlotte Beers für den Posten ausgewählt worden sei, wurde dies als Versuch bezeichnet „to change from just selling the U.S. [...] to really branding foreign policy" (Foer 2002). Beers war zuvor u.a. Produktmanagerin von ‚Uncle Ben's Rice' und ‚Head & Shoulders' gewesen. In einem Interview nach den Terroranschlägen zeigte sie ihr Interesse, Sendezeiten beim arabischen Satellitensender Al-Jazeera kaufen zu wollen, der auch Videos von Osama bin Laden ausgestrahlt hatte. Der Kampf gegen den Terrorismus sei auch ein geistiges Duell, bei dem Amerika neue Wege gehen müsse. Defizite sah Beers in der PR vor allem bei der Vermittlung amerikanischer Werte im Ausland: „Wir müssen den Menschen verständlich machen, was die Worte Freiheit und Toleranz bedeuten" (Frankfurter Allgemeine Zeitung 18.10.2001). Durchaus in diesem Sinne führte Harold C. Pachios, Vorsitzender der „U.S. Advisory Commission on Public Diplomacy", in einem „Hearing To Examine U.S. Understanding of Arab Social and Political Thought" am 8. Oktober 2002 aus: „Let's explain to the world that freedom of dissent is the benefit of living in a free democracy." Beers zeichnete auch für das Projekt verantwortlich, in dem 15 amerikanische Schriftsteller über ihr Selbstverständnis als Amerikaner schrieben. Anfang März 2003 trat Beers, deren Tätigkeit immer stärker kritisiert worden war (vgl. Teinowitz 2002), aus „gesundheitlichen Gründen" zurück (Tittel 2003: 36).

Nach Dao & Schmitt (2002) hat das Pentagon im Zusammenhang mit den Bemühungen ein „Office of Strategic Influence" zu gründen, die ‚Rendon Group' engagiert. Die Firma erhalte 100.000 US-Dollar pro Monat und habe bereits für den CIA, die Herrscherfamilie von Kuwait und den Iraqi National

Congress, einer Gruppierung, die Saddam Hussein zu stürzen suchte, gearbeitet. Informationen über die ‚Rendon Group' sind nur schwer zu erhalten. Nach Erin P. Billings (2002) handelt es sich um eine „super secretive firm that specializes in burnishing the image of the United States around the world." John Rendon, der früher für Präsident Carter als „campaign aide" tätig war, äußerte in einer im Februar 1996 gehaltenen Rede: „I am a politician and a person who uses communications to meet public policy or corporate policy objectives. In fact, I am an information warrior and perception manager."[16] Nach Billings arbeitet die 1981 gegründete Firma in 81 Ländern. Foer (2002) berichtet, dass im Oktober 2001 Rendon an der Gründung eines „Coalition Information Center" (CIC)[17] beteiligt war, „[...] whose offices in Washington, London, and Islamabad are manned by professional spinmeisters who immediately respond to enemy propaganda."[18] Nach Foer wurde Rendon aus seinem Büro in Washington der Führer der irakischen Opposition.[19] Rendon war ohne Zweifel eine zentrale Figur bei den 1991 beginnenden Bemühungen Saddam Hussein zu stürzen (vgl. Miller & Rampton 2001) (zur Rolle bei der Gründung des Iraqi National Congress vgl. Foer 2002). Die bereits unter Präsident Clinton gebildete „Iraq Public Diplomacy Group" wollte, wie Lake (2002) in einem Artikel „U.S. Plans PR Campaign for War on Iraq" in der ‚Washington Times' vom 21. August 2002 berichtete, im Herbst 2002 mit einer PR-Kampagne beginnen: „targeting newspaper editors and foreign policy analysts in West Europe and the Middle East." Zu dieser „task force" gehörten Vertreter der CIA, des National Security Council, des Pentagon, des State Department und der Agency for International Development.

---

16   Rendon erwähnte nach Billings (2002) auch seinen Anteil an der „Vermarktung" der Befreiung von Kuwait: „Hundreds of Kuwaitis were seen on TV waving American flags - flags that Rendon brought to Kuwait before the U.S. troops (with cameras rolling) stormed into town."

17   Auf den Erfahrungen des CIC, das z.B. die Befreiung der afghanischen Frauen propagierte, baut das Office for Global Communication auf; vgl. www.white-house.gov/ogc.

18   Foer (2002) zitiert aus einer Rede von Rendon aus dem Jahr 1996: „In news, speed is more important than substance. [...] Getting it first is more important than getting it right, and herein lies a threat."

19   Foer (2002) schreibt: „He ran radio networks that broadcast into Iraq, creating an entire playlist of anti-Saddam programming. He produced leaflets, comic books, and other material skewering the dictator. [...] An ‚atrocity exhibition' of photojournalists traveled across Europe, rebutting sanction critics like Finnish President Martti Ahtisaari." Weiter wird ausgeführt: „From Rendon's offices in central London, reporters could instantly receive stock footage of petroleum-covered birds, burning fields, and other Iraqi atrocities against Kuwait."

4 Schlussbemerkungen

Obwohl die Quellenlage ausgesprochen unbefriedigend ist, ist der Schluss zu ziehen, dass eine Privatisierung der Kriegs- und Gräuelpropaganda erfolgt. In diesem Kontext ist zu erwähnen, dass bereits am 15. September 2001, also nur vier Tage nach den Terroranschlägen in Washington und New York, der PR-Berater Thomas Lauria die PR-Arbeit für die afghanische Nordallianz in den USA übernommen hat.[20] Diese Gruppe suchte Hilfe, „um Washington von ihrer Kampfbereitschaft und -fähigkeit zu überzeugen." Bereits im April 2002 befürchtete Lauria, dass sich der Fokus des Krieges gegen Afghanistan verändere: „Die Öffentlichkeit schaut in Richtung Philippinen, Indonesien, Somalia, Irak [...] Wir müssen natürlich aufpassen, dass die Welt jetzt nicht das Interesse an Afghanistan verliert."

Harold C. Pachios, der bereits zitierte Vorsitzende der „U.S. Advisory Commission on Public Diplomacy" charakterisiert den neuen Weg der amerikanischen Imagepolitik folgendermaßen:

> We are not in the business of getting the world to love us, but to understand us. Prior to 9/11, the public diplomacy apparatus of the U.S. government was essentially dismantled because no one believed it was necessary, no one believed we had to worry about the opinion of foreign publics. (Teinowitz 2002)

In einem Vortrag am Wellesley College führte Pachios am 4. Dezember 2002 zur „Public Diplomacy" aus, diese sei nunmehr „a hot topic":

> Americans have become painfully aware of the lack of understanding - indeed misunderstanding - between our world and the Arab world, between our world and much of the Islamic world. The question is asked by everyone, ‚why do they hate us?'

Pachios argumentierte, dass nach dem Ende des Kalten Krieges die Bedeutung der „Public Diplomacy" nicht mehr richtig gewürdigt worden sei. Dies ist keine isoliert dastehende Meinung. Präsident Bush äußerte: „I'm, amazed that there's such misunderstanding of what our country is about that people hate us. We've got to do a better job of making our case." (Miller & Rampton 2001) Henry Hyde, Chairman of the House Internation Relations Committee, stellte folgende Frage: „How is it that the country that invented Hollywood and Madison Avenue has such a trouble promoting a positive image of itself overseas?" (Miller & Rampton 2001) All diese Aussagen deuten darauf hin, dass private PR-Expertise einen immer größeren Stellenwert in der amerikanischen Image-

---

20   Interview mit Thomas Lauria (2002). In: prmagazin, (33)4, 32-34.

politik bekommen wird, was angesichts der gegenwärtigen expansiven Außenpolitik der USA auch die Kooperation im Kriegsfall beinhalten dürfte.

„Humanitäre Intervention" und „Krieg gegen den Terror"

Das Verhalten der Medien vom Kosovo bis zum Irak[1]

Philip Hammond

Als der britische Premierminister Tony Blair im Februar 2003 um die Unterstützung für einen Krieg gegen den Irak warb, appellierte er an jedermann, sich
an den Kosovo-Konflikt zu erinnern. Gleichwohl schien es, als hätten dies alle
schon getan: Die frühere Ministerin Joan Ruddock zum Beispiel erklärte, das
Eingreifen im Kosovo sei gerechtfertigt gewesen (vgl. Independent on Sunday,
02.02.2003), ein weiterer früherer Minister, Chris Smith, verkündete: „Ich habe
die Maßnahmen, die wir im Kosovo trafen, unterstützt [...] [Blair] war mutig,
fest entschlossen und er hatte recht." (Independent 06.02.2003)

Beide Politiker argumentierten jetzt allerdings *gegen* eine kriegerische Ausei-
nandersetzung mit dem Irak. Robin Cook, in der Kosovo-Krise noch Blairs
Falke im Amt des Außenministers, trat in der Irak-Frage als „Standartenträger
der Labour-Tauben" (Mail 16.08.2002) hervor. Cook, der einstige Architekt
einer „ethical foreign policy" der Labour-Partei, trat am 17. März 2003 aus der
Regierung aus. Es war dies der Tag, an dem die USA und Großbritannien den
Versuch aufgaben, eine zweite, den Einsatz militärischer Gewalt billigende
UN-Resolution durchzusetzen.

Rupert Murdoch unterstützte in den Medien den Kriegskurs Tony Blairs,
der in seinen Augen vom „großen Mut, den er auch im Kosovo bewiesen hat"

---

[1] Übersetzung: Philip Marsden.

(Guardian 12.02.2003), zeuge. Gleichzeitig hoben die liberalen, eher links orientierten und den Krieg ablehnenden Zeitungen ihre damalige Unterstützung für das Bombardement Jugoslawiens hervor. „Wir haben den Krieg im Kosovo unterstützt", proklamierte der ‚Independent' in einem Anti-Kriegs-Editorial vom 7. Februar 2003, und Jonathan Freedland vom ‚Guardian' (05.02.2003) kritisierte die Vorbereitungen auf den Irak-Krieg, nur um gleichzeitig zu bemerken, dass „die Macht der Vereinigten Staaten manchmal eine Kraft für das Gute in der Welt sein kann: deswegen habe ich den Kosovo-Einsatz unterstützt."

Das Argument des Kosovo-Krieges war aufgrund seines unumstrittenen Status als erfolgreicher und „moralischer" Krieg für beide Seiten wichtig. Dissens bestand jedoch in der Einschätzung, ob eine Invasion des Irak denselben Kriterien genügen würde. Im ersten Teil dieses Beitrags wird deshalb argumentiert, dass - im Gegensatz zur allgemeinen Auffassung - die Intervention im Kosovo ein Misserfolg war und deren Präsentation als ein ethischer Triumph auf einer Reihe von Unwahrheiten und Verzerrungen basiert. Der Propagandakrieg im Kosovo erhielt seine Bedeutung als Höhepunkt eines Trends, der sich in den 90er Jahren entwickelte: Der Diskurs um Menschenrechte und eine humanitäre Gesinnung begünstigte die Herausbildung eines Konsens, innerhalb dessen eine „ethische" Intervention als gerechtfertigt galt.

Obwohl es schien, dass noch im Hinblick auf die Kosovo-Frage die Einschätzungen nicht weit auseinander lagen, so war es doch auffällig, wie sehr sich die öffentliche Diskussion in den folgenden vier Jahren veränderte. Im Jahre 1999 hatte es nur wenige Gegenstimmen zum Krieg gegeben. Phillip Knightley schrieb damals in der einzigen britischen Zeitung, die dem Bombardement nicht zustimmte:

> In Kosovo the media tend to believe everything the military tells them because the military has stolen the moral high ground by claiming it is anti-war. It bombs in the name of peace, to save or liberate, so those who object are the war-mongers, appeasers, Nazis. (Independent on Sunday 27.06.1999)

Im Jahr 2003 hingegen geißelten britische Mainstream-Nachrichtenmedien den amerikanischen Imperialismus: ‚Channel Four' zum Beispiel stellte in einer Spezialsendung „Amerika vor Gericht" (America On Trial 22.02.2003), während der ‚Daily Mirror', eine der meistverkauften britischen Boulevard-Zeitungen, an prominenter Stelle Artikel des radikalen Journalisten John Pilger sowie Anti-Kriegs-Poster und Petitionen veröffentlichte.

Der zweite Teil dieses Beitrags befasst sich schließlich mit den Veränderungen in der politischen Stimmung. Denn obwohl Versuche, die Bombardierungen Afghanistans und des Irak als Kampf für Menschenrechte und Humanität darzustellen, im Zusammenhang mit einem „Krieg gegen den Terror" vielleicht unpassend erscheinen, werden solche ethischen Rechtfertigungen für einen Krieg mit großer Wahrscheinlichkeit wichtig bleiben. Aus sowohl außen- wie auch aus innenpolitischen Gründen sind westliche Regierungen immer noch bestrebt, Außenpolitik in moralischen Kategorien zu begründen. Die offensichtlichen Meinungsverschiedenheiten im Hinblick auf den Krieg gegen den Irak im Jahre 2003 kaschierten lediglich eine tiefgreifendere Einmütigkeit über das „Recht des Westens zur Intervention" - ohne Rücksicht auf internationales Recht oder die Souveränität schwächerer Nationen.

1   Der Propagandakrieg im Kosovo

Die Nato-Bombardements gegen Jugoslawien im Jahre 1999 wurden nicht so sehr als Krieg, sondern als ein Zusammenprall von Wertesystemen präsentiert. Für Blair war es „mehr als nur ein militärischer Konflikt", es war „eine Schlacht zwischen Gut und Böse; zwischen Zivilisation und Barbarei; zwischen Demokratie und Diktatur" (Telegraph 04.04.1999). Die Fähigkeit der Nato-Verantwortlichen, das Bombardement in solch moralischem Licht zu präsentieren, war sicherlich das herausragendste Element innerhalb der Propaganda. Dennoch waren alle zentralen Behauptungen, die gemacht wurden - die Nato habe eine erfolgreiche Militäraktion durchgeführt; das Bombardement sei dafür vorgesehen gewesen, eine Flüchtlingskrise zu verhindern und dem Völkermord Einhalt zu gebieten; der Kosovo werde eine sichere Zukunft als Vielvölkerstaat haben - falsch. Aufgrund der „Wahrheiten", die sich kurz zuvor während des Bosnien-Kriegs formiert hatten, waren Reporter geneigt, diese Behauptungen zu glauben. Dies führte dazu, dass viele Journalisten in einer Weise voreingenommen waren, die sie die Nato-Intervention als eine großartige moralische Leistung betrachten ließ. Damit einher ging auch die Bereitschaft, oft genau das Gegenteil von dem zu berichten, was tatsächlich geschehen war.

Die Bombenangriffe der Nato verfehlten alle zuvor angestrebten Ziele, außer jenem freilich, den Rückzug der jugoslawischen Streitkräfte aus dem Kosovo zu erzwingen. Dennoch wurden die Serben mit dem Erreichen dieses Ziels letztlich nicht militärisch bezwungen. Dies wurde im Nachhinein kleinlaut eingeräumt, als sich herausstellte, dass die Anzahl der zerstörten militärischen

Ziele deutlich geringer war als seinerzeit behauptet.[2] Vielmehr wurde die Zerstörung der zivilen Infrastruktur (Brücken, Heizwerke, Stromkraftwerke, Fabriken, Raffinerien und Rundfunkstationen) zum Schlüsselinstrument der Nato-Militärstrategie. US-Offizielle gaben im Nachhinein zu, dass das Ziel der Bombardements die Demoralisierung der zivilen Bevölkerung gewesen sei, und ein deutscher Beamte vertrat die These, dass die Zerstörung der Infrastruktur den Siegermächten einen wirtschaftlichen Hebel gegen den besiegten Staat in die Hand geben würde (vgl. Johnstone 2002: 249f.).

Die „Mainstream"-Medien in den Nato-Ländern verzerrten diese Realitäten, indem sie das Töten serbischer Zivilisten als eine Verkettung unglücklicher „Unfälle", die im Zusammenhang mit dem Beschuss militärischer Ziele zwangsläufig geschehen, entschuldigten. Ein immer noch in der Erinnerung lebendiges Beispiel war der Nato-Beschuss eines Passagierzuges am 12. April 1999. Als Beweis dafür, dass der Zug sich zu schnell fortbewegt habe, um die Flugbahn der Raketen noch zu ändern, wurde Reportern ein Cockpit-Video gezeigt. Offenbar bemerkte keiner der Reporter, dass das Videoband mit dreifacher Geschwindigkeit abgespielt wurde. Ihnen fiel offenbar gleichermaßen nicht auf, dass die Nato-Bomber, nachdem sie „versehentlich" einen kompletten Passagierzug in die Luft gejagt hatten, dasselbe Ziel „versehentlich" ein weiteres Mal trafen. Ein BBC-Reporter bemerkte lediglich, dass „es keinen öffentlichen Aufschrei in den Nato-Ländern" (Newsnight 13.04.1999) gegeben habe und suggerierte, dass dieser Umstand die Nato ermutigen könnte, zusätzliche, ähnliche Ziele ein zweites Mal zu bombardieren.

Weitere „Unfälle" geschahen ebenfalls durch mehrmaligen Beschuss: So etwa, als Nato-Bomber am 1. Mai 1999 einen zivilen Bus trafen, 47 Menschen töteten, zurückkehrten und am gleichen Ort einen soeben eingetroffenen Krankenwagen beschossen, wobei sie das medizinische Personal verletzten. In anderen Zusammenhängen wurden die „Unfälle" von unglaubwürdigen Behauptungen bezüglich der Zielauswahl begleitet, wie im Falle der „versehentlichen" Bombardierung des Marktes von Niš am 3. Mai 1999, bei der Splitterbomben verwendet wurden, die zur Tötung und Verstümmelung von Menschen bestimmt sind - das angebliche Ziel jedoch, eine Start- und Landebahn eines Flughafens, meilenweit entfernt war. Nichts von alledem hielt die meisten

---

2   Ein Bericht der US Air Force, der ‚Newsweek' (15.05.2000) vorlag, räumte ein: „The number of targets verifiably destroyed was a tiny fraction of those claimed." Ähnlich entlarvende Erkenntnisse einer internen Untersuchung der Royal Air Force wurden im ‚Telegraph' vom 25. Juli 1999 veröffentlicht.

Journalisten davon ab, die Behauptung zu wiederholen, die Nato ziele nicht auf Zivilisten.

Die „humanitären" Ergebnisse, die das Bombardement angeblich hervorbringen sollte - die Verhinderung einer Flüchtlingskatastrophe, die Beendigung der „ethnischen Säuberung" sowie eine Zukunft des Kosovo als Vielvölkerstaat - wollten sich nicht einstellen. Tatsächlich machte die Nato die Situation in dieser Hinsicht eigentlich noch viel schlimmer. Als die Bombardierungen begannen, erklärte der Sprecher des US-Außenministeriums James Rubin der BBC (25.03.1999), dass, wenn die Nato nicht eingegriffen hätte, „hunderttausende Menschen täglich die Grenzen überschreiten" würden. In einer Sondersendung am nächsten Tag verkündete Blair der Nation: „Jetzt nicht zu handeln, würde bedeuten, mit hunderttausenden Flüchtlingen klarkommen zu müssen."

Die Nato handelte, und es kam zu einem sofortigen und massiven Flüchtlings-Exodus. Aber einige Reporter verdrehten die Chronologie der Ereignisse dergestalt, als sei das Bombardement durch den Wunsch motiviert gewesen, die Flüchtlinge wieder zur Heimkehr zu bewegen. Die BBC (16.06.1999) erklärte hierzu: „This is why Nato went to war - so the refugees could come back to Kosovo." Die Nachrichtensendung ‚Channel Four News' (22.06.1999) feierte „den Erfolg der US-Politik" und behauptete: „Immerhin führte der Präsident diesen Krieg, damit diese Menschen in Frieden nach Hause zurück kehren konnten." Unter stillschweigender Duldung der Medien wurde die Flüchtlingskrise, hervorgerufen durch das Nato-Bombardement, zum stärksten Argument für die Bomben. Ein erfahrener Nato-Offizieller erklärte später: „Following the fiasco of the lightning strikes, the refugees provided us with a new objective for the war." (Nouvel Observateur 01.07.1999)

Die einzig zulässige Erklärung für die Flüchtlingskatastrophe war, dass sie ausgelöst wurde durch einen „Völkermord" und durch „systematische" Aktionen „ethnischer Säuberung", die die Serben begangen hätten, gleich ob nun die Nato interveniert hätte oder nicht. Falls Beweise, die in dieses verzerrte Bild nicht hineinpassten, überhaupt angesprochen wurden, so waren sie in einer Art und Weise verpackt, dass ihre Bedeutung möglichst minimiert wurde.

Der ‚Telegraph' (01.04.1999) zum Beispiel berichtete, dass „die meisten Bewohner [Pristinas] angeben, freiwillig zu fliehen und nicht weil sie mit vorgehaltener Waffe dazu gezwungen werden." Diese Erkenntnis war allerdings im 22. Absatz eines Artikels verborgen, dessen Überschrift „Thousands expelled at gunpoint" [‚Tausende mit vorgehaltener Waffe vertrieben", dt. Übers.] lautete. In ähnlicher Manier enthüllte ein Bericht im ‚Guardian' (30.03.1999), der die „systematische ethnische Säuberung" zum Hauptthema machte, erst im vorletzten Absatz:

> Many refugees said they had been able to keep identity documents and had faced violent conduct rather than a coordinated campaign of expulsion. „Nobody told us to leave", said a Prizren man, „but I did not want to wait for the police to come and tell me to go.

Um Vermutungen zu begegnen, die Gewalt gegen ethnische Albaner sei durch Nato-Luftschläge provoziert worden, veröffentlichte der deutsche Außenminister Joschka Fischer im April 1999 Dokumente, die angeblich einen durch die Serben von langer Hand geplanten Genozid bewiesen. Dies widersprach ganz deutlich offiziellen Vorkriegseinschätzungen der Situation im Kosovo (vgl. Chomsky 2000), aber die meisten Mainstream-Journalisten waren bereit - in manchen Fällen sogar darauf erpicht - den Serben das Schlimmste zuzutrauen. Nach dem Krieg jedoch wurden die Dokumente, die angeblich den „blueprint for genocide" beweisen sollten, durch den Brigade-General Heinz Loquai, einem ehemaligen Berater der Organisation für Sicherheit und Zusammenarbeit in Europa (OSZE), als Fälschungen entlarvt. Das Ganze war konstruiert, inklusive eines erfundenen „geheimen Codenamens" (Sunday Times 02.04.2000) und Landkarten des deutschen Verteidigungsministeriums. Auch forensische Nachkriegsuntersuchungen konnten die Behauptungen einiger Nato-Politiker und Offiziellen, 10.000, 100.000 oder 500.000 ethnischalbanische Zivilisten seien von den Serben massakriert worden, nicht untermauern. Es ist dennoch fraglich, ob zukünftige Berichtigungen das vorherrschende Bild eines „Genozid im Kosovo", das seinerzeit aufgebaut wurde, noch verändern werden.

Die Vermutung, dass die Gewalt im Kosovo das Ergebnis einer einseitigen „ethnischen Säuberungskampagne" war, zog eine massive Verzerrung nach sich. Einige Monate nach Kriegsende gab die CIA zu, die OSZE-Mission zur Verifikation der Lage im Kosovo infiltriert und Kontakte zur kosovarischen Befreiungsarmee (UCK) aufgenommen zu haben. 1998 und im Frühjahr 1999 waren CIA-Agenten damit beschäftigt, „Verbindungen mit der UCK aufzubauen, amerikanische Militärhandbücher zu verteilen sowie Ratschläge zur Bekämpfung der jugoslawischen Armee und der serbischen Polizei zu geben." (Sunday Times 12.03.2000) Die UCK gab ihrerseits ebenfalls „weit zurückreichende Beziehungen zu amerikanischen und europäischen Geheimdiensten" zu. Darüber hinaus konnten zwei amerikanischen Militärausbildungsfirmen, der ‚Military Professional Resources Inc.' und der ‚Dyncorps' Operationen im Kosovo sowie zuvor in Kroatien und Bosnien nachgewiesen werden.

Unter Geheimhaltung wurde die UCK von den USA und anderen ausländischen Mächten mit Waffen ausgerüstet und ausgebildet, obgleich sie von denselben Mächten noch im Februar 1998 als „terroristische Organisation" bezeichnet worden war. Die Strategie der UCK war es dabei, serbische Racheakte zu provozieren, um somit Nato-Luftschläge zu ermöglichen. Ein albanischer Führer enthüllte später: „Je mehr Zivilisten getötet wurden, desto mehr stiegen die Chancen einer internationalen Intervention, und natürlich war das der UCK bewusst." (Moral Combat: Nato at War, BBC2 12.03.2000) Ohne Zweifel war der UCK ebenfalls der Wert der Flüchtlinge für ihre Propaganda bewusst, nur wurde erst nach dem Krieg berichtet, dass „es Ratschläge der UCK waren, und nicht serbische Deportationen, die einige der hunderttausenden Albaner dazu bewegte, den Kosovo zu verlassen." (Guardian 30.06.1999)

Das „befreite" Kosovo wurde demnach durch Intoleranz und ethnische Verfolgung auseinander gerissen, anstatt dass es die von Nato-Führern öffentlich verkündeten Werte inkorporiert hätte. Die OSZE berichtete im Oktober 2001, dass es seit dem Nato-Sieg vom Juni 1999 über 5.000 terroristische Anschläge, über 1.000 Morde und über 1.000 Entführungen im Kosovo gegeben habe.[3] Der Großteil der nicht-albanischen Bevölkerung war geflohen. Wie vorauszusehen war, wurden Misshandlungen von Serben oder anderen Minderheiten im Kosovo, die nach dem Krieg geschahen, generell heruntergespielt, ignoriert oder als nachvollziehbare „Racheakte" entschuldigt. Ein Korrespondent der BBC (15.06.1999) beschrieb das Plündern der ethnischen Albaner als die Manifestation einer rauen Justiz, die zu erwarten war, während sein Kollege die kosovarischen Serben als ein Volk beschrieb, welches „nun erpicht auf Verstümmelung, Mord und Selbstzerstörung" sei (BBC 17.06.1999). Im ‚Telegraph' (13.06.1999) schrieb Philip Sherwell, die Serben hätten beschlossen „sich selbst zu ‚reinigen'" und nannte sie „die wahrscheinlich am wenigsten bemitleidungswürdigen Flüchtlinge der Welt."

Mit Sicherheit gehören die Serben zu den am wenigsten bemitleideten Flüchtlingen der Welt. In einem Brief an den ‚Independent' (01.12.1999) bemerkte der Direktor des britischen Roten Kreuzes, dass Jugoslawien selbst vor der Kosovo-Krise schon die meisten Flüchtlinge in Europa beherbergte (mehr als 500.000). Während aber in Bosnien mehr als 300 Hilfsorganisationen operierten, seien in Jugoslawien nur 27 aktiv. Trotz des erheblichen Anstiegs der

---

3   [Online-Dokument]   URL: http://www.osce.org/kosovo/documents/reports/minorities [Download: 14.03.2003].

jugoslawischen Flüchtlingsbevölkerung im Zuge des Kosovo-Konflikts gab es
nur wenig mediale Aufmerksamkeit und finanzielle Hilfe für diese Probleme.
Während des Krieges zogen westliche Journalisten es vor, die hunderttausenden serbischen Flüchtlinge einfach zu ignorieren. In den Städten Zentral-
serbiens verließen ca. 900.000 Menschen ihre Häuser (vgl. Johnstone 2002:
248), im Kosovo flohen während des Bombardements weitere 100.000 Menschen - rund 60 Prozent der serbischen und montenegrinischen Bevölkerung
der Provinz. Wahrscheinlich wurde dies seinerzeit nicht berichtet, da es im
Gegensatz zu den Behauptungen der Nato impliziert hätte, dass Menschen
auch vor „humanitären" Bomben flüchten.

Die Themen der Propaganda waren bereits vor den ersten Salven des Informationskrieges bestens platziert: Die Nato-Befehlshaber konnten sich auf
eine ähnliche Rahmenhandlung nach dem Schema „Gut gegen Böse" stützen,
die schon in den früheren Kriegen in Kroatien und Bosnien durch Journalisten
konstruiert worden war. Der BBC-Korrespondent Martin Bell schuf den Ausdruck „journalism of attachment" zur Beschreibung eines offenen, engagierten
und parteiergreifenden Stils der Berichterstattung, der sich während des Bos-
nienkrieges entwickelte. Anstelle der „sachlichen althergebrachten Praxis"
propagiert Bell (1998a: 16) einen Journalismus, der „cares as well as knows"
und der nicht „neutral zwischen Gut und Böse, Recht und Unrecht, Opfer und
Tyrannen steht". Folgt man diesem Ansatz, so beschränkt sich die zentrale
Aufgabe des Journalisten nicht auf die reine Berichterstattung über Ereignisse,
sondern schließt ausdrücklich auch deren Beeinflussung ein, zum Beispiel in
Form des Versuches, Druck mit dem Ziel einer Intervention des Westens, die
Menschenrechtsverletzungen bestraft und Opfer befreit, auszuüben. Die Re-
porterin des ‚Guardian' auf dem Balkan, Maggie O'Kane bemerkte mit Genug-
tuung: „It was the press reporting of the Bosnian war and the Kosovar refugee
crisis that gave [Blair] the public support and sympathy he needed to fight the
good fight against Milosevic." (zit. in Glass 1999) In manchen Fällen wurde
sogar direkt auf das Beispiel Bosnien zurückgegriffen, um Geschichten über
Gräueltaten im Kosovo zu „beweisen". Matt Frei von der BBC zum Beispiel
berichtete:

> There can now be no doubt that Serbian security forces have been and may still be in-
> volved in the systematic rape of Kosovar women. We don't know the exact numbers, but
> if the Bosnian war, where the same thing happened, is anything to go by, the victims
> could be in their thousands. (Newsnight 08.04.1999)

Regelmäßig wird als eine Tatsache berichtet, dass in Bosnien 20.000 oder sogar
50.000 muslimische Frauen von Serben vergewaltigt worden seien. Jedoch

konnte eine UN-Expertenkommission, die diesen Verdacht untersuchen sollte, jene Zahlen nicht mit den Tatsachen in Übereinstimmung bringen. Das Expertenteam erhielt 1993 Zugriff auf die Akten der Kriegsverbrechenskommission der bosnischen Regierung, die behauptet hatte, über 20.000 sehr gut dokumentierte Fälle zu verfügen. Bei näherer Prüfung konnte jedoch nur ein Bestand von 105 Akten, die einen Bezug zu Fällen von Vergewaltigung aufwiesen, festgestellt werden, und davon enthielten einige lediglich „einen Zeitungsartikel oder eine Stellungnahme der Regierung". Die Experten kritisierten, die Dokumentation sei „weder so ausführlich noch so nachvollziehbar, wie man sie hatte glauben lassen", und beschrieben die Informationen, die sie aus lokalen und internationalen Quellen erhielten, als „erheblich weniger bedeutsam als deren ‚Werbebotschaft' nahe legt". Bis zum Zeitpunkt ihres Abschlussberichtes im Mai 1994 hatte die Kommission insgesamt 42 Frauen aus Bosnien und Kroatien befragt, die Opfer von Vergewaltigungen gewesen waren.[4]

Im ‚Telegraph' vom 18. April 1999 thematisierte Frei denn auch den Verdacht, es gebe unter Umständen „viele, vielleicht hunderte Vergewaltigungslager im Kosovo, ähnlich wie in Bosnien." Tatsächlich konnte jedoch nie auch nur ein einziges „Vergewaltigungslager" in Bosnien gefunden werden. Ein Mitglied einer Suchkommission der Europäischen Union, die 1992 gesandt wurde, um diese Lager zu finden, trat zurück, weil die Delegation im Vorfeld ihres Berichtes über 20.000 vergewaltigte Frauen lediglich vier Opfer befragt hatte (vgl. Brouwer 1997). Anstatt also den Geschichten „systematischer Vergewaltigung" Glaubwürdigkeit zu verleihen, hätte das Beispiel Bosnien dies Behauptungen eher noch in Frage stellen müssen. Ganz im Gegenteil wurden jedoch die gleichen Vorstellungen völkermordender serbischer „Nazis" einfach wiederverwertet.

Diese Thematisierungsstrategien garantierten, dass der Kosovo-Krieg trotz des weitest gehenden Verfehlens seiner postulierten Ziele, als „mediales Ereignis" erfolgreich war. Blairs Pressesprecher Alastair Campbell argumentierte nach dem Krieg in einer Rede, dass die „modernen Medien die Anforderungen eines modernen Krieges verändert" hätten, und suggerierte gleichzeitig, dass die Politik von der medialen Präsentation gesteuert werde. In der Tat beschwerten sich Nato-Kommandeure, die Kriegsführung sei stärker durch politische Anforderungen als durch militärische Überlegungen bestimmt gewesen

---

4   „Final Report of the United Nations Commission of Experts Established Pursuant to Security Council Resolution 780 (1992)", 27.05.1994 (S/1994/674). Informationen zur Pilotstudie in Sarajevo sind im Anhang IX.B des Berichtes enthalten (Zitate aus den Absätzen 8 und 27).

(vgl. Lynch 2002b: 10). Die Intervention war eher durch den Bedarf westlicher Staatschefs an positiven Images geprägt, als durch den nach einem positiven Ergebnis in der Sache. Chandler (2002: 78) bemerkt, dass sich internationale Politik - sobald ein moralischer Imperativ zu Handeln ins Spiel kommt - schnell von den unmittelbaren Interessen der Menschen in den betroffenen Nationen entfernt und einen zunehmend „symbolischen Charakter" trägt, wobei sie sich mehr für das eigene „Image Management" interessiert als für die Langzeitfolgen.

Falls der oberste Zweck der Intervention war, das Gefühl einer moralischen Zielsstellung und Mission zu schaffen, dann war auch eine „Gut gegen Böse"-Terminologie für die Legitimierung der Intervention unabdingbar. Die Argumentation, die Nato greife ein, um den Völkermord zu beenden und ein humanitäres Desaster im Kosovo zu verhindern, war wichtig, da sie half, das Problem eines illegalen Angriffskrieges gegen einen souveränen Staat ohne Autorisierung durch die Vereinten Nationen zu umschiffen. Ein britischer parlamentarischer Untersuchungsausschuss gelangte im Juni 2000 schließlich zu der Einschätzung, dass die Bombardierung des Kosovo durch die Nato zwar vielleicht durch eine „zweifelhafte Legalität" gekennzeichnet gewesen sei, sie aber nichtsdestotrotz „auf moralischer Grundlage gerechtfertigt" gewesen war.[5] Das Beispiel Kosovo hat gezeigt, dass die Souveränität eines Staates, das internationale Recht und das System der Vereinten Nationen übergangen werden können und eine aggressive Kriegsführung auf „legitime" Art und Weise möglich ist, solange es ausreichend moralische Gründe gibt.

Verfechter ethischer Intervention nutzten auch den Präzedenzfall des Kosovo, um ein Bewusstsein für den Sinn von Präventivschlägen (sogenannte „preemptive actions") zu schaffen. Der erste UN-Gouverneur im Kosovo, Bernard Kouchner, sah im „Recht auf Intervention" eine neue Moralität und suggerierte: „Now it is necessary to take the further step of using the right to intervention as a preventive measure to stop wars before they start and to stop murderers before they kill." (Los Angeles Times 18.10.1999) In ähnlicher Weise bemerkte Bell, er hoffe: „We are at the beginning of an age when we are willing to consider pre-emptive action - where war is stopped from breaking out by active intervention of some kind of multinational force."[6] Eine solche Politik der „preemptive action" hat nun Präsident George W. Bush übernom-

---

5   [Online-Dokument] URL: http://www.publications.parliament.uk/pa/cm199900/cmselect/ cmfaff/28/2802.htm [Download: 14.03.2003].
6   „Crimes Against Humanity", Imperial War Museum, London, 2001.

men. Und obwohl im Jahre 2003 alle Beteiligten der Debatte das Beispiel Kosovo in Erinnerung riefen, war es das Lager der Kriegsbefürworter, das die Logik auf seiner Seite hatte. In gleichem Maße wurde die Kritik am Irak-Krieg durch den früheren Konsens in der Einschätzung des Kosovo-Krieges geschwächt.

2 Der Medienkrieg gegen den Terrorismus

Im Kosovo spielten die Mainstream-Nachrichtenmedien ihre in Kriegszeiten übliche unterstützende Rolle, der Enthusiasmus der Medien für den Krieg gegen den Terrorismus in Afghanistan und im Irak schien sich jedoch in Grenzen zu halten. Der Kommandant der britischen Truppen am Golf, Air Marshal Brian Burridge, beschwerte sich bei den Journalisten: „You stand for nothing, you support nothing, you criticise, you drip. It's a spectator sport to criticise anybody or anything." Auf diese Art und Weise beschrieb er zumindest einen Teil der Berichterstattung über die Intervention im Irak ziemlich präzise (vgl. Telegraph 07.04.2003). In den meisten Fällen ging es nicht um direkte Opposition, noch nicht einmal um skeptische oder kritische Analysen, sondern vielmehr um einen schleichenderen Zynismus, der sich in akutem Selbstzweifel in Bezug auf die Konstruktion von Wirklichkeit als Rolle der Medien manifestierte.

So kam es, dass Journalisten, anstatt einfach über Ereignisse zu berichten, lieber von einer Projektion von Bildern sprachen, so z.B. als ein Moderator der BBC Bilder wütender, gegen die Erschießung von Demonstranten protestierender Iraker und die „beabsichtigte Botschaft" von Donald Rumsfeld gegenüberstellte (Newsnight 29.04.2003). An dem Tag, als der bedeutendste Waffenfund eine Fabrik war, die Gewehrkugeln herstellte, bemerkte ein BBC-Journalist, dass „die Amerikaner absichtlich beschlagnahmte irakische Raketen am Medienhotel in Bagdad vorbeitransportierten." (BBC1 17.04.2003) Im ‚Guardian' (27.03.2003) fragte sich Mark Borkowski, ob das Ganze eine „Foto-Operation" sei und verglich die Propagandakampagne mit einer groß angelegten „PR-, Werbe- und Marketingstrategie", während die Zeitung eine Artikelserie des ‚New York Magazine'-Autors Michael Wolff veröffentlichte, welche die surreale Atmosphäre im Medienzentrum von Doha, das von einem Kulissenbaumeister aus Hollywood entworfen wurde, beschrieb. Wolff (31.03.2003) gab der Lächerlichkeit preis, wie den Reportern in Doha angeblich „the big picture" - also der Überblick über das Geschehen - vermittelt werden sollte:

„Eventually you realise that you know significantly less than when you arrived, and that you are losing more sense of the larger picture by the hour. At some point you will know nothing." Wolff (14.04.2003) beschrieb die Briefings als „absurdes Theater", in dem Journalisten andere Journalisten interviewten und sich TV-Nachrichtenbeiträge anschauten, um herauszufinden, was eigentlich passierte.

Ein Höhepunkt dieser selbstbewussten Berichterstattung war Bushs Rede am 1. Mai 2003, als er im Kampfjet eingeflogen wurde und in Fliegermontur auf dem Deck eines Flugzeugträgers verkündete, dass die „Hauptkampfhandlungen" beendet seien. Den Konflikt erklärte er nicht für beendet, betonte aber den Sieg - zwar nicht als Tatsache, sondern als Bild - indem er sagte: „In the images of falling statues, we have witnessed the arrival of a new era." Und: „In the images of celebrating Iraqis, we have also seen the ageless appeal of human freedom." Der Auftritt, der wohl rund eine Million US-Dollar gekostet haben soll und die Rückkehr des Schiffes verzögerte, wurde 24 Stunden lang im Voraus mit TV-Trailern beworben und verlangte förmlich nach einer zynischen Reaktion. Die ‚New York Times' (15.05.2003) beschrieb ihn als „einen der dreistesten Momente des Präsidententheaters in der amerikanischen Geschichte." BBC-Reporter nannten ihn „sorgfältig choreographiert", „inszeniert", „für das amerikanische Fernsehen wie gemacht" und „pures Hollywood". Der BBC-Korrespondent für Diplomatie mutmaßte, der Krieg selbst sei lediglich eine „nützliche Kulisse" für Bushs Wiederwahl-Kampagne (BBC Radio Four 03.05.2003; BBC1 02.05.2003).

Derartige Berichterstattung wurde freilich nicht begrüßt. Einerseits werden die Medien angehalten, die Videobotschaften von Osama bin Laden oder Saddam Hussein rigorosen Analysen zu unterziehen, aber im Falle der Führer der Koalition gegen den Terror sollen sie die Illusion möglichst nicht zerstören. Zu Beginn der Aktion im Irak, als die BBC ein paar Minuten zu früh live ins Oval Office schaltete und Bush zu sehen war, wie er seinen Text probte und seine Frisur gerichtet wurde, war das Weiße Haus außer sich und drohte mit einer „heftigen Vergeltungsaktion" (Washington Post 20.03.2003).

Dabei haben sich die politischen und militärischen Führer diesen Zynismus der Medien doch selbst zuzuschreiben, da sie es waren, die den Krieg gegen den Terrorismus als einen Krieg der Bilder behandelten. Von der Ankündigung der Operation „shock and awe" bis hin zur Rolle des „embedded journalist", des das Militär „eingebundenen" Berichterstatters, war dieser Krieg bildfixiert und wurde mit einem Auge auf die Frage, wie er im Fernsehen aussehen würde, geführt. Die Koalition verwandte dementsprechend viel Zeit auf den

Versuch, den Informationsfluss zu kontrollieren. In Afghanistan beispielsweise kaufte Washington das gesamte kommerzielle Satellitenbildmaterial über die Region auf und bombardierte die örtlichen Funkstationen. US-amerikanische Fernsehsender wurden gebeten, Videobotschaften bin Ladens nicht live und unbearbeitet zu zeigen, darüber hinaus wurden die Geschäftsräume des arabischen Satellitensenders ‚Al-Jazeera' sowohl in Kabul als auch in Bagdad bombardiert.

Das Ergebnis dieser Anstrengungen der Koalition, die Kriegsbilder zu kontrollieren, war, dass ein Großteil der Berichterstattung künstlich gestellt war. Vaughn Smith, ein freischaffender Fotograf und Kameramann, der für die BBC in Afghanistan unterwegs war, beschwerte sich über die Künstlichkeit der Berichterstattung (vgl. Guardian 26.04.2002): Journalisten, die das Panshir-Tal nicht verlassen durften und auf den Transport mit Hubschraubern warteten, hatten die stundenlangen Übertragungszeiten dadurch gefüllt, indem sie die Nordallianz zu Schauspielern machten. Im Tausch gegen harte Währung feuerten die Soldaten ihre Maschinengewehre ab. In vielen Momenten wurden auch Journalisten zu Schauspielern: Sie gaben Informationen an ihr Publikum, die nicht auf eigener Recherche beruhten, sondern auf Presseerklärungen und Agenturberichten, die ihnen über Satellitentelefon von ihrer Zentralredaktion aus London oder Washington vor der Live-Schaltung vorgelesen wurden.

Air Marshal Burridge beschuldigte die britischen Medien, aus dem Irak-Krieg „Reality TV" und „Infotainment" gemacht zu haben (Telegraph 07.04.2003). Allerdings bewies das Militär selbst sowohl in Afghanistan als auch im Irak sein Talent bei der Produktion von Infotainment, indem manche Operationen scheinbar nur deswegen ausgeführt wurden, um diese dann medial zu verwerten. So waren die US-Spezialkräfte, die im Oktober 2001 in dramatischer Weise in Kandahar eindrangen, letztendlich Schauspieler, die einen „Stunt" vorführten und sich dabei für die Weltmedien selbst filmten. Die Operation selbst war von zweifelhaftem militärischem Sinn, denn Seymour Hersh berichtete im ‚New Yorker' (05.11.2001), dass eine Vorhut der „army pathfinders" bereits vorausgeschickt worden war, um sicherzustellen, dass die Gegend ungefährlich war.

In ähnlicher Form hielten die US-Truppen Videokameras bereit, als sie Jessica Lynch aus einem Krankenhaus in al-Nassirjah retteten, und produzierten etwas, das einer dramatischen Fiktion so nahe kam, dass die Geschichte sofort Anklang bei verschiedenen Filmstudios fand. Zwei Wochen nach der Aktion enthüllte Richard Lloyd-Parry in der ‚Times' (16.04.2003), dass die vom US-Militär erzählte Hollywood-Heldengeschichte eine künstlich gestellte Operation gewesen war, welche die übrigen Krankenhauspatienten schockierte und die irakischen Ärzte, die um das Leben von Jessica Lynch gekämpft hatten, erniedrigte. Ähnlich wie die Stürmung Kandahars war sie von fraglichem militärischem Wert. Örtliche Offizielle der Baath-Partei und irakische Truppen hatten die Stadt bereits am Vortag verlassen, als „Zielpersonen" verblieben also nur Ärzte und Patienten - unter ihnen ein gelähmter Mann, der am Tropf hing -, die von den US-Soldaten mit Handschellen versehen und verhört wurden. Die Berichte, wonach Lynch angeschossen, mit Messern gestochen oder gequält worden sei, stellten sich als unwahr heraus.

Tatsächlich war der einzige Grund für eine „Rettung" die Tatsache, dass nervöse Soldaten zuvor auf einen Krankenwagen geschossen hatten, der Lynch eigentlich zu einem amerikanischen Checkpoint bringen sollte. Wie John Kampfner in der Sendung ‚Correspondent' (BBC 18.05.2003) berichtete, produzierte das Pentagon die Geschichte Jessica Lynchs ganz im Stil der Fernsehserie „Profiles from the Front Line", die der Hollywood-Produzent Jerry Bruckheimer über die US-Truppen in Afghanistan gedreht hatte. Es passte daher sehr gut in Bild, als der General Vincent Brooks bei einer Sichtung des Videos quasi eine Passage aus dem Drehbuch des Bruckheimer-Films „Black Hawk Down" nachahmte und erklärte: „Some brave souls put their lives on the line to make this happen, loyal to a creed that they know they'll never leave a fallen comrade."

Der amerikanische Sender ‚ABC News' zitierte Mitglieder der Bush-Administration, die erklärten, der Irak-Krieg sei nicht wirklich aufgrund von Massenvernichtungswaffen geführt worden, sondern nur darauf ausgerichtet gewesen, „ein Statement abzugeben" und „eine Botschaft zu vermitteln". Die Botschaft lautete: „Don't mess with the United States." (ABC News 25.04.2003) Der Krieg mag sehr wohl geführt worden sein, um eine Botschaft zu vermitteln, aber die Botschaft war nicht immer so klar formuliert, wie es diese im Nachhinein abgegebene Erklärung suggeriert. Da ihnen ein eindeutiger Bedeutungsrahmen fehlt, scheinen politische Führer unsicher in der Entscheidung zu sein, welches Bild sie vermitteln möchten. Andauernd machen sie sich Sorgen, zum Beispiel darüber, ob sie nicht zu militaristisch wirkten. Dies ließ sich etwa im Zusammenhang mit der britischen Debatte über eine mögliche Siegesparade oder eine Messe zur Feier des Sieges im Anschluss an die Intervention im Irak gut beobachten. Dieselben Bedenken existierten auch bereits im Vorhinein, so berichtete ein Journalist:

> We were not allowed to take any pictures or describe British soldiers carrying guns. I was told that there was [...] a decision made by Downing Street that the military minders of

the journalists down there were to go to any lengths [...] to not portray [...] the British fighting man and women as fighters. (Correspondent 18.05.2003)

Eine ähnlich seltsame Unschlüssigkeit grassierte auch unter den Amerikanern, als in den Momenten des symbolischen Sieges sowohl in Umm Kasr als auch in Bagdad zunächst voller Stolz die Flagge gehisst, diese aber im nächsten Augenblick aus Scham wieder eingeholt wurde. Obschon es großartiger Planung bedurft haben musste, die Fahne, die am 11. September 2001 auf dem Pentagon wehte, auf einen Platz in Bagdad zu schaffen, um sie hier über eine Saddam-Statue zu drapieren, verursachte dieses Bild Berichten zufolge in Washington „einen Moment der Besorgnis" (BBC News 24 09.04.2003).

Da sie sich offensichtlich im Umgang mit ihren nationalen Symbolen unwohl fühlen und sich überdies unsicher darüber sind, wie sie ihr eigenes Militär präsentieren sollen, suchen Politiker nach Alternativen, um in ihrem Krieg gegen den Terrorismus das Bild einer Mission mit Sinn und Zweck zu vermitteln. Ein Schlüsselthema ist hier die angeblich „moralische" Dimension der Interventionen. Washington gab Berichten zufolge hunderttausende US-Dollar für Werbe- und PR-Berater aus, um den Krieg in Afghanistan zu „humanisieren" (Channel Four News 06.11.2001). Die Ergebnisse waren allerdings auf bizarre Art und Weise unpassend. Bush drängte zum Beispiel amerikanische Kinder, dem Roten Kreuz einen Dollar zu spenden, während seine Luftstreitkräfte wiederholt und bewusst die Einrichtungen des Roten Kreuzes in Kabul und Kandahar bombardierten (vgl. Mahajan 2002: 38). US-Flugzeuge warfen sowohl humanitäre Hilfslieferungen als auch Cluster-Bomben ab, beides in leuchtendgelber Verpackung. Die Nahrung war häufig hoffnungslos unpraktisch, aber es zählte, dabei gesehen zu werden, wie man es verteilte. Im Irak schien es ebenfalls so, als seien praktische Maßnahmen zur Lösung chronischer Probleme mit der Wasser-, Lebensmittel-, Medikamenten- und Stromversorgung zweitrangig. Vielmehr kam es wohl eher auf die Produktion simulierter Menschlichkeit für die Kameras an.

Ab einem bestimmten Grad wirkt die Betonung eines bestimmten Bildes auf sich selbst zerstörend und führt dazu, dass eine ohnehin schon wenig begeisterte Öffentlichkeit noch zynischer wird. Als die britische Regierungsberaterin Jo Moore den 11. September 2001 als einen „guten Tag zum Begraben schlechter Nachrichten" (Franklin 2003) beschrieb, bestätigte sie nur das, was bereits jeder wusste: Politiker sind besessen vom Nachrichtenmanagement. Es war kaum verwunderlich, dass viele die Bereitstellung von Panzern am Flughafen Heathrow in London - angeblich eine Reaktion der Regierung auf eine aktuelle Terrorwarnung - für einen Publicity-Coup hielten. Mit Hilfe von Dossiers, die sich als Fälschungen herausstellen, „Beweise" herauszuposaunen, hilft kaum dabei, das öffentliche Vertrauen zu gewinnen. Und auch die Ankündigung, ein „Office of Strategic Influence" gegründet zu haben, war strategisch gesehen ein grober Schnitzer, der nicht durch einen nachträglich deklarierten Sinneswandel wieder rückgängig gemacht werden kann. Wenn man den Menschen schon sagt, man werde Unwahrheiten in den Medien platzieren, ist dies der einfachste Weg dafür zu sorgen, dass einem nichts mehr geglaubt wird. Der Ruf nach UN-Waffeninspektoren, die jegliche Funde von irakischen Massenvernichtungswaffen verifizieren sollten, reflektiert die verbreitete Vermutung, dass die Regierungen der Koalition wahrscheinlich die Unwahrheit sagen und Beweise manipulieren würden. So fragte ein BBC-Reporter im Hinblick auf die Jagd nach Waffenmaterial: „Wenn sie [die USA und Großbritannien] es finden, wer wird ihnen glauben?" (BBC1 17.04.2003)

Auf gerade diesen öffentlichen Zynismus reagierend haben Politiker widersprüchliche „moralische" Ansprüche in Bezug auf den Krieg gegen den Terrorismus zu betonen versucht. Blair griff eine Rhetorik, die er bereits im Kosovo-Krieg verwendet hatte, wieder auf, als er in einer Rede vom Oktober 2001 darauf beharrte, die Bombardierung Afghanistans sei „kein konventioneller Krieg" und „keine Auseinandersetzung um Territorien" gewesen, sondern vielmehr „ein Kampf, der den Afghanen selbst ermöglichen sollte, die Kontrolle über ihr eigenes Land zurück zu gewinnen." In ähnlicher Weise behauptete US-Außenminister Colin Powell während einer Pressekonferenz im März 2002, die Bombardierung sei „ein Triumph für die Menschenrechte" gewesen, Beweise hierfür seien die Beseitigung des Taliban-Regimes und die Bestellung zweier Frauen in die Interimsregierung des Landes. Vor der Invasion des Irak hatten politische Führer pompös versprochen, die irakischen Menschen „zu befreien". Bush sagte dem US-Militär, „der Frieden in einer sorgenvollen Welt und die Hoffnung eines unterdrückten Volkes hängen nun von Euch ab", während Blair den Irakern verkündete: „We will liberate you. The day of your freedom draws near." (Times 21./28.03.2003)

Von all den Kunststücken in den Medien war der jedoch bedeutendste der Sturz der Saddam-Statue, der direkt vor dem Hotel inszeniert wurde, wo die zahlreichen Bagdad-Korrespondenten logierten. Im arabischen Fernsehen und im Internet kontrastierten weitwinklige Aufnahmen des Sturzes mit den Aufnahmen der Mainstream-Nachrichten, wobei klar wurde, dass die Anzahl der an der Aktion beteiligten Iraker wesentlich geringer war als zunächst glaubhaft gemacht wurde. In diesem Moment jedoch machten die Journalisten munter mit und feierten diesen „historischen" Moment.[7] Trotz all dieser zynischen und peinlichen Berichterstattung war an dieser Stelle die Grenze der medial geäußerten Kritik erreicht. Obwohl kritische Fragen dahingehend gestellt wurden, inwieweit vorgegebene humanitäre oder Menschenrechtsziele tatsächlich erreicht wurden, gab es wenige Fragen dazu, wie erstrebenswert eine Intervention des Westens auf eben solcher Grundlage ist.

Die zugrunde liegende Übereinkunft war in der Debatte um Blairs „moralische" Begründung für einen Krieg gegen den Irak gut zu beobachten. Timothy Garton Ash zum Beispiel, im Allgemeinen ein enthusiastischer Verfechter der „humanitären Intervention", begann sich Sorgen zu machen, dass „die Assoziation mit Bushs Amerika den Glanz dieses liberalen, internationalistischen Projektes trübt." Trotz seiner Skepsis im Hinblick auf einen Krieg argumentierte er für „eingreifende und rigorose" Waffenkontrollen, denen durch „die Androhung von Gewalt" der Rücken gestärkt würde, und begründete dies folgendermaßen:

> We need a world in which sovereignty is limited by some basic international norms, in which a Saddam, a Milosevic, a Pinochet or an Idi Amin know: thus far I may go, but no further, or my country will be bombed and I'll end up in court at the Hague. (Guardian 19.09.2002)

In ähnlicher Art und Weise befürwortete der ‚Independent' (07.02.2003) „aufdringliche Inspektionen, die durch die Androhung begrenzter Gewalt gestärkt werden" als eine Alternative zum Krieg; und im ‚Guardian' (19.02.2003) argumentierte Freedland, dass „das Friedenslager seine eigene alternative Methode, den Irak seines Unterdrücker zu entledigen entwickeln muss", zum Beispiel „starke Waffeninspektoren", gestärkt durch „eine Militärpräsenz". Im Allgemeinen spiegelte sich diese Akzeptanz einer moralischen Intervention in einer Position führender Kriegskritiker wider, wonach eine Invasion des Iraks falsch sei, ausgenommen sie würde von einer neuerlichen UN-Resolution gedeckt werden.

---

7   Media Lens (2003): Vindication - A Statue Falls [Online-Dokument] URL: http://www.medialens.org/alerts/030411_Vindication.html [Download: 21.05.2003]. Weitwinkel-Aufnahmen unter [Online-Dokument] URL: http://www. informationclearinghouse.info/article2838.htm [Download: 21.05.2003].

3 Schlussfolgerung

Der Krieg gegen den Terrorismus war eigentlich gedacht als eine größtenteils verdeckte Operation - und nicht als ein Fernsehkrieg, der inmitten der Öffentlichkeit stattfand. Eher als eine geheime Geschichte anonymer Helden, anstatt als eine Serie von human-interest-Minidramen. Der Verdacht erhärtet sich, dass es im Krieg eigentlich darum geht, das richtige Bild, das richtige Image zu schaffen. Unfähig, die Öffentlichkeit zu inspirieren und innerhalb der innenpolitischen Sphäre zu integrieren, haben politische Führer im Krieg gegen den Terrorismus eine Möglichkeit gefunden, den Eindruck einer Mission mit Sinn und Zweck zu vermitteln. Aus diesem Grund greifen sie auf das moralische Vokabular der humanitären Rechte bzw. der Menschenrechte zurück, das durch die 90er Jahre hinweg zur Rechtfertigung westlicher Interventionen verwendet wurde. Einerseits werden Regierungen kritisiert, sie würden nicht genug oder auf die falsche Art und Weise intervenieren, andererseits wird die Erwünschtheit von Interventionen des Westens in anderen Ländern angenommen.

Ein selbst von radikalen Gegnern des Golfkriegs des Jahres 1991 häufig geäußerter Vorwurf lautete, die westlichen Alliierten hätten ihren „Job" nicht vollendet und einen Sturz des irakischen Regimes nicht unterstützt, nachdem sie zuvor Volksaufstände befürwortet und begünstigt hätten.[8] In ähnlicher Weise bezog Natasha Walter vom ‚Independent' (22.11.2001) im Falle Afghanistans Stellung gegen das Bombardement (und sprach sich anstatt dessen für weniger, dafür aber verdeckte Operationen aus), verlieh aber ihrer Sorge Ausdruck, „die Vereinigten Staaten könnten bald damit beginnen, sich von den weitergehenden Problemen der Hilfe und des *nation building* abzuwenden."

Walter gehörte aufgrund ihrer Anti-Kriegs-Kommentare zu einer Gruppe von Journalisten, die wegen ihrer Kritik von der britischen Regierung angegriffen wurden. Aber in diesem Punkt lag sie genau auf Blairs Linie, der eine zehnjährige UN-Besatzung Afghanistans befürwortete. Im Jahre 2003 wurden ähnliche Sichtweisen geäußert, als Freedland sich beschwerte, die USA seien „zum wiederholten Male ‚davongegangen', nachdem das Feuerwerk vorbei war - wie üblich überließen sie das Aufräumen den Europäern und anderen." (Guardian 05.02.2003) Johann Hari schlug vor: „We should be marching in the streets [...] to secure a guarantee from Blair and Bush that after the conflict we will stay

---

8   Dies wird auf eindrucksvolle Art und Weise deutlich in dem Film „Hidden Wars of Desert
     Storm", Regisseure: Gerard Ungerman und Audrey Brohy, USA, 2000.

and help its people to build a peaceful, federal, democratic Iraq." (Independent 10.01.2003) Dasselbe forderte Blair quasi selbst auf einem erbitterten Europa-Gipfel zu Beginn des Krieges, als er bemerkte, dass sich unabhängig von den Meinungsverschiedenheiten zumindest alle auf die Notwendigkeit eines westlichen „Wiederaufbaus" im Irak einigen könnten. Die Logik „moralischer" Argumentation lag im Vorantreiben nicht weniger, sondern immer mehr westlicher Interventionen.

Die „Befreiung" des Kosovo brachte für das Gebiet ein System internationaler Anleitung mit sich, ähnlich dem, welches man in Bosnien errichtet hatte, polizeilich und militärisch durch die Nato überwacht und von der UN verwaltet. Dies bedeutete gleichzeitig, Serbien zur Aufgabe der Kontrolle über einen Teil seines souveränen Staatsgebiets zu zwingen und die Hoffnungen der Kosovo-Albaner auf Unabhängigkeit nicht erfüllen zu können. Infolge des Sieges wurde die Demokratie in Serbien im Namen der Demokratisierung unterminiert, da die Vereinigten Staaten mehrere zehn Millionen Dollar in einen „Regimewechsel" investiert und ein geheimes „Office of Yugoslav Affairs" gegründet hatten, um den „Volksaufstand" vom Oktober 2000 zu organisieren. Danach bestachen sie die neue Regierung, gegen ihre eigene Verfassung zu verstoßen und den früheren Präsidenten Slobodan Milošević auszuliefern (vgl. Guardian 14.03.2003).

Im Kosovo ist die „Demokratie" vor Ort den Regeln von außen kommender Institutionen nachgestellt: Der UN-Gouverneur der Provinz hat die lokale Regierung, Präsidentschaft und gesetzgebende Instanz von internationalen Treffen ausgeschlossen, da sie zu nationalistisch seien (vgl. AFP 15.03.2003). Für einen Krieg, der im Namen demokratischer Werte gekämpft wurde, hätten die Folgen nicht anti-demokratischer sein können. Für Afghanen und Iraker bedeutet „Befreiung" Invasion und militärische Besatzung durch ausländische Mächte; „Demokratie" bedeutet den vollständigen Verlust nationaler Souveränität. Das Image einer Koalition, die unbedarfte Völker „befreit", ist sicherlich das trügerischste von allen. Besonders die Tatsache, dass die Gegner eines Irak-Kriegs es für notwendig hielten, ihrer Kritik eine Befürwortung des Kosovo-Krieges voranzustellen, illustriert die Tiefe des Einverständnisses mit westlicher Einmischung auf dem Balkan, im mittleren Osten, in der Welt.

3 JOURNALISTISCHE KOMMUNIKATION IM KRIEG

Zwischen Selbstbehauptung und Vereinnahmung

Strukturen und Funktion journalistischer Krisenkommunikation

Alexander Görke

1   Moderne Kriege und Krisenjournalismus

Stellen wir uns vor, es gibt Krieg und niemand geht hin, um darüber zu berichten. Genauso unwahrscheinlich ist, dass im Krieg nur die Waffen sprechen und Politiker, Militärs und Öffentlichkeit schweigen. Moderne Kriege sind in so umfassendem Sinn durch Kommunikation geprägt, dass bewaffnete Konflikte längst auch von einem kaum minder intensiven Information Warfare begleitet werden (vgl. Khalilzad & White 1999; Arquilla & Ronfeld 1997). Damit riskiert der Krisenjournalismus nolens volens, sich zeitweilig oder auf längere Sicht von den Interessen der Kriegsbeteiligten vereinnahmen zu lassen. Das Ausmaß des Risikos hängt hierbei jedoch davon ab, inwiefern es dem Krisenjournalismus gelingt, die journalistischen Eigenwerte gegen den Versuch der Vereinnahmung zu behaupten.

Im vorliegenden Beitrag werden zunächst mit Hilfe systemtheoretischer Denkwerkzeuge Konflikte und Kriege als Krisenkommunikation und die gesellschaftlichen Bedingungen der Generierung von Krisenbeobachtungen beschrieben (vgl. Abs. 2). Nach dieser notwendigen Begriffsarbeit stehen der durch funktionale Differenzierung aufgeworfene Synchronisationsbedarf und die Funktion journalistischer Krisenkommunikation im Vordergrund (vgl. Abs.

3). Im Anschluss daran wird das Wechselspiel zwischen politisch-militärischem Informationsmanagement und krisenjournalistischen Auswahlzwängen und -routinen (vgl. Abs. 4) dargestellt. Das Schlusskapitel ist der Zukunft des Krisenjournalismus gewidmet.

2 Konflikte und Kriege als Krisenkommunikation

Krisen, Konflikte und Kriege sind keine Naturgegebenheiten, die sich - realitätsgewiss - sachlich, sozial und zeitlich eindeutig fixieren lassen. Es ist in diesem Sinne durchaus fraglich, ob der dritte Golfkrieg überhaupt als Singularität anzusehen ist oder lediglich als eine Station im ‚Krieg gegen den Terror' beobachtet werden kann, der unmittelbar nach den Anschlägen vom 11. September 2001 eingeleitet, zuvor jedoch bereits projektiert wurde (vgl. Woodward 2003: 65). Krisen, Konflikte und Kriege existieren nicht unabhängig von der Wahrnehmung von Beobachtern. Vielmehr sind sie das Ergebnis von komplexen und voraussetzungsreichen sozialen Konstruktionsprozessen (vgl. Kohring, Görke & Ruhrmann 1996: 284).

Von einem Konflikt kann systemtheoretisch immer dann gesprochen werden, wenn einer Kommunikation widersprochen wird: „Ein Konflikt ist die operative Verselbständigung eines Widerspruchs durch Widerspruch." (Luhmann 1984: 530)[1] Konflikte sind demnach weder außergewöhnlich noch per se dysfunktional (vgl. Hug 1997). Im Gegenteil: Folgt man dieser Definition von Konflikt, „so ist das individuelle menschliche Leben wie auch das von sozialen Systemen (Organisationen, Nationen, Firmen, Banden, Gruppen usw.) eine Sequenz durchlebter Konflikte." (Simon 2001: 25) Kriege können dagegen als Eskalation von Konflikten verstanden werden. Diese Eskalation tritt ein, sobald die Kommunikation von Widersprüchen mit der Anwendung von (organisierter, extremer, physischer) Gewalt verbunden wird.[2]

Konflikt und Krieg unterscheiden sich beobachtertheoretisch darin, was hierbei jeweils riskiert wird. In Konflikten folgt Kommunikation auf Kommunikation, die beteiligten (psychischen und sozialen) Systeme riskieren weiteren Widerspruch, den Verlust gemeinsamer Werte oder eine drastische Verände-

---

1   Kommunikation wird hierbei als Einheit der Selektionen Information, Mitteilung und Verstehen definiert; vgl. Luhmann 1988.
2   Für einen Überblick siehe hierzu auch Ergebnisse aus der politikwissenschaftlichen Konflikt- und Kriegsforschung; vgl. Prätorius 1996; Gantzel 1996.

rung des (jeweiligen) Systemzustands. Krieg dagegen zielt darauf ab, dem anderen die Möglichkeit zur Kommunikation zu nehmen, wobei auch das eigene Überleben aufs Spiel gesetzt wird:

> Beim Krieg handelt es sich um eine Form der Interaktion und Kommunikation von mindestens zwei [...] Überlebenseinheiten, bei der ihr Erhalt als abgegrenzte, autonome Einheiten wechselseitig infrage gestellt wird. Der Tod einer solchen Überlebenseinheit ist daher nur für die Organismen biologisch zu verstehen. Für alle anderen ist er synonym mit der Beendigung der Existenz als autonome, innengesteuerte Einheit. (Simon 2001: 18)

So gesehen beginnt Krieg nicht mit der Anwendung von Gewalt, sondern mit der Bereitschaft, sich selbst dem Risiko fremder Gewaltanwendung auszusetzen (vgl. van Crefeld 1998). Gerade unter den Bedingungen „organisierter Friedlosigkeit" (Abschreckung) (vgl. Berkowitz 1997: 183ff.; Senghaas 1969: 5ff.) wäre es jedoch zu einfach, die Entstehung von Kriegen (allein) mit der Einheit der Differenz von Krieg und Frieden zu begründen (vgl. Luttwak 2003: 100). Instruktiver ist die Annahme, dass sich Kriege als Endpunkt einer Eskalationsfolge beschreiben lassen, deren Ausgangspunkt Konflikte bilden. Je nach dem Grad der Beteiligung verschiedener Aktanten oder Systemtypen (Gruppen, Organisationen, Staaten) lassen sich so etwa verschiedene Zwischenformen (z.B. Blutrache, Bürgerkrieg) unterscheiden. Je nach Ressourcenverbrauch, der limitiert oder erschöpfend betrieben wird, kann ergänzend zwischen verschiedenen Intensitätsgraden von Gruppen-, Organisations- und Staatskonflikten differenziert werden (z.B. Kriegsdrohungen, Ritualisierung, kalter Krieg).

In der hier vorgenommenen Perspektivierung werden sowohl Kriege als auch Konflikte als (differente) Formen von Krisen betrachtet. Auch bei Krisen handelt es sich um beobachterabhängige Zuschreibungen, die als solche kontingent sind (vgl. Görke 1993; Löffelholz 1993b). Krisen gelten als überraschende Beobachterbeobachtungen, die normalen Kontinuitätserwartungen zuwiderlaufen und für (zumindest hypothetisch) existenzrelevant gehalten werden, da sie den Erfüllungsstand von systemeigenen Werten diffus, unbestimmt und unter Zeitdruck gefährden (vgl. Luhmann 1971: 16). Krisenbeobachtungen setzen - anders perspektiviert - vor allem die betroffenen Systeme unter Zugzwang. In Abhängigkeit zu den beteiligten Systemen, den an sie adressierten Erwartungen, ihren Mitteln, Ressourcen und Interessen sowie ihrer Bereitschaft, unter Umständen kulturell eingespielte Regeln der Konfliktkommunikation außer Kraft zu setzen, mag dieser Zugzwang in den Versuch münden, einen (kommunikativen) Widerspruch zu eskalieren und durch den Durchgriff auf die Körper der Widersprechenden zu lösen. Der Umstand, dass gleichzeitig längst nicht jede individuelle Krisenwahrnehmung kommunikabel ist und zudem nicht jede kommunizierte Krisenbeobachtung einen größeren Adressatenkreis erreicht, spricht dafür, die gesellschaftlichen Mechanismen der Konstruktion und Regulation von Krisenkommunikation genauer in den Blick zu nehmen.

Politik, Wirtschaft oder Wissenschaft als Subsysteme der modernen, arbeitsteilig organisierten Gesellschaft nehmen exklusiv eine bestimmte soziale Funktion wahr. Sie sichern ihren Fortbestand durch je spezifische Kommunikationen mit einem je eigenen Sinn. Gesellschaftliche Sinnmedien - wie Macht, Wahrheit, Geld oder Liebe - (vgl. Luhmann 1975) verdichten die Verweisungsstruktur jeden Sinns zu spezifischen Erwartungen, die anzeigen, was eine gegebene Sinnlage in Aussicht stellt. Auf diese Weise etablieren die Funktionssysteme gesellschaftliche Sinnprovinzen, die jeweils Wirklichkeiten sui generis konstruieren. Der funktional differenzierten Gesellschaft gelingt es so, ihre Kapazität, je neue und je unterschiedliche Kommunikation entstehen zu lassen und diese auch verarbeiten zu können, entscheidend zu vergrößern (vgl. Luhmann 1990: 95ff.). Die Organisations- und Operationsweise der Funktionssysteme bleibt nicht ohne Folgen für die gesellschaftliche Konstruktion von Krisenbeobachtungen. Wurde zuvor darauf hingewiesen, dass Krisen stets als Indikatoren für soziale Relevanz, Neuigkeits- und Informationswert gelten können, muss diese Beobachtung nun unter den Vorbehalt der Systemrelativität gestellt werden. Krisen im Medium Liebe unterscheiden sich von solchen in den Sinnmedien Wahrheit oder Macht. Durch Systemdifferenzierung wird die Unmöglichkeit, dass unterschiedliche Krisenbeobachtungen zur selben Zeit geschehen können, gleichsam dadurch unterlaufen, dass die Gleichzeitigkeit verschiedener Systeme die Gleichzeitigkeit von verschiedenen Krisenbeobachtungen ermöglicht (vgl. Nassehi 1993: 257).

Was sich auf der Ebene der gesellschaftlichen Funktionssysteme vollzieht, wiederholt sich auf der Ebene der Organisationssysteme, die in den Grenzen der Funktionssysteme emergieren. So kann man beobachten, dass etwa das Wissenschaftssystem fortwährend neue Subsysteme ausdifferenziert und sich damit die Möglichkeit eröffnet, immer spezifischere Problemlagen als Krisen zu beobachten. Ähnlich verhält es sich mit Krisenbeobachtungen, die etwa von verschiedenen Parteien innerhalb des Politiksystems angestellt werden. Mit Blick auf die gesellschaftlichen Bedingungen der Möglichkeit von Krisenbeobachtungen lässt sich daher formulieren, dass diese sich funktions- und organisationssystemspezifisch ausdifferenzieren.[3]

Mit der begrifflichen Einführung generalisierter Kommunikationsmedien bietet sich eine weitere Möglichkeit, Kriege und Konflikte zu differenzieren. Während Konflikte sich in der Tat in allen gesellschaftlichen Teilsystemen beobachten lassen, scheint Krieg vorwiegend an das Kommunikationsmedium Macht gebunden.

> Dem Machthaber wird zugeschrieben, im Zweifelsfall den Machtunterworfenen negativ sanktionieren zu können, falls der sich nicht den Entscheidungen des Machthabers gemäß verhält. Machtbeziehungen führen dazu, dass einer der Beteiligten sich - autonom und innengesteuert - so verhält, wie es von ihm verlangt wird. [...] Den Gegner zu töten, zu vernichten, seine Existenz zu beenden [...] ist die ultimative Form der negativen Sanktion. (Simon 2001: 230)

„Wirtschaftskriege" nehmen dagegen - im Unterschied zur Konfliktkommunikation wirtschaftlicher Konkurrenz - zwar die Löschung wirtschaftlicher Zurechnungsadressen in Kauf (vgl. Fuchs 1997), aber eben nicht wie bei „modernen Kriegen" die vergleichsweise ultimative, wahllose und massenhafte physische Vernichtung des Gegners (vgl. Keegan 1995). In diesem Kontext ist nicht uninteressant, dass der amerikanische Politikberater Robert Kagan (2003) gerade das militärische Machtgefälle (genauer: die Fähigkeit, militärische Mittel zum Erreichen politischer Ziele einzusetzen) zum Dreh- und Angelpunkt seiner Analyse der „neuen Weltordnung" macht. Auf den ersten Blick kontraintuitiv wird darin gerade ein großes Machtgefälle zugunsten des Machthabers als Grund für eine größere Konfliktbereitschaft gegenüber Machtunterworfenen gesehen:

> Als Amerika schwach war, verfolgten sie eine Strategie der indirekten Einflussnahme, Strategien der Schwäche; nun, da sie mächtig sind, benehmen sie sich auch wie ein mächtiger Staat. Als die europäischen Großmächte stark waren, glaubten sie an Stärke und Kriegsruhm. Heute sehen sie die Welt mit den Augen schwächerer Staaten. Diese ganz unterschiedlichen Blickwickel haben naturgemäß unterschiedliche strategische Einschätzungen hervorgebracht, unterschiedliche Beurteilungen von Bedrohungen und den geeigneten Mitteln, diesen zu begegnen, unterschiedliche Interessenskalküle und schließlich unterschiedliche Einschätzungen des Völkerrechts und internationaler Institutionen. (Kagan 2003: 15; vgl. Luttwak 2003: 100; Todd 2003: 170)

---

[3] Mit dieser funktionalen Krisentypologie wird bewusst vermieden, Krisen an Hand der Unterscheidung national/international bzw. transnational zu differenzieren, um nicht einer (einseitigen) politischen Semantik aufzusitzen (vgl. Abs. 4.4).

Für Macht als ermöglichendes Sinnmedium von Kriegen spricht auch, dass einer transnationalen politischen Organisation (dem UN-Sicherheitsrat) die Entscheidung obliegt, ob ein Krieg positiv oder negativ sanktioniert wird. Die moderne Gesellschaft ist somit zum einen besonders gut in der Lage, gleichzeitig die verschiedensten Krisen zu beobachten und diese Beobachtungen in funktionale Komplexitätsgewinne umzumünzen. Sie bleibt zum anderen in einem sehr zentralen Punkt krisenanfällig. Funktionale Differenzierung steigert einerseits Interdependenzen und damit die Integration des Gesamtsystems, da jedes Funktionssystem voraussetzen muss, dass andere Funktionen anderswo erfüllt werden. Andererseits besteht das Risiko des Redundanzverzichts gerade darin (vgl. Luhmann 1990: 341), dass eine Beeinträchtigung der Funktionsweise eines gesellschaftlichen Teilsystems, die durch Krisenbeobachtungen indiziert wird, aufgrund hoher Interdependenz nicht nur die betreffende Sinnprovinz, sondern das Gesamtsystem gefährdet.

3   Synchronisationsbedarf und Krisenjournalismus

Die Krisenbeobachtungen, die in der funktional differenzierten Gesellschaft angestellt werden, lassen sich als multiperspektivisch, heterarch und hyperkomplex bezeichnen (vgl. Fuchs 1992). Sie erlauben jedoch für sich gesehen keinen Rückschluss darauf, was die Gesellschaft insgesamt gegenwärtig umtreibt und welchen Krisenbeobachtungen eine nicht nur teilsystemspezifische Relevanz zugeschrieben werden kann. Das damit skizzierte Bezugsproblem besteht in der Ermöglichung der Beobachtung von Beobachtung. Hier kommen Öffentlichkeit und Journalismus ins Spiel.

Öffentlichkeit erfüllt eine Synchronisationsfunktion, indem es - wenngleich nur momenthaft - die Selbstbeobachtung der Gesellschaft ermöglicht (vgl. Görke 1999: 287-301). Den von Öffentlichkeit fremdbeobachteten Funktionssystemen werden auf diese Weise neue, überraschende, außerplanmäßige und gerade deshalb oft kreative Möglichkeiten der systeminternen Anschlusskommunikation eröffnet und zugemutet. Journalismus bezeichnet in diesem Verständnis das dominante Leistungssystem im Funktionssystem Öffentlichkeit (vgl. Görke 1999; Hug 1997; Kohring 1997).[4] Durch die Ausdifferenzierung eines Leistungssystems Journalismus wird öffentliche Kommunikation zu-

---

[4]   Zur Beschreibung von Unterhaltung als Leistungssystem öffentlicher Kommunikation vgl. Görke 2002.

nächst auf Dauer gestellt und somit die Wahrscheinlichkeit entscheidend erhöht, dass die Komplexitätsgewinne, die sich durch öffentliches Beobachten erzielen lassen, über den Tag hinaus Anschlusskommunikation motivieren können. Der gesellschaftliche Synchronisationsbedarf findet damit in der journalistischen Aktualitätskonstruktion seine professionelle Entsprechung:[5] Indem Journalismus Aktualität konstruiert, synchronisiert er (Welt-)Gesellschaft: sachlich und sozial, vor allem aber temporal.

Journalismus operiert hierbei als autonomer Beobachter von Weltgeschehen, das heißt nach Kriterien, die der Journalismus selbst entwickelt, erhält und evolutiv fortschreibt. Innerhalb des Leistungssystems Journalismus können sich wiederum weitere Systeme ausdifferenzieren: Bei journalistischen Organisationen (Redaktionen, Ressorts) handelt es sich um Systeme, die Entscheidungen über die Selektion von Informationen und deren Mitteilung treffen. Journalistische Organisationen fungieren als Formgeber im Medium der Aktualität, sie geben dem generalisierten Kommunikationsmedium seine konkrete thematische Form (vgl. Görke 2002: 78ff.; Marcinkowski & Bruns 2000: 215). Hierbei können unter dem Funktionsprimat des Kommunikationsmediums Aktualität journalistische Eigenwerte (Nachrichtenwerte, Routinen) mit Zugeständnissen an andere Funktionen kombiniert werden (vgl. Baecker 1999: 21ff.; Luhmann 1997: 841f.) zum Beispiel mit Wirtschaftlichkeitspostulaten (z.B. Produktionskosten) oder rechtlichen Überlegungen (etwa Wahrung von Persönlichkeitsrechten). So gesehen besteht die Kontingenz journalistischer Organisationen zum einen in der Vielfältigkeit von Sachverhalten, denen sie sich zuwenden mögen, und zum anderen in der Vielfältigkeit von Zugeständnissen, die unter dem Funktionsprimat kombiniert werden können (vgl. Görke 2003: 130ff.). Dies ermöglicht die Entwicklung differenter organisatorischer Entscheidungsprogramme, die dann etwa zu unterschiedlichen journalistischen Krisenbeobachtungen führen können.

Wie kaum ein anderes Teilsystem der Gesellschaft ist Journalismus auf Krisenbeobachtungen spezialisiert. Krisenkommunikationen anderer Systeme werden von Journalismus vor allem deswegen beobachtet, weil Journalismus in ihnen nichts Dysfunktionales sieht. Was er sieht, ist eine spezifische, wenn auch different geformte Ausprägung von Ereignissen, denen systemintern ein hoher Informationswert und eine hohe Relevanz zugeschrieben werden (vgl. Kohring, Görke & Ruhrmann 1996: 285). Die Funktion journalistischer Kri-

---

5 Es ist in diesem Sinne nicht zufällig, dass der Begriff Aktualität mit der Ausdifferenzierung des Leistungssystems Journalismus zusammenfällt (vgl. Merten 1994: 150; Merten 1973).

senkommunikation ist es, für die Gesellschaft genau das zu leisten, was auch im Normalbetrieb geleistet wird: Journalismus synchronisiert Krisenbeobachtungen und ermöglicht es so der Gesellschaft, Neuigkeiten und Unsicherheiten sinnvoll zu verarbeiten. Fremde Krisenbeobachtungen werden von Journalismus hierbei jedoch in der Regel nicht einfach kopiert und weiter verbreitet. Journalistische Krisenkommunikation findet vielmehr statt im Medium der Aktualität (vgl. Görke 1999: 310-319). Journalistische Organisationen selegieren mit anderen Worten Krisenbeobachtungen, die dadurch zum Ereignis im Öffentlichkeitssystem werden, dass sie sich als aktuell beobachten lassen.

Als Programm werden hierbei diejenigen Unterscheidungen bezeichnet, die dem jeweiligen System eine Bestimmung (Spezifizierung) der Codewerte (± aktuell) erlauben. Im Einzelnen kann zwischen Selektionsprogrammen und Darstellungsprogrammen unterschieden werden (vgl. Görke 2002: 74-78; Blöbaum 1994: 277ff.). Selektionsprogramme regeln das Was und Wie der Informationsselektion im Journalismus,[6] Darstellungsprogramme umfassen Programmelemente, die im Journalismus an der Mitteilungsselektion ansetzen.[7] In der dynamischen Auswahl und Verknüpfung, in einer differenten Handhabung von Kopie und Varianz, verschiedener Programmelemente sowie in der daran anschließenden Ausbildung von Routinen und Schemata liegen Innovationschancen begründet, die der Journalismus gezielt zur (weiteren) Ausdifferenzierung nutzen kann (vgl. Görke 2003). Krisenjournalismus steht damit auch permanent vor dem Problem, dass sich Aktualität immer auch anders konstruieren lässt und unter Umständen auf eine Weise, die sich vorteilhaft auf die Konkurrenz der Medienorganisationen um die Publikumsgunst auswirkt.

Kriegerische Konflikte, die Journalismus als Krisen beobachtet, erfüllen eine ganze Reihe von Auswahlkriterien, die sich als Nachrichtenwerte in die Selektionsprogramme des Leistungssystems eingeschrieben haben: Ob ein Krieg als relevante Krise eingestuft wird (oder weitgehend unbeobachtet

---

6   Zum Selektionsprogramm zählen jene Unterscheidungen, die für gewöhnlich als Nachrichtenwerte beschrieben werden (vgl. Schulz 1990; Ruhrmann 1989; Galtung & Ruge 1965). Diese sind nicht als Eigenschaften von Ereignissen, sondern als Zuschreibungen aufzufassen, die vom Leistungssystem Journalismus getroffen werden.

7   Mit Darstellungsprogrammen sind zunächst die „technologischen Imperative" des Journalismus angesprochen (Weischenberg 1995a: 13ff.). Hierbei handelt es sich um optionale Auswahlentscheidungen, die insofern an der Mitteilungsselektion ansetzen, als sich journalistische Kommunikation technischer Verbreitungsmedien (z.B. Druck, Hörfunk, Fernsehen) bedient. Gleichfalls diesem Programmtypus zuzuordnen sind eine Reihe von Darstellungsmustern, die als Medienschemata bezeichnet werden können (vgl. Schmidt & Weischenberg 1994).

bleibt), hängt u.a. von der Veränderung von Quantitäten (Rüstungsausgaben, Opferzahlen), vom Grad der Betroffenheit (des eigenen Landes), der Beteiligung von Elitenationen, dem Ausmaß, mit dem gegen geltendes Recht (Völkerrecht, Kriegsrecht) oder ethische Werte (Menschenrechte) verstoßen wird, dem Grad der Visualisierbarkeit des Geschehens, der Überraschung und der religiösen, politischen und ökonomischen Distanz ab (vgl. Görke & Kollbeck 1996: 271ff.; Löffelholz 1995: 174f.; Saxer 1995: 204ff.).

Aus journalistischer Perspektive kommt es hierbei entscheidend darauf an, dass sich Krisen unterschiedlichen Funktionskontexten und Systemebenen zuschreiben lassen. Eine Mehrsystemkrise wie der Krieg im Irak bedroht in diesem Sinne nicht nur den Bestand mindestens eines der Krieg führenden Staaten, sie lässt sich zugleich als Krise des globalisierten Wirtschaftssystems (Verschuldung, Ölpreis) darstellen, gefährdet das transnationale System des politischen Krisenmanagements (Rolle der UN und des Sicherheitsrates), strapaziert ferner das eingelebte Anspruchsniveau des militärischen Bündnissystems Nato (transatlantische oder europäische Verteidigungspolitik) sowie die bilateralen (politischen) Beziehungen zwischen den Vereinigten Staaten und denjenigen europäischen Bündnispartnern, die sich dem Kriegskurs entgegenstellen und sie irritiert schließlich auch den transnationalen Prozess der europäischen Einigung (altes versus neues Europa). So gesehen stimulieren und sammeln Mehrsystemkrisen Aufmerksamkeit dadurch, dass die Gültigkeit zahlreicher Werte verschiedener Systeme diffus, ergebnisoffen und unter Zeitdruck gefährdet scheint.

Krisenjournalismus findet demnach statt in äußerst harten Verhältnissen: Die gesellschaftlichen Funktionssysteme operieren selbstreferentiell geschlossen und schotten sich durch Sinngrenzen gegen einander ab. Verschiedene Medienorganisationen konkurrieren untereinander um die Gunst des Publikums, das seinerseits ganz unterschiedliche Erwartungen an den Krisenjournalismus adressiert (vgl. Abs. 4.3). Schließlich ist der Krisenjournalismus in Interdependenzverhältnisse verstrickt, die nicht immer gewährleisten, dass er so berichten kann, wie er will. Mehr noch: Krisenjournalismus sieht sich in seiner Umwelt mit gesellschaftlichen Subsystemen (Politik, Militär) konfrontiert, die sich zunehmend auf die journalistische Fremdbeobachtung eingestellt haben und danach trachten, die Autonomie journalistischer Beobachter durch Informationsmanagement einzuschränken (vgl. Saxer 1995: 206f.).

Der Erfolg des Informationsmanagements beruht, so Löffelholz (1995: 175), im Kern auf einer Verknappung von Informationen:

Der Erfolg des politisch-militärischen Informationsmanagements ist um so größer, je weniger Informationen dem Journalismus aus anderen Quellen zur Verfügung stehen und je „authentischer" und „relevanter" die Informationen bewertet werden.

Diese Analyse trifft vor allem auf das Pool-System zu, das die Alliierten im zweiten Golfkrieg etabliert haben.[8] Die Strategie der Einbettung von Journalisten im dritten Golfkrieg zeigt jedoch, dass das politisch-militärische Informationsmanagement nicht nur auf Verknappung, sondern auch auf Vermehrung setzen kann.

Aus beobachtertheoretischer Sicht ist zunächst zu fragen, ob sich Informationen, so wie oben nahe gelegt, von politisch-militärischer Seite einseitig verknappen bzw. vermehren lassen, ohne die Systemrelativität jeder Information auszublenden. In der hier vorgeschlagenen Lesart sind die Grenzen der Systeme impermeabel für Informationen. Demnach können soziale Systeme einander informativ nicht unmittelbar beeinflussen, sie können jedoch darauf setzen, dass eine Selbstbeeinflussung mittelbar nicht folgenlos bleibt. Dies lenkt den Blick auf die Beobachtungsanlässe, die in der selbstreferentiell-geschlossenen Kontextur des Systems - aber eben nur dort, nur systemintern - als Irritationen erscheinen. Für die Außenseite der Irritation soll probehalber auf die Heider'sche Unterscheidung von Medium und Form zurückgegriffen werden. Die Gesamtheit aller Formen eines Systems (Sinnmediums) stellt, so die Überlegung, das (beeinflussbare) (Teil-)Reservoir dessen dar, das ein beobachtendes System irritieren und eventuell zu (eigensinnigen) Informationsselektionen anregen kann. „Verknappung" bezeichnet in diesem Sinne eine strategische Disziplinierung der systemeigenen Formgenerierung. „Vermehrung" bezeichnet dagegen eine strategische Disziplinierung der Formenvarianz. Die Disziplinierung der Formgenerierung wie der Formenvarianz bezeichne ich deshalb als strategisch, weil sie gleichsam gegen den Systemlauf darauf gerichtet ist, (zeitweilig) Kontingenz einzuschränken und damit letztlich zu vernichten.[9]

Mit der Einbettung von Journalisten, wie im dritten Golfkrieg praktiziert, kam deshalb nur auf den ersten Blick eine andere Strategie des politisch-militärischen Informationsmanagements zum Tragen. Die damit verfolgte

---

8   Dies gilt bedingt auch für das politisch-militärische Informationsmanagement während des Kosovo-Krieges.

9   Ich bleibe im Folgenden bei dem Begriff der Kontingenzvernichtung, da an kontingente Möglichkeiten (hier: Beobachtungsanlässe), die zu einem Zeitpunkt eingeschränkt werden, später nicht mehr kommunikativ angeschlossen werden kann. Wie noch zu zeigen sein wird, ist (Krisen-)Journalismus (anders als etwa Wissenschaft) von diesem Problem in besonderer Weise betroffen (vgl. Abs. 4.2).

Nachrichtenpolitik zielt darauf ab, mit Hilfe von Krisenjournalismus die öffentliche Wahrnehmung des Krieges günstig zu beeinflussen, um so Kosten und Dauer der Militäroperationen vertretbar zu halten. Gewährleistet werden sollte so ferner, dass der feindlichen („desinformierenden") Nachrichtenpolitik präventiv entgegengetreten wird:

> We need to tell the factual story - good or bad - before others seed the media with disinformation and distortions, as they most certainly will continue to do. Our people in the field need to tell our story - only commanders can ensure the media get to the story alongside the troops.[10]

Im Vergleich zum zweiten Golfkrieg offeriert das Konzept der Einbettung dem Krisenjournalismus die Möglichkeit, deutlich näher an das Kampfgeschehen zu rücken. Dieser Live-Charakter der Krisenberichterstattung, der mitunter (vielleicht vorschnell) als Bereicherung der Perspektive begrüßt wurde, ist auch mit Risiken für den Krisenjournalismus und die Weltöffentlichkeit verbunden: Bezahlt wird mit der Restriktion, dass auf diese Weise die Asymmetrie der (militärischen) Kräfteverhältnisse und der Opferzahlen aus dem Blick gerät (vgl. Gresh 2003: 4). Identifikation und Fraternisierung werden dadurch begünstigt, dass Krisenjournalismus selbst unter (feindlichen) Beschuss geraten kann, wenn das (einbettende) Militär gemeint ist.[11] Problematisch sind zudem die von den Militärs aufgestellten Verhaltensregeln (Ground Rules).[12] Diese beeinträchtigen - ohne dass dies der Öffentlichkeit immer hinreichend klar wird - nicht unerheblich die journalistischen Selektionsprogramme vor allem

---

10   [Online-Dokument] URL: http://www.defenselink.mil/news/Feb2003/d20030228pag.pdf [Download: 29.09.2003].

11   Dass Journalisten aus Ländern, die die Kriegskoalition nicht unterstützten, es schwerer hatten für eine Einbettung in Betracht gezogen zu werden, spricht eher für eine Fortsetzung des Poolsystems als für Glasnost in den Reihen der Militärs.

12   In diesem Zusammenhang ist interessant, dass ein „Platzverweis" zum einen von der Regelbefolgung abhängig gemacht wird, vgl. [Online-Dokument] URL: http://www.defenselink.mil/news/Feb2003/d20030228pag.pdf [Download: 29.09.2003]. In der Verpflichtungserklärung der Journalisten findet sich indes auch ein Passus, demzufolge die Entscheidung über eine Fortführung bzw. Beendigung der Einbettung allein in die Zuständigkeit der US-Regierung fällt: „The media organization and the media employee understand and agree that the government may terminate the embedding process at any time and for any reason, as the government determines appropriate in its sole discretion." [Online-Dokument] URL: http://www.defenselink.mil/news/Feb2003/d20030212embed.pdf [Download: 29.09.2003].

mit Blick auf Quellenschutz und Thematisierungszeitpunkt.[13] Sinn macht die strategische Disziplinierung der Formenvarianz in erster Linie mithin nicht für die Öffentlichkeit, sondern für das Militär, dessen kommunikative Operationsweise - gerade unter krisenjournalistischer Fremdbeobachtung - zentral auf das Mittel der Täuschung angewiesen bleibt:

> Da Geheimhaltung selten vollständig ist, kann dem Durchsickern der Wahrheit nur durch Täuschung entgegengewirkt werden, und zwar in der Hoffnung, daß die mit der Vorbereitung erzeugten „Signale" vom „Rauschen" irreführendes, überholter oder schlicht irrelevanter Informationen überdeckt werden. (Luttwak 2003: 20)

Der Krisenjournalismus ist dagegen (zunächst) mit dem Problem konfrontiert, wie sich aus Redundanzen Informationen auswählen lassen. Es geht gewissermaßen um das Prinzip order-from-noiselessness (vgl. Fuchs 1999: 33), um die Gewinnung von Ordnung aus der Stille disziplinierter Formenvarianz. Entscheidend hierbei ist, ob und inwieweit es dem Krisenjournalismus gelingt, die journalistischen Eigenwerte gegen den Versuch der Fremdsteuerung zu behaupten.

4   Problemzonen des aktuellen Krisenjournalismus

Der Erfolg oder Misserfolg politisch-militärischen Informationsmanagements hängt vom Wechselspiel journalismusexterner und -interner Zwänge ab, die sich aus den journalismus-eigenen Programm- und Entscheidungsstrukturen ergeben. Im Einzelnen lassen sich fünf mit einander verknüpfte Problemzonen identifizieren.

4.1 Beschleunigung und Selektionsdruck

Fungiert journalistische Aktualitätsproduktion gleichsam als Metronom der (Welt-)Gesellschaft (vgl. Görke & Kollbeck 1996: 267), wird auch verständlich, warum das viel diskutierte Phänomen der *Beschleunigung* nicht einfach eine Eigenart moderner Zeitstrukturen darstellt, sondern als Folge eines sich verän-

---

13   Problematisch sind insbesondere die folgenden „Standard Ground Rules": „All interviews with service members will be on the record. [...] Print or broadcast stories will be datelined according to local ground rules. Local ground rules will be coordinated through command channels with CENTCOM." [Online-Dokument] URL: http://www.defenselink.mil/news/Feb2003/d20030228pag.pdf [Download: 29.09.2003].

dernden Mediensystems gedeutet werden kann. Die Besonderheit von Journalismus liegt demnach nicht in der systemspezifischen Eigenzeitlichkeit, sondern in deren Schnelligkeit bzw. Flüchtigkeit. So trifft es gewiss zu, dass etwa auch wahrheitscodierte Wissenschaftskommunikation und machtcodierte Politikkommunikation veralten können, aber nirgends ist die Verfallszeit mitgeteilter Informationen so augenfällig wie im Medium der Aktualität.

Seit den Anfängen journalistischer Aktualitätskonstruktion nimmt die Medientechnik einen nicht unerheblichen Einfluss auf die von Journalismus entworfenen Wirklichkeitsmodelle (vgl. Weischenberg & Hienzsch 1994: 456). Kenntlich wird dies vor allem daran, dass die sich durch technische Verbreitungsmedien bedingten Auswahlunterscheidungen mit der Zeit auch auf der Programmebene des Journalismus (Auditivität, Visualisierbarkeit) eingeschrieben haben (vgl. Görke 2000: 440ff.; Blöbaum 2000: 178). Nicht zuletzt durch die Entwicklung der Medientechnik nimmt der Zeitdruck, unter den sich das Leistungssystem Journalismus setzt, beständig zu. Vergingen im Vietnamkrieg aufgrund der Filmtechnik rund 30 Stunden bis zur Ausstrahlung in New York, konnte dagegen im zweiten Golfkrieg mittels Satellitentechnik (SNG) nahezu „live" berichtet werden, im dritten Golfkrieg wurde die Echtzeitberichterstattung schließlich zur Regel.

Beschleunigung ist nicht allein medientechnisch induziert. Sie entsteht vielmehr im Zusammenspiel von technischen Auswahlmöglichkeiten und sozialen Programm- und Entscheidungsstrukturen des Journalismus (vgl. Görke 2000). In diesem Sinne fällt gerade in den ersten Phasen der Krisenberichterstattung die Bedeutsamkeit von Geschwindigkeit besonders auf, da journalistische Organisationen hier durch eine extreme Ausweitung der Sendezeit die Relevanz der Krisensituation für ihr Publikum markieren. Die journalistische Veraltung von Aktualität ist nun nicht mehr an bestimmte (limitierte) Sendezeiten und -plätze gebunden, sondern findet praktisch rund um die Uhr statt. Dies setzt nicht nur die mit einander konkurrierenden journalistischen Organisationen unter vermehrten Selektionsdruck, sondern auch deren Publika und vermindert im selben Maß die Zeit, die für die Reflexion des Beobachteten bleibt.

Indem das politisch-militärische Informationsmanagement den journalismus-internen Beschleunigungstendenzen entgegen kommt, erhöht sich die Erfolgswahrscheinlichkeit der strategischen Disziplinierung von Formenvarianz. In Abhängigkeit zum technischen Verbreitungsmedium wird so vor allem jener „seichte" Journalismus begünstigt (vgl. Hertsgaard 2003a: 112-118), der mit seiner primären Fokussierung auf Ereignisse, Visualisierbarkeit und Schnelligkeit schon im zweiten Golfkrieg Kritik auf sich gezogen hat:

> Wenn sich Journalismus reduzieren läßt auf das Dabeisein, auf das Draufhalten, auf die
> Dauerinformation anstelle der Interpretation, auf den technischen Transport anstelle der
> Erklärung von Ereignissen, führt er sich selbst ad absurdum. Ein solcher Journalismus
> wäre nicht nur impotent, sondern überflüssig. (Weischenberg 1995b: 164)

Damit wird ein anspruchvoller Journalismus gewiss nicht verunmöglicht. Was sich jedoch verändert, sind die Bedingungen, unter denen die einzelnen journalistischen Organisationen miteinander konkurrieren.

4.2 Elitenorientierung und Multiperspektivität

Bewaffnete Konflikte werden vom Journalismus vor allem dann als Krise beobachtet, wenn Elitenationen involviert sind. Kommuniziert Journalismus über Krisen, sind es zudem Elitepersonen, die als Informationsquellen dienen. Krisenjournalismus ist demnach umfassend durch Elitenorientierung geprägt. Die Disziplinierung der Formgenerierung wie der Formenvarianz kalkuliert die journalistische Eliteorientierung mit ein. Vor diesem Hintergrund hängt der Erfolg oder Misserfolg politisch-militärischen Informationsmanagements davon ab, ob es gelingt, die innersystemische Kommunikation von Konflikten sachlich (Themen) und sozial (Beiträge) einzuschränken sowie zeitlich zu vertagen.[14] Ein anschauliches Beispiel hierfür bietet die US-amerikanische Berichterstattung über den Afghanistan-Feldzug:

> Weil sich das Washingtoner Establishment über die Art und Weise der Kriegsführung
> nicht einig war, erörterten die Medien ausgiebig diese Meinungsverschiedenheiten, ob
> etwa die von Bush geplanten Luftangriffe Erfolg bringen würden, ob Bodentruppen er-
> forderlich sein würden oder ob die Allianz halten würde. (Hertsgaard 2003a: 123)

Eine Neuauflage hat diese Debatte dann im dritten Golfkrieg gefunden, als das Vorrücken der Koalitionstruppen (kurzfristig) ins Stocken geriet, wobei der Krisenjournalismus sich hierbei (lediglich) auf pensionierte Militärs berufen konnte. Unterscheiden sich US-amerikanischer und deutscher Krisenjournalismus nicht grundlegend in ihrer Elitenorientierung, lassen sich anlässlich der Irak-Krise dennoch differente Aktualitätskonstruktionen erklären. Während in Deutschland Regierung und Opposition durchaus uneins waren, ob ein Krieg gerechtfertigt sei oder nicht, hat es diese Konflikte im amerikanischen Politiksystem offenbar nicht gegeben. Nach Beobachtung von Hertsgaard gibt es - anders als im „alten Europa" übrigens inklusive Großbritannien - zudem strukturelle Gründe, die eine transnationale Beobachtung politischer Konfliktkom-

---

14   Hierbei handelt es sich vor allem um Binnenkonflikte des politischen Systems: zwischen
     Regierung und Opposition oder den Regierungen von Nationalstaaten.

munikation (vgl. Kohring, Görke & Ruhrmann 1996: 288ff.) - mit Ausnahme der Qualitätspresse (Washington Post, New York Times, Los Angeles Times) - weitestgehend verhindert hat: „Die Haupt-Informationsquellen für amerikanische Auslands-Nachrichten sind das Pentagon, das Außenministerium und das Weiße Haus." (Hertsgaard 2003b: 1; vgl. Alterman 2003: 30ff.) Erklärt sich so auch die beobachter-relative.Relevanz bzw. Irrelevanz des Beobachtungsanlasses, den der stellvertretende Verteidigungsminister Wolfowitz mit seiner Relativierung des Kriegsgrundes „Massenvernichtungswaffen" in „Vanity Fair" gegeben hat? (vgl. Krönig 2003: 6f.)

Vor diesem Hintergrund hat der Krisenjournalismus zwei Alternativen: Er kann darauf setzen, dass sich die strategische Disziplinierung der Formengenerierung und Formenvarianz nicht auf Dauer durchhalten lässt. Hierbei kann es sich (um wieder aufkeimende) Konflikte zwischen Militär und Politik über Dauer, Umfang und Kosten von Militäroperationen (vgl. Luttwak 2003: 63; Berkowitz 1997: 177ff.) handeln oder um, wie - nach dem Ende der unmittelbaren Kampfhandlungen - in Großbritannien und den USA beobachtbar, Konflikte zwischen Politik und Geheimdiensten:

> Spooks are spitting mad at the way their work was manipulated to exaggerate the Iraqi threat, and they are surprisingly loquacious (delighting those of us in journalism). [...] That's the way the intelligence game sometimes operates: the information is voluminous, confusing and contradictory, and prone to abuse, and it needs to be protected from policy makers rather than massaged to make them feel good. (Kristof 2003: 1)

Bedenkt man, dass dieser Befund mehr als zwei Monate nach dem offiziell verkündeten Kriegsende zu Tage gefördert wird, mögen sich darüber vor allem Historiker freuen. Was der Krisenjournalismus verbuchen kann, ist allenfalls ein (weiterer) Pyrrhus-Sieg im Medium der Aktualität. Zu Recht macht sich daher (wenn auch verspätet und nur vereinzelt) Unbehagen breit: Ein Unbehagen, für die Öffentlichkeit relevante Fragen journalistisch (nur) zur Unzeit beantworten zu können, weil sie zum passenden Zeitpunkt (vom Krisenjournalismus) nicht gestellt wurden.[15] Die Rede geht jetzt nicht mehr über die Irak-Krise als medial konstruierte Singularität und nur vordergründig über die Zurechnung von Verantwortung (auf Personen oder Organisationen), sondern über multiples Systemversagen, das - wenngleich zeitlich, sachlich und sozial

---

[15] Der Umstand, dass sich (insbesondere der amerikanische) Krisenjournalismus hat überraschen lassen, kann im Nachhinein in eine fast hektische Suche nach geeigneten Schemata münden, die den Journalisten dabei helfen sollen, ihr Publikum, das sich mutmaßlich längst anderen Fragen zugewandt hat, doch noch zu erreichen (vgl. Krugman 2003b: 1).

begrenzt - aufgrund hoher Interdependenz ein Risiko für das Gesamtsystem
Gesellschaft bedeutet:

> There is no longer any serious doubt that Bush administration officials deceived us into
> war. The key question now is why so many influential people are in denial, unwilling to
> admit the obvious. [...] After all, suppose that a politician - or a journalist - admits to him-
> self that Mr. Bush bamboozled the nation into war. Well, launching a war on false pre-
> tenses is, to the least, a breach of trust. So if you admit to yourself that such a thing hap-
> pened, you have a moral obligation to demand accountability - and to do so in the face
> not only of a powerful, ruthless political machine but in the face of a country not yet
> ready to believe that its leaders have exploited 9/11 for political gain. It's a scary pros-
> pect. Yet if we can't find people willing to take the risk - to face the truth and act on it -
> what will happen to our democracy. (Krugman 2003a: 1f.)

Die zweite Alternative, die sich dem Krisenjournalismus angesichts des politisch-militärischen Informationsmanagements bietet, besteht darin, radikal auf
Multiperspektivität zu setzen. Möglichkeiten hierzu bieten sich, wie vielfach
geschehen, durch die Konfrontierung der Perspektiven von eingebetteten
Journalisten und Korrespondenten, die von der anderen Seite der Front berichten. Hilfreich war auch, dass - im Unterschied zum zweiten Golfkrieg - CNN
kein Nachrichtenmonopol inne hatte, sondern sich gegen die BBC und - wie
schon in Afghanistan - vor allem gegen ,Al-Jazeera' behaupten musste.

Die journalistische Konstruktion von Krisenwirklichkeit hat sich darüber
hinaus - und dies wurde so oft wie in keinem Krieg zuvor realisiert - seine
Beobachtungsanlässe vor allem auch jenseits der etablierten Anlasssysteme
(Politik, Militär, Wirtschaft) gesucht und ist so - in verblüffender Weise - Forderungen nachgekommen, die im Rahmen des (normativen) Friedensjourna-
lismus-Konzeptes (vgl. Galtung 1998b; Galtung & Vincent 1992) zwar beschrieben, aber nicht selten - hinsichtlich ihrer Umsetzbarkeit - mit Skepsis
betrachtet worden sind (vgl. Kempf 1994b):

> [T]o ensure a complete story, journalists should avoid the overuse of elites as news sources. This means
> that efforts must be made to seek out different types of „authorities" and „experts" when
> writing stories. (Galtung & Vincent 1992: 208)

Dies gilt auch für die Forderung nach einer von Friedensjournalismus zu leis-
tenden Enthierarchisierung der beobachteten Systeme:

> Instead of going with a story too early, multiple sources should be consulted. These
> could include lower ranking officials, third-party diplomatic sources, academics, authors,
> members of think tanks, and other general population observers. (Galtung & Vincent
> 1992: 210)

Eine Enthierarchisierung der krisenjournalistischen Beobachterperspektive
kann sich dann einstellen, wenn die Informationsangebote aus Politik und
Militär mit denjenigen der „Zivilbevölkerung" und der Kriegsopfer konfron-

tiert werden.[16] Es geht hierbei nicht allein darum, den Krieg und seine Opfer zu personalisieren und so den „zivilen Kollateralschäden" ein Gesicht zu geben bzw. zurückzugeben. Vielmehr werden dem Krisenjournalismus so Beobachtungen ermöglicht, die bei der Einordnung und Viablitätsprüfung der unterschiedlichen politisch-militärischen Erfolgsmeldungen und Verlautbarungen nützlich sind:

> Die Unterhaltung mit einer verarmten Bäuerin kann sehr viel informativer sein als ein Interview mit einem General. Ihre Antwort auf die Frage, ob ihr Vieh von hungrigen Soldaten requiriert wurde oder ob es verendete, nachdem es Wasser aus vergifteten Brunnen trank, liefert nicht nur Aufschluss über die Kriegsmethoden und über die Versorgungslage der Armee - sie lässt auch Rückschlüsse auf die Gefühle zu, die die Frau bewegen. Langfristig mögen diese Gefühle für die politische Zukunft des Landes und dessen Stabilität folgenreicher sein als der Verlauf so mancher „Entscheidungsschlacht". (Gaus 2003: III)

Die erste Ironie liegt hierbei darin, dass Krisenjournalismus gerade durch politisch-militärisches Informationsmanagement zu friedensjournalistischen Konzepten veranlasst wird: Nicht auf Grund höherer Einsicht, sondern schlicht aus Gründen, die mit der (funktionalen) Selbstbehauptung journalistischer Eigenwerte und - weitergefasst - mit der Selbsterhaltung des Systems zu tun haben. Die zweite Ironie ist darin begründet, dass selbst die strikteste Einhaltung des friedensjournalistischen Forderungskatalogs Kriege nicht verhindern kann. Was unter Umständen erreicht werden kann, ist „lediglich" eine angemessenere (komplexere) Krisenberichterstattung.

Dies ist indes für den Krisenjournalismus mit dem Risiko verbunden, dass er sich mit der Kontingenz der eigenen Grenzziehung konfrontiert sieht und dies auch dem Publikum nicht verborgen bleibt (vgl. Gaus 2003: IV). Gleichfalls selbsterhaltungsrelevant ist für Krisenjournalismus die Frage, welchen Teilpublika (wann) wie viel Kontingenz zugemutet werden kann, ohne dass jene die journalistische Kommunikation letztlich ermöglichende Grundbedingung von verstehender Anschlusskommunikation, die im Kern gerade die Reduktion von Komplexität erwartet, überstrapaziert wird.

---

[16] Die gegenwärtig in Großbritannien beobachtbaren Pressionsversuche der Regierung gegen die BBC lassen sich vor diesem Hintergrund als politische Gegenreaktion auf die krisenjournalistische Enthierarchisierung der Beobachterperspektive deuten (vgl. Wintour & Hall 2003).

4.3 Patrialismus und Publikumsorientierung

Dem Journalismus steht eine Fülle von Unterscheidungen zur Verfügung, um Aktualität zu spezifizieren. Eine differenziert zwischen der eigenen Nation und ihrer Umwelt. Ohne auf die Entwicklung des Nationalbegriffs ausführlich eingehen zu können, wird im Folgenden diskutiert, unter welchen Bedingungen die Unterscheidung der eigenen Nation und ihrer Umwelt aus öffentlichkeitstheoretischer Sicht problematisch werden kann.

Die Nation als Form der Unterscheidung kann mit Gellner (1999: 31; vgl. Richter 1996) als vergleichsweise junges Phänomen bestimmt werden, das weder zwingend notwendig, noch als zufällig („ideologischer Unfall") emergiert ist. Erst die Ideologie des Nationalismus betrachtet Nationen als die gleichsam naturwüchsige Institution jeder menschlichen Gesellschaft. Dass sich der Staatsbegriff als Selbstbeschreibungsformel des politischen Systems für die Gesellschaft mit dem Nationalbegriff verbindet, ist vor diesem Hintergrund ebenfalls in hohem Maße kontingent und abhängig von Bedingungen, die historisch variieren können. In der hier verfolgten systemtheoretischen Perspektive lassen sich die von Gellner (1999: 49ff.) benannten Strukturmerkmale einer Gesellschaft zuschreiben, in der das funktionale Differenzierungsprinzip seine Dominanz zu entfalten beginnt. Was die Nationalformel vor diesem Hintergrund verspricht, ist Identitätsstiftung, wo gerade diese Einheit schwindet (vgl. Fuchs 1992), ist eine relativ anspruchslose Inklusion, wo gesellschaftsweit Sinngrenzen mit ausgefeilten Inklusions- aber eben auch Exklusionsregeln etabliert werden:

> Die nationalistische Ideologie schafft sich ihre eigene Wirklichkeit. Die kompromißlose Unterscheidung zwischen „uns" und den „anderen" erweist sich als nützliche, beinah beliebig manipulierbare Technik der Loyalitätsbeschaffung. (Häckel 1990: 204; vgl. Nassehi 1990)

Als „Patrialismus"[17] bezeichne ich den extremen Versuch, das Inklusionspotenzial der Nationalunterscheidung für die Darstellung von Krisengeschehen zu nutzen. Dies geschieht etwa durch strikte Parteinahme und die Identifikation mit der „eigenen Regierung", ihrer Krisenperspektive, den „eigenen Truppen", der Moralisierung und Mobilisierung eines (öffentlichen) Wir-Gefühls,

---

17 Die Begriffsschöpfung Patrialismus setzt sich zusammen aus dem Lateinischen „Patria" (Vaterland) und den Endsilben des Wortes Journalismus. Patrialismus verdeutlicht so den Wechsel von Führungsverhältnissen und den Umstand, dass Journalismus dadurch bis zur Unkenntlichkeit verschwindet. Genau in diesem Sinne kann dann Oliver North, einer der Hauptverantwortlichen für die Irangate-Affäre, als ‚Fox'-Korrespondent firmieren.

verbunden mit einer entsprechend einseitigen Darstellung des Kriegsgegners und seiner Absichten und Beweggründe. Patrialismus zielt weiterhin - und dadurch hat etwa die ‚Fox'-Gruppe des Medienunternehmers Rupert Murdoch vor und während des Irak-Krieges traurige Berühmtheit erlangt - auf eine (aggressive) Verabsolutierung der eigenen Krisenwirklichkeit ab, die schon den kommunikativen Widerspruch (Konfliktkommunikation) nicht zu tolerieren vermag. Kurz gesagt: Die Reibungsfläche zwischen Patrialismus und politisch-militärischem Informationsmanagement ist denkbar gering.

Wenn sich mit Patrialismus, wie im Golfkrieg vorgeführt, Quote machen lässt, journalistische Aktualitätskonstruktion gleichzeitig (dabei) stets als Publikumsorientierung verstanden wird (vgl. Görke 1999: 333), stellt sich - zumindest journalismustheoretisch - das Problem, die Riskanz bzw. Dysfunktionalität von Patrialismus analytisch zu begründen. Patrialismus und Journalismus, so die Überlegung, unterscheiden sich in der Handhabung der National-Differenz: Während Journalismus diese Unterscheidung im Kontext weiterer Sekundärunterscheidungen nutzt, um Aktualität zu spezifizieren, unterläuft der Patrialismus den Funktionsprimat des Sinnmediums Aktualität.[18] Der Präferenzwert der Nationaldifferenz entscheidet jetzt darüber, was (und was nicht) als aktuelle Information wie (und nicht anders) mitgeteilt wird (vgl. Abs. 4.4). Während Journalismus darauf vertrauen kann, den Selbsterhalt durch Kopie und Varianz journalistischer Eigenwerte zu garantieren, macht sich Patrialismus eindimensional von Entwicklungen in der Umwelt abhängig (Bestätigung oder Frustration des Nationalgefühls, Zahl der eigenen Opfer im Kriegsverlauf, Stimmigkeit der politischen Krisenperspektive), die sich letztlich seiner Kontrolle entziehen. Patrialismus wirkt vor diesem Hintergrund hoch-riskant, kann aber aufgrund einer Reihe von Ermöglichungsbedingungen durchaus als kalkulierbar erscheinen: Wenn er sich etwa sachlich (auf bestimmte Themen) und zeitlich (etwa für die Dauer der Kriegshandlungen) beschränkt, wenn er auf Publika zählen kann, die für die Bedienung eines moralisch, religiös und emotional aufgeladenen Nationalschemas nicht nur empfänglich sind, sondern dies in unsicheren Zeiten (Mehrfachkrisen) sogar erwarten und wenn schließlich die Immunreaktio-

---

18 Die Unterscheidung zwischen Journalismus einerseits und Patrialismus andererseits, die an dieser Stelle analytisch zugespitzt wird, kennt im Alltag eine ganz Reihe von sachlich, sozial und zeitlich limitierten Zwischentönen, die man als patriotischen Journalismus bezeichnen könnte. So gesehen, ist es z.B. durchaus fraglich, ob ausgerechnet eine Grenzziehung zwischen CNN (Journalismus) und ‚Fox' (Patrialismus) das Spektrum denkbarer Möglichkeiten angemessen wiedergibt.

nen des sozialen Systems Journalismus ausbleiben, weil es als verpönt gilt, „sich" selbst zum Thema von Krisenjournalismus zu machen.[19]

4.4 Infotainment und Militainment

Die Begriffe Infotainment und Militainment sind bisweilen nicht sonderlich scharf konturiert. Eine theoretische Annäherung an das Phänomen setzt meines Erachtens voraus, dass sich zum einen Journalismus und Unterhaltung kommunikativ unterscheiden lassen und dass es zum anderen zu zeigen gelingt, unter welchen Bedingungen es zu Interrelationen zwischen den beiden Systemen kommt. Beides kann gelingen, wenn man neben Journalismus auch Unterhaltung als Leistungssystem öffentlicher Kommunikation ins Auge fasst (vgl. Görke 2002). Sowohl Journalismus als auch Unterhaltung fungieren demnach einerseits als Formgeber im Medium der Aktualität. Andererseits lassen sie sich auf ihrer Programmebene von einander unterscheiden. Diese Differenzen ergeben sich vor allem durch operatives Displacement. Operatives Displacement meint, „daß das Verhältnis der Komponenten (Mitteilung, Information, Verstehen) variabel, verschiebbar ist, daß Führungsverhältnisse gewechselt werden können, daß die Bedeutung einer Komponente zurückschraubbar ist." (Fuchs 1999: 81) Sowohl journalistische wie auch unterhaltende Kommunikation werden demnach durch die Teilkomponenten Information, Mitteilung und Verstehen konstituiert, ohne dass den Teilkomponenten dieselbe Bedeutung zugeschrieben wird. Unterhaltende Kommunikation erzielt - im Gegensatz zur journalistischen Kommunikation - ihren Eigenwert gerade dadurch, dass sie der Mitteilungskomponente eine höhere Bedeutung einschreibt als der Informationskomponente: „Wichtiger als das, was mitgeteilt wird, ist demzufolge, wie etwas mitgeteilt wird." (Görke 2002: 87)

Infotainment bezeichnet in diesem Sinne die systemrelative Adaption unterhaltender Programmstrukturen durch Journalismus und ist nicht per se dysfunktional. Vielmehr kann es auch ein Mechanismus sein, mit dessen Hilfe miteinander konkurrierende journalistische Organisationen, die einem ähnlichen Selektionszwang unterliegen, Varianz produzieren. Im Rahmen von Militainment kommt es zur Adaption von unterhaltenden Programmelementen

---

[19] Als Immunreaktion des Funktionssystems Öffentlichkeit (nicht des Leistungssystems Journalismus) lässt sich auch das Phänomen der sogenannten Weblogs einordnen. Evolutionstheoretisch handelt es sich hierbei meines Erachtens geradezu um Urformen öffentlicher Kommunikation, die sich - und darin liegt der Unterschied - eines hochmodernen technischen Verbreitungsmediums bedienen, aber nicht auf Dauer angelegt sind.

durch Krisenjournalismus. Militainment kann so die konsequente Außerkraftsetzung journalistischer Selektionsprogramme ergänzen, die vom Patrialismus betrieben wird, ist aber auch im Krisenjournalismus vorstellbar. Ausgefeilte Inszenierungsprogramme (z.b. Auswahl und Schnitt der Kameraeinstellungen) kommen zum Einsatz und ermöglichen eine visuell emotionalisierende und ästhetisierende Darstellung des Kriegsgeschehens, in der die (eigene) überlegene Waffentechnik, die Professionalität und heroische Tapferkeit der eigenen Truppen zur Geltung kommen. Die auf die Informationskomponente ausgerichteten journalistischen Selektionsprogramme werden dagegen marginalisiert. Im Extremfall wird dabei ausgeblendet, dass die so mitgeteilten Informationen gar nicht überraschend sind:

> Der Irak, geschwächt durch zwölf Jahre Embargo und entwaffnet von den Vereinten Nationen, gab für Rüstungszwecke etwa zwei Promille des US-Verteidigungsbudgets aus, das 45 Prozent der weltweiten Militärausgaben ausmacht. Niemand zweifelte ernsthaft am Sieg der USA. Die drastische Differenz in den Budgets findet ihren tragischen Ausdruck auch in den Opferzahlen: Offiziell haben die USA 125 Soldaten verloren, Großbritannien 30, während, nach Ansicht der meisten Beobachter, viele tausend irakische Soldaten den Tod fanden - 2 000 bis 3 000 waren es an einem einzigen Kampftag in Bagdad. Dieser Sieg hat weit mehr Ähnlichkeit mit einem Tontaubenschießen als mit so etwas wie einer Heldentat. (Gresh 2003: 4; vgl. Libicki 1997)

Die Betonung der Mitteilungskomponente zu Ungunsten der Informationskomponente prägt in umfassendem Maße auch die PR-Strategie der politisch-militärischen Inszenierung von Beobachtungsanlässen.[20] Dies ist etwa dann der Fall, wenn die Verkündung des offiziellen Kriegsendes auf den Flugzugträger ‚Abraham Lincoln' verlegt wird, um den US-Präsidenten, in Kampffliegermontur, als erfolgreichen Feldherren in Szene zu setzen. Aus diesem Grund sind nicht zuletzt auch jene journalistischen Organisationen mit Militainment und Infotainment konfrontiert, die ihre Entscheidungs- und Programmstrukturen nicht patrialistisch deformieren.

4.5 Selbstbeobachtung und Selbstlernen

Krisenjournalismus beobachtet nicht nur andere Funktionssysteme, sondern auch sich selbst im Kontext anderer Systeme (vgl. Kohring, Görke & Ruhrmann 1996). Analytisch sind drei Möglichkeiten der Beobachtung von Systemen gegeben: die Beobachtung des Gesamtsystems (Funktion), die Beobach-

---

[20] In diesem Sinne ist es nicht zufällig, dass das Pentagon für die Gestaltung des „Coalition Media Center" einen Filmdesigner aus Hollywood engagiert hat (vgl. Smoltczyk 2003).

tung anderer Teilsysteme in der gesellschaftsinternen Umwelt (Leistung) und Beobachtungen, die das System über sich selbst (Reflexion) anstellt (vgl. Luhmann 1997: 757). Von journalistischer Reflexion kann demnach dann die Rede sein, wenn sich die Selbstbeobachtung des Journalismus nicht auf einzelne Elemente (Kommunikationen) und Prozesse (selbstreferente Anschlusskommunikationen) bezieht, sondern auf das System Journalismus in Differenz zu seiner Umwelt (vgl. Malik 2002; Löffelholz 1995: 178ff.).

Bezogen auf Krisenjournalismus ermöglicht Selbstbeobachtung die Reflexion der Bedingungen journalistischer Krisenbeobachtungen. Diese Möglichkeit wurde im dritten Golfkrieg vom Journalismus in bislang nicht gekanntem Ausmaß wahrgenommen. Das Informationsmanagement der Militärs, die Rolle von Think Tanks wurde genauso thematisiert wie die Arbeitsbedingungen der Korrespondenten vor Ort. Reflektiert wurden ferner die spezifischen Restriktionen, die mit der Einbettung verbunden sind, und die Zwänge, die sich aus der Visualisierbarkeit des Kriegsgeschehens ergeben. Selbst der Einfluss des Philosophen Leo Strauss auf den US-Neokonservativismus wurde debattiert.

Indem Krisenjournalismus Kopie und Varianz seiner internen Entscheidungs- und Programmstrukturen beobachtet, erschließt sich Journalismus nicht nur ein Themenreservoir, mit dem der strategischen Disziplinierung der Formenvarianz seitens des politisch-militärischen Informationsmanagements begegnet werden kann. Krisenjournalistische Selbstbeobachtung erweist sich vielmehr als wichtigste Bedingung der Transparenz- und Vertrauensgenerierung gegenüber den (nicht selten überzogenen) Orientierungserwartungen verschiedener Teilpublika (vgl. Kohring 2002; Görke 1993: 136ff.).

Erst die Befähigung des Journalismus zur Selbstbeobachtung und damit auch die Unterscheidung des Systems von seiner Umwelt macht ferner das System evolutionsfähig. Evolution meint hier eine temporale, nicht-teleologische Verschränkung von Variation der Elemente (journalistischer Kommunikation), Selektion, die durch die Strukturen des Systems (Selektions- und Darstellungsprogramme) getroffen wird und (vorläufig) in eine Restabilisierung des Systems mündet (vgl. Luhmann 1997: 451-456). Indem an Hand abweichender Kommunikation solche Sinnbezüge ausgewählt und stabilisiert werden, die hohen Strukturaufbauwert versprechen, und andere verworfen werden, organisiert sich das Selbstlernen des Systems. Krisenjournalistische Selbstbeobachtungen sind, so gesehen, ein besonders wahrscheinlicher Anlass für Systemlernen.

Insbesondere der Krisenjournalismus nach den Terror-Anschlägen von Washington und New York, der sich anfangs reflexhaft, später dann organisiert

zu einem aggressiven Patrialismus verfestigt hat, zeigt indes auch, dass sich
journalistische Selbstbeobachtungen auch gegen das System kehren kann. Diese die Selbsterhaltung des Journalismus gefährdende Ausflaggung kann jedoch
nur sachlich, sozial und zeitlich limitiert durchgehalten werden. Dies lässt sich
auch evolutionstheoretisch begründen: „Wenn die Umwelt nicht anders variier-
te als das System, würde die Evolution in einem ‚optimal fit' ein rasches Ende
finden." (Luhmann 1997: 433) Meinem Eindruck nach hat Patrialismus seine
optimale Anpassung an das politisch-militärische Informationsmanagement
bereits erreicht. Er ist aus diesem Grund selbst nur minimal evolutionsfähig,
kann aber für den Krisenjournalismus - vorausgesetzt letzterer beobachtet
Patrialismus als Umwelt - zum systemischen Selbstlernen motivieren. In ähnlicher Weise mag eine kaum mehr steigerbare Tyrannei der Echtzeit den Journalismus dazu anregen, Entschleunigungsmechanismen zu entwickeln.

5 Ausblick

Die moderne Gesellschaft lässt sich aufgrund der in ihr vorherrschenden funktionalen Differenzierungsform als heterarch, hyperkomplex und multiperspektivisch beschreiben. Krisenbeobachtungen differenzieren sich dementsprechend funktions- und organisationsspezifisch aus. Die funktional differenzierte
Gesellschaft begegnet dem durch ihre Differenzierungsform aufgeworfenen
Synchronisationsbedarf durch die Ausdifferenzierung eines weiteren Systems,
dessen Funktion sich exklusiv auf diesen Problembereich bezieht. Das Bezugsproblem des Funktionssystems Öffentlichkeit besteht demnach im Ermöglichen der Beobachtung von Beobachtung folgenreicher Sinngrenzen in der
Gesellschaft, die sich als Synchronisationsfunktion kennzeichnen lässt.
    Der gesellschaftliche Synchronisationsbedarf findet in der journalistischen
Aktualitätskonstruktion seine professionelle Entsprechung. Das Leistungssystem Journalismus synchronisiert Krisenbeobachtungen und ermöglicht es so
der Gesellschaft, Neuigkeiten und Unsicherheiten sinnvoll zu verarbeiten.
Journalismus operiert hierbei nicht autark, sondern eingebettet im Kontext
anderer gesellschaftlicher Funktionsbereiche, mit denen er durch Interdependenzverhältnisse verbunden ist. Diese begründen zum einen das gesellschafts-
weite Risiko des Redundanzverzichtes und ermöglichen zum anderen - insbesondere vor und während Kriegen, die als Krisen beobachtet werden - Versuche, Einfluss auf die von Journalismus konstruierte Krisenwirklichkeit zu nehmen.

Mit der strategischen Disziplinierung der Formgenerierung wie der Formenvarianz setzt politisch-militärisches Informationsmanagement auf das Prinzip der Fremdbeeinflussung durch Selbstbeeinflussung. Dem Versuch der temporalen Kontingenzvernichtung ist Krisenjournalismus indes keineswegs wehrlos ausgeliefert. Vielmehr hängt der Erfolg oder Misserfolg politisch-militärischen Informationsmanagements vom Wechselspiel journalismusexterner und -interner Zwänge ab. In diesem Sinne kann politisch-militärisches Informationsmanagement zwar einerseits die Entscheidungs- und Programmstrukturen bestimmter journalistischer Organisationen begünstigen, andererseits werden gerade bedingt durch die Konkurrenz der journalistischen Organisationen untereinander auch Gegenreaktionen stimuliert.

Mit Beschleunigung, Elitenorientierung, Patrialismus, Infotainment und Selbstbeobachtung können fünf Trends benannt werden, die in der Konfrontation mit strategischer Kontingenzvernichtung den Krisenjournalismus unter Druck setzen, da sie einerseits den Strukturen des Journalismus entgegen kommen, sich andererseits aber gegen ihn kehren können. Aus krisenjournalistischer Sicht ist hierbei entscheidend, inwieweit sich die journalistischen Eigenwerte gegen den Versuch der Kontextsteuerung behaupten können. Selbst dort, wo dies gelingt - und gerade im dritten Golfkrieg war dies überraschend häufig der Fall - ist der Erfolg indes nicht sicher. Trifft die hier vorgenommene Analyse zu, wird der Krisenjournalismus jedoch gerade diese aktuellen Friktionen sehr genau beobachten und hieraus - evolutiv - seine eigensinnigen Lehren ziehen, die ihn über den nächsten Krieg anders berichten lassen werden.

Selbstorganisation, Nicht-Linearität, Viabilität

Eine konstruktivistisch-sozialsystemische Perspektive auf Kriegsberichterstattung[1]

Jan Staiger

1 Einführung

Die Politsatire „Wag the Dog" handelt von der Erfindung eines Krieges: Um die Öffentlichkeit kurz vor den Wahlen von der Sex-Affäre des Präsidenten abzulenken, inszeniert die amerikanische Führung eine militärische Konfrontation nach allen Regeln Hollywood-erprobter Dramaturgie und professioneller Public Relations. Die Aufmerksamkeitskriterien von Medien und Menschen werden geschickt instrumentalisiert, „Kriegsereignisse" im Studio produziert, große Emotionen arrangiert sowie vereinzelte Rückschläge neutralisiert. Derart in Szene gesetzt erobert der Krieg gegen das ferne Albanien die öffentliche Agenda im Sturm und erfüllt seinen Zweck - obwohl er gar nicht stattfindet.

Die in dem vorliegenden Band behandelten Kriege sind „Wirklichkeit", ebenso wie der Journalismus, der sie thematisiert. Und doch lässt sich zugleich feststellen, dass auch der „real-existierende" Journalismus die militärischen

---

[1] Der Beitrag pointiert knapp einige zentrale Aussagen der Diplomarbeit „Journalistische Kriegskonstruktionen - Eine Erkundung der Bedeutsamkeit konstruktivistischer und sozialsystemischer Ansätze zur Beschreibung von Kriegsberichterstattung" (vgl. Staiger 2003).

Konflikte, die uns regelmäßig bewegen (oder auch nicht), in gewisser Hinsicht „erfindet", oder in der Sprache der Erkenntnistheorie: konstruiert. Er konstruiert weder aus freien Stücken, denn er kann gar nicht anders, noch im Sinn eines bewussten „Schwindels", denn jede Wirklichkeit ist ein Konstrukt, zumindest insgesamt, eines Geschehens, das offenkundig irgendwo und irgendwie „tatsächlich" abläuft. Immer aber produziert er seine eigene Version, seine eigene Wirklichkeit des Krieges.

Dieser Beitrag bietet - im doppelten Wortsinn - eine Systematisierung dieser Welt der Kriegsberichterstattung zwischen Tod und TV, Realität und Wirklichkeit an. Universelle Prinzipien und Muster werden identifiziert, welche die Konstruktion des „Medienereignisses" Krieg in jedem Krieg, in jedem Moment prägen. Möglich wird dies mit Hilfe zweier Theoriegebäude, welche die Medienwissenschaft auf wohl beispiellose Weise befruchtet haben: mit Hilfe des Konstruktivismus und der Theorien sozialer Systeme. Verschiedene Ansätze dieser (weder scharf konturierten noch homogenen) Gebäude werden, verbunden mit Elementen der Chaostheorie, zu einem einheitlichen Blickwinkel integriert. Mit den Synergieeffekten, die sich aus dieser Synthese ergeben, können bestehende Lücken der Forschung zur Kriegsberichterstattung geschlossen, Ungereimtheiten geebnet, unverbundene Erklärungsansätze an einem homogenen Raster ausgerichtet werden. Die These: Ausnahmslos alle im Kontext von (Kriegs-)Berichterstattung relevanten Phänomene lassen sich gewinnbringend system(theoret)isch beschreiben und erklären.

Die grundlegende Abstraktion lautet: Wirklichkeit, auch die des Krieges, wird von Systemen entworfen - von komplexen Einheiten, deren Elemente sich selbst organisieren, fortwährend auf sich selbst beziehen und so von ihrer Umwelt abheben (vgl. Kneer & Nassehi 2000: 17ff.). Wirklichkeit ist mit den Strukturen und Regeln, Eigen- und Bedingtheiten der Systeme, die sie hervorbringen, untrennbar verbunden, also eine *systemrelative* Größe. Die Wirklichkeitskonstruktion ist der Dreh- und Angelpunkt jeder Strukturbildung, Koordination und Interaktion von Systemen.

Den Journalismus über Kriege analysieren wir anhand dreier zentraler, im folgenden Abschnitt näher bestimmter Systemklassen bzw. -ebenen: Erstens „Menschsysteme" als Träger journalistischer Berufs- bzw. Arbeitsrollen (Mikroebene); zweitens journalistische Organisationssysteme bzw. Redaktionen (Mesoebene) sowie drittens journalistische Systeme höherer Ordnung, die sich auf die Selbstorganisation unzähliger Mensch- und Organisationssysteme gründen (Makroebene).

Kriegsberichterstattung gilt dabei als spezielle Ausprägung dieser journalistischen Systeme: Sie wird mit relativer Routine, im Rahmen der generellen Eigen- und Bedingtheiten der Systeme bewältigt. Im Grundsatz, in beinahe allen Aspekten auch im Detail, geht sie kaum anders vonstatten als die Berichterstattung über Steuererhöhungen, Flugzeugabstürze oder Prominenten-Ehen. Konkret umfasst Kriegsberichterstattung zum einen alle journalistischen Medienangebote (Nachrichtenfilme, Reportagen, Zeitungsmeldungen, Kommentare usw.), die Kriege thematisieren; zum anderen alle journalistischen Operationen, die die Veröffentlichung dieser Angebote bestreiten und vorbereiten.

Der weitere Fahrplan gestaltet sich wie folgt: In Abschnitt 2 wird der zu Grunde liegende allgemeine Theorieansatz skizziert, soweit er für ein Verständnis der folgenden Ausführungen notwendig ist. In Abschnitt 3 wird die Kriegsberichterstattung im Journalismus noch näher verortet. Darauf aufbauend werden in Abschnitt 4 die Basisprinzipien der Kriegskonstruktion vorgestellt: Selbstorganisation, Selbstbezüglichkeit, Nicht-Linearität, Viabilität sowie die Orientierung an Wirklichkeitsfaktoren. Anhand der Muster von Kriegskonstruktionen beschreiben wir anschließend in Abschnitt 5 spezielle inhaltliche Merkmale der Kriegsberichterstattung: die Orientierung an universalen kognitiven Ordnungsmustern und an Nachrichtenfaktoren, die Feindbildkonstruktion sowie die Patriotisierung journalistischer Systeme. Schließlich gehen wir in Abschnitt 6 der Frage nach, inwieweit Kriegsberichterstattung auf den Krieg zurückwirken und sich selbst reflektieren kann.

2 Skizze einer fraktalen Sozialsystemik

Die Journalismusforschung hat sich während der letzten Jahrzehnte zunehmend von normativen, naiv-realistischen und individuumszentrierten Sichtweisen ab- und stärker empirischen, konstruktivistischen und sozialsystemischen Perspektiven zugewendet (vgl. Löffelholz 2000b: 31-57; Scholl & Weischenberg 1998: 25-47). Hier setzen wir an, wenn wir feststellen, dass Konstruktivismen, soziale Systemtheorien sowie auch die revolutionären Chaostheorien eine Fülle von Parallelen aufweisen. Entsprechend modifiziert greifen sie wie die Teile eines gewaltigen Puzzles ineinander. Die hier angebotene Neukombination, eine „fraktale konstruktivistische Sozialsystemik" (vgl. Staiger 2003: 7-92), setzt sich dabei notwendigerweise zum Teil über die Ansätze, derer sie sich bedient, hinweg.

Im Zentrum steht ein fraktales Systemverständnis,[2] wonach die Phänomene sämtlicher Betrachtungsebenen den gleichen Prinzipien der Wirklichkeitskonstruktion, Strukturbildung, Evolution und Interaktion folgen - und folglich auch mit dem gleichen theoretischen Instrumentarium zu erfassen sind: Journalistische Makrosysteme (z.B. Kriegsjournalismus), Redaktionen sowie Menschsysteme (z.B. in der Rolle Kriegsberichterstatter) werden - wie noch näher zu erläutern ist - jeweils als selbstorganisierende, eigengesetzliche, selbstbezügliche, mit ihren Strukturen vieldimensional an ihre Umwelt gekoppelte, nicht-lineare Systeme verstanden, deren Operationen und Konstruktionen selektiv nach Gangbarkeitsgesichtspunkten dynamisch „driften".

Entgegen bisherigen Modellierungen, die meist einer Betrachtungsebene den Vorzug gaben, werden Makro-, Meso- und Mikroebene hier explizit als je perspektivenrelative Reduktionen eines „Ganzen" aufgefasst. Das Credo: Keine Analyseebene ist ohne die Berücksichtigung der jeweils anderen hinreichend zu verstehen, da alle sich in zirkulärer Wechselwirkung zueinander organisieren. Alle sind gleichermaßen wichtig und deshalb zu integrieren. Alle denkbaren Beziehungen zwischen diesen Einheiten - sowohl untereinander wie auch mit ihren nicht-journalistischen Umwelten, ebenenintern und ebenenübergreifend - lassen sich aber durch eine konsequente Anwendung des Systemkonzepts auf relativ einfache, weil einheitliche Weise erfassen.

Die Personenebene wurde, mehr noch als die Organisationsebene, von der jüngeren sozialsystemischen Forschung im Gefolge des Soziologen und Juristen Niklas Luhmann weitgehend vernachlässigt. Eine systemische Journalismusforschung allerdings braucht die Mikroebene kaum weniger als Journalismus Journalisten. Menschen fassen wir ganzheitlich als Menschsysteme auf, deren zentrale Konstruktions-, Koordinations- und Interaktionsinstanz das kognitive System ist (vgl. Frerichs 2000: 21). Dieses begreifen wir in Anlehnung an den Journalisten und Journalismusforscher Stefan Frerichs als Einheit sämtlicher, von neuronalen Organen organisierten Kognitionen (Wahrnehmungen, Vorstellungen, Gedanken, Gefühle, Planungen, Erinnerungen usw.). Die eher willkürliche Setzung, der Mensch selbst sei kein System, da er sich aus unterschiedlichen Systemen mit je verschiedenen Elementen zusammensetze

---

2   Das von Benoit Mandelbrot geprägte Konzept des Fraktals (von lat. frangere: brechen) bezeichnet im Kontext chaostheoretischer Forschungen „Strukturen, die in immer kleinere, einander ähnliche Einzelheiten gegliedert sind" (Frerichs 2000: 42ff.; vgl. Briggs & Peat 2003: 127-166). Ähnlichkeiten, die sich in verschiedenen Größenmaßstäben wiederholen („Selbstähnlichkeiten"), gelten in der Chaostheorie als eine „universale Erscheinung der Natur" (Frerichs 2000: 42ff.) und werden hier auch für die menschlich-soziale Sphäre unterstellt.

(vgl. Luhmann 1984: 67f.), wird zurückgewiesen. Zum einen ist es nämlich gar nicht erforderlich, den Systembegriff an die „Gleichartigkeit der Elemente" (Luhmann 1984: 67f.) zu koppeln: Ein System kann ohne weiteres eigendynamisch wechselwirkende Elemente bzw. Subsysteme unterschiedlichen Typs in sich vereinigen. Zum anderen ist eine Gleichartigkeit, falls erwünscht, für das System Mensch jederzeit herstellbar: Es konstituiert sich letztlich in jeder Hinsicht durch unterschiedlichste Stoffwechselprozesse (vgl. Maturana & Varela 1987). In Fragen der Wirklichkeitskonstruktion und Interaktion, etwa im Kontext sozialer Systeme, lassen sich die Begriffe Mensch(system) und Kognitionssystem weitgehend synonym verwenden.

Als Elemente sozialer Systeme begreifen wir - über einen flexibleren Systembegriff, der keine Gleichartigkeit der Elemente verlangt - Kommunikationen und Handlungen gleichermaßen: Soziale Systeme (Paarbeziehung, Familie, Supermarkt, Schule, UNO, Politik, Journalismus usw.) generieren und reproduzieren sich durch die eigendynamisch aufeinander bezogenen Handlungen und Kommunikationen[3] der beteiligten Menschsysteme. Stets nehmen Menschen aber nur selektiv an einem Sozialsystem teil, als Person, die eine vom jeweiligen Systemzusammenhang vorgesehene Rolle ausfüllt (Vater, Verkäufer, Lehrer, Außenminister, Kriegsberichterstatter usw.). Die Handlungs- und Kommunikationsmöglichkeiten der Personen werden durch die (Erwartungs-) Strukturen des Systems kontextabhängig reduziert bzw. orientiert (vgl. Neuberger 2000: 276ff.; Luhmann 1984: 429ff.). Indem jeder Mensch - ob permanent oder flüchtig - an einer Vielzahl von Sozialsystemen teilnimmt, bildet er entsprechend vielfältige Kompatibilitäten bzw. Kopplungen (vgl. Maturana & Varela 1987: 85ff.) in Bezug auf diese aus, was ein komplexes Personen- und Rollenmanagement erfordert (vgl. Luhmann 1984: 570).

Journalisten produzieren Medienangebote im Kontext von Redaktionen. Diese sind wiederum in aller Regel Subsysteme übergeordneter organisierter Einheiten, der Medienanbieter-Organisationen (z.B. Verlag, Medienkonzern). Intern sind Redaktionen arbeitsteilig nach Sach- und Effizienzgesichtspunkten

---

3   Kommunikation wird hier konstruktivistisch als „Anregen" bzw. „Auslösen" von Veränderungen in einem Mensch- bzw. Kognitionssystem durch ein anderes definiert. Verlauf und Ergebnis der Kommunikation kann der einzelne Mensch allerdings nicht steuern bzw. festlegen (determinieren), weil er die internen Prozesse der übrigen Beteiligten nicht endgültig bestimmen kann. Das Sozialsystem vermag das zwar ebenfalls nicht, weist den Kommunikationen (und Handlungen) aber eine Richtung, indem es über Erwartungsstrukturen bestimmte Anschlussoperationen wahrscheinlicher, andere unwahrscheinlicher macht (vgl. Luhmann 1984: 417f.).

ausdifferenziert - über Leistungsbereiche (z.B. Ressorts), spezielle Arbeitsrollen (z.b. Chef vom Dienst, Volontär) sowie entsprechende formelle und informelle Entscheidungsregeln und Verfahrensweisen zur systematischen Herstellung der Angebote (vgl. Blöbaum 2000). Das Menschsystem - in der (allgemeinen) Berufsrolle Journalist und der (speziellen) Arbeitsrolle z.b. des Kriegsberichterstatters - lässt sich dabei zwar von seiner Umwelt, der Redaktion bzw. deren Strukturen, nicht steuern. Sollen seine Handlungen und Kommunikationen aber gangbar sein (vgl. Abs. 4.3), muss der Journalist sein Rollenselbstverständnis mit den Erwartungen des Sozialsystems abgleichen und dessen Dynamik mit vollziehen. Die organisierten Strukturen bilden einen Rahmen für die Handlungen/Kommunikationen, eine Orientierung für die systemrelevanten Wirklichkeitskonstruktionen des Journalisten. Der individuelle biografische Hintergrund der Journalisten ist dann in der Analyse für die meisten Fragestellungen vernachlässigbar, weil nicht signifikant relevant. Wo das Sozialsystem aber Spielräume lässt, kann er in deren Ausgestaltung eingehen. Umgekehrt kann das systemisch konditionierte Rollenbewusstsein prägend auf das Menschsystem hinter der journalistischen Person wirken.[4]

Mit dem Begriff Makrosystem schließlich sind variabel abzugrenzende, hinreichend selbstbezügliche und selbstorganisierende Handlungs- und Kommunikationsdynamiken oberhalb der Organisationssystemebene bzw. unterhalb der Ebene einer Gesamtgesellschaft bezeichnet. Dieses Konzept flexibilisiert die Luhmannsche Idee strikt operational geschlossener Funktionssysteme und verwirft die Konstrukte „exklusive Primärfunktion", „Kommunikationsmedium" und „Binärcode", da diese die Komplexität sozialer Zusammenhänge über Gebühr simplifizieren und zudem weit mehr Probleme aufwerfen als sie lösen. In unserer Perspektive ist eine Gesellschaft nicht „so-und-nicht-anders" in bestimmte, eindeutig voneinander abgrenzbare Subsysteme zu zerlegen. Sie zeichnet sich gerade durch eine Verquickung verschiedenster, ineinander greifender, sich überlagernder und doch jeweils sich selbst organisierender Dynamiken aus, die von einem Beobachter erst analytisch-reduktionistisch, nach Maßgabe einer bestimmten Perspektive, aus ihrem Zusammenhang gelöst werden. Einbeziehbar sind hierbei auch Metasysteme bzw. -dynamiken - auch

---

4   Über die Tücken seines Rollenmanagements sinniert etwa der Fernsehjournalist Jürgen Bertram (1996: 290): „Wann bin ich zum letztenmal durch eine Straße gegangen, ohne sie einzuteilen in ‚Totale', ‚Halbtotale', ‚Ransprung'? [...] Resultiert aus dem beruflichen Zynismus nicht zwangsläufig eine persönliche Kälte? Habe ich nicht neulich bei einer Beerdigung, einem familiären Ereignis, darüber nachgedacht, wie man sie filmisch in Szene setzen könnte?"

nicht-sozialsystemische wie etwa Theorien, Ideologien, Technologien -, die gewissermaßen quer durch diverse Sozialsysteme laufen, mit diesen zirkulär wechselwirken und sich mit deren Hilfe reproduzieren. Die Operationen des Makrosystems Journalismus unterliegen dabei nicht behelfs- oder spagats-, sondern ganz selbstverständlicherweise einer Mehr- oder Vielzahl verschiedener Rationalitäten zugleich. Möglich werden zudem flexible Vergleiche zwischen nach bestimmten thematischen, geographischen, ökonomischen, politischen oder kulturellen Maßstäben abzugrenzenden journalistischen Makrosystemen.

Zu guter Letzt leiten wir aus der (verdrängbaren, aber doch offenkundigen, in vielen journalismusbezogenen Abgrenzungsversuchen bereits unfreiwillig unter Beweis gestellten) Unmöglichkeit eindeutiger System-Umwelt-Grenzziehungen die *These der natürlichen Unschärfe sozialer Systeme* ab: Sozialsysteme benötigen keine eindeutige System-Umwelt-Differenz und bilden folglich auch keine aus - ebenso wie etwa das Phänomen eines Tornados eigendynamisch rotiert und wirbelt, ohne dass es an einer ganz bestimmten Stelle anfangen bzw. aufhören müsste. Die Unschärfe gilt uns als eine prinzipielle Eigenschaft sozialer Systeme - und nicht als überwindbares Resultat wissenschaftlicher Beobachtungsdefizite (vgl. auch Kosko 2001).[5]

3 Krieg im Journalismus

Jetzt sind wir gerüstet für den Einstieg in den „Ernstfall" - eine systemische Analyse von Kriegsberichterstattung, die freilich bereits in vollem Gange ist, da allgemeine Aussagen über Journalismus, dem Konzept der Ausprägung folgend, immer auch Aussagen über die Kriegsberichterstattung sind. Als Kriegsjournalismus wird in diesem Kontext, wertungsfrei bzw. deskriptiv, derjenige Journalismus bezeichnet, der Kriegsberichterstattung betreibt - was (weite) Teile des Journalismus ausschließt, die dies nicht tun. Kriegsberichterstattung ist als thematische bzw. operative Ausprägung dieser journalistischen Systeme

---

[5] In diesem Zusammenhang ist es zudem sinnvoll, zentrale Merkmale sozialer Systeme wie die Eigengesetzlichkeit oder operative Geschlossenheit im Sinne des Soziologen Rodrigo Jokisch zu gradualisieren (vgl. Weber 2000). Wir gehen demnach von fließenden Übergängen - nach dem Muster ± Autonomie, ± Geschlossenheit, ± Selbstorganisation usw. (vgl. Weber 2000: 460) aus, wobei der Begriff System allerdings erst ab einem gewissen Grade der Merkmalserfüllung Sinn macht.

zu verstehen. In Bezug auf ihre Wirklichkeitskonstruktion lässt sich zwischen der internen operativen Wirklichkeit und der veröffentlichten Angebotswirklichkeit unterscheiden.

Zentrales Merkmal der Kriegsberichterstattung ist die Kriegsthematisierung, verstanden als Thematisierung von Aspekten, die mit einem Krieg in Zusammenhang gebracht werden, kurzum: von kriegsbezogenen Ereignissen aller Art. Unmittelbare Kriegsgewalt und physische Folgen, Tod, Leid und Zerstörung machen für gewöhnlich, wenn überhaupt, nur *einen* Aspekt von Medienkriegen aus. Das Gros der Kriegsthematisierung durch Journalismus behandelt nicht das „Mittendrin", sondern das „Drumherum": Ereignisse, die Kampfhandlungen flankieren (Aufmärsche, startende Kampfflugzeuge usw.), Mitteilungen von Repräsentationspersonen relevanter Sozialsysteme (Reden, Pressekonferenzen, Interviews, Pressemitteilungen), Expertengespräche, diplomatische Bemühungen, Demonstrationen, parteipolitische Auseinandersetzungen, Meinungsumfragen und vieles mehr.

Grundsätzlich kann die Thematisierung von Krieg an jeden anderen Themenkreis anknüpfen, sei es „Wirtschaft/Börse", „Kultur" oder gar „Sport", „Reise", „Automobile", „Computer/Internet", „Familie"[6] - und „Medien". Anders herum: Jeder journalistische Themenkreis kann *auch* Krieg thematisieren. Die größte Schnittmenge weist Kriegsberichterstattung aber mit der (Inlands- und/oder Auslands-)Politikberichterstattung auf: Angesichts ihrer strukturellen und methodischen Einbettung in den Journalismus stellen wir daher - in Anspielung auf ein Axiom des preußischen Generals von Clausewitz - für ihren weitaus größten Anteil fest: Kriegsberichterstattung ist die Fortsetzung der Politikberichterstattung mit den gleichen Mitteln. Besonderheiten im Detail schließt diese prinzipielle Gleichheit der Mittel ausdrücklich ein.

Darüber hinaus ermöglicht es das Merkmal Kriegsthematisierung, den Begriff Kriegsberichterstattung nicht auf den zeitlichen Rahmen eines stattfindenden militärischen Konflikts festzulegen: Kriegsberichterstattung fängt nicht einfach mit dem ersten Schuss an und hört mit dem letzten auf. Auch die (krisen-)journalistische Kriegsthematisierung *vor* einem sich abzeichnenden bzw. *nach* einem beendeten Krieg ist in diesem Sinn eingeschlossen.

---

6   Zum Beispiel können militärische Konflikte Auswirkungen auf Sportereignisse haben, zu einer Verknappung von Rohstoffen führen, die dann etwa die Computer- oder Automobilbranche trifft. Sie können die pädagogische Betreuung beunruhigter Kinder und Jugendlicher erforderlich machen oder Beeinträchtigungen des Reiseverkehrs nach sich ziehen.

4 Basisprinzipien der Kriegsberichterstattung

Auf dieser Grundlage beleuchten wir nun die elementaren Prinzipien der journalistischen Produktion von (Kriegs-)Wirklichkeit: Beobachterabhängigkeit, Selbstbezüglichkeit, Selbstorganisation, Nicht-Linearität und Viabilität. Abschließend wird das Konzept der Wirklichkeitsfaktoren vorgestellt, das Aufschluss über die Frage gibt: Was macht eigentlich einen journalistischen Kriegsentwurf „wirklich"? Entsprechend dem fraktalen Ansatz dieses Beitrags gelten sämtliche Basisprinzipien für alle analytischen Betrachtungsebenen in gleichem Maße (vgl. ausführlich Staiger 2003: 11ff., 111ff.).

4.1 Beobachterabhängigkeit

Die Umwelt (wie auch das eigene Selbst) ist jedem (kriegs-)journalistischen System immer nur durch und als hochselektive Beobachtung zugänglich. Der gesamte Prozess der Angebotsproduktion stellt sich daher als ein Prozess der systemrelativen, selektiven Konstruktion von Wirklichkeit und Bedeutung dar. Journalisten, Redaktionen und Makrosysteme beobachten selbstbezüglich (vgl. Kap. 4.2), d.h. nach Maßgabe der jeweiligen Eigen- und Bedingtheiten des Systems, auf Basis seiner jeweiligen Strukturen und spezifischen Beobachtungsdispositionen.[7] Die Wirklichkeitserzeugung ist nicht von der Umwelt vorherbestimmt, aber auch keineswegs zufällig oder gar beliebig, weil sie immer anhand bestimmter - teils bewusster, teils unbewusster - Maßstäbe und Bezüge zustande kommt. So bewegt sich die journalistische Kriegsthematisierung innerhalb der quantitativen und qualitativen Grenzen des menschlichen Wahrnehmungsapparates, selektiert und rekonstruiert das Wahrgenommene in Richtung von Nachrichtenfaktoren und unterliegt dabei auch ökonomischen Einflüssen und Orientierungen (vgl. Kap. 5).

Keinem journalistischen System ist es möglich, so etwas wie eine beobachterunabhängige, „absolute" Realität des Krieges zu erkennen. Denn Kriegswirklichkeit - als Ergebnis eines Beobachtungsprozesses - gibt es nur *im* System; ihre Relativität kann also prinzipiell nicht eliminiert werden. Niemals kann

---

[7] Der Begriff Disposition ersetzt hier den Begriff der (zweiwertigen) Unterscheidung, der in einigen konstruktivistischen Ansätzen einschließlich des operativen Konstruktivismus Luhmanns Anwendung findet und auf die Unterscheidungslogik des Mathematikers George Spencer-Brown zurückgeht. Der Begriff Disposition ist nicht auf einfache Gegensatzpaare begrenzt, sondern weiter gefasst. Er bezieht sich auf beobachtungsleitende Wahrnehmungsmuster aller Art, etwa auf Basis komplexer Schemata und Gestalten (vgl. Abs. 5.1).

eine Beobachtung mit dem „Umweltetwas", das sie hervorgerufen haben soll, verglichen werden (vgl. von Glasersfeld 2002: 12). Auch absolute Kriegswahrheiten bleiben deshalb Fiktionen - und interessieren uns höchstens als solche. Da es zudem zwei völlig identische Systeme nicht geben kann, gibt es, in Anlehnung an Schmidt (1994a: 8), ebenso viele unterschiedliche Kriegswirklichkeiten wie kriegsbeobachtende Systeme, wenngleich breite Übereinstimmungen durchaus möglich und üblich sind.

Mit der Relativität jeder Wirklichkeit wird auch Objektivität zu einer kognitions- bzw. sozialsystemrelativen und dynamischen, in einen veränderlichen räumlichen, zeitlichen und sozialen Zusammenhang eingebetteten Größe. Der Begriff „Objektivität" meint nunmehr eine in bestimmten (kriegs-)journalistischen Systemen „anerkannte und vereinheitlichte Vorgehensweise zur Erlangung von Erkenntnis" (Frerichs 2000: 151). Die manifestiert sich etwa in „Nachrichtenregeln" wie der Trennung von Nachricht und Kommentar oder der Gegenüberstellung sich widersprechender Standpunkte, die allerdings - selbst wenn sie formal befolgt werden - einen gewaltigen Spielraum für ganz subjektive Färbungen eröffnen. Die in der journalistischen Berufsideologie weit verbreitete Wunschvorstellung einer „absolut objektiven" Kriegsbeobachtung bildet einen Widerspruch in sich - als Fiktion der Kriegsberichterstattung, beobachten zu können ohne sich selbst.

Trotz ihrer Eingebundenheit in eine Welt relativer Wirklichkeiten pflegen (kriegs-)journalistische Systeme ein weitgehend naiv-realistisches Weltbild (vgl. Weischenberg & Scholl 1995: 235). Routiniert versehen sie ihre Konstruktionen mit dem nicht-einlösbaren Anschein der Realitätserfassung, was offenbar vom Publikum, das überwiegend ebenfalls einem naiven Realismus folgt, auch so erwartet wird. Eine allzu starke Relativierung des eigenen Angebots war und ist für journalistische Subsysteme keine gangbare Option, da „Gewissheit" ihnen unter Konkurrenz Vorteile bringt. Tendenziell wahrt Kriegsjournalismus daher - selbst bei widrigsten Berichterstattungsbedingungen und einer äußerst restriktiven Informationspolitik der kriegführenden Systeme - den Anschein einer relativ umfassenden, wahrhaftigen und unabhängigen Berichterstattung. Das Publikum, das in die journalistischen Produktionsprozesse nicht einzusehen vermag, wähnt sich dann möglicherweise, wie beabsichtigt, ausgesprochen gut informiert. Aus dieser Dynamik erwächst das Paradox, dass Kriegsberichterstattung zur Reproduktion ihrer restriktiven Bedingungen selbst beiträgt, indem sie über ihre Angebote - und indirekt über das Publikum (als Konstituenten von Bevölkerung, Wählerschaft, politischen Organisationen usw.) - keinen Druck auf die verantwortlichen politisch-militärischen Systeme dahingehend aufbaut, eine unreglementierte(re) Berichterstattung zu gewähren.

4.2 Selbstbezüglichkeit

Weiterhin gehört zu den elementaren Kennzeichen jedes Systems, dass sich seine Elemente fortwährend auf sich selbst beziehen. Stets beziehen sich kriegsjournalistische Operationen und Konstruktionen auf vorhergehende: „Journalistische Entscheidungen beziehen sich auf journalistische Entscheidungen." (Löffelholz 1993b: 21) Über diese generelle Selbstbezüglichkeit hinaus, die sich in ihren vielen Facetten und Spielarten für die Analyse beinahe jedes Phänomens der Kriegsberichterstattung heranziehen lässt, bezieht sich der Journalismus über Kriege auch deshalb auf sich selbst, weil er häufig vor allem Kriegsberichterstattung beobachtet - und dann eben nicht unmittelbar die Ereignisse, auf die er sich bezieht.

Wo sich die Rede von der Selbstreferenz des Journalismus auf die - ganz routinemäßige - wechselseitige Angebotsbeobachtung kriegsjournalistischer Systeme bezieht (vgl. Scholl & Weischenberg 1998: 147ff.; Gödde 1992: 273f.), handelt es sich freilich genau genommen stets um eine Form zirkulärer, journalismusinterner Fremdreferenz auf jeweils niedrigeren Betrachtungsebenen - etwa der Subsysteme eines journalistischen Makrosystems. Themenstrukturen, Inhalte, Bedeutungen und Bewertungen der Kriegskonstruktionen werden auf diese Weise tendenziell abgeglichen. Der Prozess ist jedoch nicht unbedingt symmetrisch angelegt: Nachrichtenagenturen und sogenannte Leit-, Meinungsführer- oder Prestigemedien orientieren insgesamt stärker als sie selbst orientiert werden.

In der Kriegsberichterstattung gewinnt die Selbstbezüglichkeit durch Angebotsbezüglichkeit zusätzliche Bedeutung, wenn sich das eigentliche Kriegsgeschehen, die Kampfhandlungen und -folgen, auf Grund von Maßnahmen der Zugangsregulierung und Zensur einer unmittelbaren Beobachtung durch journalistische Systeme weitgehend entzieht.

4.3 Selbstorganisation

Allgegenwärtig ist in der Kriegsberichterstattung auch das Phänomen Selbstorganisation: Die dynamische Selbstorganisation der Strukturen, Zustände und Abläufe kriegsjournalistischer Systeme reguliert deren dynamische Beziehung zu ihrer Umwelt. Hier tut sich eine breite Schnittstelle zu den Aussagen der Chaostheorien auf - als empirisch hochgradig fundierte Systemtheorien, die verblüffend ähnliche Muster der Ordnungsbildung bereits für eine Vielzahl auf den ersten Blick völlig unterschiedlicher, belebter und unbelebter Systeme nachweisen konnten (vgl. etwa Briggs & Peat 2003; Buchanan 2001). Das Prinzip der Selbstorganisation von Einheiten zu Einheiten höherer Ordnung, das bereits auf der Ebene der Atome und Moleküle wirkt (vgl. Frerichs 2000: 53ff.), scheint in seiner Universalität ohne Beispiel.

Exemplarisch ziehen wir hier die von dem Physiker Hermann Haken begründete Theorie der Synergetik heran, die sich mit dem (in mittlerweile mehr als 2000 transdisziplinären Fallstudien beobachteten) Prinzip des selbstorganisierten Zusammenwirkens von Systemkomponenten bzw. (Sub-)Systemen befasst: Komponenten-Variablen (in unserem Fall z.b. Angebotsmerkmale einzelner kriegsjournalistischer Subsysteme), die der „Gesamtsituation" am besten entsprechen, werden verstärkt, andere eher gedämpft. Die „vorteilhafte" Dynamik wirkt ordnend auf die Dynamik der anderen Komponenten ein, zieht immer mehr in sich hinein - und zwar umso schneller, je mehr sich ihr bereits angeschlossen haben. Dieses kooperative Verhalten der Komponenten geht mit einer Minimierung des Freiheitsgrades des Systems einher: Trotz extremer Komplexität auf der Mikroebene wird das Makroverhalten des Systems nun durch nur einen oder ganz wenige Ordnungsparameter bestimmt (vgl. Kriz 1999: 70f., 76ff.).

In der Kriegsberichterstattung ist dieses Phänomen sowohl bei der generellen und/oder längerfristigen Entwicklung journalistischer Strukturen wie auch bei sehr speziellen und/oder spontanen Dynamiken am Werk, die sich in deren Rahmen vollziehen - beispielsweise bei der sukzessiven patriotischen Selbstgleichschaltung journalistischer Subsysteme oder bei „Blitzkoordinationen" innerhalb von Makrosystemen in Reaktion auf überraschende Kriegsereignisse.[8]

Auf die Eigendynamik sozialer Strukturen zielt auch das von dem Medienwissenschaftler Hans-Jürgen Bucher (2000: 246f.) in die Journalismusforschung eingeführte Erklärungsmuster der unsichtbaren Hand bzw. des Phänomens dritter Art: Komplexe Muster und Selbstorganisationsprozesse von (Kriegs-)

---

[8]   Die Befunde der Chaostheorien insgesamt sind künftig verstärkt für die Medienwissenschaft nutzbar zu machen (vgl. für eine entsprechende Pionierarbeit Frerichs 2000) und in eine umfassende konstruktivistische Sozialsystemik zu integrieren. Grundsätzlich sind wir dabei weniger mit Übergängen vom Chaos zur Ordnung (und eventuell zurück) konfrontiert als vielmehr mit Übergängen von einer strukturellen Ordnung in eine andere: Journalismus basiert, wie Gesellschaft insgesamt, von vornherein auf dem Prinzip einer dynamischen „Ordnungs-Um-Bildung" in Bezug auf relevante Umweltvariablen.

Journalismus gehen danach zwar letztlich aus den Operationen und Konstruktionen der beteiligten Subsysteme hervor, sind jedoch nicht das Ergebnis von deren Planung. Der einzelne Journalist, die einzelne Redaktion stützt und reproduziert die gemeinsame Form, hat jedoch als einzelnes System auf deren Eigendynamik praktisch keinen Einfluss. Anwendbar ist dieses Prinzip sowohl auf die Dynamik der Kriegsberichterstattung auf der Makroebene (die sich aus der durch das Makrosystem orientierten Beziehung der Redaktionen konstituiert) wie auch für die Dynamik der Redaktionsebene (die sich auf die durch die Organisation orientierten Beziehung der Menschsysteme als Personen gründet).

4.4 Nicht-Linearität

Auch das Phänomen der Nicht-Linearität, das im Konstruktivismus bereits durch den Kybernetiker und Erkenntnistheoretiker Heinz von Foerster (2002: 60-64) als „Nichttrivialität" bekannt ist, macht eine Schnittstelle zur Chaostheorie auf. (Kriegs-)Journalistische Personen, Redaktionen und Makrosysteme sind danach in der Entwicklung ihrer Strukturen, Zustände und Abläufe sowie in der Entwicklung ihrer Beziehungen und Interaktionen zu den Systemen ihrer Umwelt prinzipiell niemals mit absoluter Sicherheit vorhersagbar und berechenbar. Denn als nicht-lineare Systeme zeichnen sie sich dadurch aus, dass zwischen Ursachen und (Aus-)Wirkungen kein geradliniger bzw. proportionaler Zusammenhang besteht (vgl. Frerichs 2000: 30f.). Umgekehrt ist *die* Ursache z.B. einer bestimmten (Kriegs-)Konstruktionsleistung nie vollständig erfassbar, da sie sich stets endlos in immer verzweigtere Komponenten aufgliedert, je genauer man sie zurückverfolgen will (vgl. Varela 1994: 306).

Die Nicht-Linearität resultiert aus dem Rückkopplungscharakter der Systeme, bei dem jeder Systemvorgang in die weitere Entwicklung des Systems eingeht - aus der unendlich komplexen Wechselwirkung der Komponenten und Interaktionen, zu deren Berechnung es nicht nur einer unendlich großen Beobachtungskapazität, sondern auch einer unendlich präzisen und schnellen Rechenkapazität bedürfte. Selbst winzigste Abweichungen bzw. Veränderungen können dabei langfristig zu völlig unterschiedlichen Systemverläufen führen (Sensitivität). Als prinzipielle Eigenschaft der Systeme ist die Nicht-Linearität kein Problem mangelnder Präzision der wissenschaftlichen Analyse (vgl. Frerichs 2000: 30f.).

Die traditionellen Erkenntnisstrategien der isolierten Erforschung von Einzelphänomenen (Reduktionismus) und der Suche nach Gesetzmäßigkeiten (Determinismus) stoßen bei der Analyse von (Kriegs-)Berichterstattung an ihre

Grenzen, bleiben allerdings dennoch ohne Alternative. Geboten sind vielmehr zunehmend komplexere Reduktionen, die zirkuläre bzw. rückgekoppelte Zusammenhänge berücksichtigen, sowie ferner Ursache-Wirkungs-Hypothesen, die nicht deterministischen, sondern probabilistischen Charakter haben, d.h. auf Wahrscheinlichkeitsvermutungen basieren und unter keinen Umständen auf Monokausalitäten („Ein-Grund-Hypothesen") abheben. Die bisweilen noch recht hohe Sicherheit grundsätzlicher und/oder kurzfristiger Vorhersagen weicht dabei tendenziell einer völligen Unsicherheit, je weiter die Projektion ins Detail geht und/oder sich in die Zukunft erstreckt.

Trotz seiner Eingebundenheit in eine nicht-lineare Welt pflegt (Kriegs-) Journalismus ein weitgehend lineares Weltbild. Aus der unendlichen Komplexität des Weltgeschehens erzeugt er Medienereignisse von geringerer, konsumierbarer Komplexität, einschließlich klarer Linearitäten und Kausalitäten. Egal wie chaotisch die Konfiguration des beobachteten Geschehens ausfällt: Kriegsberichterstattung ist immer auf dem Weg zur Ordnung (vgl. Pöppel 1982: 169). Dabei ist die Notwendigkeit der „Chaos-Reduktion durch Ordnungs-Konstruktion" (vgl. Kriz 1999: 139) in sämtliche kognitiven und sozialen Systeme als Automatismus quasi eingebaut. Journalismus freilich ist überwiegend auf die Konstruktion besonders leicht verdaulicher Ordnungen aus. In der Konstruktion von Kriegen entscheidet die Kausalitätskonstruktion nicht zuletzt über die kriegsentscheidenden Fragen von Schuld und Verantwortung (vgl. Riedl 1994: 78f.): Wer hat angefangen? Wer bedroht wen? Wer reagiert auf wessen Aggression?

4.5 Viabilität

Das Konzept der Viabilität („Gangbarkeit") geht auf die Evolutionsbiologie zurück und dort davon aus, dass Lebewesen, Populationen, Arten, Gattungen usw. überleben, soweit sie in ihre Umwelt passen, d.h. viabel sind. Dieses von dem Psychologen Ernst von Glasersfeld (2002, 2001) auf die Erkenntnistheorie übertragene Prinzip lässt sich auf sämtliche für die Kriegsberichterstattung relevanten Systemtypen verallgemeinern: Gangbarkeit gilt uns als die entscheidende Größe in der Entwicklung (kriegs-)journalistischer Strukturen, Operationen und Konstruktionen. Sie alle zielen nicht darauf, Realität widerzuspiegeln (was sie ja ohnehin nicht könnten), sondern zu passen. Da das Viabilitätskonzept viele Parallelen zum Konzept der Strukturkopplung der Neurobiologen und Erkenntnistheoretiker Humberto Maturana und Francisco Varela aufweist, lassen sich beide integrieren.

Das beschriebene „Passen" lässt sich mit Maturana & Varela (1987: 110ff.) auch als Verträglichkeit oder Kompatibilität der Struktur eines Systems mit der Struktur seiner Umwelt verstehen. Den Zustand einer solchen Kompatibilität bezeichnet der Begriff strukturelle Kopplung. Journalisten, Redaktionen und Makrosysteme sind an den Strukturen ihrer relevanten Umwelt orientiert und müssen mit diesen kompatibel sein. Ihre Entwicklung besteht in einem „natürlichen Driften" - einer dynamischen Aufrechterhaltung der strukturellen Kopplung(en), die aber nicht von der Umwelt gezielt („so-und-nicht-anders") selektiert ist: Die Umwelt jedes (kriegs-)journalistischen Systems verlangt lediglich irgendeine Art und Weise des Passens (vgl. Maturana & Varela 1987: 127ff.). Wie die Kompatibilität jeweils ausgestaltet und aufrecht erhalten wird, ist vom journalistischen System selbst organisiert, ergibt sich aus den Möglichkeiten, die es innerhalb seiner unscharfen strukturellen, organisationellen, operationellen und informationellen Geschlossenheit hat. Diese Möglichkeiten sind bisweilen quantitativ und qualitativ stark begrenzt. Auch ein noch so kleiner Spielraum ist allerdings immer noch ein Spielraum, und der besteht immer.

Eine Kriegsberichterstattung, die den Bestand des jeweiligen Systems gefährdet, ist nicht gangbar und daher in aller Regel keine Option. Journalisten und Redaktionen sind praktisch immer bestrebt, den Erwartungen, vor allem der Rezipienten bzw. Rezeptionssysteme und/oder der finanzierenden Systeme, Rechnung zu tragen und passen ihre Strukturen, Operationen und Konstruktionen dazu gegebenenfalls auch situativ an. Die Krisen der Kriegsberichterstattung sind daher auch weniger Bestandskrisen, bei denen die Existenz eines journalistischen Systems auf dem Spiel steht, sondern Strukturkrisen, d.h. eine Frage von *Strukturveränderungen*, mit denen sich die Systeme auf veränderte - allgemeine oder situative - Bedingungen einstellen. Dass journalistische Subsysteme (Redaktionen sowie Menschsysteme als Journalisten) dabei fast immer einen modifizierten Bestand dem Bestandsverlust vorziehen, und dass zudem im (Einzel-)Fall eines Bestandsverlustes stets andere Subsysteme mit gangbareren Strukturen deren Platz einnehmen, begründet, dass das journalistische Makrosystem grundsätzlich niemals gefährdet ist, sondern immer dynamisch fortbesteht.

Weil zur relevanten Umwelt von Redaktionen bzw. Journalisten immer auch andere Redaktionen bzw. Journalisten gehören, ist die generelle und situative Systementwicklung wesentlich durch die Faktoren Wettbewerb und Kooperation bestimmt. Über die bloße Bestandssicherung (die immer ein Bestandswandel ist) hinaus streben die journalistischen Subsysteme dabei für gewöhnlich einen nach ihren jeweiligen Maßstäben „guten Stand" an. Unter-

schiedliche Strukturen, Operationen und Konstruktionen können hier mehr
oder weniger gangbar sein, besser oder schlechter passen - indem sie z.B. eine
Medienorganisation dem Ruin nahe bringen oder florieren, Quoten in die Höhe schnellen oder einbrechen lassen, staatliche Sanktionen provozieren oder
vermeiden helfen. Der Begriff Viabilität ist deshalb in diesem Kontext zu rela-
tivieren, d.h. im Sinn von Graden der Anpassung abzustufen.

Stets ist Gangbarkeit dabei ein Kriterium des betreffenden Systems.
Gleichgültig wie eine Kriegskonstruktion in der Beurteilung externer Beobachter, nach deren Maßstäben, ausfällt: Solange Journalismus die Verträglichkeit
mit seiner Umwelt aufrechterhält und seine Angebote nach Maßgabe der für
ihn relevanten Strukturkopplungen gangbar sind, befindet er sich nicht in der
Krise. Von normativ motivierten Beurteilungen der Journalismus- oder Friedensforschung etwa hängt die Gangbarkeit einer bestimmten journalistischen
Kriegsberichterstattung nicht im Mindesten ab.

4.6 Wirklichkeitsfaktoren

Das Konzept der „Wirklichkeitsfaktoren" schließlich systematisiert die Frage:
Was macht eine Wirklichkeit aus Sicht des erzeugenden Systems „wirklich"?
Warum hält Journalismus, warum hält die Gesellschaft bestimmte Kriegskonstruktionen für „wahr", andere für „unwahr", wieder andere für „zweifelhaft"?
Zur Beantwortung verweisen wir auf ein Zusammenspiel mehrerer Kriterien,
die wir Wirklichkeitsfaktoren nennen. Neben der Viabilität sind dies die Faktoren Intersystemizität bzw. -subjektivität, Objektivität, Konsonanz und Invarianz. Sie sind im Prozess der Wirklichkeitserzeugung eng miteinander verwo-
ben, ihre Trennung ist daher rein analytischer Natur. Einem journalistischen
System erscheint eine Kriegswirklichkeit tendenziell umso „wirklicher" bzw.
„wahrer", je

- besser sie „passt", d.h. je besser sie erfolgreiches Handeln ermöglicht, eine
  Vereinbarkeit bestimmter Umstände herstellt, bestimmte Probleme löst,
  Ziele erreichen lässt, erwünschte Zustände herbeiführt usw. *(Viabilität)*;

- mehr andere, jeweils relevante journalistische Systeme diese Wirklichkeit
  teilen, bestätigen, anerkennen, akzeptieren oder zumindest tolerieren - wobei neben der relativen Anzahl vor allem der Grad der Relevanz dieser Be-
  zugssysteme entscheidet *(Intersystemizität)*;

- mehr diese Kriegswirklichkeit Kriterien genügt, die vom journalistischen System als Gewähr für Sachlichkeit, Unvoreingenommenheit, Unparteilichkeit, Neutralität, Vernünftigkeit und u.Ä. erachtet werden *(Objektivität)*;

- besser sie sich in die „Wirklichkeitsgeschichte" und das interne „Wirklichkeitsumfeld" des journalistischen Systems einfügt, also mit zuvor oder parallel entwickelten Konstruktionen bzw. Medienangeboten, z.b. aber auch mit dessen politisch-weltanschaulicher Linie übereinstimmt *(Konsonanz)*;

- häufiger oder regelmäßiger diese Wirklichkeit vom journalistischen System in gleichartiger oder ähnlicher Weise konstruiert wurde bzw. wird *(Invarianz)*.[9]

Dieses (hier nur knapp skizzierte) Erklärungsmuster bietet sich für eine einheitliche Untersuchung aller Prozesse der Wirklichkeitserzeugung im Kontext von Kriegen (und darüber hinaus) an, etwa auch der des Publikums oder der Politik. Es betrifft sehr grundsätzliche Wirklichkeitskomplexe sämtlicher Betrachtungsebenen ebenso wie kleinste Wirklichkeitsfragmente. Weil die einzelnen Faktoren sich zum Teil wechselseitig bedingen, in ihrer Wirksamkeit auch gegenseitig aufheben können, entfalten sie ihre Erklärungskraft erst in der Kombination.

5 Muster von Kriegskonstruktionen

Nach dieser Tour de Force durch die elementaren Basisprinzipien des Journalismus über Kriege nehmen wir jetzt typische inhaltliche Muster seiner Wirklichkeitsproduktion in den Blick. Immer setzt die Konstruktion von Kriegswirklichkeit auf der generellen Konstruktivität der menschlichen Kognition auf, folgt zugleich aber bestimmten organisations- und journalismusspezifischen Beobachtungsmustern. Auch die Feindbildkonstruktion sowie die Patriotisierung von Journalismussystemen lassen sich mit Hilfe einer systemischen Perspektive beschreiben und erklären.

---

[9] Auf den wirklichkeitsverstärkenden Effekt des Faktors Invarianz setzt z.B. das politisch-militärische Informationsmanagement, indem es seine journalistischen Zielsysteme möglichst häufig mit gleichartig erwünschten Beobachtungen von Kriegshandlungen oder gleichartigen Mitteilungen konfrontiert.

5.1 Elementare Konstruktionsmuster

In letzter Konsequenz stellt (Kriegs-)Berichterstattung stets eine Konstruktionsleistung von Menschen für Menschen dar. Aus diesem Grund weisen ihre Wirklichkeiten Muster auf, die unmittelbar auf die Arbeitsweise unseres kognitiven Systems zurückzuführen sind - auf die basalen Muster kognitiver Ordnungsbildung, nach denen Wahrnehmungen, Vorstellungen, Gedanken usw. in Folge der Millionen Jahre währenden Evolution des Kognitionssystems unweigerlich organisiert werden.

So organisiert sich jede Kriegsbeobachtung nach den aus der Gestaltpsychologie bekannten Gestaltfaktoren in Richtung von (möglichst geschlossenen und einfachen) Kontrasten und Konturen, von Ähnlichkeiten, Symmetrien und Gruppierungen sowie von (bevorzugt klaren und fortlaufenden) Kontinuitäten und Kohärenzen. Nach dem übergeordneten Grundsatz der Figurprägnanz wird von mehreren möglichen „Kriegs(ereignis)gestalten" die mit den prägnantesten Gestaltfaktoren bevorzugt. Die Konstruktion von Gestalten ermöglicht es, Beobachtungen schnell zu organisieren und zu weitgehend ganzheitlichen, widerspruchsfreien Bedeutungseinheiten zu ordnen (vgl. Frerichs 2000: 91ff.; Kriz 1999: 138ff.).

Auch arbeitet (Kriegs-)Journalismus mit Schemata, d.h. mit Modellen seiner Umwelt, die zahlreiche Einzelbeobachtungen zusammenfassen, wodurch künftige Beobachtungen schneller eingeordnet und Systemoperationen besser abgestimmt werden können (vgl. Frerichs 2000: 87f.). Analog zur Schematheorie des Kinderpsychologen und Erkenntnistheoretikers Jean Piaget werden neue kriegsbezogene Informationen in bestehende Schemata einbezogen (Assimilation) oder führen - in einem stetigen Ausgleich widersprüchlicher Vorstellungen - zu einer Umformung der Schemata (Akkomodation). Journalisten, Redaktionen und Makrosysteme beobachten stets auf Basis bestehender Schemata, die dann gegebenenfalls modifiziert, an veränderte Umstände angepasst und/oder ergänzt werden.

Ebenfalls analog zur individuellen kognitiven Ordnungsbildung laufen bei der Produktion (kriegs-)journalistischer Medienangebote unentwegt Komplettierungsdynamiken ab. So werden etwa isolierte Teile kriegsjournalistischer Wahrnehmung mit anderen isolierten Teilen der Systembeobachtung sowie Fragmenten aus dem Systemgedächtnis (z.B. Archive, erinnerte Nachrichten) zu zusammenhängenden Geschichten narrativiert (vgl. Kriz 1999: 139f.). Wegen der für Kriege typischen Informationsknappheit prägen die - ohnehin permanent wirksamen - Komplettierungsdynamiken Kriegsberichterstattung in besonderem Maße.

Auch das für Wahrnehmungsprozesse typische Phänomen der Hysterese (Trägheit) findet sich im (Kriegs-)Journalismus wieder (vgl. Kriz 1999: 76): Seine Systeme neigen nämlich dazu, bei möglichen Übergängen von einer Gestalt- oder Schemabildung zu einer anderen bei der zuerst gewonnenen Konstruktion länger zu verharren, zeichnen sich also durch eine gewisse „Veränderungsresistenz" ihrer Perspektiven aus.

Bei alledem sind die Bildung von Beobachtungsmustern aller Art und die Erkennung dieser Muster im Prozess der Beobachtung immer als Einheit, als zwei Seiten einer Medaille zu verstehen (vgl. Kriz 1999: 70ff., 141): Journalistische Systeme haben im Lauf ihrer Beobachtungsgeschichte bestimmte „Beobachtungsordner" ausgebildet, die der Beobachtungsgegenwart und -zukunft einen Rahmen setzen, d.h. Folgebeobachtungen strukturieren. Die von der Kriegsberichterstattung erkannten Muster sind daher stets (auch) aktuelle Manifestationen bereits zuvor gebildeter Strukturierungsgrundsätze.

5.2 (Nachrichten-)Wert des Krieges

Im Rahmen dieser Fundamente werden Kriegswirklichkeiten - ganze Kriege und kleinste Detailereignisse - über journalismusspezifische Beobachtungsdispositionen selektiert und konstruiert, die nach einem Modell von Johan Galtung und Mari H. Ruge (1965) als Orientierung an Nachrichtenfaktoren bzw. Nachrichtenwerten systematisiert werden (vgl. Schulz 1976). Nachrichtenfaktoren sind teils eine journalismus- bzw. redaktionsspezifische Konkretisierung, teils eine Ergänzung der Gestaltfaktoren und finden sich in ähnlicher Form bereits in der ganz alltäglichen, nicht-medienbezogenen, relevanzorientierten Umweltbeobachtung der Menschen wieder.

Ein Kriegsereignis wird danach umso eher zur Nachricht bzw. umso stärker gewichtet, je neuer/aktueller es eingestuft wird (Neuigkeit/Aktualität); je folgenreicher oder wichtiger es in Bezug auf die Zielgruppe eingestuft wird (Betroffenheit); je geringer die geografische, politische, wirtschaftliche oder kulturelle Distanz zum Ereignis bzw. den beteiligten Systemen ausfällt (Nähe); je außergewöhnlicher es ist bzw. je größer seine Intensität ist (Außergewöhnlichkeit); je überraschender, unerwarteter oder seltener es auftritt (Überraschung); je stärker es bestimmten Erwartungen oder Wünschen entspricht (Erwartungstreue/Konsonanz); je mehr es sich auf wichtige/bekannte/prominente Staaten, Organisationen oder Personen bezieht (Interesse-Systeme); je konflikthaltiger, schadensträchtiger, bedrohlicher usw. es ist (Negativität); je stärker es sich mit Personen und/oder Einzelschicksalen verbindet bzw. sich in Verbindung bringen lässt (Personalisierung); je kürzer bzw. kurzfristig abgeschlossener es ist

(Entwicklung/Dauer); je einfacher, klarer, widerspruchsfreier, überschaubarer es ist (Eindeutigkeit); je stärker es mit bereits Berichtetem in Beziehung steht (Themenkarriere); je mehr es mit Gefühlen, Mitfühlen, Romantik, Abenteuer, Risiko usw. aufgeladen ist bzw. entsprechende Gefühle bei der Zielgruppe hervorrufen kann (Emotionalität/Dramatik); je leichter es beobachtet werden kann, je besser es zugänglich ist, je mehr Bild- und Tonmaterial vorliegt (Beobachtbarkeit) (vgl. Frerichs 2000: 130ff.; Luhmann 1996: 58ff.; Ruhrmann 1994: 238ff.; Schulz 1976).

Wichtig festzustellen ist allerdings, dass es „Kriegsereignisse an sich" nicht gibt, sondern Ereignisse erst durch Beobachtungssysteme aus ihrem zeitlichen, räumlichen und sachlichen Zusammenhang herausgelöst werden (vgl. Frerichs 2000: 125). In der (Kriegs-)Berichterstattung lautet die Frage daher auch nicht einfach, ob ein Ereignis über bestimmte Merkmale (die Nachrichtenfaktoren) verfügt, sondern (fast) immer auch, inwieweit es in Richtung dieser Merkmale *konstruiert* werden kann. Nachrichtenfaktoren sind also nicht einfach Auswahlkriterien, sondern auch Konstruktionsorientierungen, anhand derer ein beobachtetes Geschehen für die Berichterstattung umkonstruiert wird - etwa indem bestimmte Elemente hervorgehoben, andere vernachlässigt werden.[10]

5.3 Feindbildkonstruktion

Wenn Kriege - typischerweise - nach einem Schwarz-Weiß-Schema polarisiert, idealisiert und glorifiziert werden, ist die Feindbildkonstruktion am Werk. Sie zielt auf das Image von Staaten (oder auch Regionen, Ethnien usw.), politisch-militärischer Organisationen und/oder deren Repräsentationspersonen. Meist verschmilzt die Feindbildkonstruktion mit einer Konstruktion von Bedrohung, die eine starke Führung akzeptieren hilft und extreme Formen der Konfliktbewältigung notwendig erscheinen lässt (vgl. Kunczik 2001: 99).

In Anlehnung an sozialpsychologische und psychoanalytische Begriffsbestimmungen verstehen wir unter Feindbild hier die stereotype Wirklichkeitskonstruktion eines Mensch- oder Sozialsystems, die andere Mensch- oder Sozialsysteme einheitlich negativistisch thematisiert. Regelmäßig gehen hierbei auch Projektionen „verleugneter" Charakteristika des konstruierenden Systems - wie

---

10 Weil journalistische Systeme insgesamt vor allem im Hinblick auf die Erwartungen der Rezipienten (direkt) sowie der Werbewirtschaft als Hauptfinanzier (indirekt) konstruieren, lässt sich für die Konstruktion journalistischer (Kriegs-)Wirklichkeit ein „zirkuläres Dreieck" aus Nachrichtenfaktorenorientierung, Zielgruppenorientierung und Werbeabsatzorientierung ausmachen.

Aggression, Neid, Rachsucht, Schuld- und Minderwertigkeitsgefühle - ein (vgl. Hörner 1993: 35). Da Feindkonstruktionen in der Regel Vor-Urteilscharakter besitzen, d.h. nicht einer unmittelbaren Beobachtung des „Feindsystems" entspringen, sagen sie mitunter mehr über den Konstrukteur aus als über das Konstruktionsobjekt (vgl. Hörner 1993: 36f.).

Die Differenz wird maximiert, indem die eigene Seite so sehr ins Positive stilisiert wird wie man den Feind negativiert. Missklänge, die den märchenähnlichen Gut-Böse-Kontrast in Frage stellen, werden in einer feindbildorientierten Berichterstattung eher marginalisiert oder gar nicht erst thematisiert. Werden der Krieg und mit ihm Bedrohung, Risiko, Angst, Mut usw. zum Top-Thema der gesellschaftlichen Kommunikation, verschwimmen die üblichen Differenzen der sozialen Subsysteme; sie ordnen sich (vorübergehend) einer gemeinsamen Solidarität unter (vgl. Luostarinen 1998: 145). Gleichschaltung durch Kontrastproduktion, ein komplexer Prozess sozialer Selbstorganisation, ist ein typisches Phänomen bei Kriegen, an denen das eigene Supersystem (direkt oder indirekt) beteiligt ist - und ergreift dann in der Regel auch den Journalismus.

Wegen ihres stark negativierenden, polarisierenden, Komplexität reduzierenden, emotionalisierenden und häufig auch personalisierenden Charakters kommen Feindbilder den journalistischen Konstruktionsorientierungen stark entgegen. Von der politisch-militärischen Führung werden Feindbilder in der Regel massiv geschürt; sie sind schon deshalb fast immer auch „Konstruktions-Ingredienz" der journalistischen Kriegswirklichkeit, weil die Mitteilungen der Konfliktparteien dies sind.

Journalistische Systeme neigen allerdings zur stärkeren Stützung des Feindbildes einer Seite und distanzieren sich folglich tendenziell von der anderen. (Im Einzelfall kann Kriegsberichterstattung freilich auch die Feindbilder aller Seiten stützen oder sich von allen kritisch distanzieren.) Die strukturellen Kopplungen eines demokratiegesellschaftlichen, relativ staatsfernen Journalismus legen nahe, dass dieser vor allem die Wirklichkeiten des ihm näher stehenden politischen Systems, als Identifikations- bzw. Präferenzsystem, unter Berücksichtigung der Wirklichkeiten von Bevölkerung bzw. Zielgruppen verstärkt reproduziert.[11]

---

[11] Inwieweit journalistische Kriegsberichte gesellschaftliche Feindbilder aber spiegeln bzw. aufnehmen, inwieweit diese gesellschaftlichen Beobachtungsdispositionen vom Journalismus (wie und warum auch immer) befördert werden, ist angesichts der Zirkularität dieses Prozesses kaum, allenfalls fallweise empirisch zu klären.

Patriotismus und Selbstzensur

Gerade wenn das eigene Land oder enge Verbündete beteiligt sind, elementare gesellschaftliche Interessen oder Werte in Gefahr gewähnt werden und/oder ein klares Feindbild vorliegt, ist auch der Journalismus betroffen. Er neigt dann zur offenen Parteinahme für sein Bezugs- bzw. Supersystem, indem er die kriegsbezogene Nachrichtenwirklichkeit - ganz autonom - im Sinne dieses Systems konstruiert und dem Publikum mehr oder weniger aktiv nahe legt, sich diese Wirklichkeit anzueignen.

Dieses Phänomen der Patriotisierung journalistischer Systeme, das regelmäßig mit Selbstzensur einher geht, begreifen wir - systemisch - als einen sich selbst organisierenden Prozess der einseitigen Reproduktion der Wirklichkeiten politischer Präferenzsysteme: Ob sich Journalismus dabei aus eigenem Antrieb in die Pflicht genommen fühlt oder „nur" einem politischen, gesellschaftlichen oder organisationellen Druck nachgibt (ohne die patriotisierte Angebotswirklichkeit intern mit zu vollziehen), macht im Ergebnis keinen Unterschied: Die Kriegskonstruktion wird um unerwünschte Aspekte bereinigt und vereinseitigt.

Die Erklärung des Phänomens ist komplex. Begründbar ist es - unter anderem - mit der Kopplung journalistischer Systeme gerade auch an situative Befindlichkeiten ihrer Zielgruppen wie auch an die Medienanbieter-Organisationen als Muttersysteme, die Tendenzen aus ökonomischen und/oder politischen Erwägungen vorgeben. Vorhandene gemeinsame Dispositionen (z.B. ähnliche Werte, ähnliches Bedrohungsempfinden) begünstigen die verstärkte Reproduktion der Kriegswahrheit der eigenen Seite, weil ähnliche Dispositionen im Aggregat zu ähnlichen Konstruktionen führen. Die Negativthematisierung vermeintlich unpatriotischer Medienangebote befördert Gleichschaltungstendenzen in journalistischen Makrosystemen zusätzlich.

Einen weiteren Erklärungsbaustein bildet das unscharfe Rollenmanagement von Journalisten: Andere Rollen wie etwa die des (betroffenen) Staatsangehörigen können sich auf die journalistische Angebotskonstruktion niederschlagen und im Aggregat den „Spin" des Makrosystems entscheidend prägen. Auf ähnliche Weise kann auch der faszinative „Kick" des Augenblicks wirksam werden, den Journalisten mitunter aus einem Medienkrieg als willkommener Unterbrechung alltäglicher(er) Routinen ziehen.

6 Reaktivität und Selbstreflexion

Die theoretischen Grundlagen dieses Beitrags führen zu dem Schluss, dass Journalismus nicht lediglich ein Beobachter, sondern - in gewisser Hinsicht - auch ein Teilnehmer des Krieges ist: Aus der vielfältigen permanenten Wechselwirkung des Kriegsjournalismus mit den Systemen seiner Umwelt resultiert seine prinzipielle Reaktivität: Kriegsberichterstattung wirkt stets auf den Krieg zurück, ist als ein (Umwelt-)Faktor an dessen Entstehung und Entwicklung beteiligt. Die journalistische Beobachtung des Krieges verändert den Krieg - und damit auch das Ergebnis der Beobachtung. Die Strukturen journalistischer Wirklichkeitskonstruktion begünstigen hierbei insgesamt eher eine gewaltsame Zuspitzung von Krisen zu Kriegen, als dass sie solche dämpfen, wobei Ausnahmen die Regel bestätigen und Friedensstiftung als Effekt oder gar Intention im Einzelfall unbestritten möglich ist.

Indirekt wirkt Journalismus über seine individuellen und sozialen Rezeptionssysteme auf Politik und Kriegführung und direkt, weil Politik, einschließlich Kriegspolitik, auch in Folge von (professionell-analytischem) Medienkonsum (re-)agiert. Die häufig unkontrollierte Beschleunigung politischer Prozesse durch Medienberichterstattung („CNN-Syndrom") reduziert hier Entscheidungszeiten und Situationsanalysetiefen (vgl. Hoffman 2001: 202). Wo Konfliktparteien hauptsächlich über Berichterstattung miteinander kommunizieren, wirkt deren geradezu obligatorische Konfrontationsorientierung tendenziell konfliktverstärkend. Bei sich anbahnenden, drohenden Kriegen kommt auch das Phänomen „sich selbst erfüllender Prophezeiungen" (Watzlawick 2002: 101) zum Tragen: Suggeriert Journalismus seinem Publikum die Unvermeidbarkeit des Krieges, ist es wahrscheinlich(er), dass gesellschaftliche Konfliktlösungsbestrebungen geschwächt werden und die Kriegswahrscheinlichkeit damit reflexiv verstärkt wird.[12]

In der Willkür der einzelnen journalistischen Organisationen oder Personen liegt diese Wirkung allerdings kaum. Zwar bestehen durchaus Möglichkeiten für eine gezielte und absichtsvolle Einflussnahme, im Wesentlichen resultiert die (Rück-)Wirkung des Journalismus auf den Krieg aber aus der Dynamik der

---

[12] Grundsätzlich verändert im Übrigen bereits die bloße Existenz von Journalismus den Krieg, weil Kriege auch im Hinblick auf ihre mediale Wirkung geführt werden (vgl. Gödde 1992: 275), weil Politik auch im Hinblick auf wünschenswerte journalistische Kriegswirklichkeiten agiert und Mitteilungen bzw. Ereignisse in Abstimmung auf journalistische Strukturen arrangiert werden.

Kriegsberichterstattung als Makrophänomen, die sich dem Ermessen und der Planung einzelner Subsysteme entzieht.

Zu einer kritischen Selbstreflexion hat Kriegsjournalismus wohl ohne Zweifel oft genug Anlass. Seine Fähigkeit zu einer umfassenden (ver)öffentlich(t)en Selbstkritik ist aber offenbar sehr begrenzt. Zurückzuführen ist dies vor allem auf die interessengeleiteten Eigenrationalitäten seiner Subsysteme sowie auf die Einsicht in die relative Folgenlosigkeit von Kritik: Die Thematisierung eigener und anderer journalistischer Kriegskonstruktionen erfolgt systemrelativ nach PR-ähnlichen Gesichtspunkten, grundsätzlich nicht gegen die Interessen des eigenen Systems und unter Berücksichtigung des eigenen angestrebten Images (vgl. Malik 2002: 127). Einer umfassenden Kritik an den Versäumnissen und Fahrlässigkeiten anderer journalistischer Systeme steht das Wissen um die eigene Unzulänglichkeit entgegen, die übermäßige Kritik schnell zum Bumerang machen könnte: Die Bedingungen eines Medienkrieges versammeln mitunter (fast) alle journalistischen Subsysteme im sprichwörtlichen Glashaus, was ein kollektives „Steine-Werfen" ausschließt. Selbstreflexion insgesamt wird außerdem vermindert oder bleibt aus aufgrund der Einsicht in die strukturelle Stabilität bzw. mangelnde Variabilität des eigenen Systems - nach der Devise: „Aber lassen wir das Klagen. Es wird sich eh nicht viel ändern." (Bednarz 1991: 58)

Medienwissenschaftlicher Kritik an journalistischen Makrosystemen, Redaktionen und Personen bzw. bestimmten Aspekten ihrer Kriegskonstruktionen steht eine konstruktivistisch-sozialsystemische Perspektive übrigens nicht im Geringsten entgegen. Sie stellt die Kritik lediglich auf eine andere Grundlage, vor neue Vorraussetzungen und verlangt die Offenlegung ihrer Maßstäbe. Eine systemische Perspektive nimmt der (positiven/negativen) Kritik an Kriegsberichterstattung bloß ihren Anspruch auf absolute Geltung, nicht aber ihre systemrelative Legitimität bzw. Berechtigung.

Journalisten zwischen Friedensdienst und Kampfeinsatz

Interventionismus im Kriegsjournalismus aus kommunikationswissenschaftlicher Perspektive

Thomas Hanitzsch

1 Prolog

Als im Januar 1999 auf den indonesischen Molukken-Inseln die ersten Unruhen ausbrachen, war die ‚Suara Maluku' („Stimme der Molukken") die einzige Tageszeitung, die in der Provinzhauptstadt Ambon erschien. Christen und Muslime hatten bis zu diesem Zeitpunkt Seite an Seite gemeinsam ihren journalistischen Alltag verrichtet. Der beginnende Bürgerkrieg sollte alles verändern.[1]

Bereits nach wenigen Wochen blutiger Auseinandersetzungen war Ambon in mehrere Bezirke zerfallen, die jeweils von christlichen oder muslimischen Bevölkerungsgruppen kontrolliert wurden. Der Zufall wollte es, dass sich das Redaktionsgebäude der ‚Suara Maluku' auf christlichem Territorium befand. Den muslimischen Journalisten war damit der Zugang zu ihrer Redaktion versperrt. Ein Betreten der christlichen Sektoren hätte sie mit großer Wahrscheinlichkeit das Leben gekostet.

---

[1] Vgl. im Folgenden die Darstellung von Eriyanto (2002: 14ff.; 2003: 23ff.).

So kam es, dass christliche Journalisten fortan aus den christlichen Gebieten berichteten und muslimische Journalisten aus den muslimischen Sektoren. Da die Muslime nicht in das Redaktionsgebäude der ‚Suara Maluku' vordringen konnten, befand sich die Zeitung nun ausschließlich in der Hand christlicher Redakteure. Die Wochen vergingen, und es zeigte sich, dass viele Berichte, geschrieben von muslimischen Redakteuren, in der Printausgabe fehlten. Irgendwann waren dann auch die Namen der Muslime aus dem Impressum verschwunden.

Aus pragmatischen Gründen beschloss die ‚Jawa-Pos'-Zeitungsgruppe, in deren Besitz sich die ‚Suara Maluku' befindet, gemeinsam mit den unzufriedenen muslimischen Redakteuren zu handeln. Sie gründete den ‚Ambon Ekspres', eine eigenständige Zeitung, die sich den Interessen der muslimischen Leser verpflichtet fühlt. Damit sorgte die ‚Jawa-Pos'-Gruppe dafür, dass der Bürgerkrieg nun auch eine publizistische Dimension erhielt: So erfuhren christliche Leser aus der ‚Suara Maluku' fortan hauptsächlich von der Zerstörung christlicher Dörfer durch radikale Muslime; und im ‚Ambon Ekspres' konnte sich die muslimische Leserschaft von blutigen Übergriffen auf Muslime sowie einer „Konspiration der Kirchen" überzeugen. Journalisten wurden zu Kämpfern, Zeitungen zu Hetzschriften.[2]

2   Journalismus und Krieg

Das Beispiel Ambon zeigt, wie unvermittelt Journalisten in einer blutigen Konfrontation zu Kombattanten werden können. Im Verlauf der Eskalation des Molukken-Konflikts haben sie einen verhängnisvollen Kreislauf der wechselseitigen Verstärkung von Krieg und Journalismus in Gang gesetzt. In ähnlicher Weise lässt sich auch die Berichterstattung in den USA vor und während des Irak-Krieges im Frühjahr 2003 kennzeichnen. Insbesondere viele US-amerikanische TV-Sender, von der ‚Washington Post' (21.03.2003) als „The Networks' Heavy Artillery" bezeichnet, haben durch ihre patriotisch-unkritische Berichterstattung für öffentliche Zustimmung zum Krieg gesorgt.

---

[2]   Um eine weitere publizistische Eskalation zu verhindern, gründete die indonesische Unabhängige Journalistenallianz (AJI) im Oktober 2001 das Maluku Media Center (MMC), das seither als Informationsplattform und Begegnungsstätte für christliche und muslimische Journalisten dient.

Beobachtungen wie diese werfen immer wieder die Frage nach dem Verhältnis von Journalismus und Krieg auf. Während die Journalistik in den 70er und 80er Jahren hauptsächlich damit beschäftigt war, sich als junges akademisches Fach zu etablieren, konzentrierte sich die wissenschaftliche Debatte zunächst auf das interdisziplinäre Umfeld von Friedensforschern. Einer von ihnen ist der Norweger Johan Galtung; er hat die anhaltende Diskussion um das normative Journalismuskonzept „Peace Journalism" bis in die Gegenwart entscheidend geprägt. Seit dem zweiten Golfkrieg 1991 und später mit der Nato-Intervention im Kosovo 1999 haben einige konflikterfahrene Kriegsberichterstatter um Jake Lynch und Annabel McGoldrick damit begonnen, Galtungs Modell des „Friedensjournalismus" intensiver unter ihren Kollegen zu propagieren. Etwa zur gleichen Zeit ging auch der renommierte BBC-Auslandskorrespondent Martin Bell mit seinem später heftig umstrittenen Konzept des „Journalism of Attachment" („Journalismus der Verbundenheit") an die Öffentlichkeit.

In der deutschsprachigen Auseinandersetzung um Krisenjournalismus spielen beide Konzepte bislang eine eher untergeordnete Rolle; eine kommunikationswissenschaftlich begründete Bewertung steht noch aus. Diese Lücke will der vorliegende Beitrag schließen. Zunächst gilt es deshalb, in den Entstehungskontext und die Grundlagen des Friedensjournalismus und Journalism of Attachment einzuführen sowie die anhaltende Diskussion um beide Konzepte zu skizzieren (vgl. Abs. 3 und 4). Darauf folgt eine kritische Analyse ihrer argumentativen Logik sowie eine Einschätzung der Erfolgschancen aus Sicht der Journalismus- und Öffentlichkeitstheorie (vgl. Abs. 5 und 6).

3   Friedensjournalismus

3.1 Auf der Seite der Opfer

Das Konzept Peace Journalism ist aus der Friedensforschung, wo es seine Wurzeln hat, in den frühen 90er Jahren in die kommunikationswissenschaftliche Diskussion gelangt.[3] Der zweite Golfkrieg 1991 und die in seinem Gefolge unmittelbar sichtbar gewordenen Veränderungen in der Kriegsberichterstattung haben dabei eine entscheidende Rolle gespielt.

---

[3]   Vgl. dazu den Beitrag von Vincent & Galtung (1993) in der ersten Auflage von „Krieg als Medienereignis" (Löffelholz 1993c: 177ff.).

Die Friedensforschung selbst positioniert sich als normative Wissenschaft, wobei ihr zentraler Wert „Frieden" sowohl kritische als auch konstruktive Friedensstudien überhaupt erst möglich macht (vgl. Galtung 1998a: 39). Im Sinne dieses Basisparadigmas setzt Friedensjournalismus - um eine Terminologie von Max Weber (1980) aufzugreifen - auf die wertrationale Komponente journalistischen Handelns und bildet eine Sonderform des sozial-verantwortlichen Journalismus. Im Vorgriff auf die folgende Darstellung wird Friedensjournalismus gekennzeichnet als Programm der journalistischen Berichterstattung, das einen publizistischen Beitrag zur friedlichen Konfliktaustragung leistet. Im Hinblick auf die Strukturen des Journalismus kann Friedensjournalismus sowohl unter den Berichterstattungsmustern (Handlungsdimension) als auch im beruflichen Rollenverständnis (Wertedimension) verortet werden.[4]

Die Existenzberechtigung des Friedensjournalismus leiten seine Protagonisten normativ von einer kritischen Bewertung der aktuellen Kriegsberichterstattung ab. Galtung & Vincent (1992: 7) bemängeln die gebräuchlichen Kriterien der journalistischen Nachrichtenauswahl wie Negativismus, Personalisierung sowie Nähe zu Elite-Ländern und -Personen. Schicha (1999: 12) moniert die Monokausalität der journalistischen Kriegsursachenbeschreibungen sowie die übliche Praxis, dass die Berichterstattung erst bei Kriegsausbruch oder bestenfalls kurz davor einsetzt. Darüber hinaus wird allgemein die Gewaltorientiertheit der Kriegsberichterstattung kritisiert (vgl. u.a. Jaeger 2002b: 202; Galtung 1998b: 7). Angesichts der globalen Verbreitung und Stabilität dieser Form der Berichterstattung gelangen Galtung und Vincent (1992: 24) in ihrem Band „Global Glasnost" zu dem Schluss:

> In short, little progress is being made toward global and human journalism. The structure of news is sliding and jumping all over the globe. But the product remains basically the same. The content is about the same, relevant but biased.

Den Begriff Peace Journalism verwendet Johan Galtung bereits seit den 70er Jahren (vgl. Lynch 2002a: 22). Die philosophische Grundlage dieses Journalismuskonzepts hat er auf einer Konferenz in Loccum wie folgt benannt: „Wer Gewalt berichtet, erntet Gewalt. Und wer Frieden berichtet, erntet vielleicht

---

4   Unter Berichterstattungsmuster werden „Gesamtstrategien des Wirklichkeitsbezugs und der (journalistischen) Thematisierung" (Weischenberg 1995a: 111ff.) verstanden. Beispiele sind: Informationsjournalismus, investigativer Journalismus oder Development Journalism. Das Rollenverständnis bezeichnet die Selbstwahrnehmung der eigenen Berufsrolle in der Gesellschaft (Weischenberg, Löffelholz & Scholl 1994: 160) etwa als neutraler Informationsvermittler oder kritischer Kontrolleur.

Frieden." (Galtung 1997: 81) Die Grundidee veranschaulicht Galtung (1998b: 7; 2002: 261) durch eine Gegenüberstellung von zwei grundverschiedenen Modellen der Krisenberichterstattung: dem Friedens- bzw. Konfliktjournalismus und dem Kriegs- bzw. Gewaltjournalismus.

Der *Kriegs- bzw. Gewaltjournalismus* beschreibt mehrere Parteien, die in einer Konfliktarena um den Sieg kämpfen, wobei Ursachen und Auswege auf dem Schlachtfeld gesucht werden. Im Zentrum der Berichterstattung steht die Frage, wer im Krieg die Oberhand gewinnt. Dabei ist diese Form des Journalismus generell nullsummenorientiert, d.h. eine Partei gewinnt und die andere verliert. In den Blick der Berichterstattung, die in der Regel erst mit dem Beginn der Kriegshandlungen einsetzt, geraten nur die sichtbaren Folgen der Gewalt (Tote, Verwundete und materieller Schaden). Das Votum des Kriegs- bzw. Gewaltjournalismus gilt „unserer" Seite, im Fokus der Berichterstattung steht nur „unser" Leid. Er entlarvt die Unwahrheiten und Übeltäter der anderen Seite, während er „unsere" Vertuschungsversuche und Lügen unterstützt. Die starke Orientierung am Sieg lässt Kriegs- bzw. Gewaltjournalismus überdies Friedensinitiativen vernachlässigen - zumindest so lange, wie noch nicht entschieden ist, wer gewinnt. Nach dem Kriegsende wendet er sich dem nächsten Konfliktherd zu und kehrt gegebenenfalls zurück, wenn der alte Konflikt wieder aufflackert.

Friedens- bzw. Konfliktjournalismus hingegen setzt sich zum Ziel, in die Hintergründe der Konfliktformation einzudringen, um damit den Konflikt durchschaubar zu machen. Ursachen und Lösungen werden überall gesucht, den Auffassungen aller Parteien wird Gehör geschenkt. Die allgemeine „win-win"-Orientierung sorgt dafür, dass nicht eine bestimmte Partei als das Problem gesehen wird, sondern der Konflikt selbst. Während im Zentrum der Berichterstattung die Kreativität der Konfliktlösung sowie Friedenbemühungen innerhalb der Bevölkerung stehen, ist der Friedens- bzw. Konfliktjournalismus präventiv auf die Verhinderung von Gewalt bzw. Krieg gerichtet. Dabei entlarvt er Lügen, Vertuschungsversuche und Täter auf allen Seiten, das Leiden aller Konfliktparteien gleitet in das Blickfeld. Aufgrund seiner Lösungsorientiertheit widmet Friedens- bzw. Konfliktjournalismus seine publizistische Aufmerksamkeit insbesondere Friedensinitiativen und berichtet auch und vor allem über die Nachkriegsphase.

Gemeinsam mit dem Kommunikationswissenschaftler Richard C. Vincent hat Galtung, der sich überdies von einer Zunahme an Journalistinnen in Nachrichtenredaktionen eine „Explosion des Friedensjournalismus" erhofft (Galtung 1998b: 17), eine zehn Punkte umfassende Liste mit praktischen Hinweisen für Journalisten erarbeitet. Diese Punkte lauten wie folgt (Galtung & Vincent 1992: 126ff.):

(1) Report all sides.
(2) Clarify the frame of reference.
(3) Media ownership should not matter.
(4) Don't overemphasize certain views.
(5) Enhance educational side of news.
(6) Understand reality of arms issue.
(7) Attend to arms race inner dynamism.
(8) Realize weaknesses of media.
(9) Consider North-South dynamics.
(10) Clearly portray peace benefits.

Johan Galtung ist heute Direktor des Friedensnetzwerkes TRANSCEND, zu dem mittlerweile auch eine eigene Universität mit Sitz in Cluj (Rumänien) gehört.[5] Zu den Dozenten an der Transcend Peace University zählen auch Annabel McGoldrick und Jake Lynch, die 2000 gemeinsam den praktischen Leitfaden „Peace Journalism - How to do it?" verfasst haben. Die erfahrenen Auslandskorrespondenten McGoldrick (BBC, SkyNews) und Lynch (SkyNews u.a.) gehören überdies zum internationalen Netzwerk Reporting the World, einem Zusammenschluss von über 200 Journalisten, die sich mit der Frage auseinandersetzen, wie Journalismus in einer zunehmend interdependenten Welt sein Publikum adäquat mit Information und Orientierung versorgen kann.[6]

In ihrem Leitfaden schlagen McGoldrick und Lynch (2000) gleich mehrere Alternativnamen für ihr Projekt vor. Darunter befinden sich Bezeichnungen wie „New Journalism", „Post-realist Journalism", „Solutions Journalism", „Conflict Analysis Journalism", „Change Journalism", „Journalists As Mediators", „Development Journalism" und „Constructive Journalism". Die unkritische Verwendung dieser Begriffe zeigt dabei, wie weit sich der Ansatz von etablierten wissenschaftlichen Beschreibungen von Journalismus entfernt hat: Einige dieser Termini sind durch die Forschung bereits inhaltlich besetzt.

---

[5]   Vgl. URL: http://www.transcend.org.
[6]   Vgl. URL: http://www.reportingtheworld.org.

McGoldrick (2000: 19f.) beschreibt Friedensjournalismus als eine „neue Form des Journalismus", die nach Möglichkeiten sucht, wie Journalisten, anstatt „Teil des Problems" zu sein, „Teil der Lösung" werden könnten. Lynch (2002a: 22) positioniert den Journalisten als „teilnehmenden Beobachter" in das Geschehen, womit er sich in erkenntnistheoretischer Hinsicht vom „britischen Empirismus" abgrenzt, bei dem das Beobachtete und der Beobachter diskrete Kategorien bilden. Mit ihrem insgesamt 17 Punkte umfassenden „Peace Journalism Manual" bleiben McGoldrick und Lynch (2001: 7ff.) argumentativ in der Nähe von Galtungs Arbeiten.[7]

In der deutschsprachigen Auseinandersetzung mahnt u.a. der Politikwissenschaftler Jörg Becker (2002a: 14) eine „Friedenspflicht" der Medien an. Nach seiner Überzeugung sollten die Massenmedien „von sich aus aktiv für den Frieden eintreten". Bei den Themen Frieden und Völkerverständigung, soziale Gerechtigkeit und demokratische Freiheiten sollte der Journalismus nicht nur Wirklichkeit abbilden, sondern sollte vielmehr „mahnen", Vorbilder geben und zu Veränderung aufrufen.

Ein ebenfalls stark an Galtung orientiertes Konzept eines „kritischen Friedensjournalismus", der an die Stelle traditioneller Kriegsberichterstattung treten soll, vertritt der Sozialpsychologe Wilhelm Kempf (1998a: 35ff.). Sein Ansatz geht davon aus, dass jeder Konflikt prinzipiell sowohl als kooperativer als auch als kompetitiver Prozess konzeptualisiert werden kann (vgl. Kempf 2002: 61). Traditioneller Kriegsjournalismus könne mittels einer zweistufigen Vorgehensweise in einen konfliktorientierten Friedensjournalismus überführt werden (Kempf 2003: 9f.): Während sich die „deeskalationsorientierte Kriegsberichterstattung" (erste Stufe) weitgehend durch die im herkömmlichen Qualitätsjournalismus bekannten Normen der Neutralität und kritischen Distanz auszeichnet, geht die „lösungsorientierte Konfliktberichterstattung" (zweite Stufe) insofern drüber hinaus, als die dualistische Konstruktion des Konfliktes durchbrochen wird. Dafür müsse sich der Journalismus allerdings grundlegend verändern: von einem reaktiven traditionellen Journalismus hin zu einem aktiven und lösungsorientierten Journalismus, der über Konflikte berichtet, noch bevor diese ausbrechen Kempf (1998b: 18). Allerdings meine die Wahrnehmung der journalistischen Verantwortung nicht die simple Ersetzung von Kriegspropaganda durch Friedenspropaganda (Kempf 2002: 71):

---

[7] Aufgrund der hier gebotenen Kürze muss für eine ausführliche Darstellung des an einigen Stellen nicht unproblematischen Regelwerks auf die Literatur verwiesen werden.

> Kritischer Friedensjournalismus bedeutet weder die Übernahme gegnerischer Propaganda (welche der selben Art von Wahrnehmungsverzerrungen und Fehlurteilen unterliegt wie die Propaganda der eigenen Seite), noch bedeutet er eine Friedenspropaganda (welche durch Wahrnehmungsverzerrungen und Fehlurteile mit umgekehrtem Vorzeichen charakterisiert ist). Er bedeutet eine Infragestellung des Krieges und der militärischen Logik, die Respektierung der Rechte des Gegners und eine unverzerrte Darstellung seiner Intentionen sowie eine selbstkritische und realistische Bewertung der eigenen Rechte, Intentionen etc. (Kempf, Reimann & Luostarinen 1996: 10)

Neben Kempfs zahlreichen Arbeiten finden sich innerhalb der deutschsprachigen Auseinandersetzung noch weitere Versuche der Normenfindung im Sinne einer deeskalationsorientierten Berichterstattung. Zu nennen sind u.a. die Arbeiten von Jäger (2002a; 2002b), der stark an Galtung und Kempf angelehnte Beitrag von Christian Schicha (1999) oder das Regelwerk von Eckart Spoo (1997: 132ff.), das trotz der Ähnlichkeiten mit dem Werk von Galtung, McGoldrick und Lynch interessanterweise ohne den Begriff Friedensjournalismus auskommt. Angesichts der keineswegs abflauenden wissenschaftlichen Debatte erscheint Beckers (2002a: 18f.) Einschätzung, die Friedensforschung habe das Thema Medien und Krieg bislang „stiefmütterlich behandelt", also nicht zwingend nachvollziehbar.

3.2 Kritik: Gefährdung journalistischer Integrität

Die Idee eines sozial-verantwortlichen Friedensjournalismus ist in der Vergangenheit gleichwohl auf Kritik gestoßen. So führt die normative Anmutung des Peace Journalism nach Auffassung von Grundmann (2000: 94) zu dem irreführenden Eindruck, dass die Verwirklichung von Frieden primär Aufgabe der Medien sei - und nicht Aufgabe der Politik. Darüber hinaus zweifelt die Autorin an der Umsetzbarkeit von Galtungs Idealvorstellungen.

Auch unter Journalisten ist das Konzept umstritten. Für die WDR-Redakteurin Sonia Mikich (2000: 98) folgt Kriegsberichterstattung denselben (ethischen) Grundsätzen wie Journalismus allgemein: „[...] ich halte nichts davon, aus der Kriegsberichterstattung eine besondere Kategorie zu machen." Der BBC-Korrespondent David Loyn (2003) hat auf den Netzseiten von ‚openDemocracy.net' die Forderung nach einem Friedensjournalismus scharf zurückgewiesen. Er befürchtet, dieser könne die Integrität von Journalisten in ihrer Rolle als neutraler Vermittle kompromittieren: „Our task is always to seek to find out what is going on, not carrying any other baggage. If there is conflict resolution we report on it in context. We do not engage in it."

Loyn plädiert, anders als Lynch, für eine Stärkung der traditionellen Werte wie „Fairness", „Objektivität" und „Ausgewogenheit". Dem Peace Journalism hält er deshalb das etablierte Konzept eines „good journalism" entgegen, der sich den Imperativen von „Wahrheit" und „Objektivität" vepflichtet fühlt, auch dann, wenn diese letzlich unerreichbar bleiben: „Once we step away from *pursuing* the truth, then we are lost in an area of moral relativism which threatens the whole business of reporting." (Loyn 2003)

Darüber hinaus hat auch die Behauptung, Journalisten wollten hauptsächlich über Konflikthandlungen und Kriegsverläufe berichten, wiederholt zu Skepsis herausgefordert. So zeigen Interviews, die Simone Richter (1999a: 183) mit renommierten deutschen Auslandskorrespondenten gemacht hat, dass es den Reportern im Einsatz nicht primär darum geht, die Kampfhandlungen und ihre Akteure zu beschreiben, sondern vielmehr darum, über die Lage der Zivilbevölkerung zu berichten. Andreas Baum von der ‚Stuttgarter Zeitung' reflektiert über sein journalistisches Selbstverständnis:

> Kriegsberichterstatter heißt de facto nichts anderes, als dass man mit Menschen hinter Frontlinien spricht, dass man auf Flüchtlinge trifft, die sich von der Gefahrenzone weg bewegen und ihr Schicksal erzählen, ihr Leid. Sie erzählen, was sie alles verloren und erlebt haben. Das sind die viel wichtigeren, die menschlichen Geschichten. Es geht nicht darum, dass man seine Nase ganz vorne in der ersten Frontlinie hat und nun beschreibt, welches Geschütz in welche Richtung schießt und ob sich hier die Front ein paar Meter so oder so herum bewegt. Ich denke, wenn jemand seine Aufgabe darin sieht, dann hat er es nicht verstanden. Es geht wirklich um die menschlichen Geschichten, die sich da abspielen. (zit. in Richter 1999a: 202f.)

Für Peter Sartorius von der ‚Süddeutschen Zeitung' gehört in die Berichterstattung „jede Facette eines Krieges: die politische, die militärische, die menschliche" (zit. in Richter 1999a: 216). Und Erich Rathfelder, der für die TAZ von diversen Krisenherden berichtet, versucht als „Kriegsreporter" die Situation der Bevölkerung im Auge zu behalten: „Ich stehe auf der Seite der Opfer. Ich ergreife Partei in einem Krieg - nämlich auf der Seite der Opfer." (zit. in Richter 1999a: 250) Auch in einer Studie zum griechisch-türkischen Konflikt konnten Ozgune und Terzis (2000) nachweisen, dass Journalisten auf beiden Seiten durchaus den Wunsch nach konstruktiver Berichterstattung verspürten. Diese Befunde sollten deutlich machen, dass die Ansprüche eines Friedensjournalismus auf der Ebene der handelnden Akteure - vor allem innerhalb der deutschen Nachrichtenmedien - bereits weitgehend eingelöst sind. Forderungen nach einer Veränderung der Berichterstattung über Kriege müssen daher an die *Strukturen* im Journalismus adressiert werden (Kriterien der Nachrichtenselektion, Darstellungsformen, etc.).

Für Liz Fawcett (2002: 220f.) sind es nämlich insbesondere die rhetorischen und narrativen Textstrukturen von Nachrichten, die es den Journalisten erschweren, eine konstruktive Berichterstattung zu leisten. Wolfsfeld (1997: 67) verweist auf die strukturelle Inkompatibilität zwischen den Charakteristika von Friedensprozessen und journalistischen Imperativen:

> There is an inherent contradiction between the logic of a peace process and the professional demands of journalists. A peace process is complicated; journalists demand simplicity. A peace process takes time to unfold and develop; journalists demand immediate results. Most of a peace process is marked by dull, tedious negotiations; journalists require drama. A successful peace process leads to a reduction in tensions; journalists focus on conflict. Many of the significant developments within a peace process must take place in secret behind closed doors; journalists demand information and action.

Nicht zuletzt unterliegt Kriegsjournalismus auch den spezifischen Zwängen der Nachrichtenproduktion, allen voran dem omnipräsenten Aktualitätsdruck sowie begrenzen Beitrags- bzw. Textlängen (vgl. Vogler 2004: 185). Darüber hinaus wird in Kriegszeiten „die Informationsbeschaffung für die Medien zu einer schwierigen Aufgabe" (Frohloff 2004: 39). Wenn Journalismus dennoch zur friedlichen Konfliktlösung beitragen soll, dann muss dies unter Berücksichtigung seiner diskursiven Strukturen, seiner spezifischen Werte und Erfordernisse sowie unter Bezugnahme auf die politischen und professionellen Kulturen, innerhalb derer er operiert, geschehen (vgl. Spencer 2003: 64; Fawcett 2002: 221). In der Realität allerdings erweist sich die Medienkritik als inkompatibel zu den Regeln des besonderen Arbeitsalltages der Kriegsberichterstatter (vgl. Calließ & Raue 2004: 206).

Dem von den Protagonisten des Friedensjournalismus häufig geäußerten Vorwurf, die Berichterstattung kümmere sich immer wieder viel zu spät um Konflikte, begegnet Brigitte Knott-Wolf (2001: 24) mit dem Einwand, dass die Medien schon allein aus pragmatischen Gründen nicht überall zugleich sein und über alles Leid der Welt aktuell berichten können. Solche Ansprüche an die Medien stellten eine „ungerechtfertigte Verlagerung politischer Verantwortlichkeiten dar". Optimistischer zeigt sich hier Verica Spasovska (2001: 129), Chefin vom Dienst bei der ‚Deutschen Welle' (DW-Radio), die sich ein „journalistisches Frühwarnsystem" wünscht, mit dessen Hilfe die internationale Politik frühzeitig friedenserhaltende Maßnahmen ergreifen könnte. Insgesamt zieht Spasovska (2001: 132) dann doch ein eher pessimistisches Resümee:

> Die Erfahrung zeigt, dass Kriegsberichterstatter in der Regel nur wenig dazu beitragen können, Brücken zwischen den Konfliktparteien zu bauen. Es wäre eine grandiose Selbstüberschätzung, wenn Journalisten glaubten, sie könnten mit ihren Berichten und Kommentaren einen Krieg aufhalten oder sogar beenden.

4 Journalism of Attachment

4.1 „Something must be done"

Johan Galtung (1998b: 8) hat an einer Stelle geschrieben: „Friedensjournalismus ist ein Journalismus der Verbundenheit (journalism of attachment)." Während Galtung hier auf die Verbundenheit mit allen tatsächlichen und möglichen Opfern von Konflikten anspielt, meint Journalism of Attachment für den ehemaligen BBC-Journalisten und britischen Unterhausabgeordneten Martin Bell Parteilichkeit im „Kampf gegen das Böse". Dieses vom einstigen britischen Außenminister Douglas Hurd als „Something Must Be Done School" (Bell 1993: 9) bezeichnete alternative Journalismuskonzept beruft sich auf die Überzeugung, dass die Medien keine neutrale Instanz bilden, sondern an der Konfliktdynamik notwendigerweise partizipieren. Bell glaubt dabei durchaus an die positiven Effekte des Fernsehens:

> I make no exaggerated claims here, but that time served in the war zones has left me with the settled conviction that the effect of television, even as its impact and influence have grown, has been to make things a little *less worse* than they would have been without it. (Bell 1997: 12, Hervorh. im Orig.)

In der kämpferischen Schrift „TV News: How Far Should We Go?" argumentiert Bell (1997: 7ff.) in der ‚British Journalism Review', dass Journalismus keine „neutrale und mechanische Tätigkeit" sei, sondern eine in vielerlei Hinsicht „moralische Unternehmung". Die von Bell (1998b: 103; 1997: 16) propagierte Form der Berichterstattung stehe einem „neutralen", „leidenschaftslosen" und „unbeteiligten Journalismus" gegenüber, der seine Protagonisten dazu verpflichtet, „ihre Herzen dem Mitleid zu verschließen".

Bell (1997: 8) charakterisiert sein Projekt eines Journalism of Attachment - deutsch: „Journalismus der Verbundenheit" - wie folgt: „By this I mean a journalism that cares as well as knows; that is aware of its responsibilities; that will not stand neutrally between good and evil, right and wrong, the victim and the oppressor." Kurz gesagt: Die professionelle „Häresie" (Bell 1998b: 102) des Journalism of Attachment wendet sich bewusst gegen traditionelle professionelle Werte im Journalismus wie Objektivität, Neutralität und Distanziertheit. So macht Alex Thomson, die für die britischen ‚Channel 4 News' über die Nato-Intervention im Kosovo berichtete, keinen Hehl aus der Parteilichkeit ihrer Berichterstattung:

> I made no attempt to be objective in my reporting about the Serb pogrom which was being conducted in Kosovo. I was there, I saw the build-up to it. I'd seen what the Serbs did in Croatia, I'd seen what they did in Bosnia, and I saw the same individuals, the same

generals, the same senior commanders controlling things in Kosovo. And I saw refugees. [...] What is objectivity in that situation? What *is* objectivity?! [...] Do we mean by objectivity that there is essentially a kind of middle ground of explanation which can legitimately explain why these people are being raped and tortured and burned out of their houses? That's bullshit. [...] There was no doubt this war [Kosovo] was being fought for the best of intentions. It's the only war I've ever supported that has seen my government fight. I'm more than happy to support what happened, not in my work - it's not my business and it's irrelevant anyway - but in my own personal feelings [...] I was overjoyed when they started bombing Novi Sad and wasting the Serb's infrastructure - absolutely overjoyed. (zit. in McLaughlin 2002: 169, Hervorh. im Orig.)

Auch die WDR-Redakteurin Sonia Mikich bekennt sich dazu, während ihrer Kriegsberichterstattung nicht immer neutral gestanden zu haben. Allerdings bedeutet das Zurückweisen von Neutralität für sie nicht gleichzeitig eine Abkehr von Objektivität. Objektivität wird vielmehr umgedeutet:

Heißt das, die gebotene Objektivität verlieren? Absolut nicht, es ist meiner Meinung nach „objektiv" geboten, sich zwischen Menschlichkeit und Unmenschlichkeit zu entscheiden. Objektiv heißt nicht neutral. Und fair heißt nicht, von einem Gleichgewicht zwischen Opfer und Aggressoren auszugehen. (Mikich 2000: 99)

Ähnlich äußert sich Christiane Amanpour, die für CNN von mehreren Krisenherden berichtet hat, zu Objektivität und Neutralität:

I have come to believe that objectivity means giving all sides a fair hearing, but not treating all sides equally. Once you treat all sides the same in a case such as Bosnia, you are drawing a moral equivalence between victim and aggressor. And from there it is a short step to being neutral. And from there it's an even shorter step to becoming an accessory to all manners of evil [...] Objectivity must go hand in hand with morality (zit. in Hume 1997: 6)

„Höhere Pflichten" waren es auch, die den Pulitzer-Preisträger Roy Gutman während der Balkankrise durch seine Arbeit als Korrespondent geleitet hatten. Gutman hatte als einer der ersten Reporter über serbische Konzentrationslager und Massenvergewaltigungen berichtet.[8] In einem Interview mit der ‚American Journalism Review' gibt Gutman offen zu, dass „faire" Berichterstattung nicht in gleichem Maße für „Opfer" und „Täter" gilt: „We can't watch passively while people are being killed in front of us. There are higher requirements. As a reporter, you can't simply sit there and report passively."[9]

Während des Kosovo-Konflikts haben sich die Korrespondenten aus den Nato-Mitgliedsstaaten überwiegend auf die Seite des transatlantischen Militär-

---

8   Die entsprechenden Beiträge erschienen im ‚Newsday' am 2. August 1992 und 19. April 1993.
9   American   Journalism   Review   6/1993   [Online-Dokument]   URL: http://www.ajr.org/Article.asp?id=1516 [Download: 28.07.2003].

bündnisses geschlagen. Die Ideologie der „humanitären Intervention" und des Kampfes von „Gut gegen Böse" hat die Inhalte der Nachrichtenmedien in den USA (vgl. Herman & Peterson 1998), Großbritannien (vgl. Hammond 1998), Frankreich (vgl. Johnstone 1998) und Deutschland (vgl. Deichmann 1998) bestimmt. Wie tief dieses Interpretationsschema in die Strukturen der Nachrichtenselektion eingedrungen ist, zeigen die Erfahrungen des Fernsehjournalisten Martin Lettmayer. Dieser konnte im November 1992 durch eigene Recherchen nachweisen, dass die Berichte über angebliche serbische Massenvergewaltigungslager nicht der Wahrheit entsprachen. Dennoch nahm ihm niemand seinen Film ab. Der zuständige ZDF-Auslandsredakteur soll gesagt haben: „Die Berichte sind interessant, und man sollte sie bringen. Aber wenn ich das tue und gegen den Strich bürste, kann ich meinen Job an den Nagel hängen." (zit. in Beham 1996: 209)

In den USA haben insbesondere die Terroranschläge vom 11. September 2001 dem Trend zu mehr Parteinahme und Emotionalisierung in der Berichterstattung weiter Vortrieb geleistet. Tumber und Prentoulis (2003: 228) glauben sogar, einen möglichen „Paradigmenwandel" im Journalismus auszumachen: eine Umstellung von Distanz auf Einmischung, von Überprüfung auf Behauptung, von Objektivität auf Subjektivität. Mike Hennessy vom ‚WFLA Radio' positioniert sich beispielsweise in erster Linie als Patriot: „I am an American first, a journalist second." (zit. in message, 1/2002: 25) Ann Coulter (2001), Kolumnistin bei der ‚National Review', schrieb kurz nach den Anschlägen in New York und Washington:

> We don't need long investigations of the forensic evidence to determine with scientific accuracy the person or persons who ordered this specific attack. [...] We should invade their countries, kill their leaders and convert them to Christianity.

Besorgnis erregte auch die unkritisch-patriotische Berichterstattung über den Irak-Krieg im Frühjahr 2003. So hatte ein US-amerikanischer Journalismus-Professor den für seine patriotischen Auftritte bekannten ‚Fox News'-Moderator Neil Cavuto in einem nicht-öffentlichen Brief scharf angegriffen und dessen journalistische Integrität in Zweifel gezogen. Cavuto (2003) antwortete auf den Netzseiten des TV-Networks mit einer Breitseite an Beleidigungen:

> You might have a problem thanking troops defending your right to be the obnoxious, pontificating jerk that you are, but I don't. You might have reservations about calling this country great, but I don't. And you might have doubts about showing your partiality to the flag, but I don't. There's nothing wrong with taking sides here, professor. [...] You're a lie, a fraud and an ingrate. Too clueless to appreciate the country that gives you the right to be the Ivy League intellectual Lilliputian you are.

Im Netzangebot von ‚TomPaine.com' beschreibt Michael Ryan (2003) die Rolle von ‚Fox News' pointiert: „In Middle America, George Bush may be running the war, but Fox News is writing the script."

4.2 Kritik: „Twisted Sort of Therapy"

Bells Plädoyer für einen Journalism of Attachment hat insbesondere im britischen Diskurs heftige Auseinandersetzungen ausgelöst. In einer pointierten Abrechnung attestiert Mick Hume (1997: 4ff.) in einer Sonderausgabe der später unter dramatischen Umständen eingestellten Zeitschrift LM (‚Living Marxism') dem „Journalismus der Verbundenheit", er mache Journalisten zu „Kombattanten", die als „Salomons der Cyberära" auf einem „journalistischen Minenfeld" operierten. Der Journalism of Attachment vereinfache in selbstgerechter Manier komplexe Konflikte zu simplen Märchen und stelle deshalb eine ernsthafte Bedrohung für Qualität im Journalismus dar:

> The Journalism of Attachment might sound like a worthy appeal for concerned reporting. But it is a menace to good journalism - and to those whose lives it invades. Rather than exposing the political and social roots of wars, the Journalism of Attachment depicts them as exclusively moral struggles in which Right fights Wrong. It reduces complex conflicts to simple fairy tale confrontations between the innocent and the forces of darkness. To achieve that journalists have to appoint themselves as judges of who is Good or Evil in the world. And that means a journalist's responsibility to report all of the facts can come a poor second for broadcasting what is considered the morally correct line. (Hume 1997: 4)

Hume (1997: 15) gibt zu bedenken, dass der Journalism of Attachment genau das Gegenteil von dem erreicht, was er sich selbst zum Ziel setzt. In dem er Konflikte zu einem moralischen Kampf von Gut gegen Böse mystifiziert, macht er es seinem Publikum unmöglich, die Ursachen von Kriegen zu erkennen. Darüber hinaus degradiere die Philosophie des „Journalismus der Verbundenheit" den Berufsstand zu einer „Nichts-wissenden Sentimentalität". Die tieferen Motive, die aus Journalisten „Kreuzzügler" werden lassen, sucht Hume (1997: 18) in einem „moralischen Vakuum" im „Herz der westlichen Gesellschaft" sowie in dem verlorenen Glauben an traditionelle professionelle Werte:

> The Journalism of Attachment uses other people's wars and crises as a twisted sort of therapy, through which foreign reporters can discover some sense of purpose - first for themselves, and then for their audience back home. It turns the life and death struggles of others into private battlegrounds where journalists who have lost faith in the old values of their profession can fight for their souls.

Auf diese Weise, so Hume (1998: 77) an anderer Stelle, sei es einer relativ kleinen Zahl von Journalisten gelungen, in unverhältnismäßiger Weise Einfluss auf die Außenpolitik der Nato-Staaten zu nehmen und sie damit zur Intervention zu veranlassen. Kempf (1999b: 18; 2002: 59f.), der sich auf Humes Kritik stützt, stellt den Journalism of Attachment deshalb in den Kontext einer von ihm postulierten „zweiten Stufen der Privatisierung von Propaganda", wo Journalisten ihre professionellen Regeln und Standards einer „höheren moralischen Verpflichtung" opfern. Christopher Dunkley (1997) schreibt in der ‚Financial Times', es sei schlimm genug, dass Journalisten damit begännen, ihre Emotionen zum Gegenstand der Berichterstattung zu machen. Von da aus sei es nur ein Schritt zur Manipulation von Nachrichten im Sinne einer bestimmten Konfliktpartei. Und Greg McLaughlin (2002: 197) fragt, ob es angemessen sei, wenn Journalisten mit Leidenschaft die „schuldige" Seite eines Konflikts ausmachen und dann zu ihrer Bombardierung aufrufen:

> But had they gone to Algeria or Chechnya or Sierra Leone, they would also have witnessed terrible scenes and perhaps call for intervention but they did not. Why? Because no one is going to call for NATO to bomb Moscow until it pulls out of Chechnya and behaves like a proper member of the „international community"; and no one is going to call for Henry Kissinger to be brought to trial for war crimes no matter how powerful Christopher Hitchens argues the case.

Auch unter vielen Journalisten trifft Martin Bells Plädoyer für einen „Journalismus der Verbundenheit" auf Ablehnung. So sollten Reporter nach Auffassung von Matthias Rüb (FAZ) vermeiden, Partei zu ergreifen - auch dann, wenn sie selber emotional betroffen sind (vgl. Richter 1999a: 248). Knott-Wolf (2001: 23) bemerkt, problematisch sei eben nicht die fehlende moralische Rechtfertigung, welche die Berichterstattung im Krisen- und Kriegsfall bedenklich macht, sondern eine falsche Form der Moralisierung. Den Medien könne nicht eine zu geringe emotionale Betroffenheit vorgeworfen werden, vielmehr führe eine unangemessene Form von Emotionalisierung zu mehr Aggression anstatt einen Beitrag zum Frieden zu leisten.

Auch ihr Kollege Tom Gjelten (2001: 74) vom US-amerikanischen ‚National Public Radio' ist der Ansicht, dass Journalisten durchaus moralische und soziale Verantwortung beweisen können, ohne sich proaktiv in das Geschehen, über das sie berichten, einmischen zu müssen. Hermann Meyn (2001: 113), von 1989 bis 1999 Bundesvorsitzender des Deutschen Journalistenverbandes, hat deshalb den Satz geprägt: „Journalisten sollen keine Kriege gewinnen, sie sollen darüber berichten, auch und gerade über seine Schrecken und seine Opfer auf beiden Seiten."

5 Kommunikationswissenschaftliche Bewertung

Um eine theoretisch fundierte und am aktuellen Diskussionsstand orientierte Bewertung der Konzepte Friedensjournalismus und Journalism of Attachment hat sich die Kommunikationswissenschaft bislang kaum bemüht. Damit hat sie die Debatte weitgehend jenen überlassen, die sich dieser Problematik aus einer Perspektive annähern, die durch normative Prämissen verstellt ist.

Die Kommunikationswissenschaft kennt seit einer grundlegenden und viel zitierten Arbeit von Winfried Schulz (1989: 140ff.) im Hinblick auf die Beziehung zwischen Medien und Realität zwei grundsätzliche Positionen: Die „ptolemäische" Auffassung konstruiert einen prinzipiellen Gegensatz zwischen Massenmedien und Gesellschaft. Sie unterstellt starke Medienwirkungen und transportiert einen erkenntnistheoretischen Realismus, der sich in der Formel „Medien als Spiegel, als Abbild der Wirklichkeit" (vgl. Schulz 1989: 140) ausdrückt. Der „kopernikanische" Standpunkt hingegen betrachtet die Medien als einen integralen Bestandteil der Gesellschaft. Die Massenmedien werden als aktives Element im Prozess der Konstruktion von Wirklichkeit gesehen.

Diese Überlegungen sollen den gedanklichen Ausgangspunkt für die folgende kommunikationswissenschaftliche Bewertung der Konzepte Friedensjournalismus und Journalism of Attachment bilden. Dazu soll zunächst die erkenntnistheoretische Position von beiden Journalismuskonzepten sowie die ihnen unterliegende Wirkungsannahme geprüft werden. Darauf folgt eine Analyse der jeweils impliziten gesellschaftstheoretischen Einordnung von Journalismus.

5.1 Erkenntnistheoretische Position

Prinzipiell werden innerhalb der erkenntnistheoretischen Diskussion zwei Basisparadigmen unterschieden: Die realistische Position sieht den Beobachter und das Beobachtete als zwei voneinander trennbare Kategorien und geht davon aus, dass es eine Möglichkeit gibt, die genuine Realität „objektiv" zu erkennen und abzubilden. Die vor diesem Hintergrund entstehenden Beschreibungen von Journalismus sind in erster Linie medienkritisch, die Botschaft lautet: „Die Medien verzerren das Bild der Wirklichkeit." Dahingegen betrachtet die konstruktivistische Position den Beobachter und das Beobachtete als untrennbare Einheit. Demnach entsteht die Wirklichkeit immer erst im Bewusstsein des Beobachters, was für die Beschreibung von Journalismus impliziert, dass Journalisten und Rezipienten ihre Vorstellung von Wirklichkeit autonom und aktiv konstruieren.

Nach Auffassung von Johan Galtung, dem geistigen Vater des Friedensjournalismus, wird die Wirklichkeit durch die traditionelle Form der Kriegsberichterstattung verzerrt dargestellt. Galtungs erkenntnistheoretische Position kann somit als realistisch und „ptolemäisch" beschrieben werden, da sie implizit unterstellt, dass journalistische Medieninhalte an ihrer „Realitätsnähe" gemessen werden können. Die These von der Verzerrung der Wirklichkeit durch die Medien wirkt angesichts des aktuellen Standes der kommunikationswissenschaftlichen Diskussion jedoch recht anachronistisch, da mittlerweile als gesichert gilt, dass Medien kein objektives Abbild der Wirklichkeit liefern können, sondern vielmehr zur Konstruktion von Wirklichkeiten benutzt werden (vgl. Luhmann 1996: 183; Schmidt 1994b: 268f.). Da es in einer Welt kontingenter Wirklichkeitsbeschreibung keinen journalistischen „Feldherrnhügel" (Löffelholz 1993c: 58) gibt, liefern Kriegsberichterstatter also immer nur *eine* Version der Wirklichkeit, die dem klassischen Wahrheitskriterium ebenso genügen kann wie unzählige andere Versionen.

Für Martin Bell hingegen bedeutet Objektivität im Journalismus eine Abwendung von Verantwortung, Moral und Mitgefühl (vgl. McLaughlin 2002: 155). Dabei findet Bell Schützenhilfe in der US-amerikanischen Objektivitätsdebatte: So hat Theodore L. Glasser (1992: 176) wiederholt die Auffassung geäußert, Objektivität im Journalismus untergrabe das Fundament einer verantwortlichen Presse:

> Objective reporting has stripped reporters of their creativity and their imagination; it has robbed journalists of their passion and their perspective. Objective reporting has transformed journalism into something more technical than intellectual; it has turned the art of story-telling into the technique of report writing. And most unfortunate of all, objective reporting has denied journalists their citizenship; as disinterested observers, as impartial reporters, journalists are expected to be morally disengaged and politically inactive. (Glasser 1992: 181)

Bells Vorwurf, Objektivität und Neutralität würden aus Journalisten buchstäblich gefühllose Wesen machen, kann jedoch nicht unwidersprochen hingenommen werden. Kriegsberichterstatter können durchaus über Emotionen, Interessen und Vorurteile verfügen, ohne dass diese das Ergebnis ihrer professionellen Tätigkeit *beeinflussen* müssen. Stephen J. Ward (1998: 121f.) bemängelt daher zurecht Bells zu eng gefasste Vorstellung von Objektivität, die jeden objektiven Reporter zum „epistemologischen Eunuchen" degradiert: „It is not clear why Bell thinks objectivity discourages the use of one's senses and mental faculties, for how would journalism (or knowledge) be possible without them?"

Der Auffassung von journalistischer Objektivität als Verlust von „Leiden-schaft" und „Courage" ist daher ein methodischer Objektivitätsbegriff entge-genzustellen, der von Journalisten verlangt, ihre Arbeiten den Kriterien objek-tiver Kontrolle zu unterwerfen. Dazu zählen die sorgfältige Faktenpräsentati-on, zuverlässige Quellen, Dokumentation, genaue Zitierung und die Darstel-lung der wichtigsten Standpunkte (vgl. Ward 1998: 122). Andernfalls machen sich Journalisten der „Übertreibung der Unmöglichkeit von Wahrheit und Objektivität schuldig" (Baggini 2003).

Julian Baggini (2003), Herausgeber des britischen ‚Philosophers Magazine', kritisiert zurecht, dass sich viele Protagonisten der Debatte oft kaum die Mühe machen, zwischen einer gesunden Skepsis gegenüber der Möglichkeit von Wahrheit und Objektivität einerseits und einem ungetrübten Relativismus an-dererseits zu unterscheiden. Ungeachtet der Tatsache, dass eine differenzierte Sicht auf Wahrheit und Objektivität durchaus Not tut, müssen Journalisten dennoch dafür Sorge tragen, dass ihre Berichterstattung so wenig wie möglich durch subjektive Perspektiven verstellt ist.

5.2 Unterstellte Wirkungsannahme

Im Hinblick auf die Richtung der Wirkung von (journalistischen) Medieninhal-ten auf die Rezipienten werden in der Kommunikationswissenschaft drei grundsätzliche Modelle unterschieden: das kausale Wirkungsmodell, das transaktionale Wirkungsmodell sowie das konstruktivistische Wirkungsmodell (vgl. Schenk 2000: 44ff.), wobei letzteres den aktuellen Stand der Diskussion bildet. Hinsichtlich der Stärke der Wirkungen differenziert Brosius (2003: 131ff.) drei „Meta-Theorien": jene der starken Wirkungen, der schwachen Wirkungen sowie der selektiven Wirkungen. Trotz der in der öffentlichen De-batte immer wieder geäußerten Furcht vor den „allmächtigen Medien" hat die Meta-Theorie der starken Medienwirkungen wenig empirische Unterstützung gefunden. Durchgesetzt hat sich die Auffassung von selektiven Medienwirkun-gen, die allgemein auf die Formel gebracht wird: „Manche Medienbotschaften führen bei manchen Rezipienten unter bestimmten Umständen und zu gewis-sen Zeiten zu einer Wirkung." (Brosius 2003: 133)

Ungeachtet dieser Entwicklungen in der kommunikationswissenschaftli-chen Auseinandersetzung basieren die Konzepte Friedensjournalismus und Journalism of Attachment weitgehend auf der Unterstellung starker, kausaler und linearer Medienwirkungen. Diese Vorstellung zählte u.a. zu den wesentli-chen Prämissen des heute als gescheitert angesehenen entwicklungspolitischen Modernisierungsparadigmas der 50er und 60er Jahre (vgl. Rullmann 1996). Ein transaktionales Wirkungsmodell findet sich hingegen bei Lynch (2003), der sein Plädoyer für einen Peace Journalism mit einem - der Kommunikationswissenschaft nicht unbekannten - reflexiven Phänomen begründet, das er „Feedback Loop" nennt: Demnach lernen Konfliktparteien aus der Art und Weise, wie Journalismus Konflikte thematisiert, Informationen so aufzubereiten, dass die Berichterstattung in ihrem Sinne ausfällt.

Die eher optimistischen Wirkungsannahmen des Friedensjournalismus stehen häufig in Verbindung mit einer Sicht auf das Publikum, die an die Wirkungsforschung der ersten Hälfte des 20. Jahrhunderts erinnert. Das Publikum wird als undifferenzierte Masse, als Aggregat von Individuen verstanden, deren Charakteristika für die Rezeption von Medienaussagen nur eine untergeordnete Rolle spielen. Spätestens seit den Studien von Lazarsfeld, Berelson und Gaudet (1944), die zur Hypothese des Two-Step Flow of Communication und später zur Diffusionsforschung (vgl. u.a. Rogers 1962) geführt haben, muss jedoch davon ausgegangen werden, dass die soziale Struktur des Publikums sowie die interpersonale Kommunikation im Hinblick auf die Verbreitung und Wirkung von Medienbotschaften von nicht unerheblicher Bedeutung sind. Angesichts der fortschreitenden funktionalen und kulturellen Differenzierung der Gesellschaft wird deshalb zunehmend auf den Singular von Publikum verzichtet und stattdessen von Publika gesprochen.

Wenn die Vorstellung vom Publikum als undifferenzierte Masse auf die Forderung nach einem (sozial) verantwortlichen Journalismus trifft, sind fatale Fehleinschätzungen vorprogrammiert. So fordert Jake Lynch (2002: 20) für die Kriegsberichterstattung eine „Ethik der Verantwortung", sein Kollege Martin Bell (1997: 8) hantiert mit dem Begriff „Verantwortlichkeit". All diesen Forderungen nach einem verantwortlichen Journalismus, die sich bis zum Bericht der Hutchins Commission (1947) und zu einer vielzitierten Arbeit von Wilbur Schramm (1957) zurückverfolgen lassen, ist gemeinsam, dass Journalisten bei ihrer professionellen Tätigkeit nach Möglichkeit das gesellschaftliche Gemeinwohl im Auge behalten sollen.

Dabei wird immer wieder übersehen, dass sich Journalisten - oder Medienbetriebe insgesamt - nicht an einem allgemeinen, anonymen Aggregat „Publikum" orientieren, sondern ihre Verantwortung gegenüber den Interessen *ihres* spezifischen Publikums wahrnehmen. Eine Missachtung der Publikumspräferenzen kann die wirtschaftliche Existenz eines Medienbetriebs empfindlich gefährden, denn: „Die Freiheit, kein Gewerbe zu sein, kann der Journalismus sich schlicht nicht leisten." (Altmeppen 2000: 239)

In Nordirland musste deshalb ein Friedensjournalismus-Experiment wieder eingestellt werden. Zwei Tageszeitungen, die katholisch-republikanische ‚Irish News' sowie der protestantisch-unionistische ‚News Letter', hatten in den Jahren 1997 und 1998 zur jährlichen „Orange Order"-Parade ein gemeinsames Editorial herausgegeben, in dem sie sich für einen friedlichen Kompromiss aussprachen. Nach der Veröffentlichung erhielt die Redaktion des ‚News Letter' jedoch unzählige Anrufe von Abonnenten, die sich „betrogen" fühlten und mit der Kündigung ihres Abonnenments drohten.

5.3 Gesellschaftstheoretische Einordnung von Journalismus

Medien- und journalismuskritische Arbeiten neigen häufig dazu, einen grundsätzlichen Gegensatz zwischen Journalismus und Gesellschaft zu konstruieren. So kann es auch nicht verwundern, dass bei der Reflexion öffentlicher Kommunikation der Journalismus und sein Publikum immer wieder als separate Einheiten betrachtet werden. Beharrlich werden dem Journalismus dabei seine Selektions- und Thematisierungsstrukturen zum Vorwurf gemacht. Die Nachrichten würden demnach dominiert von Negativismus, Personalisierung sowie von Berichten über Elitepersonen und Ereignissen in Eliteländern (Galtung & Vincent 1992: 7).

Diese Relevanzkriterien sind innerhalb der Kommunikationswissenschaft als Nachrichtenfaktoren bekannt, die darüber bestimmen, welcher Nachrichtenwert einem bestimmten Ereignis durch den Journalismus zugeschrieben wird (vgl. Schulz 1976; Galtung & Ruge 1965). Je höher der Nachrichtenwert, desto größer ist die Publikationswahrscheinlichkeit. Auffallend ist, dass die Nachrichtenwert-Theorie, die Galtung in den 60er Jahren selbst entscheidend mitgeprägt hat, die Publikumsdimension weitgehend aus der Analyse ausblendet. Eilders (1997: 265f.) konnte durch eine empirische Studie jedoch zeigen, dass insbesondere die Nachrichtenfaktoren „Etablierung", „Kontroverse", „Überraschung", „Einfluss/Prominenz", „Personalisierung" und „Schaden" auch für Rezipienten bedeutsame Verarbeitungskriterien darstellen. Es keine neue Erkenntnis, dass in einer Welt der kommerziellen Medien das Publikum vor allem nach Geschichten über Katastrophen, Kriege und Terrorismus verlangt (vgl. Tai & Chang 2002: 262).

Nachrichtenfaktoren sind demnach Selektionsstrukturen der öffentlichen Kommunikation, deren Geltungsbereich sowohl den Journalismus als auch sein Publikum einschließt. Mithin müssen auch die Eigenschaften von Krisenberichterstattung in Bezug zum Publikum gesetzt werden. Dann würde es auch nicht schwer fallen zu erkennen, dass ein Verzicht oder eine ungenügende

Berücksichtigung der Nachrichtenfaktoren die Medien mit einem Verlust an Aufmerksamkeit der Leser, Hörer, Zuschauer bzw. Nutzer bezahlen würden, womit langfristig ihre wirtschaftliche Existenz gefährdet wäre. Gjelten (2001: 76) begegnet der Kritik an einer Nachrichtenwert-orientierten Medienberichterstattung deshalb mit den Worten: „If critics want the news media to cover stories that fail to meet at least some of these criteria, their advice is not helpful."

Es zeigt sich, dass eine kritische Analyse, die Journalismus aus seinen gesellschaftlichen Bezügen herauslöst, allenfalls zu normativen Forderungen führt, die realistisch kaum eingelöst werden können. Dieser Mangel an Kontextbezogenheit zeigt sich überaus fatal an einer weitgehend fallorientierten Journalismuskritik:

> Es wird schlaglichtartig das Besondere, das Spektakuläre beleuchtet. Themen der Medienkritik sind die Berichterstattungen über den Golfkrieg, den Kosovokrieg oder über den Irakkrieg. Wie die gesamte Wirklichkeit der Kriege in unserer heutigen Welt von den Medien abgedeckt und dargestellt wird, scheint allenfalls eine am Rand mitlaufende Frage zu sein. (Calließ & Raue 2004: 200f.)

Die Konzentration auf Einzelphänomene verstellt den Blick auf fallübergreifende Strukturen und lässt die Nuancen im Journalismus verschwimmen. Die Frage, welchen quantitativen und qualitativen Stellenwert solche Einzelphänomene für das Gesamtbild der Kriegsberichterstattung haben (vgl. Calließ & Raue 2004: 204f.), fällt einer pauschalen Generalanklage zum Opfer.

Im Gegensatz zu einer fallorientierten Herangehensweise bemüht sich die systemtheoretische Perspektive auch um eine gesellschaftstheoretische Einordnung von Journalismus. Im Rahmen des mittlerweile sehr erfolgreichen funktionalistischen Forschungsparadigmas kann Journalismus als Leistungsträger innerhalb eines sozialen Teilsystems Öffentlichkeit verstanden werden, dessen Funktion in der Ermöglichung von sozialer Koorientierung besteht (vgl. Hanitzsch 2004: 36-57).[10] Demnach kann es nicht die zentrale Aufgabe von Journalismus sein, friedliche Konfliktlösungen herbeizuführen, da sich hierauf jeweils andere gesellschaftliche Teilsysteme (u.a. Politik, Recht, Militär) spezialisiert haben.

Da soziale Systeme, und damit auch öffentliche Kommunikation, selbststeuernd und selbstbezüglich operieren, kann es auch nicht überraschen, wenn Journalismus jene „von außen" an ihn herangetragenen normativen Konzepte

---

10 Einen lesenswerten Überblick über die systemtheoretische Journalismusforschung findet sich bei Kohring 2000.

wie Friedensjournalismus nicht ohne weiteres annimmt. Forderungen nach
„sozialer Verantwortung" begegnen Journalisten ohnehin mit „instinktiver"
Ablehnung, da mit genau diesem Argument autoritäre Regimes die Medien in
der Vergangenheit wiederholt geknebelt haben. Gjelten (2001: 76) sieht daher
keinerlei Notwendigkeit dafür, dass Journalisten ihre professionellen Fähigkeiten in den Dienst der Konfliktlösung oder -prävention stellen müssten: „Sie
müssen einfach nur ihre Arbeit besser machen - im Rahmen der traditionellen
Standards ihres Berufs."

Es bleibt ohnehin anzunehmen, dass die Philosophie des Friedensjournalismus in ähnlicher Weise scheitern wird, wie dies zuvor schon dem Development Journalism widerfahren ist. Der sogenannte „Entwicklungsjournalismus",
nach dessen Vorstellungen die Massenmedien in Ländern der Dritten Welt
einen Beitrag zur Erreichung von Entwicklungszielen leisten sollen (vgl. Kunczik 1986; Wong 2004), gilt gelegentlich auch heute noch als hoffnungsvolles
Projekt (vgl. Fisher 2000; Edeani 1993). Jüngere Untersuchungen haben jedoch
gezeigt, dass dieses Journalismuskonzept in Entwicklungsländern kaum Fuß
fassen konnte (vgl. u.a. Rampal 1995; Chaudhary 2000; Murthy 2000; Ramaprasad 2003) bzw. allenfalls der ideologischen Legitimation für staatliche Eingriffe
in die Pressefreiheit dient (vgl. Gunaratne 1999; Wong 2004).

Wenn also Innovationsschübe im Journalismus Erfolg haben sollen, dann
müssen sie gewissermaßen „von innen" kommen, d.h. Journalismus muss seine
Strategien gegen Krisen in der Berichterstattung aus sich heraus entwickeln
(vgl. Altmeppen 1993: 221). Dies geschieht in Deutschland u.a. im Rahmen der
„Initiative Qualität" (IQ) des Deutschen Journalistenverbandes. Der DJV hat
hierfür eine Charta entwickelt, die ein neun Punkte umfassendes Regelwerk für
Qualität im Journalismus enthält.[11] Besondere Sorgfalt gilt demnach u.a. der
Achtung der Menschenwürde, einer soliden Aus- und Weiterbildung, der Präzision in Wahrnehmung und Wiedergabe, der Faktentreue und fundierten Recherche, der internen und externen Medienkritik, der Unabhängigkeit von
sachfremden Interessen sowie der Trennung Journalismus und Öffentlichkeitsarbeit.

Die Journalistik - also jene Wissenschaft, die sich analytisch mit dem Jour-
nalismus auseinandersetzt - interessiert sich seit ihrer Institutionalisierung als
Disziplin für das Problem der journalistischen Qualitätssicherung. Stefan Ruß-
Mohl (1992: 85), auf den der Satz „Qualität im Journalismus definieren zu

---

[11] [Online-Dokument]   URL: http://www.djv.de/downloads/Charta2.pdf   [Download:
      24.07.2003].

wollen, gleicht dem Versuch, einen Pudding an die Wand zu nageln" zurück
geht, hat einen Kriterienkatalog für journalistische Qualität aufgestellt. Dazu
zählen Faktentreue, Verständlichkeit, Aktualität, Originalität, die Offenlegung
der Bedingungen von Berichterstattung, Quellenkritik, die Trennung von
Nachricht und Meinung, die Vielfalt der Blickwinkel sowie Ausgewogenheit.
Aber auch hier gilt die Prämisse der Selbstbestimmtheit von Journalismus:
In welchem Maße die Problemlösungsvorschläge aus der Journalistik vom
Journalismus - etwa über die hochschulgebundene Journalistenausbildung -
angenommen werden, darüber „entscheidet" der Journalismus als autonomer
Teilbereich einer demokratischen Gesellschaft selbst.

6   Mehr Distanz, Transparenz und Selbstkritik

Um auf das eingangs geschilderte Schicksal der indonesischen Tageszeitung
‚Suara Maluku' zurückzukommen: Der beginnende Bürgerkrieg hat Journalisten auf beiden Seiten des Schlachtfeldes - oft gegen ihren Willen – Partei ergreifen lassen und somit zur Herausbildung eines verhängnisvollen Journalism
of Attachment geführt, der seinerseits nun eskalierend auf die Konfliktlage
wirkte. Hätte ein Konzept Friedensjournalismus diese Entwicklungen verhindern können?
Ganz sicher nicht. Es waren nicht die Journalisten, die sich aus eigenen
Stücken für eine einseitige Berichterstattung entschieden. Vielmehr wurde
ihnen durch die territorialen Umstände und die sich daraus ergebenden verhängnisvollen Konsequenzen keine Wahl gelassen (Eriyanto 2003: 25). Unter
den gegebenen Umständen wäre die Praxis des Peace Journalism sogar lebens-
gefährlich gewesen.
In dem Maße, wie Journalisten in die Gesellschaft, über die sie berichten,
integriert sind, liefern sie sich auch den in ihr herrschenden Zwängen und
Versuchungen aus. Zu dieser Einsicht gelangt schließlich auch Kempf (2002:
60), wenngleich auch aus einer kritischen Perspektive. Kann eine Gesellschaft
von ihren Journalisten also verlangen, „bessere" Menschen zu sein als ihr Publikum? Wie wahrscheinlich ist es, dass sich in einer Kultur, in dem ein Men-
schenleben kaum von Wert ist und Gewalt als legitimes Mittel der Konfliktaustragung gilt, so etwas wie Friedensjournalismus herausbildet? Um den Realitäten gerecht zu werden, muss die Argumentationskette in die gegenläufige Richtung gedacht werden: Frieden und Gewaltlosigkeit ist Vielmehr eine *Vorbedin-
gung* für Friedensjournalismus. Die Frage, wie Massenmedien Realität unter

Krisenbedingen konstruieren, erhält - um mit Luhmann (1996: 31) zu sprechen
- somit eine gesellschaftstheoretische Wendung: „Sie wird lauten müssen, was
das für eine Gesellschaft ist, die sich und ihre Welt auf diese Weise beschreibt."
Journalistische Medienangebote und ihre Produzenten können gleichwohl
einen Beitrag zur friedlichen Konfliktaustragung leisten, ihre Einflussmöglich-
keiten sind jedoch begrenzt (vgl. Jakobsen 2000). Eine wesentliche Rolle spielt
hierbei der Faktor Individualkommunikation (vgl. Kempf 2003: 3). Denn in
welchem Maße journalistische Medieninhalte ihr Publikum beeinflussen können, wird von den Rezipienten sowie von zahlreichen sozialen und kulturellen
Faktoren in entscheidendem Maße mitbestimmt. Auch die Medienberichterstattung über Kriege kann in verschiedenen (länderspezifischen) Kontexten
durchaus sehr unterschiedliche Wirkungen haben (Lehmann 2004: 168).

Keinesfalls darf der Eindruck entstehen, es sei die primäre Funktion von
Journalismus, die Gesellschaft von Gewalt und anderen sozialen Übeln zu
befreien. Diese zentrale Aufgabe fällt hauptsächlich anderen gesellschaftlichen
Teilbereichen zu, die sich zu diesem Zweck herausgebildet haben: u.a. der
Entwicklungs-, Außen- und Sicherheitspolitik (vgl. Debiel & Matthies 2000:
250). Anstatt auf normative Forderungen nach einem Friedensjournalismus zu
setzen, sollte der Blick stärker auf einen anderen Teilbereich der öffentlichen
Kommunikation gelenkt werden, der sich traditionell mit Auftragskommunika-
tion beschäftigt: Öffentlichkeitsarbeit bzw. Public Relations. Um die friedliche
Konfliktaustragung durch Instrumente der öffentlichen Kommunikation zu
unterstützen, bietet es sich an, ein Konzept „Friedens-PR" zu entwickeln.

Die jüngsten Beispiele aus der Berichterstattung über den Irak-Krieg zeigen
jedoch, dass dem Journalismus ein Mehr an Distanz, Transparenz und Selbstkritik durchaus gut tut. An Distanz hat es insbesondere einigen US-
amerikanischen und britischen Journalisten gemangelt, die in militärische
Kampfeinheiten „eingebettet" waren. So kommentierte ein britischer BBC-
Reporter den Vormarsch von Fallschirmjägern, mit denen er unterwegs war,
mit den Worten: „We'll soon be arriving at our target." Gapp (2003) fragt dazu
kritisch: „Hat er denn dasselbe Ziel wie die Soldaten?" An anderer Stelle beschrieb ein eingebetteter Korrespondent vom TV-Network NBC sein Verhältnis zum US-amerikanischen Militär mit den Worten: „Sie haben bisher alles
getan, um unseren Wünschen entgegenzukommen. Also tun auch wir alles, was
sie von uns möchten." (zit. in Schön 2003b)

Mehr Transparenz und Reflexivität kann insbesondere durch die Offenlegung der Bedingungen von Berichterstattung und Quellenkritik erreicht werden, wie dies Ruß-Mohl (1992: 86) bereits zu Beginn der 90er Jahre gefordert

hatte. Mit einem Appell für mehr Zuverlässigkeit, Quellenkritik und Medienjournalismus wartet u.a. auch Luostarinen (2002: 281) auf. Es ist noch nicht allzu lange her, dass sich Dušan Reljić (2002: 73) - teilweise zutreffend - darüber beklagt hatte, Journalisten seien immer seltener dazu bereit, sich nur an eindeutige und überprüfbare Tatsachen zu halten, die ihnen selbst zugänglich sind: „Kaum jemand mag dem Publikum offen sagen, dass man nur über einen beschränkten Ausschnitt der Geschehnisse berichten kann. Es könnte sein, dass die Konkurrenz ohne derlei Skrupel arbeitet." Diese Aussage trifft nach der in den deutschen Medien weitgehend quellenkritischen und transparenten Berichterstattung zum Irak-Krieg in dieser Form nicht mehr zu. Moderatoren und Korrespondenten haben in zunehmendem Maße keinen Hehl aus der Tatsache gemacht, dass ihre Informationen ungenügend bzw. nicht überprüfbar waren.

Eine weitere Herausforderung für den Krisenjournalismus ist zweifellos der wachsende Aktualitätsdruck, der nach Auffassung von Beuthner (2003: 142) Schnelligkeit über Richtigkeit stellt und sich in einem „reaktiven Simultan-Journalismus" manifestiert. Neverla (2003: 165f.) fordert deshalb eine öffentliche Übereinkunft darüber, dass Qualität der Berichterstattung vor Quantität und Geschwindigkeit gehen sollte, da guter Journalismus Zeit für substanzielle Recherche und Hintergrundberichterstattung brauche. Ob ihre Anregung für einen „Zeit-Pakt zwischen Publikum, Journalismus und Medienkritik" hier weiterhelfen kann, muss an dieser Stelle jedoch bezweifelt werden. Jay Tuck, Chef vom Dienst in der ‚Tagesthemen'-Redaktion (ARD), hält Neverlas Vorschlag jedenfalls für „absurd":

> Es hat nie ein Ende, es gibt nie einen Redaktionsschluss für Ereignisse. Die Story vom 11. September ist immer noch nicht zu Ende. Und wann, um Himmels willen, sollten wir denn mit der Berichterstattung beginnen? (zit. in Beuthner et al. 2003: 174)

Immer häufiger findet in den Massenmedien jedoch eine Selbstthematisierung statt: Medien berichten über Medien, laut Schmidt (1994b: 270) löst die Gesellschaft damit das Problem der Authentizitätsüberprüfung. Vor allem die Berichterstattung über Kriege provoziert regelmäßig eine Flut von journalistischer Selbstkritik innerhalb der Medien (vgl. Löffelholz 1995). Viele Nachrichtenmagazine sowie Tages- und Wochenzeitungen haben eine Rubrik „Medien" eingerichtet, auch mehrere TV-Formate beschäftigen sich mittlerweile regelmäßig in kritischer Absicht mit der Berichterstattung zu aktuellen Themen. Diese Form der Reflexion „von innen", so bleibt zu hoffen, birgt das Potenzial, Selbstkorrekturen im und durch den Journalismus auszulösen.

4 MILITÄRISCHE KOMMUNIKATION IM KRIEG

Öffentlichkeit als Teil des Schlachtfeldes

Grundlagen der Kriegskommunikation aus militärischer Perspektive

Hans-Joachim Reeb

1 Einleitung: Lektion gelernt

> Die Presse ist kein Hindernis, sondern Teil des Schlachtfeldes. Sie müssen sie benutzen, von innen heraus. Wie Sonne, Nebel oder Schnee sind auch die Medien eine Rahmenbedingung der Schlacht.[1]

Dass die Medienberichterstattung ein wichtiger militärischer Faktor ist, hätte während der Nato-Luftoperationen gegen Jugoslawien im Jahr 1999 eigentlich bereits zum Allgemeingut der Akteure gehören müssen. Dennoch stellte sich die Nato erst im Laufe des Konfliktes auf diese Erkenntnis ein. Erfahrene Medienberater aus Großbritannien und den USA waren ihr dabei behilflich (vgl. Beham 2000: 221). Bundesregierung und Bundeswehr-Führung dagegen traten Journalisten und Öffentlichkeit mit den routinemäßigen Informationsmaßnahmen (Pressekonferenzen, Broschüren) gegenüber, ergänzt um eher spontane Aktionen des Bundesministers der Verteidigung. Einen besonderen Plan für ein Informationsmanagement während dieses ersten Krieges des Bündnisses gab es weder in der Nato noch im Bundesministerium der Verteidigung (BMVg) bzw. in der Bundeswehr. Mittlerweile zogen alle Beteiligten die Lehren aus den kommunikativen Abläufen (vgl. Shea 2000: 215). Die US-

---

[1] Wesley Clark, US-General und Nato-Oberbefehlshaber Europa (SACEUR) 1999 im Kosovo-Krieg, ZDF-Sendung ‚Frontal 21' vom 13.11.2001.

Streitkräfte haben im Irak-Krieg ein breit gestreutes Spektrum von Information Operations eingesetzt, zu dem auch die Maßnahmen mit gezielter Wirkung auf die Öffentlichkeit gehören.

In diesem Beitrag soll die Kriegskommunikation aus militärischer Perspektive analysiert werden. Zu untersuchen ist, warum und unter welchen Bedingungen das Militär die Berichterstattung der Medien in seinem Handeln zu berücksichtigen und welche Maßnahmen es dafür vorgesehen hat. Ausgangspunkt ist die Beschreibung wahrscheinlicher künftiger Konflikttypen, in denen Streitkräfte westlicher Gesellschaften involviert werden können. Es schließt sich die Relevanz von Legitimationsprozessen für die Teilnahme an solchen Konflikten an, um daran anknüpfend zentrale Rahmenbedingungen der Kriegskommunikation zu beleuchten. Auf dieser Grundlage wird das Militär in seiner Akteursrolle in der Kriegskommunikation analysiert, um abschließend eine Bewertung der bisherigen Kriegskommunikation vorzunehmen. Betrachtungsobjekt sind schwerpunktmäßig die deutschen Streitkräfte.

2 Künftige Kriegsformen und ihre mediale Wahrnehmung

Der klassische militärische Konflikt zwischen Staaten hat nach 1945 erkennbar abgenommen. Von den mehr als 200 gezählten Kriege und gewaltsamen Konflikten gehören zwei Drittel der Gruppe innerstaatlicher Auseinandersetzungen an, die unter dem Begriff „low intensity conflicts" (LIC) zusammengefasst werden (Gantzel 2002: 2). In den letzten Jahren wurde eine dritte Kategorie von Kriegen identifiziert, die als „neue Kriege" firmieren (Münkler 2002).[2] Hierbei werden die asymmetrischen Beziehungen zwischen den Akteuren hervorgehoben. Auch die Erscheinungsform des internationalen Terrorismus lässt sich unter diese Kategorie subsumieren.

Unabhängig von Zuordnungsfragen oder von einer Diskussion, ob es das „Neue" überhaupt gibt (Gantzel 2002), sind folgende Merkmale der künftigen Kriegsformen, in denen auch Streitkräfte westlicher Gesellschaften involviert werden können, für das Thema von Interesse. Den regulären Truppen stellen sich sogenannte „private" Akteure gegenüber, d.h. Warlords, Banden, (private) Sicherheitsdienste, Terrorgruppen usw. Diese fühlen sich an die Regeln und Normen der klassischen Kriegsführung nicht gebunden. Sie beschränken sich

---

2   Andere Begriffe sind: „private" Kriege oder „kleine" Kriege.

auch nicht auf ein definiertes Territorium, sondern agieren unabhängig von staatlichen Zonen. Der Konflikt wird entgrenzt. Die Asymmetrie besteht aus Sicht dieser Akteure in den Kriegszielen und der Kriegsführung. Eine Motivgruppe in den „neuen" Kriegen ist der ökonomische Nutzen, der aus dem Konflikt gezogen wird („Kriegsökonomien"). Daneben treten bei Terrorgruppen eine entweder regional zu erklärende Motivation oder ein international behaupteter diffuser Anspruch auf Geltung hinzu.

Den Kriegsmethoden ist gemein, dass das in der Staatengemeinschaft anerkannte humanitäre Völkerrecht missachtet wird und sie nach westlichen Moralvorstellungen verwerfliche, skrupellose und hinterlistige Handlungen beinhalten. Dazu zählen Terrorakte gegen Unbeteiligte, der Einsatz von Kindern als Soldaten und die Einbeziehung der Zivilbevölkerung in die Kriegsführung. Die Streitkräfte westlicher Soldaten wiederum sind dem sich rasch voranschreitenden technischen Fortschritt gefolgt. Die neue Qualität ihrer Kriegsführung besteht darin, auf massierte konventionelle Streitkräfte verzichten zu können und stattdessen aus der Position einer technologischen Überlegenheit zu operieren. Die US-Streitkräfte wurden unter Konzepten wie „Revolution in Military Affairs" (RMA) am weitgehendsten optimiert und verfügen über ein breites Spektrum an modernen Strategien, Operationen („Spezialkräfte") und Waffensystemen (Information Operations, Cyberwar, smart weapons usw.). Die technologische Überlegenheit dient gerade dem Ziel, Opfer in den eigenen Truppen zu vermeiden.

Es ist erkennbar, dass beide Entwicklungen sich aufeinander beziehen. Sowohl die „privaten" Akteure als auch die High-Tech-Streitkräfte berücksichtigen bei ihren Absichten und Handlungen die vermeintlichen Wirkungen von globalen Massenkommunikationsmitteln. Dabei spielen die Inszenierungsstrategien von Mediengesellschaften eine zentrale Rolle. Galtung (1998b: 12) erklärt anhand seines „Modells der Nachrichtenselektion", warum deshalb nur bestimmte Ereignisse in der Welt für die Berichterstattung relevant sind.

> Das ideale Ereignis, das eine neue Top-Meldung ergibt, - ist etwas Negatives (nichts Positives, das ist weniger interessant), - das einer Person widerfährt (nicht einer Struktur oder Institution, das ist abstrakt und weniger interessant), - die zu einer Elite gehört (nicht gewöhnliche Leute, das ist weniger interessant), in einem Elite-Land [...].

Je mehr dieser Kriterien vorliegen, desto eher wird über das Ereignis berichtet. Daher stehen in der Auslandsberichterstattung besonders die Krisen, Kriege, Terroranschläge und Katastrophen im Mittelpunkt, die einen Bezug zu Elite-Ländern bzw. deren Angehörigen aufweisen. Davon kann im deutschen Journalismus immer ausgegangen werden, soweit Streitkräfte der westlichen Staatenwelt beteiligt sind. Militärische Planungen und Operationen geraten also ausnahmslos in das mediale Rampenlicht und können über Wochen den Schwerpunkt der Berichterstattung bilden. Sie besitzen einen hohen Nachrichtenwert.

Andere gewaltsame Konflikte werden nur zum Teil oder am Rande von den westlichen Medien wahrgenommen. Unterschiedliche wissenschaftliche Erklärungen liegen für die Mechanismen vor, aufgrund derer diese „vergessenen Kriege" in die Erinnerung der Weltöffentlichkeit gerufen werden. Das Konstrukt des „CNN-Faktors" unterstellt, dass die globale Medienberichterstattung einen kausalen Einfluss auf den Handlungszwang politischer Akteure ausüben kann, damit diese sich zu einem militärischen Engagement in Konfliktgebieten genötigt sehen würden (vgl. Dietz 2000). Unterstützung findet diese These durch die Behauptung, die Akteure der „neuen" Kriege könnten Situationen provozieren, die eine Handlungskette auslösen, in deren Verlauf die global wahrgenommenen Medienberichte stehen würden. Beispielsweise diene die Provokation von Flüchtlingsströmen dazu, Aufmerksamkeit zu erzeugen. Die Fernsehbilder über leidende Frauen, Kinder und alte Menschen lösen Handlungsbereitschaft von Hilfsorganisationen aus, die wiederum um militärischen Schutz zur Sicherung ihrer Maßnahmen nachsuchen würden (vgl. Münkler 2000: 154).

In solchen Situationen gerät das Militär unvermittelt in eine Akteursrolle und muss sich dem „Scheinwerferlicht" der Medien stellen. Das weitere Engagement der Streitkräfte findet dann unter „Beteiligung der Öffentlichkeit" statt. Die gegnerischen Akteure nutzen diese Aufmerksamkeit aus, um in ihrem Sinne auf den politischen Willen der westlichen Gesellschaften einzuwirken (dazu Näheres unter Abs. 4.3). Die Kriege der Zukunft und ihre mediale Wahrnehmung stellen den Legitimierungsprozess von militärischer Gewalt und eine Diskussion um die ethisch-rechtliche Basis des Soldatenberufs in den Mittelpunkt politischer und militärischer Überlegungen.

3 Legitimation bewaffneter Gewalt in Demokratien

In demokratischen Gesellschaften ist die Legitimation von bewaffneter Gewalt an die Akzeptanz und Anerkennungswürdigkeit der Öffentlichkeit gebunden. Wie die aktuelle Politik der Bush-Administration zeigt, ist dabei in erster Linie die Zustimmung der eigenen Bevölkerung gemeint, auch unter Vernachlässigung der Weltöffentlichkeit. Die politischen Akteure versuchen die Anerkennung und Zustimmungen durch das Propagieren von Legitimationsideen zu erreichen (Akt der Legitimierung). Legitimation beantwortet somit die Frage, warum etwas gerechtfertigt ist (vgl. Reeb 1998: 2).

Sie zielt auf Legitimität als der empirisch messbaren Anerkennungsbereitschaft der Öffentlichkeit (Akzeptanz) sowie als der ethisch qualifizierten Anerkennungswürdigkeit, die wiederum aus einer Auseinandersetzung der sinnstiftenden Institutionen über die „Moral" der Sicherheitspolitik resultiert (Wiesendahl 1983: 148). Legitimation und Legitimität bedingen einander. Die Sicherheitspolitik muss gut begründet sein, um akzeptiert zu werden, eine gut begründete Politik bedarf der zusätzlichen Akzeptanzbeschaffung. Es reicht nicht aus, unter „Marketing-Gesichtspunkten" für das Produkt Streitkräfte zu werben, wenn die politische und ethische Begründung fehlt.

Zu unterscheiden sind grundsätzlich drei Argumentationsebenen: Zunächst muss es einen gesellschaftlichen Konsens über anerkannte Werte und Güter geben. Dann hat Übereinstimmung zu herrschen, dass diese Werte und Güter bedroht sein können und schützenswert sind. Schließlich müssen die zur Sicherung eingesetzten Mittel in einem vertretbaren Verhältnis zum Zweck stehen. Demgegenüber erwartet ein Machthaber in autoritären Systemen nicht hinterfragbare Gefolgschaft, auch wenn er sich zumindest gegenüber Dritten bemüht, seine politischen Absichten und Handlungen zu rechtfertigen.

Die Legitimation von Streitkräften ist nach demokratischem Verständnis auch Voraussetzung für die Begründung des soldatischen Dienstes. Dadurch soll dem einzelnen Soldaten der Sinn des militärischen Auftrages einsichtig und verständlich gemacht werden, damit er ihn aus Überzeugung erfüllt. Die öffentliche Akzeptanz bestimmt wiederum den Grad an gesellschaftlicher Integration der Streitkräfte und ihrer Soldaten und wirkt sich somit auf die Zustimmung und Bereitschaft des Einzelnen für den militärischen Dienst, d.h. seine Motivation (zum Wehrdienst, zum Dienen und zum Kämpfen) aus. In demokratischen Gesellschaften beeinflussen sich Legitimation, Integration und Motivation daher wechselseitig. Die Legitimierung von Streitkräften ist folglich ein dynamischer Prozess, der sich aus der Notwendigkeit fortlaufender politischer Entscheidungen und ihrer gesellschaftlichen Rückkopplung ergibt.

Bereits in Friedenszeiten bauen die politischen Akteure Vertrauen in der Öffentlichkeit mit Hilfe der Medien auf. Sie geben allgemeine Begründungen für die Existenz und den Auftrag der Streitkräfte (z.B. „Wahrung der Menschenrechte"). Die Legitimierung von militärischer Macht beinhaltet die Nennung potentieller oder abstrakter Gefährdungen bzw. Bedrohungen. Sie schließt die Werte und Güter ein, die es zu schützen gilt und benennt die Bedingungen, unter denen der Einsatz von militärischer Macht als politisch, rechtlich und ethisch gerechtfertigt erscheint.

Nach der Auflösung des Ost-West-Konfliktes, in dem die beiden rivalisierenden Militärblöcke eindeutig identifizierbar waren, hat sich das Spektrum an Risiken ebenso erweitert wie die Formen der geeigneten militärischen Reaktionen. In den 90er Jahren haben sich die folgenden Funktionen für Streitkräfte demokratischer Gesellschaften herausgebildet (vgl. Reeb & Többicke 2003: 165):

• Sicherheit vor Friedensbrechern, die nur mit militärischer Gewalt im äußersten Fall an ihrer Aggression gehindert werden können als Voraussetzung für politische Lösungen zur Friedensgestaltung und Konfliktbewältigung.

• Absicherung und Erzwingung international verbindlich getroffener Entscheidungen bei völkerrechtlichen Verletzungen des Friedens, wenn diesem „Richterspruch" nicht freiwillig gefolgt wird.

• Humanitäre Einsätze subsidiärer Art bei Not- und Katastrophenhilfen im Rahmen freier und bestgeeigneter Ressourcen.

Die sicherheitspolitische Entwicklung führte zu „Interventionsarmeen", die primär zur Kriseneindämmung und Konfliktbewältigung an den regionalen Brennpunkten eingesetzt werden. In den westlichen Gesellschaften gibt es einen weitgehenden Konsens darüber, dass der Einsatz von militärischer Gewalt folgenden Prinzipien folgen sollte:[3]

• Vor jedem Einsatz von Streitkräften sind die Ziele, Chancen, Risiken und Alternativen gewissenhaft abzuwägen.

• Der Gebrauch militärischer Macht unterliegt immer den Grundsätzen der Verhältnismäßigkeit der Mittel, d.h. muss erforderlich, geeignet und im Verhältnis zum Ziel der geringste Eingriff sein.

• Dazu bedarf es der legitimatorischen Anbindung an eine international anerkannte Autorität.

Die politischen und militärischen Akteure können nur dann mit einer mehrheitlich getragenen Unterstützung in der Öffentlichkeit rechnen, wenn sie in

---

3   Das schließt nicht aus, dass die Regierungen diese Prinzipen nach politischen Kriterien interpretieren, z.B. im Sinne einer „pax americana".

ihren Begründungen und Handlungen diese Prinzipien beachten. Dabei sind sie auf mediale Kommunikationsprozesse angewiesen.

4 Rahmenbedingungen der Kriegskommunikation

Die durch die militärischen Akteure praktizierte Kommunikation vor und während gewaltsamer Auseinandersetzungen unterliegt weiteren Rahmenbedingungen. Hervorzuheben sind hier die Beziehungen der Akteure zueinander, die wechselseitigen Wahrnehmungen von Militär und Journalisten sowie die Rolle der öffentlichen Meinung.

4.1 Das Beziehungsgeflecht der Akteure

Das Militär demokratischer Gesellschaften unterliegt dem Primat der Politik. Damit ist eine grundsätzliche und umfassende Kontrolle der Streitkräfte durch die politischen Akteure gemeint. Sie entscheiden und verantworten den Einsatz militärischer Gewalt. Die Öffentlichkeit sieht in ihnen die Ansprechpartner, die die Begründungen für ein militärisches Engagement zu geben haben. Folglich bestimmen auch die politischen Akteure die Richtlinien der Informationspolitik und geben dem Militär Vorgaben, nach denen es seine Presse- und Öffentlichkeitsarbeit auszurichten hat. Unter diesen Rahmenbedingungen sind die militärischen Sprecher dafür zuständig, die militärischen Kräfte, Operationen und Ergebnisse darzustellen.

Das Loyalitätsverhältnis der Militärs besteht in erster Linie gegenüber der eigenen Regierung. Darum werden die Beziehungen beim Einsatz von Bündnisstreitkräften komplizierter. Neben den Rückkopplungen zwischen den politischen und militärischen Akteuren treten Abstimmungen zwischen den beteiligten Nationen hinzu. Verzögerungen in der Informationsweitergabe können eintreten, wie es die Nato-Sprecher im April 1999 im Kosovo-Konflikt erleben mussten (vgl. Shea 2000: 216).

Zusätzlich zu diesen Beziehungskonflikten in der Informationsarbeit treten die Einwirkungen des politischen und militärischen Gegners. Zumeist handelt sich um Akteure, die ihr Mediensystem unter Kontrolle gebracht haben und es als Instrument in der Gunst um die öffentliche Meinung zu Zwecken der Propaganda und Desinformation einsetzen können. Demgegenüber haben sich die Medien in den westlichen Gesellschaften zu einem eigenständigen Subsystem weiterentwickelt, das zunächst nach eigenen „Spielregeln" agiert („Mediendemokratie"). Eine Einflussnahme durch politische und militärische Akteure ist verfassungsrechtlich untersagt und aus demokratie-theoretischen Gründen nicht wünschenswert. In der Realität spielen allerdings neben ökonomischen Einflüssen die in der politischen Kultur sich herausbildenden Orientierungen eine Rolle. So hat sich nach dem 11. September 2001 unter den Verlegern und Journalisten in den USA eine patriotische Mentalität breit gemacht, die einen unabhängigen Journalismus in Frage stellt (vgl. Reeb 2002: 26). Grundsätzlich können aber Politik und Militär nicht vorhersehen, wie das Mediensystem mit den Informationen des Gegners umgeht.

Die heutigen technologischen Möglichkeiten der Nachrichtenproduktion erlauben prinzipiell eine unverzügliche und kontinuierliche Medienpräsenz nach Beginn eines militärischen Konfliktes. Die weltweite Berichterstattung kann in Echtzeit erfolgen. Das Internet ermöglicht eine unüberschaubare Anzahl an Verbreitungsquellen von Informationen. Das Militär kann somit unverzüglich in den Mittelpunkt der medialen Aufmerksamkeit geraten.

4.2 Gegenseitige Wahrnehmungen von Soldaten und Journalisten

Untersuchungen belegen, dass die deutschen Streitkräfte nicht besser oder schlechter als andere Institutionen dargestellt werden (vgl. Delitz & Plake 1988). Gegenüber vielen anderen Nachrichtenobjekten gibt es aber einige Besonderheiten:

- die Komplexität der Materie kann leicht zu falschen Vereinfachungen führen,

- die Abstraktheit des Gegenstandes („äußere Sicherheit") ist schwer bildhaft darzustellen,

- jede Zusammenballung von Macht wird in der Demokratie traditionell kritisch betrachtet. Das gilt besonders für die militärische Macht.

Deshalb entspricht die Berichterstattung über die Bundeswehr nicht unbedingt immer den Erwartungen und dem zum Teil ausgeprägten Harmoniebedürfnis der Soldaten. Eine gewisse Skepsis gegenüber Journalisten ist immer noch im Militär verbreitet. Das trifft weniger auf die Soldaten zu, die gezielt für eine Tätigkeit in der Presse- und Öffentlichkeitsarbeit ausgewählt und ausgebildet wurden. Seit Ende des Ost-West-Konfliktes hat sich aufgrund veränderter Themen in den Medien (z.B. Auslands- und Hilfseinsätze, Frauen) eine positive Berichterstattung über das Militär auch in der Bewertung der Journalisten bemerkbar gemacht.

Die Redakteure haben heute ein unverkrampfteres Bild von den Streitkräften. Allerdings ist die Gruppe von Fachjournalisten, die überwiegend über sicherheits- und militärpolitische Themen berichten, weiterhin klein. Die meisten Journalisten vermeiden eine intensivere Beschäftigung mit Sicherheitspolitik, um nicht einer Affinität zum Militärischen verdächtigt zu werden (vgl. Kister 1984: 265). Insgesamt führten die Angebote der Streitkräfte zur Zusammenarbeit zu einem entspannteren Umgang mit- und zu mehr Verständnis füreinander (vgl. Lange 2002: 15).

4.3 Die öffentliche Meinung als Bezugsgröße

Die öffentliche Meinung stellt eine wesentliche Bezugsgröße im Legitimierungsprozess von bewaffneter Gewalt dar. Nach dem hier vertretenen Verständnis von Legitimation bildet sie sich aus einer Wechselwirkung von in Umfragen gemessenen und in Medien veröffentlichten Meinungen der Bevölkerung und den verlautbarten Anschauungen von Meinungsführern, die als „strategic community" zusammengefasst werden können (Reeb 2003a: 30ff.).

Die Grundorientierungen und Einstellungsmuster der deutschen Bevölkerung sind durch die nach dem Zweiten Weltkrieg verinnerlichte „Kultur der Zurückhaltung" und die Skepsis gegenüber dem Militärischen vorgeprägt. Die ratio einer militärisch orientierten Sicherheitspolitik lag in einer wahrgenommen Bedrohung durch „den Osten" in der Mitte Europas. Der Paradigmenwechsel nach Ende des Ost-West-Konfliktes führte dann zu Lernprozessen in der Öffentlichkeit und einer langsamen Einstellungsänderung zugunsten der Akzeptanz von größerer Verantwortung des wiedervereinten Deutschland, auch mit militärischen Mitteln. Die Grundstimmung zeigt sich in einer weiterhin prinzipiellen Ablehnung einer militärisch dominierten Politik (vgl. Maull 2001: 660). Einstellungsunterschiede sind besonders zwischen den Bürgern in West- und Ostdeutschland (vgl. Biehl 2002: 115) sowie zwischen den Personen mit unterschiedlichen Parteipräferenzen festzustellen (vgl. Rattinger & Holst 1998: 252).

Trotz hoher Sympathiewerte hat das Interesse an den Streitkräften in der Gesellschaft nachgelassen (vgl. EMNID-Umfrage 2003: 84 Prozent der Bevölkerung hat „Vertrauen in die Bundeswehr"). Neue Aufträge und eine Reduzierung des Personalumfangs bei gleichzeitiger Professionalisierung führen zu einer Dienstleistungsmentalität. Innenpolitische Themen sind wichtiger und überlagern die Sicherheitspolitik. Die individuelle Handlungsbereitschaft basiert auf einem Kosten-Nutzen-Denken (vgl. Reeb 2003a: 27f.).

Die Meinungsführer sind der Mehrheit gedanklich und mental zeitlich voraus. Sie wirken kommunikativ auf den Meinungsbildungsprozess ein. In der deutschen Bevölkerung hat sich erst seit 1997 eine knappe Mehrheit für friedensschaffende Maßnahmen, also Kampfeinsätze, herausgebildet. Aktuelle Umfrageergebnisse deuten darauf hin, dass die Öffentlichkeit beim Einsatz militärischer Gewalt prinzipiell zurückhaltend bleibt und im Einzelfall diesem ablehnend gegenüber steht (vgl. Rümmer & Hoffmann 2002; EMNID 2001). Beispielsweise war die Ablehnung einer deutschen Beteiligung an militärischen Maßnahmen gegen den Irak seit Anfang 2002 sehr groß (vgl. EMNID 2002).

Die Legitimierungsbemühungen der politischen Akteure, unterstützt durch Vertreter der Streitkräfte, müssen demnach hoch sein, um die Bevölkerung für ein militärisches Engagement zu gewinnen. Die Anwendung militärischer Gewalt wird in der Öffentlichkeit kritisch beobachtet. Sobald der Eindruck entsteht, dass hierbei die propagierten Begründungen und Prinzipien nicht beachtet werden, drückt sich das in einer nachlassenden Unterstützungsbereitschaft der Bevölkerung aus. So nahm in der Bevölkerung die Akzeptanz für das militärische Engagement in Jugoslawien mit den ersten Bildern von „Kollateralschäden" bei den flüchtenden Kosovo-Albanern ab. Die Informationspolitik gerät in diesen Situationen in ein Grunddilemma. Der Einsatz von Streitkräften mit dem Ziel, eine humanitäre Katastrophe abzuwenden und Menschenrechte durchzusetzen, kann der Öffentlichkeit gegenüber nur glaubhaft vermittelt werden, wenn diese Ziele auch erkennbar verwirklicht werden und gleichzeitig der Schaden für die Zivilbevölkerung gering gehalten wird. Der Erfolg der Informationspolitik hängt dann vom tatsächlichen Verlauf der Ereignisse ab.

Hierauf versuchen die gegnerischen Akteure einzuwirken. Sie nutzen die Mechanismen der Nachrichtenproduktion westlicher Medien aus, um reale und inszenierte Ereignisse mit Blick auf die öffentliche Meinung zu präsentieren. Dazu bemühen sie sich um das Informationsmonopol in dem von ihnen kontrollierten Gebiet und steuern die Berichterstattung, in dem sie ausgewählte Reporter zu den ausgesuchten Schauplätzen führen oder durch eigene Medien produzierte Berichte verbreiten.

Die „Macht der Bilder" kommt dabei voll zum Tragen. Soweit solche Fotos und Filmaufnahmen einerseits exklusiv sind und anderseits Motive von Opfern und Zerstörungen zeigen, werden sie auch von den westlichen Medien verbreitet. Fernsehbilder erscheinen dem Zuschauer besonders glaubwürdig, weil er sie „mit eigenen Augen" sieht. Fotographien und Filmsequenzen können die Weltöffentlichkeit maßgeblich beeinflussen. Mehr noch als die Sprachbilder sind diese visualisierten Botschaften besonders wirksam, weil affektgeladen (vgl. Hall 2001). Als besonders Legitimation beeinflussend gelten Reizmotive, die das emotionale Appell-Schema besonders anrühren: Frauen und Kinder in Not und auf der Flucht, Massaker, Verluste oder Geiselnahme von eigenen Soldaten, aber auch der Gegner in der „Davidrolle" (z.B. Kindersoldaten). Bilder werden somit zu Waffen, die unmittelbar auf den politischen Willen der demokratischen Gesellschaften zielen (vgl. Münkler 2002: 52). Die Weltöffentlichkeit gerät zur Ressource des Schwächeren. In den oben beschriebenen „neuen" Kriegen werden die Streitkräfte westlicher Gesellschaften mit solchen Situationen konfrontiert. Sie führen zu einer Abnahme der Akzeptanz in der eigenen Bevölkerung und können die Fortsetzung des militärischen Engagements wesentlich beeinflussen.

5 Das Militär als Akteur in der Kriegskommunikation

5.1 Interessen, Erwartungen und Strategien

Nach der Konzeption Innere Führung sind die deutschen Streitkräfte demokratischer Staaten in die Gesellschaft integriert (vgl. Reeb & Többicke 2003: 145). Das Militär erwartet eine grundlegende Unterstützung für sein Handeln, die Gesellschaft möchte über alle relevanten Angelegenheiten der Streitkräfte informiert sein. Die Informationsarbeit muss dem „durch eine offene Darstellung der Sicherheitspolitik, des Auftrages der Bundeswehr und des militärischen Dienstes Rechnung" tragen (BMVg 1993: Nr. 360). Sie zielt auch darauf ab, Vertrauen in der Bevölkerung zu begründen und deren Anerkennung zu erhalten. Dazu ist die Öffentlichkeit zeitgerecht, umfassend und sachgerecht zu informieren.

Diese normativen Erwartungen gelten prinzipiell auch in der Krise und im Krieg. Gerade in solchen Situationen nimmt das Informationsbedürfnis der Öffentlichkeit zu. Allerdings bilden sich auch besondere militärische Interessen heraus, die in Konflikt mit einer umfassenden und offenen Information geraten können. Grundsätzlich bereiten die politischen und militärischen Akteure die Öffentlichkeit auf den Krieg vor, in dem sie dem jeweiligen Gegner einen massiven Verstoß gegen elementare und universelle Werte („humanitäre Katastrophe", Völkermord, Gräuel) vorwerfen. Der politische Moralismus gewinnt an Bedeutung. Die Argumente des Gegners werden angezweifelt, ihm wird nicht nur seine Integrität abgesprochen, er wird auch dämonisiert (vgl. Müller 2002).

> Über kurz oder lang ist die mediale Konstruktion von Krieg durch Stereotype und Kol-
> lektivsingulare geprägt; strukturieren also Feindbilder den Krieg und bestimmen die Be-
> obachterperspektive. (Imhof & Schulz 1995: 10)

Dabei werden Sprachbilder durch Metaphern und historische Analogien ge-
formt. Typisch für die Feindbildkonstruktion sind auch eine ausgesprochene
Personalisierung des Kriegsgeschehens und eine dichte Verwendung von Kol-
lektivtypisierungen (vgl. Liedke 1994). Audiovisuelle Medien begünstigen die
Bildung von Stereotypen und Feindbildern. Eine Emotionalisierung wird durch
Bildhaftigkeit der „Botschaft" aufgebaut und gesteigert. Dadurch sollen auch
Nebenmotive des militärischen Engagements in den Hintergrund der öffentli-
chen Aufmerksamkeit treten.

Während des Krieges konzentriert sich die Diskussion auf die richtige Wahl
der Mittel (Operationsführung, Zielplanung, Waffensysteme) und auf den Erfolg der militärischen Aktionen. Es geht konkret um die militärische Auftragserfüllung der politischen Vorgaben, d.h. ob die ausgewählten Ziele erfolgreich
getroffen wurden und inwieweit nicht beabsichtigte Schäden vermieden werden konnten. Ziel ist die Darstellung eines „sauberen Krieges", d.h. die Vermeidung von Bildern über Tote und Zerstörungen. Bevorzugt werden „Human Storys". Denn Leiden und Grausamkeiten werden in der zivilisierten Gesellschaft nicht ertragen.

Das eigene Informationsmanagement konkurriert im „Kampf um die öffentliche Meinung" mit den Propaganda- und Desinformationskampagnen des
Gegners. Deshalb ist das Informationsmanagement soweit wie möglich an
einer Monopolisierung und Steuerung der Informationen interessiert, um die
Wirkung seiner „Botschaften" zu verstärken. Es kommt zum „Medienkrieg".
Streitkräfte sind an einer durch die Öffentlichkeit ungehinderten Kriegsführung interessiert. Die Sammlung, Auswertung und Weitergabe von Informationen gelten als wichtiges Führungsmittel. Es gehört zu den operativ-taktischen
Grundsätzen der Kriegsführung, diese Informationen zum eigenen militärischen Vorteil zu nutzen und gleichzeitig Fehlinformationen zur Verwirrung
des Gegners einzusetzen. Gleichzeitig müssen alle, die unmittelbar vom
Kriegsgeschehen betroffen sind, wie die Zivilbevölkerung, mit den wichtigsten
Informationen versorgt werden.

In Bezug auf die Massenmedien geht es dem Militär im ersten Fall um die
Wahrung seiner Operationsfreiheit, im zweiten Fall um gewollte oder unbeab-
sichtigte Einbeziehung der Medien in die psychologische Kriegsführung und
im letzten Fall um meist technische Unterstützung.

5.2 Instrumente

Nachdem die Streitkräfte aus früheren Kriegen die Erfahrung gemacht haben, dass der Umgang mit Presse und Öffentlichkeit wesentlich zum Erfolg der eigenen Kriegsführung beiträgt, sind die Instrumente, unter Hilfe professioneller Agenturen und Berater, systematisch weiterentwickelt worden. Sie werden den Bedingungen des Kriegsschauplatzes angepasst und der jeweiligen technologischen Möglichkeiten der Medien entsprechend eingesetzt (vgl. Luostarinen & Ottosen 1998). Dazu gehören spezielle Richtlinien für die Medien, eine eigene militärische Organisation mit entsprechend ausgewähltem Personal, das an speziellen Akademien ausbildet wurde, sowie ein Spektrum an Methoden und Mittel in der konkreten Informationsarbeit.

Als Beginn der Presserichtlinien gilt der „Befehl über die Beschränkung der Arbeit von war correspondents" (1856) durch den britischen General Sir William Codrington als Reaktion auf die Berichterstattung des ‚Times'-Reporters William Howard Russell über den Krimkrieg (Kister 1991). In der Gegenwart wurden die freizügigen Bedingungen für Reporter im Vietnamkrieg durch restriktive Regeln auf den Falklands, in Grenada und am Golf 1991 abgelöst. Im Kosovo-Krieg 1999 und in Afghanistan 2001 agierte die Pressearbeit aus dem Nato-Hauptquartier und den Hauptstädten der Bündnisstaaten bzw. im „Kampf gegen den Terror" aus Washington. Spezielle Presse-Richtlinien sind aus diesen beiden Konflikten nicht bekannt. Für die militärische Intervention in den Irak wurden aktuelle US-Guidelines erlassen (abgedruckt bei Reeb 2003b: 41ff.).

Die in den Richtlinien formulierten Maßnahmen dienen dazu, die Tätigkeiten der Journalisten am Ort des Kampfgeschehens einzuschränken, zu kanalisieren und zu kontrollieren. Beispielsweise sahen die von den Alliierten am Golf praktizierten Presse-Richtlinien (1991) eine Pool-Bildung von Reportern für Fahrten in die Kampfgebiete nach Genehmigung von und in Begleitung durch Presseoffiziere vor, des weiteren ein Verbot, über militärische Daten, Maßnahmen, Mittel und Ergebnisse zu berichten, eine Militärzensur und die Weitergabe der genehmigten Berichte an die anderen anwesenden Reporter. Die aktuellen Richtlinien für „eingebettete" Journalisten erscheinen großzügiger, führten in der Praxis aber zu ähnlichen Ergebnissen.

Die militärische Organisation für die Kriegskommunikation ist heute umfassend geregelt. Die Bundeswehr sieht Informationsarbeit als eine übergreifende Führungsaufgabe an, die in alle militärischen Bereiche hineinwirkt und damit in der Verantwortung der Kommandeure wahrzunehmen ist. Der politische Stellenwert wird daran deutlich, dass der Presse- und Informationsstab im

Bundesministerium der Verteidigung direkt der politischen Leitung unterstellt ist. Er ist für alle Angelegenheiten von grundsätzlicher Bedeutung zuständig (vgl. von Damm 2002). Informationsarbeit der Bundeswehr bei Auslandseinsätzen umfasst Pressearbeit im Inland und im Einsatzgebiet, Öffentlichkeitsarbeit im Inland sowie Truppeninformation.

Die Einrichtung von internationalen und nationalen „Media Operation Center" (MOC) ist aufgrund der Erfahrungen mit den Nato-Strukturen im Kosovo-Krieg bei Bedarf vorgesehen. Damals musste ein solches MOC im April 1999 ad hoc gegründet werden, weil das Nato-Hauptquartier in Brüssel auf ein solches Informationsmanagement nicht ausgerichtet war (vgl. Beham 2000: 221). In Anlehnung an entsprechende Wahlkampf-Zentralen („war rooms") gehören zu den Aufgaben eines MOC die Planung und Koordination von Maßnahmen in enger Abstimmung mit militärischen Dienststellen, ein Medien Monitoring, die Formulierung und Absprache gemeinsamer Botschaften, Redetexte und Präsentationen. Während des Afghanistan-Krieges sind solche MOC in Washington, London und Islamabad eingerichtet worden.

Seitens der Bundeswehr wird im Einsatzgebiet ein Presse- und Informationszentrum (PIZ) aufgestellt, dass mit qualifiziertem Personal und technischen Komponenten ausgestattet ist. Es bietet den Journalisten vor Ort eine umfassende Unterstützung, Betreuung und Information an. Es konzentriert sich im Wesentlichen auf Pressearbeit. Eine weitere Komponente in der Kriegskommunikation ist die Operative Information der Bundeswehr (OpInfoBw).[4] Sie besteht aus regulären Truppenteilen und richtet sich im Einsatzgebiet in erster Linie direkt an die Zivilbevölkerung und den militärischen Gegner.

> Operative Information wirkt mit kommunikativen Methoden unter Nutzung von Druckerzeugnissen, Lautsprecheranlagen mit großer Reichweite, Hörfunksendungen, TV-/ Videobeiträgen und Internet sowie sonstigen zur auftragsgerechten Erreichung von Zielgruppen im Einsatzgebiet ein, um deren Einstellungen und Verhalten zu beeinflussen, Vertrauen und Unterstützung für den eigenen Auftrag zu erzielen und damit zum Schutz eigener Kräfte beizutragen. (Grade 2002: 31)

Angehörige der PIZ und der OpInfo stimmen ihre Maßnahmen, auch mit den anderen Koalitionsstreitkräften bzw. mit internationalen Stäben ab. Gleichzeitig wird die Truppe mit denselben Informationen versorgt, um eine stringente Kommunikationssituation zu erreichen. Dazu ist ein breites Spektrum von

---

4   Die Bundeswehr will sich damit bewusst von der in anderen Streitkräften praktizierten psychologischen Kriegsführung unterscheiden, um ihre Glaubwürdigkeit gegenüber Dritten aufrechtzuerhalten.

Print- (Feldzeitungen), AV- (Bundeswehr-TV, Radio-Sender) und Online-Medien (Websites) aufgebaut worden.[5]

Das in der Informationsarbeit eingesetzte Bundeswehr-Personal erhält eine qualifizierte Ausbildung mit theoretischen und praktischen Komponenten auf wissenschaftlicher Grundlage an der Akademie der Bundeswehr für Information und Kommunikation (Strausberg) oder am Zentrum Operative Information (Meyen).

Die Methoden und Mittel der Kriegskommunikation haben sich im Laufe der Zeit den besonderen Bedingungen der Nachrichtenproduktion in der Mediengesellschaft angepasst. Sie reflektieren die oben genannten Rahmenbedingungen. Die umfassendsten Maßnahmen gibt es in den US-Streitkräften. Dort wird mit der Doktrin von Information Operations ein weitreichender Ansatz von Informationskriegsführung verfolgt, der weit über den hier betrachteten Gegenstand einer Kriegskommunikation wirkt (vgl. Eckert 2001).[6] Als klassische Methoden und Mittel können angesehen werden:

- Einweisung von Journalisten in das militärische Handwerk (Gefahren und Verhalten im Einsatzgebiet), um Vertauen aufzubauen und Missverständnisse zu beseitigen („Media Boot Camps") (Rid 2003);

- Pressekonferenzen;

- Pressemitteilungen, Broschüren, Fotos, vorproduzierte Video-Filme, „Gun camera footage" (Bilder von der einschlagenden Bombe);

- Internet-Präsentationen;

- Organisation von Journalistenreisen in Einsatzgebiete, „Medientage" bei Truppenverbänden;

- Information, Unterstützung und Betreuung von Reportern vor Ort, Embedded Correspondents;

- Symposien und Tagungen über militärische Konflikte.

Methoden des Militärs zur Geheimhaltung ihrer Operationen sind die Nachrichtensperre und die Zensur. Die meisten Journalisten akzeptieren, dass An-

---

5   Zu nennen sind: ‚Maz & More' (Feldzeitung für Kosovo und Mazedonien), ‚Der Keiler' (Feldzeitung für Bosnien-Herzegowina und Kroatien), ‚Radio Andernach' für Bosnien, Kosovo und Afghanistan sowie ‚www.isafkabul.org'.

6   Als Oberbegriff gilt heute Information Operations. Stichworte sind InfoWar (Information Warfare) oder Cyberwar.

gaben über militärische Kräfte, Operationen sowie Gewinne und Verluste nicht veröffentlicht werden sollten, wenn sie dem militärischen Gegner unmittelbar nutzen. Umstritten sind seit der offenen Berichterstattung aus dem Vietnamkrieg, wie die Meldungen und Reportagen über Auswirkungen des Krieges auf die Menschen und die Moral der Soldaten wirken.[7] Obwohl nur Einzelfälle plastisch dargestellt werden können, ist die Neigung zur Verallgemeinerung groß. Das Militär erwartet auch, dass Journalisten Bilder oder Namen von getöteten Soldaten solange zurückhalten, bis die Angehörigen informiert worden sind.

Die Bundeswehr bedient sich der meisten der hier dargestellten Mittel und Methoden der Informationsarbeit. Soweit Soldaten an Kampfeinsätzen beteiligt waren, wurden Informationen an die Öffentlichkeit eher zurückhaltend gegeben (vgl. Reeb 2002: 26).

6   Effizienz bisheriger Kriegskommunikation

Die Gefahr der gewollten oder unbeabsichtigten Manipulation der Berichterstattung ist groß, gerade dann, wenn eine unabhängige Kontrolle nicht gewährleistet ist und die Medien von der Informationspolitik des Militärs abhängig sind. Die Alliierten am Golf gaben nach Ende des Krieges Täuschung und Instrumentalisierung der Presse offen zu: Dank der publizistischen Darstellung vermeintlicher militärischer Erfolge und falscher Angaben über die geplante Landkriegsführung, bewirkt durch die Militär-Briefings und die bewusste Irreführung von Reportern in der Wüste, hätten die irakischen Befehlshaber die entscheidenden falschen Schlüsse gezogen (vgl. Frankfurter Rundschau 04.03.1991). Auch die Aussagen von Nato-Sprechern im Kosovo-Krieg über getroffene Waffensysteme mussten nach Auswertung der tatsächlichen Treffer deutlich nach unten korrigiert werden. Während der Luftoperationen suggerierten die Daten aber den Erfolg dieser Militäraktion.

Insgesamt lässt sich aus dem Urteil kritischer Beobachter schließen, dass die praktizierte Kriegskommunikation sowohl bei der Legitimierung des militärischen Engagements als auch in der Aufrechterhaltung der Unterstützung durch „Erfolgsmeldungen" von Gefechtsfeld erfolgreich gewesen sein muss (Rötzer

---

[7]   So widersprechen Untersuchungen der weit verbreiteten Annahme, die Berichterstattung über den Vietnamkrieg hätte eine demoralisierende Wirkung gehabt und zur Niederlage der USA beigetragen (vgl. Hallin 1986).

2002). Darum gab es im nachhinein Kritik an einzelnen Maßnahmen bis zum Nachweis von Propaganda und Manipulation.

Es ist künftig mit einer noch differenzierteren Kriegskommunikation zu rechnen, die bereits in Friedenszeiten durch Anbindungen an den Journalismus (Kontakte, Sprachregelungen) aufgebaut wird und zunehmend fiktionale Elemente (Nachzeichnung von Kriegsverläufen durch Spielfilme, PC-Spiele u.a.) integriert. Private PR-Berater treten neben die militärischen Fachleute für Informationsarbeit oder ersetzen sie. Die politischen Akteure werden mit Blick auf die Relevanz der öffentlichen Meinung eine noch engere Steuerung der Informationspolitik vornehmen.

Strategisches Informationsmanagement

Informations- und Öffentlichkeitsarbeit aus militärischer Perspektive

Walter Jertz und Carsten Bockstette

1 Einleitung

Nach dem Wegfall der Bedrohung durch den Warschauer Pakt schien die Welt einer friedlichen Zukunft entgegenzusehen. Doch die Wirklichkeit zerstörte diese Illusion. Plötzlich waren nicht mehr Musik und Sex die Spitzenreiter in den Internetsuchmaschinen. Das Interesse am Irak-Krieg 2003 und nicht zuletzt die „Köpfung" des Nick Berg im Irak des Jahres 2004 übertrafen die sonstigen „Platzhirsche": „War sells." Das haben auch die Medienunternehmen verstanden. Die medial aufbereitete Berichterstattung ist aus einem heutigen Konflikt nicht mehr weg zu denken. Diese Tatsache hat zwangsläufig Implikationen auf die militärische Informations- und Öffentlichkeitsarbeit. Wer den „Öffentlichkeitskrieg" zu Hause verliert, der gefährdet die erfolgreiche Durchführung des Auftrages im Ausland.

In diesem Aufsatz wird die Bedeutung der militärischen Informations- und Öffentlichkeitsarbeit bei „sichtbaren" Kriegen, wie er im Kosovo 1999 und im Irak 2003 stattgefunden hat, im Rahmen des strategischen Informationsmanagements beleuchtet. Darüber hinaus geht er auch auf die Rolle der Medien bei ihrer Berichterstattung über den „unsichtbaren" Kampf gegen den internationalen Terrorismus 2001 ein. Zusätzlich wird auf die neue Dimension der Berichterstattung durch „embedded journalists" während der „Operation Iraqi Freedom" und der Medienberichterstattung aus dem Nachkriegsirak abgehoben. Es wird aufgezeigt, welche Auswirkungen diese Konflikte auf die zukünftige Entwicklung des strategischen Informationsmanagements haben dürften. Hierbei werden die Auswirkungen auf militärische Führungs- und Entscheidungsprozesse kurz bewertend dargestellt.

Wenn moralische Werte als Grundlage für ein militärisches Eingreifen benutzt werden, erwartet die Öffentlichkeit, dass bei militärischen Handlungen der gleiche Maßstab angelegt wird. Daraus folgt, dass die Beeinträchtigung der Bevölkerung bei Kampfhandlungen minimiert, der Erfolg der militärischen Handlungen dennoch erreicht werden muss. Gleichzeitig wird von dem militärischen Handlungsverantwortlichen gefordert, eigene Verluste zu vermeiden. Demokratien erwarten somit den maximalen politischen Erfolg bei Anwendung minimaler militärischer Gewalt. Ein fast unlösbarer Antagonismus, wie nicht zuletzt das aktuellste Beispiel Irak gezeigt hat.

Die bereits von Aristoteles aufgezeigten vier Prinzipien eines gerechten Krieges erleben scheinbar eine Renaissance: Ein Krieg darf erst als äußerstes Mittel zur Lösung eines Konfliktes geführt werden. Die eingesetzten militärischen Mittel müssen in einem angemessenen Verhältnis zu der festgelegten Zielsetzung stehen. Bei Kampfhandlungen muss es eine maximale Trennung zwischen zivilen und militärischen Zielen geben. Das erreichte Ergebnis muss den zwangsläufig zu zahlenden Preis eindeutig übersteigen (vgl. Jertz 2001b: 74ff.). Wie sich im Folgenden zeigt, haben diese Prinzipien Auswirkungen auf die militärpolitischen Perzeptionen und somit auf das strategische Informationsmanagement.

2 Terminologie

In der Literatur gibt es eine gewisse Varianz in der Bedeutung einiger Begriffe, die für diesen Aufsatz wichtig sind. Deshalb folgt die Klarstellung folgender Begriffe: Information Warfare, Information Operations sowie der Bedeutung des strategischen Informationsmanagements.

> „Information Warfare" is the offensive and defensive use of information and information systems to deny, exploit, corrupt, or destroy, an adversary's information, information-based processes, information systems, and computer-based networks while protect-

ing one's own. Such actions are designed to achieve advantages over military or business adversaries.[1]

Die Informations- und Öffentlichkeitsarbeit bei militärischen Auseinandersetzungen ist Bestandteil der sogenannten Information Warfare (IW). Es handelt sich dabei um eine neue Dimension militärischer Herausforderungen. Die klassischen militärischen Faktoren Raum, Zeit, Kräfte werden damit um den Faktor Information erweitert.

> Information Operations (IO) are actions taken to affect adversary information and information systems, while defending one's own information and information systems. IO requires the close, continuous integration of offensive and defensive capabilities and activities, as well as effective design, integration, and interaction of Command and Control (C2) with intelligence support. (JCS 1998)

Information Operations ist ein Bestandteil der Information Warfare. Bei der Information Operations handelt es sich um den Kampf mit und gegen Informationsüberlegenheit und den Kampf mit und um Informationen auf der operativen Ebene. Information Operations besteht somit aus allen Aktionen zur Erreichung der eigenen Informationsüberlegenheit hinsichtlich politischer und/oder militärischer Maßnahmen und der Bewahrung der eigenen Informationsbasis. Hierzu gehören autonome Gesamtsysteme (z.B. Aufklärungssatelliten) wie auch die als Subsysteme in Waffensystemen mit größerem Aufgabenspektrum (z.B. Aufklärungsflugzeuge) eingesetzten Informationstechnologien. Information Operations besteht somit aus dem Angriff auf Informationen und Informationsfunktionen des Gegners sowie dem Schutz der eigenen Informationen und Informationsfunktionen mit dem Ziel, die Kampfkraft des Gegners zu reduzieren.

Der Begriff des Informationsmanagements ist diffus. Dies erklärt sich notwendigerweise aus dem sehr dynamischen Umfeld der informationstechnischen Entwicklung und den verschiedensten wissenschaftlichen Disziplinen, die sich inzwischen mit dem Informationsmanagement beschäftigen. Aufbauend auf den bisherigen Erkenntnissen der Betriebswirtschaft und Kommunikationswissenschaft sowie den Ausführungen dieses Aufsatzes wird strategisches Informationsmanagement im militärischen Kontext definiert als: das Planen, Führen, Koordinieren, Einsetzen sowie Kontrollieren von Informationen als Mittel zur erfolgreichen Auftragserfüllung. Hierzu gehört die Organisation sowie das Einsetzen und Durchführen der hierfür notwendigen Mittel und

---

[1]   Definition nach Ivan Goldberg; vgl. URL: http://www.psycom.net/iwar.1.html (Download: 09.03.2003).

Maßnahmen (vgl. Pietsch, Martiny & Klotz 1998: 65). Die Information Operations sind wiederum Bestandteil des strategischen Informationsmanagements innerhalb der Information Warfare.

Wenn man strategisches Informationsmanagement im Vorfeld von möglichen Kriegshandlungen betrachtet, dann beginnt dieses lange vor der offenen Auseinandersetzung. Das strategische Informationsmanagement schließt damit alle politischen, diplomatischen, zivil-militärischen Handlungsfelder sowie das gesamte Spektrum der aktiven und reaktiven Öffentlichkeitsarbeit ein. Die überragende Bedeutung liegt in der erhofften Vermeidung militärischer Auseinandersetzungen. Versagen diese Maßnahmen, muss das strategische Informationsmanagement ein integraler Bestandteil aller politischen und militärischen Planungen bei der Konfliktbewältigung sein. Wenn Kriegführung bedeutet, dem Gegner den Willen aufzuzwingen, dann ergänzen oder unterstützen Informationen den unmittelbaren Einsatz von Waffen. Zusätzlich gilt es, die Unterstützung der eigenen Bevölkerung durch eine ehrliche und möglichst offene Presse- und Öffentlichkeitsarbeit zu fördern.

3 Militärpolitische Perzeptionen

Der wesentliche Zweck von Bündnissen westlicher Prägung besteht darin, die Freiheit und Sicherheit aller ihrer Mitglieder vorrangig mit politischen aber auch mit militärischen Mitteln zu garantieren. Ein Bündnis, das sich in der Vergangenheit bestens bewährt hat, ist die Nato. Sie gewährt nicht nur die Verteidigung ihrer Mitglieder, sondern sorgt auch für Frieden und Stabilität in Regionen gemeinsamen Interesses. Die enge politische wie militärische Zusammenarbeit bietet die Gewähr, dass kein Verbündeter bei der Bewältigung sicherheitspolitischer Herausforderungen auf sich allein gestellt ist (vgl. Jertz 2002: 77f.).

Allerdings ist die Nato kein supranationaler Staatenbund. Die Mitglieder sind in ihren Entscheidungen souverän und folgen dem Konsensprinzip. Das Bündnis stärkt die Sicherheit und Stabilität des euro-atlantischen Raums durch Krisenbewältigung sowie durch Förderung einer breit angelegten vertrauensfördernden Partnerschaft mit anderen Staaten. Die legitimen Sicherheitsinteressen anderer Staaten werden geachtet. Die friedliche Beilegung von Streitigkeiten wird angestrebt. Das Bündnis betrachtet sich nicht als Gegner eines anderen Staates. Eine zentrale Bedeutung kommt der Aufrechterhaltung einer angemessenen militärischen Fähigkeit und der eindeutigen Bereitschaft zum kollektiven Handeln zu (vgl. Weber & Hubatschek 2000: 44ff.). Ausgehend von der gültigen und in mittelbarer Zukunft zu erwartenden Interessenlage der europäischen Staaten sowie auf der Grundlage derzeit gültiger Strategien sind die „Landes- und Bündnisverteidigung" sowie die „Konfliktverhinderung und Krisenbewältigung" begründende Faktoren für die Aufgabenstellung ihrer Streitkräfte. Die dabei eingesetzten militärischen Kräfte und Mittel sind grundsätzlich abhängig von der Art der Operation, der Geographie des Einsatzgebietes und dem - möglichen - Wechsel von Einsatzschwerpunkten (vgl. Weber & Hubatschek 2000: 1ff.). Darüber hinaus sind sich die meisten europäischen Länder einig in der Absicht entweder allein, mit Partnern oder im Rahmen bereits bestehender Strukturen der Nato, EU, UN (United Nations) oder OSZE (Organization for Security and Co-operation in Europe) an Hilfs- und Rettungsaktionen sowie Evakuierungseinsätzen teilzunehmen (vgl. Müller-Brandeck-Bocquet 2000: 1ff.). Maßnahmen außerhalb dieser Strukturen wie die „Operation Iraqi Freedom" sollten die Ausnahme darstellen.

Das neue strategische Konzept der Nato gibt den Aufgaben jenseits der kollektiven Verteidigung eine deutlich stärkere Profilierung, als dies noch in der Strategie von 1991 der Fall war. Die Nato zielt in ihrer Politik der Friedenserhaltung, der Kriegsverhütung sowie der Stärkung von Sicherheit und Stabilität vor allem darauf ab, Konflikte zu verhüten und in Übereinstimmung mit dem Völkerrecht zu deren wirksamer Bewältigung beizutragen. Dazu hält sich die Allianz die Möglichkeit offen, Krisenreaktionseinsätze durchzuführen, die nicht unter Artikel 5 des Nato-Vertrages fallen.

Der Einsatz auf dem Balkan entsprach dieser Neuausrichtung. Die vorhandenen Bilder von vertriebenen Kosovo-Albanern waren offensichtlich nicht grausam genug, die Berichte über Gräueltaten zunächst nicht plakativ genug, um von den Medien wahrgenommen zu werden. Somit sah sich auch die westliche Welt erst spät zum Handeln gezwungen. Bereits im September 1998 waren nach Berechnungen des UN-Hoch-Kommissars für Flüchtlinge 380.000 Kosovo-Albaner auf der Flucht. Zum Höhepunkt des Konflikts befanden sich 1,1 Millionen Menschen in den Nachbarländern oder in befreundeten Staaten. Rund 550.000 Menschen hatten sich im Kosovo in den Wäldern versteckt oder waren von serbischen Streitkräften zusammen getrieben worden und sahen einem ungewissen Schicksal entgegen. Unzählige Häuser waren unbewohnbar gemacht oder total zerstört worden (vgl. Jertz 2001b: 78f.).

4   Strategisches Informationsmanagement

Von Anfang an war es allen beteiligten Staaten klar, dass nur eine gezielte Informations- und Öffentlichkeitsarbeit die Kohäsion aller Nato-Staaten während der „Operation Allied Force" gewährleisten würde. Ein strategisches Informationsmanagement war daher zwingend erforderlich. Die Sicherstellung einer „förderlichen öffentlichen Stimmung und gesellschaftlichen Einstellung durch intensive Öffentlichkeitsarbeit" war unerlässlich (Bockstette 2003: 71). Der frühere Generalsekretär der Vereinten Nationen Boutros-Ghali hat diese Erkenntnis mit den Worten beschrieben: „CNN ist das 16. Mitglied im UN-Sicherheitsrat." (Jertz 2001b: 72) Eine Aussage, die es auch und gerade bei militärischen Auseinandersetzungen zu beachten gilt. Sie verdeutlicht, dass die Medien mit der Politik inzwischen ein symbiotisches Verhältnis eingegangen sind. Die Medien sind sowohl Akteure als auch Instrumente in der politischen und somit auch der militärischen Kommunikation (vgl. Reeb 2002: 18).

Folgerichtig wurde von der Nato in Mons für den Kosovo-Konflikt die notwendige Aufbau- und Ablauforganisation befohlen und - nach allgemein anerkannten Regeln der Öffentlichkeitsarbeit - Leitlinien für die militärische Pressearbeit festgelegt. Diese Leitlinien folgten vier Grundprinzipien: Wahrhaftigkeit, Ehrlichkeit, Transparenz und Genauigkeit. Die Grenzen der Berichterstattung lagen bei der Sicherheit der Operation, dem Schutz der Soldaten sowie deren Angehörigen.

Die Kernaussagen waren in einem Information Operations Concept verbindlich beschrieben. Der allgemeine Auftrag im Rahmen des strategischen Informationsmanagements und somit der militärischen Informations- und Öffentlichkeitsarbeit lautete: Auf die Zielgruppe der Zuhörer, einschließlich der Entscheidungsträger, sollte eingewirkt werden, wobei die politischen wie auch militärischen Vorgaben zu berücksichtigen waren. Die Informationen und die Informationssysteme des Gegners sollen beeinflusst werden, eigene Informationssysteme hingegen sollen geschützt werden. Neben wichtigen militärischen und politischen Zielen war die physische Zerstörung der serbischen Propagandamaschinerie vorgesehen (neutralize the internal media and other components of the Milosevic propaganda machine) (vgl. Jertz 2001a: 161). Zusätzlich zu den Zielen lag der Öffentlichkeitsarbeit des Nato-Oberkommandierenden Europa (SACEUR = Surpreme Allied Commander Europe) ein Konzept zugrunde, das ein Vorgehen in vier Phasen vorsah: Es war geplant, bei Nichterreichung des gewünschten Zieles in der jeweiligen Phase zur nächsten Stufe der Eskalation überzugehen. In jeder Phase hätte die

Belgrader Führung durch Annahme der Nato-Bedingungen eine Beendigung der Kampfhandlungen herbeiführen können. Das Gesamtziel aller Maßnahmen war es, die politische Führung Belgrads an den Verhandlungstisch zurückzuführen, um ein baldiges Waffenstillstandsabkommen zu erreichen. Diese erste Phase wurde auch als „Diplomacy backed by threat" (durch Drohung gestützte Diplomatie) bezeichnet. Die Phasen 1 bis 3 des Konzeptes, die man als „Diplomacy backed by force" (durch Stärke gestützte Diplomatie) beschreiben kann, sahen eine nach Qualität und Quantität der Ziele und der eingesetzten Mittel steigerbare Vorgehensweise vor (vgl. Jertz 2001a: 160ff.). Die Nato-Einsätze sollten durch die Medienarbeit unterstützt und die serbische Propaganda „neutralisiert" werden. Dies war kein leichtes Unterfangen, da die serbischen Medien regelmäßig als Erste vom Ort des Geschehens berichten konnten, während die Nato zunächst eine intensive und nachprüffähige Untersuchung der gemeldeten Schäden durchzuführen hatte. So musste auch berücksichtigt werden, dass zum Schutz der eigenen Soldaten nicht alle verfügbaren Informationen veröffentlicht werden durften. Das erschwerte die Öffentlichkeitsarbeit. Tatsache war auch, dass das, was von Pressesprechern veröffentlicht wurde, der Wahrheit entsprechen musste. Sonst wäre die Glaubwürdigkeit der eigenen Presse- und Öffentlichkeitsarbeit in Frage gestellt worden (vgl. Forster 1998: 215ff.; Görke 1993: 127-145). Um dem zu entgegnen, und um einem Mangel an Vertrauen die Grundlage zu entziehen, war die demonstrative Wahrhaftigkeit und Offenheit von entscheidender Bedeutung. Die operative Sicherheit durfte hierbei allerdings nicht gefährdet werden.

Die Ziele der Nato-Informationsarbeit innerhalb der einzelnen Phasen waren eindeutig und eng mit den militärischen Handlungen verknüpft. In der ersten Phase, der Phase der eigentlichen Kampfhandlungen, sollte durch gezielte Öffentlichkeitsarbeit die Moral der serbischen Militärs, dazu zählten auch die serbische Spezialpolizei und die paramilitärischen Kräfte, geschwächt werden. Außerdem sollte die serbische Bevölkerung erkennen, dass die Angriffe der Nato nicht gegen sie gerichtet waren. Die Zwangslage der Kosovaren sollte gezeigt und auf die Gräueltaten der Serben an den Kosovaren betont hingewiesen werden. Die Öffentlichkeitsarbeit war so zu gestalten, dass Milosevic die Unterstützung seines Volkes verlieren würde. Aber auch die durch die Öffentlichkeitsarbeit eröffnete Möglichkeit der Weitergabe von wichtigen Informationen für die Betroffenen sollte genutzt werden. So war es möglich, die Vertriebenen/Flüchtlinge auf die Gefahren hinzuweisen, die ihnen bei der Rückkehr drohten (z.B. Minengefahr).

In der Phase 2, dem Zeitraum nach einem Waffenstillstand und vor einem Friedensvertrag, waren vor allem die Voraussetzungen für die sichere Rückführung der Vertriebenen sowie für die Sicherheit der im Land verbliebenen Bevölkerung (Serben und Kosovaren) Zielvorgaben für die Informationsarbeit. Durch sie sollte die Aussöhnung zwischen Kosovo-Albanern und Serben und die Durchsetzung des Waffenstillstands gefördert werden. Im Einzelnen ging es darum, die Errichtung und Aufrechterhaltung einer friedlichen und stabilen Ordnung zu unterstützen. Die Entschlossenheit, unparteiisch auf Verletzungen des Waffenstillstands zu reagieren, sollte bekundet, Feindseligkeiten gegen die Nato vermieden werden. Die Erfordernisse weiterer militärischer Maßnahmen sollten erläutert werden, vor allem die Notwendigkeit der Entwaffnung aller Volksgruppen. Die Wiedereinführung von politischen und gesellschaftlichen Strukturen sowie der Aufbau einer freien Presse mussten durch die Informationsarbeit der Nato wirksam unterstützt werden. Den Betroffenen musste in der Phase 3, also nach Unterzeichnung eines Friedensvertrages, verdeutlicht werden, dass es eine gerechte Friedensvereinbarung war, die nicht auf Kosten nur einer ethnischen Bevölkerungsgruppe geht. Die Grenzen der Möglichkeiten beim Wiederaufbau mussten wahrheitsgemäß verkündet werden. Zuwiderhandlungen sollten bestraft und die Abhängigkeit von der Nato verringert werden.

5   Medienarbeit bei der „Kosovo Operation Allied Force 1999"

In den ersten Wochen des Kosovo-Krieges verzeichnete die Öffentlichkeitsarbeit der Nato eine Reihe von Fehlern. Hierzu trugen auch fragliche, ungenaue Äußerungen bei. Ein Stimmungsumschwung bei der Bevölkerung und damit möglicherweise auch bei den politisch Verantwortlichen der beteiligten Nationen war zu befürchten. Es zeichnete sich die Gefahr ab, die Nato-Kampfhandlungen vor Erreichen der angestrebten Ziele wegen des hohen Öffentlichkeitsdruckes einstellen zu müssen.

An zwei „Vorgaben" lässt sich der mittelbare Einfluss der Medien auf militärische Führungsentscheidungen verdeutlichen. Die erste Vorgabe lautete: „Avoid Collateral Damage", d.h. Nebenschäden waren zu vermeiden. Die in der öffentlichen Meinung als unannehmbar hoch angesehene Betroffenheit nicht beteiligter Personen oder Sachen hätte sehr schnell die Meinungsbildung der politisch Verantwortlichen beeinflussen und zur Beendigung des Krieges führen können. Und das, bevor die eigentlichen Ziele erreicht worden wären.

Abbildung 1: Information Directorate Organisation Chart

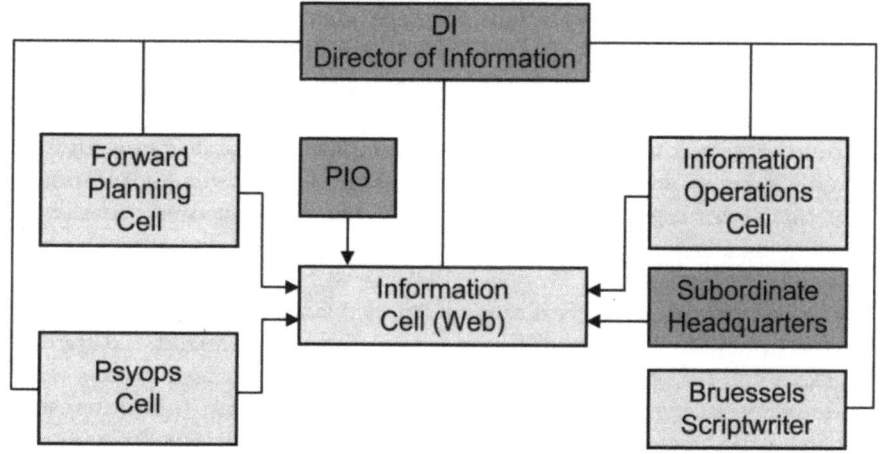

planning meeting
- weekly
- ad hoc

1. receive daily updated reports
2. archives superceded information
3. „stop press" indicator for important info
   - PIO instant press release (breaking news requiring response)
   - JOC
   - CAOC AVIANO (colateral damage report)
   - SACEUR information chain
4. daily battle damage assessment information (unlikely before 1500)

Die militärischen Planungen mussten diese Vorgaben berücksichtigen. Obwohl die Angriffe der Nato sehr präzise geplant und durchgeführt wurden, konnten solche unbeabsichtigten Schäden nicht gänzlich verhindert werden. Gemessen an der hohen Anzahl der Kampfeinsätze kam es zu einer sehr begrenzten - im Promillebereich angesiedelten - Zahl an unbeabsichtigten Schäden.

Die zweite Vorgabe lautete: „Prevent Own Losses", d.h. eigene Verluste verhindern, indem das Risiko für die Flugzeuge und deren Besatzungen durch entsprechende Flugmanöver gering gehalten wird. Aus der Sicht einiger Kritiker verringerten die aus großer Höhe durchgeführten Angriffe die Treffgenau-

igkeit. Auch diese Vorgabe gewann eine neue Dimension bei der Planung und
Durchführung von Kampfeinsätzen. Beide Vorgaben hatten somit Einfluss auf
die Ziel- wie auch Waffenauswahl wie auch die Einsatztaktiken der Nato-
Luftstreitkräfte.

Es stellte sich heraus, dass die Vorgaben und Ziele für eine erfolgreiche Öffentlichkeitsarbeit mit der bestehenden Friedensorganisationen der Presse- und
Informationsarbeit weder bei SHAPE noch im Nato-Hauptquartier in Brüssel
erfüllt werden konnten. General Clark befahl aus diesem Grunde die Einrichtung einer Informationszelle in Mons. Außerdem wurde in Brüssel rund vier
Wochen nach Beginn der militärischen Kampfhandlungen das Media Operation Center eingerichtet (vgl. Bussemer 1999: 6). Wegen ihrer Bedeutung für die
politische und militärische Führung, deren Handlungen und Entscheidungen
stark vom Erfolg einer glaubwürdigen Informations- und Öffentlichkeitsarbeit
abhingen, soll auf beide Organisationselemente kurz eingegangen werden.

Im strategischen Hauptquartier in Mons war der zentrale Informationsbe-
schaffer der Director Information (DI) (vgl. Abb. 1). Die Angehörigen des
Kommandostabes mussten ihm bei Bedarf und auf Anforderung zuarbeiten.
Der DI hatte direkten Zugang zu SACEUR. Vor allem in kritischen Phasen,
z.B. bei „Collateral Damages" und ähnlichen Vorfällen, war es von Bedeutung,
in Zusammenarbeit mit dem Public Information Office (PIO) eine Informationsstrategie zu entwickeln. In der Informations-Zelle waren Soldaten sowie
Zivilisten eingesetzt, die von interessierten Ländern zur Mitarbeit abgestellt
worden waren. Der Pressesprecher nutzte diese als Hauptquelle für seine Informationen. Dort erhielt er Unterstützung bei speziellen Fragestellungen.
Diese Zelle stand im direkten Kontakt mit den Auswertezentralen, die u.a. in
Vicenza und in Aviano eingerichtet worden waren.

Besonders eng war die Zusammenarbeit mit dem Public Information Office im Nato-Hauptquartier (SHAPE). Der Director Information, als der Leiter
der Informationszelle, war der Dreh- und Angelpunkt bei der Gewinnung,
Sammlung und Auswertung der erforderlichen Informationen. Wichtig war
seine Fähigkeit, aus gewonnenen Erkenntnissen zukünftige Strategien zu entwickeln. Seinem Geschick oblag es, erforderliche Daten für den Pressesprecher
zu suchen und - wo nötig - aufzubereiten.

Auch das Hauptquartier in Brüssel kam mit seiner Presseorganisation nicht
aus. Nach dem medienträchtigen „Konvoi-Angriff" am 14. April 1999 und
einer „unglücklichen" Präsentation der Nato gab es aus verschiedenen Hauptstädten zunehmende Kritik an der Medienarbeit. Dies führte dazu, dass zur
Verstärkung der Nato-Presseorganisation das Media Operation Center in Brüs-

sel eingerichtet wurde. Seine Aufgabe lautete: Schaffen eines Gegengewichts zum serbischen Propagandakrieg und aktive Gestaltung der Medienarbeit zur Darstellung (vgl. Bussemer 1999: 6):

- der politischen Zielsetzung und Geschlossenheit der Nato;

- der Erfolge der militärischen Strategie und der Luftoperationen;

- der Nato-Unterstützung für die Vertriebenen in den Anrainerstaaten der serbischen Kriegsverbrechen.

6 Die zentrale Bedeutung von „Glaubwürdigkeit"

Da Massenmedien nicht selten ihre eigene Realität konstruieren, haben ihre Meldungen oft wenig mit dem zu tun, was man gemeinhin Wirklichkeit nennt. Sie neigen zu einem Vermischen von subjektiver Meinung und Nachricht, von Politik und Unterhaltung, sowie von Aufklärung und Kommerz (vgl. Becker 2001: 575-580). Das Ergebnis ist die medial konstruierte Wirklichkeit (vgl. Reeb 2002: 17-31). Um dem entgegenzuwirken, ist der Pressesprecher bedeutender Akteur in der Öffentlichkeitsarbeit bei einer militärischen Auseinandersetzung. Er gehört zur Führungsgruppe, auch wenn er keine Handlungs- und Entscheidungsverantwortung trägt.

Er informiert die Medien über das militärische Vorgehen. Er beantwortet ihre Fragen zu einer sich entwickelnden Lage. Er kann mit Hilfe der Medien eine ungenaue oder gar falsche Meldung richtig stellen (vgl. Becker 2001: 575-580). Er kann die Meinungsbildung der Presse und somit der Bevölkerung und deren Auswirkung auf die militärischen Operationen durch Ehrlichkeit und Offenheit beeinflussen (vgl. Bussemer 1999: 4). Seine Glaubwürdigkeit ist hierbei von zentraler Bedeutung. Dies wird auch durch die ,Süddeutsche Zeitung' unterstrichen. Zitat in der ,Süddeutschen Zeitung' über Donald Rumsfeld: „Zum einen ist er immer gut für pralle und prägnante Zitate. Zum andern kann man sich meist auf das verlassen, was der Pentagon-Chef verkündet." (Süddeutsche Zeitung 24.03.2003) Er setzt seine Glaubwürdigkeit nicht aufs Spiel. Das war auch wieder der Fall, als er die Medien rüde daran erinnerte, dass ihre Frontberichterstattung aus dem Irak zwar historisch ein- und erstmalig sei, jedoch kein wahres Bild von dem Geschehen zeige. „Was wir sehen, ist nicht der Krieg im Irak", sagte Rumsfeld schonungslos knapp und mit zusammengepressten Lippen, „sondern Scheiben dieses Kriegs" (Süddeutsche Zeitung 24.03.2003).

Die Arbeit des Pressesprechers ist ein integraler Bestandteil der allgemeinen
Pressearbeit, die genauso geplant werden muss wie jede andere militärische
Aktion. Sein Tagesablauf entspricht im übertragenen Sinne einem klassischen
Führungs- und Entscheidungsprozess. Die Tätigkeit des Pressesprechers soll
am Beispiel des Ablaufes eines Arbeitstages während des Kosovo-Krieges 1999
kurz erläutert werden. Der Zeitraum von sechs bis 12 Uhr kann als Planungs-
zeitraum betrachtet werden. In dieser Zeit wurden alle relevanten Informationen gesammelt und verarbeitet. Dem Planungsprozess folgte der Entscheidungsprozess. Es wurde festgelegt, welche der aufbereiteten Daten der Öffentlichkeit präsentiert werden sollten.

Die Durchführungsphase war dem zentralen Ereignis des Tages, der Pressekonferenz, zuzuordnen. Der Auftritt vor weltweit operierenden Medien war
eine besondere Herausforderung, die eine sehr hohe Konzentration erforderte.
Hätte die Pressearbeit der Nato hierbei versagt, wäre der Kosovo-Konflikt
möglicherweise militärisch nicht bis zum Erfolg geführt worden. Nach jeder
Pressekonferenz wurde eine Fehleranalyse betrieben und die ersten Schritte der
nächsten Planungsphase eingeleitet. In einer täglichen Telefonkonferenz mit
den Pressesprechern der großen Hauptstädte fand ein letzter Informationsaus-
tausch statt, in der auch die Informationsstrategie für die Folgetage festgelegt
wurde. Dies kann als Beginn der nächsten Planungsphase betrachtet werden.
Insgesamt gesehen war dieser Tagesablauf ein Planungs-, Entscheidungs- und
Durchführungszyklus, wie er sich in jeder anderen militärischen Entschei-
dungssituation wieder findet.

7   Elektronische Medien und Flugblätter

Neben Interviews und Pressegesprächen wurde das Internet als ein weiteres
Mittel eingesetzt, um Führungsentscheidungen politischer und militärischer
Natur bekannt und transparent zu machen. So wurden bereits am zweiten Tag
nach Beginn des Kosovo-Krieges alle Texte der Pressekonferenzen sowie später auch alle visuellen Darstellungshilfen der Briefings in das Internet gestellt.

Durchgängige Statistiken über die Nutzung der Internetseiten der Nato liegen nicht vor, da während der Luftoperation Veränderungen im System vorgenommen wurden und nicht mehr alle Werte vergleichbar sind. Dennoch soll
auf einige Zahlen hingewiesen werden. Vom 10. April bis zum 14. Juni 1999
wurden 1,6 Millionen Cockpitvideos ins Internet aufgenommen, vom 31. März,
23 Uhr bis 1. April 1999, 3 Uhr gab es 26.000 Abrufe aus dem Internet (davon

239 aus Serbien), vom 6. bis zum 23. Mai 1999 waren es 1,5 Millionen Abrufe (davon 28.000 von serbischen und 5.000 von russischen Rechnern) (vgl. Jertz 2001b: 88; Nato-Archiv). Diese Daten zeigen eindeutig das hohe Interesse der Internetnutzer an den Abläufen der militärischen Operationen. Die Rückverfolgung der Nutzer gab einen guten Aufschluss auch über die Abfrager. So waren Zugriffe russischer und serbischer Rechner leicht auszumachen.

Eine besondere Art der Informationsweitergabe war der Einsatz von Flugblättern. Zwar kann man diese Art der versuchten Beeinflussung nicht als unmittelbare Medienarbeit bezeichnen, im Rahmen der Information Operations ist der Nutzen solcher Mittel auch weiterhin eine angemessene Möglichkeit, militärische Operationen begleitend zu unterstützen. Auf den Flugblättern wurde z.B. auf die unterschiedliche Bezahlung der Soldaten und der Angehörigen der Spezialpolizei hingewiesen bzw. die kämpfende Truppe unmittelbar angesprochen. Die Wirkung solcher Flugblätter auf die Moral der Truppe war allerdings nicht quantifizierbar. Es liegen auch keine eindeutigen Erkenntnisse über die Wirkung von Radiosendungen auf die kämpfenden Einheiten vor. Dennoch wurden diese Mittel auch wieder während der „Operation Enduring Freedom" und „Operation Iraqi Freedom" eingesetzt, um die Informationen möglichst breit zu streuen.

8   Medienarbeit bei der „Operation Iraqi Freedom"

In seiner Eröffnungsrede zum Thema „Bilder vom Krieg im Fernsehen" stellt der damalige ZDF-Intendant Prof. Dieter Stolte im Jahre 2000 fest:

> Es geht um die Frage: In welcher Weise berichten Medien heute über Kriege? Berichten sie dabei nur oder beteiligen sie sich durch ihre Berichte sogar, direkt oder indirekt, an Kriegen, etwa an Kriegspropaganda? Und welche Verantwortung tragen sie dadurch, dass sie, bewusst oder unbewusst, selbst ein Teil der Kriegswirklichkeit sind, also - freiwillig oder unfreiwillig - selbst zum Bestandteil von Kriegsstrategien der politischen oder der militärischen Entscheidungsträger werden? (zit. in Hall 2001: 21)

Im Vietnamkrieg gab es eine fast völlig offene Berichterstattung. Durch die zum Teil schockierenden Bilder kam es zu einem massiven Umschwung der öffentlichen Meinung. Bei der Befreiung Kuwaits 1991 wurden die Informationen hauptsächlich durch exklusive Briefings gesteuert. Mit ein Ziel war es, eine Illusion der „chirurgischen" Kriegsführung zu erzeugen. Die Medien haben dies hingenommen, da sie keine anderen Bilder hatten und das Fernsehen ohne Bilder nicht auskommt (vgl. Becker 2001: 575-580). Die wenigen realen militärischen Aktionen wurden zu den attraktivsten und der für die Werbeindustrie teuersten TV-Sendezeiten in den USA gestartet (vgl. Becker 2001: 575-580).

Während des Kosovo-Konfliktes war die Öffentlichkeitsarbeit wieder wesentlich offener. Allerdings hatte die Nato keine Bodentruppen im Kosovo und war somit dem Milosevic-Regime gegenüber im Nachteil. Milosevic konnte ständig die neusten Opferbilder vorführen, während die Nato hingegen mit ihren Luftaufnahmen nicht in der Lage war, auch nur annährend mit ähnlich plastischen Bildern auf die Gräueltaten des Regimes aufmerksam zu machen.

Seit dem 11. September 2001 geht es um den Kampf gegen einen „unsichtbaren" Gegner. Was kann und darf in einer solchen Situation veröffentlicht werden? Wie sah die militärische Informations- und Öffentlichkeitsarbeit in dieser Situation aus? Sie fand zunächst nicht statt. Zum Schutz der Soldaten, die eine schwierige Mission zu erfüllen hatten, wurden fast alle militärischen Informationen aus der öffentlichen Darstellung ausgeblendet.

Wie haben die Medien auf den Terroranschlag gegen das World Trade Center (WTC) und gegen das Pentagon am 11. September reagiert? „Dies wird kein CNN-Krieg werden." So die Worte des amerikanischen Präsidenten George W. Bush gleich nach dem Anschlag in den USA. Er machte damit deutlich, dass es sich bei diesem „Feldzug", wie er ihn nannte, um einen langen Prozess der Auseinandersetzungen handeln wird. Er hat mit diesen Worten die Bürger der USA, für die die Meinungs- und Pressefreiheit einen überaus hohen Stellenwert hat, schon von Anfang an auf die veränderte Situation hingewiesen. In ihrem Bemühen um ein Informationsmonopol kaufte die US-Regierung die Rechte an den Aufnahmen des Satelliten „Ikonos" auf, der Bilder vom militärischen Operationsgebiet machte (vgl. Reeb 2002: 17-31).

Große Buchstaben, viel rote Farbe, prägten das Aussehen vieler Medien. So auch der bekannte Sender CNN. Zunächst wurden die Bilder des Grauens gebracht. Vor allem bei CNN wurde wiederholt die Sequenz der Anflüge der Flugzeuge in das WTC gesendet. Überschriften des gesamten Zeitraumes waren „War against the USA", „USA under attack". Wobei jeweils das erste Wort rot unterlegt wurde. Eine Fernsehberichterstattung aus Afghanistan fand in der heißen Phase der Angriffe nicht statt. So wurde Afghanistan auch als „Informationswüste" bezeichnet (vgl. Reeb 2002: 17-31). Die Herkunft von Nachrichten war schwer nachvollziehbar. Die Sender zeigten dafür immer wieder Bilder von Flüchtlingen, in erster Linie Frauen und Kinder. Sie berichteten immer wieder von Gräueltaten. Ihre Männer blieben in Afghanistan. Bilder von Transporten im Rahmen der Hungerhilfe wurden gezeigt. Aber auch CNN hatte ein Problem. Zwar hatte der Sender zunächst den Vorteil der ersten Bil-

der vom Anflug der Flugzeuge in das WTC. Außerdem konnten eigene Journalisten anfangs noch direkt aus Afghanistan berichten. Doch dann wurden sie
ausgewiesen und konnten nur noch vom Nachbarland aus berichten. Der
Verbleib im Nachbarland sollte bei dem Betrachter das Gefühl der stärkeren
Authentizität erzeugen. Und das, obwohl auch er nicht wissen konnte, was sich
auf der anderen Grenzseite wirklich abgespielt hat.

Und im Jahr 2003? Im Januar dieses Jahres schuf die US-Regierung ein
neues Amt mit dem Namen: Office of Global Communication. Das Amt soll
in erster Linie im Rahmen der Presse- und Öffentlichkeitsarbeit das Image der
USA im Ausland verbessern und die amerikanische Außenpolitik verständli-
cher machen. Ursprünglich sollte das Amt im Februar 2002 lediglich als eine
Abteilung im Pentagon eingerichtet werden und „Office of Strategic Influence" heißen. Nach einer Welle von Protesten wurde dieser erste Plan ad acta
gelegt. Ganz aufgegeben wurde dieser Plan allerdings nicht. So äußerte sich am
18. November 2002 der Verteidigungsminister Donald Rumsfeld wie folgt:

> Sie erinnern sich vielleicht an dieses Office of Strategic Influence, [...]. Ich bin dann hin-
> gegangen und habe gesagt, gut, wenn ihr das Ding zerfleddern wollt, dann gebe ich euch
> halt die Leiche. Ihr könnt den Namen haben, aber ich werde weiterhin alles, was nötig ist,
> unternehmen, und das habe ich dann auch getan. (Süddeutsche Zeitung 24.01.2003)

An Stelle des Office of Strategic Influence wurde das Office of Global Communication gegründet und offiziell dem Weißen Haus unterstellt. Das entsprechende Dekret wurde am 21. Januar 2003 vom Präsident George W. Bush mit
sofortiger Wirkung unterzeichnet. Ein deutlicher Hinweis auf die Bedeutung,
die dem strategischen Informationsmanagement durch die US-Administration
beigemessen wird. Falschinformationen, so Amtschef des neuen Office of
Global Communication, Tucker Eskew, gehören nicht zum Programm.[2]

Die erste größere Veröffentlichung des Office of Global Communications
war der Bericht mit dem Titel „Apparatus of Lies: Saddam's Disinformation
and Propaganda 1990-2003". Es handelt sich hierbei um einen Bericht in dem
dargestellt wird, wie in der Diktatur Saddam Husseins mit der „Wahrheit"
umgegangen wurde. Dieser Bericht sollte nicht zuletzt die internationale Position der USA im Bemühen um Zustimmung für die „Operation Iraqi Freedom" verbessern.[3]

---

[2]   [Online-Dokument] URL: http://www.whitehouse.gov/ogc [Download: 28.06.2003].

[3]   [Online-Dokument] URL: http://www.whitehouse.gov/ogc/apparatus/index.html [Down-
load: 18.06.2003].

Während des Irak-Krieges 2003 setzte die US-Regierung auf das Konzept der „embedded journalists", der sogenannten in die Truppen „eingebetteten" Journalisten. Sie begleiten die Alliierten Truppen durch die irakische Wüste. Das führt dazu, dass noch nie in einem Krieg so viele TV-Bilder vom Geschehen geboten wurden, wie es bei den Schlachten um Basra und Bagdad der Fall war. Alles live im „Reality-War-TV". „Dies hier wird nicht für das Fernsehen gemacht, sondern es wird gemacht, um die Mission zu erfüllen" (Süddeutsche Zeitung 24.03.2003), ruft ein erregter CNN-Reporter. Er war sichtlich überwältigt davon, wie sich im „Reality-War-TV" die Weltgeschichte vor seinen Augen abspielt. „Dies ist ein historischer Moment für den Journalismus", sagt mitfiebernd ein Moderator im Studio (Süddeutsche Zeitung 24.03.2003). Allerdings durften die Journalisten bei ihren Berichten keine genauen Angaben über Standorte machen. Sie mussten sich verpflichten, gewisse Regeln bei ihrer Berichterstattung einzuhalten, um nicht die Operation und das Leben der Soldaten zu gefährden (vgl. Süddeutsche Zeitung 24.03.2003).

Das Project for Excellence in Journalism an der Columbia University hat diverse Berichte von „embedded journalists" wissenschaftlich ausgewertet. Nach dieser Studie spiegelten die Berichte alle bei einer Reportage möglichen Facetten wider. Die eingebetteten Journalisten lieferten demnach keine Meinungen, Einordnungen und Interpretationen der Geschehnisse im Irak. Vier Fünftel der Berichte enthielten schwerpunktmäßig Fakten. Fast die Hälfte schilderte Kampfhandlungen beziehungsweise deren direkte Folgen. Die Studie kam zu dem Ergebnis, dass trotz der dramatischen Szenerie wirklich brutale Bilder des Krieges fehlten. Keiner der ausgewerteten Korrespondentenberichte zeigte, wie Menschen durch Waffeneinwirkungen getroffen werden und das, obwohl in 21,5 Prozent dieser Berichte Waffen abgefeuert wurden. Die Reportagen blieben in der Regel anekdotenhaft und ordneten Ereignisse nicht in Zusammenhänge ein. 60 Prozent der Berichte von „embedded journalists" wurden live übertragen. Die Studie der Columbia University sieht dies als die Hauptursache für die Schwächen dieser Berichte. Nach dieser Studie sind viele der falschen und widersprüchlichen Meldungen aus dem Irak auf solche Live-Sendungen zurückzuführen.[4]

Diese Art der Berichterstattung ist in einem gewissen Sinne hoch sensationell und suggeriert Aktualität. Der Informationsgehalt ist allerdings relativ gering, wie auch die vorgenannte Studie bestätigte. Daher kann es sich somit

---

4   [Online-Dokument]   URL: http://www.journalism.org/resources/research/reports/war/
     embed/pejembedreport.pdf [Download: 28.07.2003].

nur um eine eingeschränkte, die Berichterstattung ergänzende Perspektive des Geschehens handeln, so wie es auch von Donald Rumsfeld geäußert wurde.

Ein anderes Modell wurde von der irakischen Führung in Bagdad praktiziert. Sie brachte die Reporter regelmäßig in Bussen zu bestimmten Orten, von denen sie berichten sollten. Die Journalisten durften zwar Bilder von zivilen Opfern und Objekten aufnehmen, allerdings keine zerstörten Regierungsgebäude zeigen. Der irakische Informationsminister gab sich mit seinen abstrusen Behauptungen regelmäßig der Lächerlichkeit preis. Bagdad praktizierte eine unverhohlene Propaganda – ähnlich wie schon 1999 Milosevic im Kosovo-Konflikt. Ganz anders die amerikanische Seite. Sie wollte ihre Glaubwürdigkeit nicht gefährden. So äußerte sich General Franks auf einer Pressekonferenz in Katar am 24. März 2003: „This is not the stage for propaganda. We will provide you with the truth." (CNN 24.03.2003) Dass durch die amerikanischen Medien in weiten Teilen selbst eine Art „Hurra Patriotismus" verbreitet wurde, lag in erster Line nicht an der eigentlichen Presse- und Öffentlichkeitsarbeit der US-Militärs in Katar.

> Geld, Prestige, Karrieremöglichkeiten, ideologische Neigungen, dazu die Nachteile, die es bringt, wenn man Storys nach Hause schickt, die bei der [US-]Regierung wenig Gefallen finden, all dieses übt seinen Einfluss auf Auslandskorrespondenten aus. Man bekommt keinen Pulitzer-Preis dafür verliehen, dass man die grundlegenden Glaubenssätze des Imperiums in Frage stellt. (Erlich 2003: 35)

So Erlich über Selbstzensur und Patriotismus in den US Medien. Erlich (2003: 38f.) weiter:

> Reporter einzuschüchtern ist eine klassische Waffe der jeweiligen Machthaber. Wenn ein Präsident der USA eine bestimmte Art der Berichterstattung nicht mag, kann die Administration es für die Reporter [...] unmöglich machen, Insiderinformationen zu erhalten. Ausländische Reporter können sogar dazu gezwungen sein, die USA zu verlassen. Reporter lernen es schnell, Selbstzensur zu üben, wenn sie es nicht tun, werden sie kalt gestellt.

Im Gegensatz zur offensichtlichen staatlichen Zensur Bagdads, geben Journalisten die von ihnen betriebene Selbstzensur selten offen zu erkennen. Sie vermeiden es, öffentlich über ihre Zwänge zu sprechen. Dissens der Journalisten mit ihren Vorgesetzten ist besonders in dem durch Wettbewerb und Konkurrenzkampf gekennzeichneten US-Medienbereich nicht karriereförderlich (vgl. Erlich 2003: 41). Allerdings machte sowohl in Afghanistan wie auch im Irak-Konflikt nicht US-Medienunternehmen wie CNN „das Rennen", sondern der arabische Sender ‚Al-Jazeera'. Dessen Reporter konnten beispielsweise unmittelbar, wenn auch zensiert, aus Gegenden berichten, die den westlichen Reportern versperrt blieben. Es stellt sich die Frage, warum die Westsender diese Bilder in großen Teilen unkommentiert übernahmen. Es gibt sicherlich keine

Abbildung 2: Media Center (DOHA)

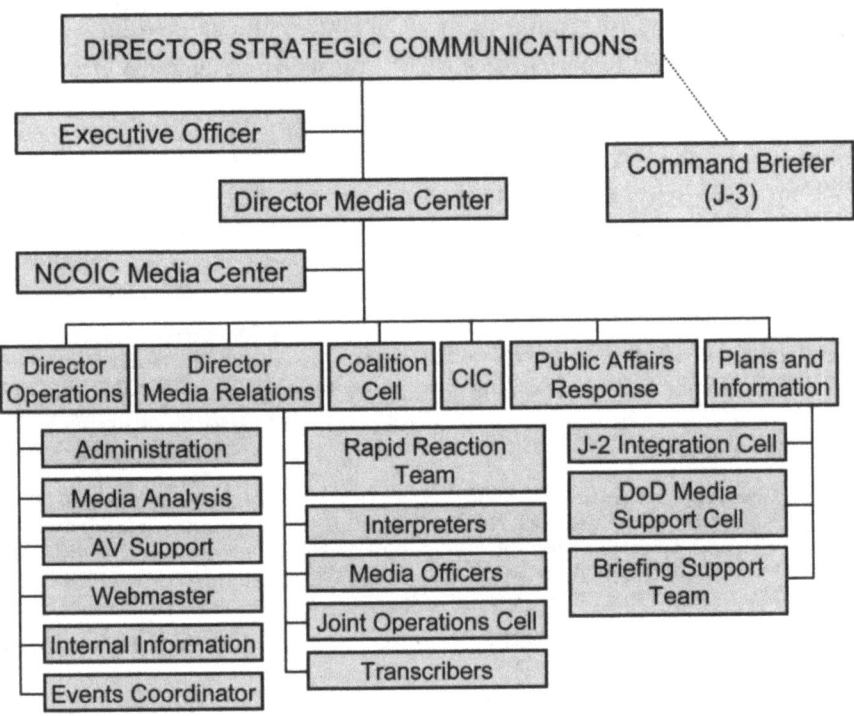

allumfassende Antwort auf diese Frage. Es handelt sich in den meisten Fällen um eine Mischung unterschiedlicher Beweggründe und Zwänge.

Dass erfolgreiche Medienarbeit im Kontext eines strategischen Informationsmanagements mit einem entsprechend hohen Aufwand verbunden ist, verdeutlicht auch das Organigramm des eigens für die Operation „Iraqi Freedom" im alliierten Hauptquartier in Camp Doha/Katar etablierten MEDIA Centers (vgl. Abb. 2).

Die Stellenbesetzung des MEDIA Centers in Katar wurde darauf optimiert, ein Public Affairs Office für den Einsatz abzubilden. Es gliedert sich im Schwerpunkt in die vier Bereiche: Media Operations, Planning Operations, Augmentation und Administration. Das MEDIA Center in Katar ist somit als die zuständige und in die laufenden Operationen direkt eingebundene „Pressestelle" für den Irak-Krieg anzusehen. Die übrigen, nicht in direktem Zusammenhang mit den Irak-Operationen stehenden allgemeinen Angelegenheiten der Öffentlichkeitsarbeit wurden weiterhin durch das Public Affairs Office bei US Zentralkommando (CENTCOM) in Tampa/Florida bearbeitet.

Die personelle Besetzung des MEDIA Centers wurde durch Personal aller Teilstreitkräfte (TSK) sichergestellt, d.h. jede TSK wurde beauftragt, Personal für den kontinuierlichen Betrieb des MEDIA Centers nach Katar abzustellen. Der Command Briefer, Brigadier General Brooks, ist ebenfalls exklusiv für diese Operation zur Unterstützung des J-3-Bereiches, also Current Operations, abgeordnet worden. Seine Hauptaufgabe war es, als „Sprecher des Hauptquartiers" die regelmäßig stattfindenden Briefings (Pressekonferenzen) durchzuführen, wobei er durch das MEDIA Center unterstützt wird. Ohne an dieser Stelle auf weitere funktionelle Details des MEDIA Centers eingehen zu wollen, sind folgende zwei Aspekte von besonderer Relevanz: Erstens, die notwendige enge Beziehung des Command Briefers aus dem Bereich Current Ops mit dem Director Strategic Communications, ähnlich wie auch schon in der „Information Cell" während des Kosovo-Konflikts 1999. Zweitens, der in dieser Grafik erkennbare hohe Personalansatz für eine solche Operation in den Bereichen Media Officers und Joint Operations Cell.

Aber auch ein noch so gutes MEDIA Center verhindert keine terroristische Kriegsführung. Die 31. März 2004 gesendeten grausamen Bilder aus Falludscha, einer Hochburg des sunnitischen Widerstandes gegen die amerikanische Besatzung, waren in den Medien von bemerkenswerter Bedeutung. Die Iraker befestigten eine Leiche an einem Auto, in dessen Fenster ein Bild von Scheich Ahmed Jassin hing, dem von israelischen Sicherheitskräften getöteten Gründer der palästinensischen Hamas-Bewegung. Diese Bilder weckten schmerzhafte Erinnerungen der Amerikaner. „Eine Szene, die an Somalia 1993 erinnert", als die Leichen von getöteten US-Soldaten durch die Straßen von Mogadischu geschleift wurden, wie die ‚New York Times' am 1. Januar 2004 schrieb.

Der Tod von 18 US-Marineinfanteristen in Mogadischu führte 1993 zum Rückzug der amerikanischen Truppen aus dem Bürgerkriegsland. Dennoch gab es diesmal keinen „Aufschrei" der US-Bevölkerung. Sie war „besser" auf die Bilder durch die US-Regierung vorbereitet und wurde außerdem mit den „Details" nicht „belastet". Bereits wenige Stunden nach dem Tod vier amerikanischer Zivilisten trat der Sprecher des US-Kommandos im Irak, Mark Kimmitt, vor die Presse. Der Brigadegeneral wirkte überaus aufgeräumt: „Trotz einer lokalen Erhebung zeigt sich eine insgesamt stabile Lage mit geringen Auswirkungen auf die Fähigkeit der Koalition, in politischer und ökonomischer Hinsicht Fortschritte zu machen."[5]

Die US-Medien reagierten relativ kühl, fast apathisch. Zwar machten alle Tageszeitungen mit der Bluttat auf, wie auch die US-Abendnachrichten. Doch behandeln vor allem die amerikanischen Fernsehsender die Story auffallend vorsichtig. Zudem wurden die Bilder verkohlter Leichen nur für Sekundenbruchteile gezeigt. Und das relativ unscharf, teilweise geschwärzt und nach vorheriger Warnung vor dem „grausamen Inhalt". Die Bush-nahen ‚Fox News' begnügte sich gar mit Aufnahmen von zwei brennenden Autos und schaltet dann wieder zur stundenlangen Live-Berichterstattung über die Rettung einer entführten College-Studentin in Wisconsin um. „Das muss nicht gesehen werden, um das Grauen dieses abscheulichen Aktes zu vermitteln", begründet Steve Capus, der Chef von ‚NBC Nightly News', den völligen Verzicht seiner Sendung auf jene Bilder, die anderswo um die Welt gingen. Analog folgen viele Medienkonzerne dem Wunsch des Weißen Hauses: „Wir hoffen, dass jeder in seiner Berichterstattung verantwortlich handelt", so der Regierungssprecher Scott McClellan. Die Bush Administration hat zweifelsohne ihre Lehren aus der Presse- und Öffentlichkeitsarbeit in Somalia gezogen.

Ende April folgte eine Zäsur in der Medienberichterstattung aus dem Irak: Die Bilder und Berichte über die Folterung von irakischen Gefangenen durch amerikanische und britische Soldaten haben weltweit Empörung ausgelöst. Kurz nachdem Meldungen über folternde US-Soldaten in einem irakischen Gefängnis in den Medien erschienen sind, veröffentlichte die Tageszeitung ‚Daily Mirror' Fotos von britischen Soldaten, die dem Anschein nach ebenfalls irakische Häftlinge misshandeln. Die unsäglichen Bilder schürten den Hass weitaus stärker, als dies eines der zahlreichen El-Kaida-Videos vermocht hätte.

In der „Öffentlichkeitsarbeit" haben die USA und Großbritannien einen Rückschlag hinnehmen müssen. Ihre „Glaubwürdigkeit" wurde durch die „Folterungen", insbesondere in der arabischen Welt, zumindest in Teilen verspielt. Dies war der US-Administration sehr wohl bewusst. So hat der US-Präsident George W. Bush die Misshandlung irakischer Gefangener durch amerikanische Soldaten scharf verurteilt. Er halte diese Praktiken für „abstoßend", sagte Bush in einem Interview mit dem von den USA unterstützen arabischsprachigen Sender ‚El Hurra'. Mit dem Interview versuchte Bush die Welle der Empörung in der arabischen Welt einzudämmen. Außerdem sollte

---

5   [Online-Dokument]   URL: http://www.spiegel.de/politik/ausland/0,1518,293495,00.html
     [Download am 18.05.2004]

durch das Interview mit ‚El Hurra' die Stellung von ‚Al Jazeera' nicht weiter gestärkt werden (FAZ, 05.05.2004).

US-Sicherheitsberaterin Condoleezza Rice entschuldigte sich als erstes Mitglied der US-Regierung für die erfolgten Misshandlungen. „Es tut uns sehr Leid, was mit diesen Menschen geschehen ist und was deren Familien fühlen müssen." US-Verteidigungsminister Rumsfeld sagte: „Oh mein Gott, jeder Amerikaner, der die Fotos gesehen hat, die wir gesehen haben, sollte bereit sein, sich beim irakischen Volk zu entschuldigen." Die überraschend angesetzten Interviews können als ein deutlicher Beleg für den dringenden Wunsch der US-Führung, ihre Glaubwürdigkeit nicht weiter zu beschädigen, angesehen werden.

Inzwischen hat sich herausgestellt, dass die Fotos der „folternden Briten", die im ‚Daily Mirror' veröffentlicht wurden, Fälschungen waren. Allerdings keine Fälschungen des Militärs, sondern der Presse. Der verantwortliche Chefredakteur, Piers Morgan, wurde daraufhin von der Verlegerin der Zeitung, Sly Bailey, am 14. Mai 2004 entlassen, um die „Glaubwürdigkeit" des ‚Daily Mirror' wieder herzustellen (Focus, 17.05.2004: 214).

Die kurz darauf erschienene Nachricht von der Enthauptung Nick Bergs am 11. Mai 2004 hat in den USA Entsetzen ausgelöst. Die Bluttat und ihre Zurschaustellung im Internet habe den Senat schockiert, so Senator John Warner. Durch dieses Ereignis bestätigte sich die Sorge, dass die Misshandlung von Häftlingen in amerikanischer Haft zu Racheakten führen könnte. Das ins Internet gestellte „Hinrichtungsvideo" führte zu neuen Aufrufrekorden auf diversen Internetsuchmaschinen. Auf diese weise ist der „Kampf" im Irak des Jahres 2004 zu einem medialen Schlagabtausch mutiert. Nicht die eigendichten Taten schufen Fakten, sondern die Wirkung deren Veröffentlichung (Die Welt, 13.05.2004).

Die Summe dieser Ereignisse führte in ihrer Konsequenz zu einer leichten Veränderung der US-Position. So äußerten sowohl der US-Zivilverwalter im Irak, Bremer, und auch Außenminister Powell am 14. Mai 2004, dass die Koalitionskräfte abgezogen würden, falls die künftige irakische Übergangsregierung dies kurz nach dem 1. Juli 2004 verlangt hätte. Allerdings rechnete der Außenminister nicht damit: „Ich habe keinen Zweifel daran, dass die Übergangsregierung uns willkommen heißt" (Die Welt, 13.05.2004).

Diese Aussage wurde vom Präsidenten am Folgetag relativiert: „Die entscheidende Aufgabe unseres Militärs, die Sicherheit zu gewährleisten, wird am 1. Juli und danach weitergehen", sagte George W. Bush in seiner wöchentlichen Radioansprache am 16. Mai 2004. „Unsere Truppen bleiben im Irak, um

dem irakischen Volk zu helfen und bis die Iraker ihr Land selbst sichern können," ohne dabei die Äußerungen von Bremer und Powell zu erwähnen.[6]
    Am 17. Mai 2004 ist der Vorsitzende des irakischen Übergangsrats, Issedin
Salim, bei einem Selbstmordanschlag in Bagdad getötet worden. Issedin Salim
ist nach der schiitischen Politikerin Akile el Haschemi, die im September 2003
ermordet worden war, bereits das zweite Mitglied des Regierungsrates, das
einem Attentat zum Opfer fiel. Dieser Anschlag spielte in den Medien im Vergleich zu den „Folterungen" und der „Köpfung Bergs" keine vergleichbar
große Rolle und führte auch nicht zu einer Veränderung des Zeitplanes der
Machtübergabe im Irak.[7]

9   Fazit und Resümee

Die zunehmende Bedeutung der Informationstechnologie und die ständig
erweiterte Vernetzung der Gesellschaft schafft neue Abhängigkeiten (vgl.
Bockstette 2003: 171ff.), die für den Erfolg oder das Scheitern vornehmlich bei
einer militärischen Auseinandersetzung von elementarer Bedeutung sind. Das
strategische Informationsmanagement ist aus einem heutigen Konflikt nicht
mehr weg zu denken. Waren es früher die mit Zeitverzögerung an die Heimat
geschickten Bilder und Berichte der Kriegsberichterstatter, so sind heute die
Übertragung von Fernsehbildern, aber auch das in das Internet gestellte Wort
und Bild, neben den klassischen Printmedien, ein schnelles Medium zur Wei-
terverbreitung guter, aber auch schlechter Nachrichten.
    Hierbei gilt zu bedenken, dass diese Medienberichte keine Kopie der Au-
ßenwelt sind. Überlappungen und Konfusionen zwischen der Realität und der
Medienrealität sind die Regel. Die Medienrealität befindet sich in einer Abhängigkeit von der Perspektive der berichtenden Journalisten, der ihre Nachrichten
zumindest auch gewinnbringend verkaufen möchten. Die westlichen Medien
selbst sollten ein Interesse an hoher Informationskompetenz, Glaubwürdigkeit
und ihrer eigenen Seriosität im Rahmen der Kriegsberichterstattung haben.

---

6   [Online-Dokument] URL http://aktuell.focus.msn.de/hps/fol/newsausgabe/newsausga-
     be.htm?id=2543, [Download: 18.05.2004]
7   [Online-Dokument] URL http://www.zol.ch/zo/detail.cfm?id=124550, [Download:
     18.05.2004]

Die Entlassung vom Chefredakteur des DAILY-Mirror, Piers Morgan, im Mai 2004 unterstreicht dies eindrucksvoll.

Die „Operation Allied Force" ist als erster Konflikt, der auch im Internet ausgetragen wurde, in die Militärgeschichte eingegangen (vgl. Reeb 2002: 17-31). Die „Operation Iraqi Freedom" wird dank der „embedded journalists" als der erste Konflikt des „Reality-War-TV" in die Geschichte eingehen.

Das Ziel des strategischen Informationsmanagements ist das menschliche Denken, besonders das Denken derjenigen, die wichtige Entscheidungen zu treffen haben. Zielgruppe müssen aber auch diejenigen sein, die den Verantwortlichen durch ihre Stimme die Verantwortung übertragen haben. Der ehemalige Verteidigungsminister Scharping hat dies in einem Geleitwort zu dem Buch „Krieg der Worte - Macht der Bilder" wie folgt formuliert:

> Denn uns war bewusst, dass der erfolgreiche Ausgang dieses ernsten Konflikts damit steht oder fällt, ob die Bürgerinnen und Bürger auch unseres Landes ihn weiter unterstützen. Denn nur, wer exzellent informiert ist, kann selbst klug und überzeugend informieren - besonders in dem sensiblen Bereich militärischer Operationen, die in jeder Phase im Blickpunkt der Öffentlichkeit standen. (zit. in Jertz 2001b: 7)

Der Konflikt im Kosovo 1999 und im Irak 2003/04 haben die hohe Bedeutung der Medienarbeit als ein Mittel von militärischer Führung anschaulich unter Beweis gestellt. Abschließend soll darauf hingewiesen werden, dass die Lehren aus dem Kosovo-Krieg und der „Operation Iraqi Freedom" nicht als exemplarisch für künftige militärische Auseinandersetzungen gesehen werden dürfen. Der Krieg gegen den „internationalen Terrorismus" ist hierfür ein guter Beleg. Auch die Berichterstattung aus dem Irak des Jahres 2004 stellt sich in einem deutlich anderen Licht dar. Zentrales Element der Presse- und Öffentlichkeitsarbeit ist und bleibt die Glaubwürdigkeit. Sie darf unter keinen Umständen verspielt werden. Diese Konflikte hatten zwangsläufig Implikationen auf die Entwicklung des strategischen Informationsmanagements.

In diesem Aufsatz wurde aufgezeigt, dass das strategische Informationsmanagement als ein Mittel von Führung integraler Bestandteil militärpolitischer Perzeptionen und Führungsentscheidungen sein muss. Die Öffentlichkeitsarbeit muss genauso geplant werden wie eine militärische Operation. Die dazu erforderlichen Organisationsformen müssen vorhanden sein und die Führungs- und Entscheidungsprozesse dementsprechend ablaufen. Die in diesem Beitrag entwickelte Definition des strategischen Informationsmanagements im militärischen Kontext unterstreicht die stetig wachsende Bedeutung dieser Forschungsrichtung im Rahmen der Information Warfare.

Information Operations

Die Weiterentwicklung US-militärischer Strategien zur Instrumentalisierung der Medien

Carsten Schlüter

1   Krieg um Information - Information im Krieg

Am 19. Januar 2003 schrieb die ‚Frankfurter Allgemeine Sonntagszeitung' auf ihrer Politikseite: „Der neue Krieg. In den vergangenen Jahren hat Amerika seine Armee umgekrempelt. Informations-Netzwerke sollen zur entscheidenden Waffe werden." (Inacker 2003) Tatsächlich berichteten die Medien im Laufe des folgenden Irak-Krieges immer wieder von technischen Neuerungen in der amerikanischen Kriegsführung. Dabei reichte das beschriebene Spektrum von der Digitalisierung des Schlachtfeldes, der Informationsüberlegenheit amerikanischer Soldaten, dem Einsatz „intelligenter Raketen" oder unbemannter, ferngelenkter Aufklärungsflugzeuge bis hin zu Hacker-Angriffen sowohl auf irakische Internet-Seiten als auch auf US-Homepages. Gleichzeitig war die Rede von einer Manipulation der Massenmedien durch das US-Militär, indem Informationen zensiert und Journalisten unter strenger Beobachtung „eingebettet" wurden.

Der „neue Krieg" zeichnet sich demnach durch zwei Komponenten aus: dem Kampf mit und den Kampf um Informationen. Aber ist dies wirklich neu? Informationen als Mittel, als Ziel oder als Ressource der Kriegsführung sind bereits aus dem antiken China schriftlich überliefert (vgl. Everett, Dewindt & McDade 1997: 36). Und auch die Einbeziehung der Informationsträger, allen voran der Massenmedien, ist in Kriegsstrategien kein Novum. Im Zweiten Weltkrieg als Propagandaapparat missbraucht, ist spätestens seit dem Vietnamkrieg die massenmedial verbreitete Kriegsberichterstattung ein Aspekt, welcher das Militär in seinen Strategien berücksichtigen muss.

Neu ist nicht die Verbindung zwischen Information und Krieg, sondern vielmehr die gestiegene Relevanz von Information für die Gesellschaft und ihre Subsysteme, zurückzuführen vor allem auf technische Innovationen und einem Wachstum des Informationssektors (vgl. Löffelholz 1993c: 51). Mit eingeschlossen ist hier das militärische System, welches durch die Entwicklungen in der Informationstechnologie im hohen Maße beeinflusst wird:

> Clearly, Information Age technology and the management ideas it fosters greatly influence the armed forces - organizations, equipment, how they train, how they fight, how they protect the force, or how they assist in resolving conflict. (Headquarters, Department of the Army 1996: 1.2)

Die ersten Konsequenzen, die das Militär aus den veränderten Rahmenbedingungen zog, finden sich in der Strategie des Information Warfare. Unter diesem Schlagwort vereinen sich vielfältige Konzepte, die insbesondere das US-Militär unter dem Einfluss der fortschreitenden technischen Entwicklungen ausgearbeitet hat. Diese Konzepte sollen hier in einem ersten Schritt anhand der wissenschaftlichen Diskussion zu der Thematik aufgezeigt werden.

Die Erkenntnis, dass die Informationsgesellschaft zunehmend als Mediengesellschaft konzeptualisiert werden kann (vgl. Löffelholz 1993c: 52), dass die Medien aber nicht durch das Militär einseitig vereinnahmt werden können, sondern dass das Militär seine Strategien auf die Medien ausrichten muss, führte Mitte der 90er Jahre zu einer Weiterentwicklung des Information Warfare. Unter dem Begriff Information Operations veröffentlichte die US-Armee 1996 ein Strategiepapier, das in detaillierter Form Vorgaben für den Umgang mit Informationen und Informationsinfrastrukturen gibt und sich dabei vor allem auf spezifische Anweisungen für das militärische Verhalten gegenüber Massenmedien in Krisen- als auch in Friedenszeiten bezieht. Diese Weiterentwicklung ist insofern interessant, da eine Analyse des Strategiepapiers zeigt, dass das US-Militär sich selber im Zusammenspiel mit den Medien beobachtet. Eine solche Analyse der Information Operations soll im zweiten Teil des Beitrags geschehen und damit die hier vertretene These stützen, dass erst das Zusammenspiel von Medien und Militär eine mediale Kriegskonstruktion schafft.

2 Information Warfare

In den frühen 80er Jahren konstatierte das russische Militär einen Umbruch in der Kriegsführung. Es stellte fest, dass die Emergenz fortschrittlicher nicht-nuklearer Technologien eine Revolution des Militärs darstellt. Diese neuen Technologien, welche hauptsächlich auf Informationssystemen aufbauten (z.b. Telekommunikationssysteme, Computerarchitektur, Informationsnetzwerke, Navigationssysteme), forderten ein strategisches Umdenken im militärischen Bereich (vgl. Everett, Dewindt & McDade 1997: 38f.). Die Berücksichtung von Informationssystemen in Kriegsführungsstrategien wurde kurze Zeit später auch von der US-Army übernommen und unter dem Begriff Information Warfare öffentlich kommuniziert. Dabei wird Information Warfare definiert als:

> Actions taken to achieve information superiority by affecting adversary information, information-based processes, information systems, and computer-based networks while defending one's own information, information-based processes, information systems and computer-based networks. (Headquarters, Department of the Army 1996: 2.2)

Die wohl systematischste und ertragreichste Auseinandersetzung mit dem Begriff des Information Warfare lieferte 1995 Martin Libicki in seinem Buch „What is Information Warfare". Er schlägt vor, Information Warfare als ein Mosaik anzusehen, das aus verschiedenen Strategiedimensionen besteht (vgl. Libicki 1995: 7ff.). Bei seiner Analyse kommt Libicki zu der Schlussfolgerung, dass nur wenige der Dimensionen ein Novum in der Kriegsführung darstellen und sich vielmehr auf Strategien beziehen, die bereits vor der „militärischen Revolution" eingesetzt wurden (Libicki 1995: 86f.). Deutlich wird bei seinen Ausführungen die enge Verknüpfung zwischen Militär und Medien, die sich wie ein roter Faden durch das Konzept des Information Warfare zieht. Eine Analyse dieser Verknüpfung fördert drei Schwerpunkte hervor, die in dem Konzept angesprochen werden:

- Instrumentalisierung der Massenmedien zur propagandistischen Beeinflussung der Öffentlichkeit;

- Störung von externen Medienstrukturen (hier v.a. des Hybridmediums Internet);

- Nutzung einer internen Medienstruktur als Informationsquelle/Simulation und Virtualisierung des Kampfgeschehens.

Alle drei Schwerpunkte finden sich auch in der wissenschaftlichen Reflexion
der Beziehungen zwischen Militär und Medien wieder und sollen im Folgenden
anhand der Theoriediskussion zu der Thematik aufgezeigt werden.

2.1 Die Instrumentalisierung der Massenmedien

Zum einen wird von Kommunikationswissenschaftlern der propagandistische
Einfluss des Militärs auf die Massenmedien thematisiert. Hier ist z.B. die Rede
von der „Zensur zur Inszenierung" (Krotz 2002: 19), von „Restriktionen und
Selektionen" (Philipp 2001) oder von der strukturellen „Militarisierbarkeit der
Medien" (Dominikowski 1993: 47). Ausgangspunkt vieler Untersuchungen ist
ein Journalismus, der an „objektiver" Kriegsberichterstattung und an der Aufdeckung von Geheimnissen interessiert ist, wohingegen es für das Militär eine
unumgängliche Notwendigkeit ist, „den Feind zu täuschen und Stimmungen
aufzuheizen" (Kunczik 2001: 101). Diese oftmals einseitige These einer Aus-
nutzung der Massenmedien weicht in der aktuelleren Theoriediskussion zunehmend einer komplexeren Betrachtung, die bereits in den 90er Jahren angeregt wurde. So z.B. aus systemtheoretisch-konstruktivistischer Sichtweise:

> Die Wirklichkeitskonstruktion von Individuen und der Abgleich individueller Krisenmo-
> delle wird in der Informationsgesellschaft in besonderer Weise durch Medien beeinflußt.
> Entgegen landläufiger Vorstellungen „transportieren" Medien dabei jedoch keine Infor-
> mationen, sondern entwerfen nach eigenen Regeln eigene Modelle der Wirklichkeit. Die-
> se „mediale Wirklichkeit" wird durch Medienangebote verkörpert, die Anlässe zur sozia-
> len wie individuellen Wirklichkeitskonstruktion liefern. (Löffelholz 1993b: 13)

Dieses vorausgesetzt, könne das Militär „ergänzend bestimmte Wirklichkeitsmodelle als Erklärungsmuster für die Genese von Kriegen" anbieten (Löffelholz 1993b: 21). Ob diese dann tatsächlich von den Medien genutzt werden,
liegt vor allem daran, wie journalistisch verständlich diese Angebote sind; mit
anderen Worten, mit welchem Medienverständnis das Militär seine Offerten
verbreitet. Dass die Massenmedien dabei nicht nur alleine zum militärischen
System Verknüpfungen aufweisen, sondern auch zu weiteren gesellschaftlichen
Systemen, spielt eine weitere Rolle. Allen voran zur Ökonomie, welche sowohl
zum Militär als auch zu den Massenmedien strukturelle Kopplungen aufweist.
So liefern sich die Massenmedien im Krieg eine zweite Schlacht: den Kampf
um die Einschaltquoten und Auflagenentwicklung.

> Konkurrenzkampf um die sensationellen Bilder, Suche nach Aufmerksamkeits- und Er-
> regungspotenzial in den Bildern, das sind Faktoren, die im Wertekanon des internationa-
> len Journalismus weit vor der distanzierten, reflektierten Analyse rangieren. Hier spielen
> zweifellos auch die journalistischen Gepflogenheiten, wie sie in den kommerziellen Sen-

dern sich entwickelt haben, eine wichtige Rolle. Analytische Beiträge gelten als langweilig und wenig unterhaltend. Analyse ist nicht „hip". (Wolf 2001: 92f.)

Aus dieser ökonomischen Sicht heraus bietet das Militär den Massenmedien die Bilder und Geschichten, die sich gut verkaufen lassen. So zum Beispiel die filmreife Befreiung der Soldatin Jessica Lynch während des zweiten Irak-Krieges (vgl. Rötzer 2003a). Dass dabei die Geschichte auf Hollywood-Niveau gehoben und Heldentaten ausgeschmückt wurden, ist auf die Zusammenarbeit zwischen Militär und Massenmedien zurückzuführen und nicht auf eine einseitige Propagandaaktion des Militärs. In der US-amerikanischen Literatur hat sich für diese Form der Zusammenarbeit ein neuer Begriff entwickelt: Militainment (vgl. Burston 2003: 163ff.), und auch in der deutschen Literatur sind Untersuchungen zu diesem Begriff entstanden.

2.2 Störung von externen Medienstrukturen

Der zweite große Bereich des Information Warfare, der wissenschaftlich untersucht wird, ist die Störung von und der Kampf um externe Medienstrukturen und ihre Akteure.[1] Einerseits wird dabei eine Problematik angesprochen, die seit der medialen Berichterstattung über Kriege evident ist: die körperliche Bedrohung von Journalisten und die mögliche Zerstörung von mediengenutzten Einrichtungen. Obwohl Kriegsreporter als Zivilisten und ihre Infrastruktur als zivile Objekte gelten, und demnach nicht Ziel von kriegerischen Attacken sein dürften, stellt Michael Rediske (2001: 116) fest:

> Noch nie in der Geschichte des Journalismus sind so viele Angriffe auf Journalisten, so viele gezielte Morde an Journalisten und auch so viele bei Kriegshandlungen umgekommene Berichterstatter gezählt worden wie im abgelaufenen Jahrzehnt. Nach der Zählung von ‚Reporter ohne Grenzen' mindestens 600 Tote in zehn Jahren - diejenigen nicht mitgezählt, bei denen nicht eindeutig geklärt werden konnte, ob sie in ihrer Eigenschaft als Journalisten oder aus anderen Motiven umgebracht wurden. Die Zahlen schwanken jährlich etwa zwischen 30 und 100 Opfern.

Auch im vergangenen Irak-Krieg (2003) waren Journalisten und ihre Einrichtungen unter militärischen Beschuss geraten, so z.B. bei der Bombardierung des irakischen Senders ‚Al-Jazeera' in Bagdad. Zwar wurden diese Aktionen von der US-Army als „Kollateralschäden" bezeichnet, doch weitere Attacken

---

[1]   Aus der Beobachterposition des US-Militärs kann zwischen externen und internen Medienstrukturen differenziert werden. Dabei umfasst die Bezeichnung extern alle Medienstrukturen, die sich außerhalb des militärischen Systems befinden, intern alle systemzugehörigen Medienstrukturen.

auf Hotels, in denen Journalisten untergebracht waren, lassen Zweifel an der
Glaubwürdigkeit der Militärversion aufkommen (vgl. Rötzer 2003b).

Ein zweiter Punkt ist bei dem Kampf um Medienstrukturen im Zusammenhang des Information Warfare von Bedeutung. Hierbei handelt es sich um
Angriffe auf militärische und zivile Informationsinfrastrukturen durch Compu-
terhacker.

> Our Nation's critical infrastructures are composed of public and private institutions in
> the sectors of agriculture, food, water, public, health, emergency services, government,
> defense industrial base, information and telecommunications, energy, transportation,
> banking and finance, chemicals and hazardous materials, and postal and shipping. Cyber-
> space is their nervous system - the control system of our country. Cyberspace is com-
> posed of hundreds of thousands of interconnected computers, servers, routers, switches,
> and fiber optic cables that allow our critical infrastructures to work. Thus, the healthy
> functioning of cyberspace is essential to our economy and our national security. (The
> White House 2003: vii)

Die Abhängigkeit der Informationsgesellschaft von ihrer Infrastruktur wird in
der Einleitung zu dem Strategiepapier „The National Strategy To Secure Cyberspace" der US-Regierung deutlich ausgesprochen. Das Hybridmedium Internet spielt dabei eine herausragende Rolle, denn viele externe Organisations-
Intranetze sind mit dem globalen Internet verbunden und können damit jederzeit Ziel eines Hacker-Angriffs werden (vgl. Fischermann 2001). Dabei reicht
die Angriffsspanne von Spionage über Manipulationen bis hin zur Zerstörung
von Computern. Gerade Massenmedien wie z.B. der Fernsehsender ‚Al-
Jazeera' sind ein Ziel solcher Attacken (vgl. Lang 2003). Die wissenschaftliche
Auseinandersetzung mit dieser Art der Kriegsstrategie ist, im Gegensatz zur
Berichterstattung in den Massenmedien selbst (siehe als Übersicht hier vor
allem ein Spezial der Netzzeitschrift ‚Telepolis'[2]), bisher kaum geführt worden.
Nur vereinzelt finden sich Ansätze (vgl. u.a. Löffelholz 2001a: 34; Bernhardt &
Ruhmann 2001; Devost, Houghton & Pollard 1997; Altmeppen 1993), die
jedoch gerade nach den Erfahrungen im dritten Golfkrieg weiter ausgebaut
werden müssten.

2.3 Nutzung einer internen Medienstruktur als Informationsquelle

Die technische Revolution des Militärs wirkt sich auch auf die interne Medienstruktur aus, die das Militär benötigt, um strategische Informationen über das
Kampfgeschehen zu erhalten oder intern zu verbreiten.

---

2   URL: http://www.heise.de/tp/deutsch/special/info/default.html.

> As sensors grow more acute and reliable, as they proliferate in type and number, and as they become cabable of feeding fire-control systems in real time and near-real time, the task of developing, maintaining, and exploiting systems that sense the battlespace, assess its composition, and send the results to shooters assumes increasing importance for tomorrow's militaries. (Libicki 1995: 19)

Anders als noch im Golfkrieg von 1991, in dessen Verlauf Kuwait von 430.000 US-Soldaten innerhalb von 43 Tagen erobert wurde, standen für den Krieg im Irak (2003) nur noch 250.000 Soldaten zur Verfügung. „Die entscheidende Schlacht um Bagdad war trotzdem schon nach 21 Tagen gewonnen." (Busse 2003) Den Grund für diese Entwicklung sieht das US-Militär in dem gestiegenen Einsatz von innovativen Informationstechnologien (vgl. Staun 2003; Inacker 2003). Darunter fallen sowohl Informationsnetzwerke und -sensoren sowie technisierte Soldaten, als auch intelligente Waffensysteme und Abstandswaffen. Über ein militärisches „Battle-Net" ist jeder Soldat mit dem Hauptquartier verbunden und bekommt von dort detaillierte Informationen über seinen Standort und die Umgebung, in der er operiert. Er kann so rechtzeitig vor Gefahren gewarnt und über die Umgebung aufgeklärt werden. Dabei haben die tatsächlichen Sichtbedingungen des Soldaten vor Ort kaum mehr Einfluss, wie die Erfahrungen aus dem letzten Irak-Krieg zeigen:

> Zugleich wurde die Geschwindigkeit der Offensive durch die allumfassende Nachtkampffähigkeit nicht nur jedes Kampffahrzeuges, sondern praktisch auch jedes einzelnen Kämpfers entscheidend vorangetrieben. Bei der 1. Infantrie-Division ist der Grad der Digitalisierung bis auf die Kompanieebene und teilweise darunter erreicht. Jeder an das Battle-Internet angeschlossene Teilnehmer, ob untere Einheit oder Kommandostellen, hat Rückgriff auf das gesamte Lagebild. (Thielbeer 2003)

Gleichzeitig wurden die eingesetzten Waffensysteme auch mit Informationstechnologien ausgestattet, die mit Kameras und zielsuchender Automatik exakt einen vorgegebenen Punkt treffen sollen. Im zweiten Golfkrieg (1991) wurden Bilder der Waffenkameras gemeinsam mit digitalisierten Ausschnitten des Kriegsschauplatzes an die Massenmedien, allen voran CNN, weitergegeben und dort in die Kriegsberichterstattung eingebaut. So schreibt Thussu (2003: 124), dass die virtuelle Präsentation des Krieges durch die Videoaufnahmen der Präzisionsbomben den Zuschauer für die Tragödie und den Horror des Krieges desensibilisiert habe. Die Virtualisierung des Krieges durch die massenmediale Berichterstattung, der Mangel an Bildern über tatsächliche Opfer und die Schrecken einer kriegerischen Auseinandersetzung führten zu einer medienphilosophischen Diskussion über die Realität des Krieges (vgl. Löffelholz 1993c: 53f.). Klaus-Dieter Altmeppen (1993: 215) bemerkt:

> Immer schneller und immer simulierter: Unter dem Eindruck von Multimedia und Cyberspace werden Befürchtungen laut, daß sich die Realität unter dem Diktat der Compu-

tertechnologie immer mehr verflüchtig, virtualisiert. Schein und Sein, erlebte, erfahrene Wahrnehmung und simulierte Wirklichkeit sind nicht mehr unterscheidbar.

Dieser Unterschied zwischen Simulation und Realität wird nicht nur in der medialen Öffentlichkeit vermischt, sondern auch in der Wahrnehmung der Soldaten. Ihre Ausbildung geschieht mehr und mehr in der simulierten Welt des Cyberspace, in modifizierten Computerspielen, die ursprünglich für zivile Zwecke konzipiert waren. Wie zum Beispiel mit dem Ego-Shooter ‚Doom 2‘, der in veränderter Form als ‚Marine Doom‘ „die Ausbildung von Social Skills an[bietet]. Realistische Bunker, stacheldrahtgesicherte Terrains und Schützengräben sind eingefügt worden." Und anstelle der Monster „treten die Trainierenden nun feindlichen und eigenen Truppen in Uniformen gegenüber." (Richard 1998: 179f.) Dabei werden die Simulationen immer realistischer, bis hin zu der Entwicklung, dass Realität und Fiktion vermischt werden:

> Als Saddams Armee nach Kuweit einmarschierte, kehrten einige US-Militärs gerade von einer Übung namens „Internal Look" zurück, die exakt diese Situation behandelte, was General Schwarzkopf dazu nötigte, sämtliche Kommuniqués der echten Invasion mit dem Stempel „Keine Übung" zu kennzeichnen. (Staun 2003)

Simulation, Virtualisierung und Mediatisierung führen zu einer scheinbaren fortschreitenden Entdifferenzierung zwischen Krieg und Medienkrieg, wie Martin Löffelholz (1993c: 55f.) ausführt:

> Für die scheinbare Entdifferenzierung von Medien und Medienkrieg sind Militärs wie Medien gleichermaßen verantwortlich. Die militärische Wahrnehmung des Krieges basiert zunehmend auf computergesteuerten Modellen vom Krieg. Und die Medien inszenieren - auf der Grundlage derselben Modelle - den Krieg als „realen Krieg": Unterbrechungen des Programms, veränderte Programmschemata, Aufregung und Hektik im Studio, technische Pannen und „Live"-Berichterstattung suggerieren größte Aktualität und größte Relevanz eines Ereignisses. Perspektivisch könnte vor allem die „Cyberspace"-Technologie, wenn sie denn eine Medientechnologie werden sollte, die Distanzierung der Militärs vom Krieg und die scheinbare Entdifferenzierung von Krieg und Medienkrieg weiter erhöhen.

Um dieser Problematik aus der Sicht der Medien zu entgehen, schlagen Vincent und Galtung (1993: 192) vor, dass es vernünftig wäre, „[...]wenn die Medien in ihrer Kriegsberichterstattung eine Glorifizierung der Technologie vermeiden würden" und schreiben weiter:

> Solche Berichte lenkten die Aufmerksamkeit weg von den Betroffenen und weg von ihren Problemen, ihren persönlichen Qualen und Schmerzen. In den Gebäuden, die bombardiert wurden, befanden sich Menschen. Die Massenvernichtung durch Bomben und Raketen ist unbeschreiblich: Die Opfer, die nahe am Einschlagpunkt gefunden wurden, waren bis zur Unkenntlichkeit verstümmelt, ihre Glieder in Stücke gefetzt. Diese brutale Wirklichkeit kann schnell vergessen werden, wenn wir uns allein auf die Technologie konzentrieren. Die Atmosphäre solcher Berichte ähnelt fast der Selbstglorifizierung, die

wir früher bei den Waffenparaden am Maifeiertag in den sowjetischen Vasallenstaaten erlebten. Über neueste Kriegstechnologien kann zwar durchaus informiert werden, ohne damit jedoch eine ehrfürchtige Scheu vor militärischen Errungenschaften zu verbinden. (Vincent & Galtung 1993: 193)

Dieser Appell an den Journalismus, der eng mit der Wirkung der technisierten Kriege im Sinne eines Information Warfare zusammenhängt, gewinnt zunehmend an Aktualität. Gerade weil die Informationstechniken fortschreiten werden und die militärischen PR-Konzepte diese Entwicklung glorifizieren. Der dritte Golfkrieg hat gezeigt, dass dem Zuschauer nicht mehr die blutige Realität eines Krieges präsentiert wird, sondern ein Hollywood-Film-Epos mit virtuellen Computerschlachten.

3 Information Operations

Abweichend von der deutschen wissenschaftlichen Reflexion über den Begriff des Information Warfare hat die US-amerikanische Diskussion bereits die Weiterentwicklung des Militärs zu der Strategie der Information Operations erkannt und in der neueren Literatur untersucht.

> For the past ten years, amidst all the talk of a Revolution in Military Affairs (RMA), there has been much thought given to the idea of „winning the information war". This has in turn given rise to a new military doctrine known initially as Information Warfare (IW), now more commonly called Information Operations (IO). (Taylor 2003: 103)

Während die Strategie des Information Warfare ihren Schwerpunkt eng auf die Kriegführung mit Informationstechnologien setzt, ist der Begriff Information Operations weiter gefasst, bietet eine Strategie sowohl für Kriegs- als auch für Friedenszeiten und schließt eine breitere Palette militärischer Operationen mit ein. Der Fokus wird also nicht länger alleine auf Mittel zur Kriegsführung beschränkt, sondern allgemein auf militärisches Verhalten bezüglich Information und deren Infrastrukturen ausgeweitet. Dabei werden drei spezifische Operationen voneinander getrennt (Headquarters, Department of the Army 1996: 3.0):

> Command and Control Warfare (C2W):
> Historically, the military has independently planned and executed all elements of C2W. C2W has a traditional warfighting orientation, both offensively and defensively, that focuses on ideas of threat, conflict, and the battlefield. An approved joint construct, C2W employs various techniques and technologies to attack or protect a specific target set of C2W that contributes to information dominance over any adversary or control of a situation during military OOTW [Operations Other Than War, CS].

Civil Affairs (CA):

Active on the traditional battlefield but also pertinent to other operations such as peace operations or domestic support operations, CA elements perform an important connection and liaison with key actors and influences in the GIE [Global Information Environment, CS]. CA specialists help the commander shape his MIE [Military Information Environment, CS] and assist him in dealing effectively with NGOs [Nongovernment Organizations, CS], PVOs [Private Voluntary Organizations, CS], and civil authorities. Through these sources, CA personnel provide valuable input that feeds the CCIR [Commander's Critical Information Requirements, CS].

Public Affairs (PA):

PA help military leaders plan adequately for dealing with a very important member of the GIE - the media. The objective of PA is to ensure military operations are put in the proper context for an external audience, as well as to keep soldiers informed and protected from the effects of enemy propaganda and disinformation or sources of misinformation/rumor. The PA specialist can assist the commander in finding a good balance between OPSEC [Operations Security, CS] and the public's right to know about an operation.

Während Command and Control Warfare (C2W) eine Operation darstellt, die bereits in der Strategie des Information Warfare explizit benannt und definiert wurde, sind Civil Affairs (CA) und Public Affairs (PA) bislang dort nur implizit zu finden gewesen. Mit Information Operations beschreibt das US-Militär eine weitaus differenziertere Strategie im Umgang mit Informationen, als das vorher der Fall war. Die Bezugnahme auf öffentliche und zivile Interessen zeigt, dass das Militär seine strategischen Schwerpunkte nicht mehr alleine auf die klassische Kriegsführung setzt, sondern vor allem auch auf die Zusammenarbeit mit anderen gesellschaftlichen Systemen. Und gerade die durchgängige Involviertheit der Medien in diese Strategie macht das Papier für kommunikations- und medienwissenschaftliche Untersuchungen interessant, denn sie untermauert die These, dass sich das Militär an eine Mediengesellschaft angepasst hat und gegenseitige Einflüsse zwischen den Systemen zu konstatieren sind. Die drei Schwerpunkte des Information Warfare gewinnen in den Information Operations eine neue Bedeutung. Sowohl die externen als auch die internen Medienstrukturen weichen hier einem Konzept der Informationsumgebungen. Dabei ist in der Strategie der Fokus mehr auf die Zusammenarbeit als auf Destruktion oder Störung gelenkt. Unbestritten bleibt sicherlich, dass C2W weiterhin tatsächliche Angriffe auf die Informationsstrukturen beinhaltet, aber der Schwerpunkt des Papiers, der an dieser Stelle analysiert werden soll, ist die Selbsteinordnung des Militärs in gesellschaftliche Informationssysteme und die Folgen, die sich daraus ergeben.

In einem zweiten Schritt sollen die Strategien des Militärs zur Beeinflussung der Medien untersucht werden. War im Information Warfare noch von Propaganda, Zensur und Täuschung die Rede, weicht dies nun dem Begriff des Perception Managements, welcher eine komplexere Strategie offenbart und deutlich zeigt, dass eine einseitige Einflussnahme des Militärs differenzierteren Annahmen gewichen ist.

3.1 Informationsumgebungen

Oberstes Ziel der Information Operations ist, wie auch zuvor beim Information Warfare, die Informationshoheit zu erlangen. Dabei werden Informationen definiert als

> Data collected from the environment and processed into a usable form. A given piece of data is largely meaningless by itself. Only when data is processed, that is, placed into a situational context, does it gain meaning and become, by definition, information. (Headquarters, Department of the Army 1996: 2.1)

Bereits der Einschluss des situativen Kontextes zeigt, dass das US-Militär hier einen differenzierten Informationsbegriff wählt, welcher seine Entsprechung im wissenschaftlichen Diskurs findet. Gemäß dieser Konextabhängigkeit beschreibt das Strategiepapier Umgebungen („Environments"), in denen die Information verarbeitet werden kann. Das Militär verortet sich selber in das „Military Information Environment", welches Teil eines „Global Information Environment" (GIE) ist. Diese „globale Informationsumwelt" vereinnahmt

> All individuals, organizations, or systems, most of which are outside the control of the military or National Command Authorities, that collect, process, and disseminate information to national and international audiences. All military operations take place within the GIE, which is both interactive and pervasive in its presence and influence. (Headquarters, Department of the Army 1996: 1.2)

Die Annahme von einer ausdifferenzierten Informationsumgebung ermöglicht dem Militär, seine eigene Informationsverarbeitung von denen anderer Teilsysteme zu trennen. Die Annahme, dass die Teilsysteme jeweils eigene, systeminterne Verarbeitungsstrukturen für Informationen besitzen, bedeutet, dass eine Beeinflussung der Informationsumwelt nicht im Sinne einer einfachen Übertragung erfolgen kann, sondern, dass die Information jeweils systemabhängig interpretiert wird. Dieser Umwelt zugehörig sind neben der „Politik" und der „Industrie" auch die „Medien", denen eine besondere Stellung innerhalb der globalen Informationsumgebung zugesprochen wird. Sie vermitteln Informationen zwischen den Systemen und der Öffentlichkeit und schaffen eine globale Transparenz.

> With global visibility, dramatic information displays and expert analyses of military operations in progress can rapidly influence public opinion and, therefore, policy related to the

> conduct of military operations. [...] Global visibility can also affect a commander's deci-
> sion-making. When the information in the GIE is inaccurate, incomplete, not presented
> in context, based on rumor or the result of purposeful misinformation or disinformation
> efforts, a commander may react in haste, make an emotional decision, or make choices
> that are inconsistent with the real situation, up to and including a termination of an ongo-
> ing operation. (Headquarters, Department of the Army 1996: 1.8)

Die Wichtigkeit der Medien für die Informationssysteme zieht sich als roter
Faden durch die Strategie der Information Operations und ihre Vermittlungs-
option zwischen den Systemen wird hierbei erkannt. Durch die kontextuelle
Informationsinterpretation der Medien muss das Militär seine Informationsofferten so gestalten, dass sie den Medienstrukturen entsprechen. Damit verfolgt
das US-Militär eine strategische Ausrichtung, wie sie auch in der wissenschaftlichen Medienreflexion konstatiert wird.

> Mit wachsender Autonomisierung von anderen gesellschaftlichen Subsystemen operiert
> das Mediensystem zunehmend selbstreferentiell: Politik, Militär und alle übrigen Systeme
> müssen die „Spielregeln der Mediengesellschaft" akzeptieren, wollen sie gesellschaftlich -
> das heißt dann: medial - erfolgreich sein. Akzeptieren sie freilich diese Regeln, wächst die
> Wahrscheinlichkeit, daß sie (im Mediensystem) tatsächlich auch „erfolgreich" sind. (Löf-
> felholz 1993c: 52)

Vor allem die militärischen Maßnahmen bezüglich der öffentlichen Interessen
(Public Affairs) werden in dem Strategiepapier unter Berücksichtigung der
Medien geführt. Aber auch in anderen Strategiedimensionen haben die Medien
eine zentrale Funktion. So werden auch C2W und zivile Interessen (Civil Affairs) über die Massenmedien beeinflusst. Damit beschreibt das Strategiepapier
eine Verbindung der Massenmedien zu allen gesellschaftlichen Informationssystemen. Mit dem militärischen Ziel der Informationskontrolle besteht daher
die Notwendigkeit, die Medien zu nutzen.

> CA, PSYOP [Psychologische Operationen, hier als Teil des C2W anzusehen, CS], and
> PA elements are able to use the same communications media with essentially the same
> messages but to different audiences. CA and PSYOP personnel address local populations
> and enemy forces, respectively, while PA personnel address US forces and national and
> international news media. Popular American public support contributes to the success of
> CA. CA and PSYOP personnel provide news and information to the local populace on
> the effects of combat operations. (Headquarters, Department of the Army 1996: 3.12)

Dass dieses angesichts der Vielzahl von Informationsmedien nur eingeschränkt
möglich ist, gesteht das Strategiepapier ein. Die fortschreitende Globalisierung
von Information, die Entwicklung von zahlreichen Kommunikationstechnolo-
gien und die damit einhergehende Informationsvernetzung der einzelnen Systeme lassen eine vollständige Kontrolle der globalen Informationsumgebung
unmöglich werden. So bemerkt Frank Webster (2003: 59), dass der technologische Umbruch, ausgelöst durch Kabel- und Satellitenfernsehen sowie durch

Computerkommunikation, für die Nationen bedeutet, dass eine Zensur der vermittelten Inhalte immer schwieriger wird, da die Technologien entsprechende Versuche durchkreuzen

3.2 Perception Management

Zusätzlich zu der Unmöglichkeit einer vollständigen Informationskontrolle und dem Ziel, diese dennoch zu erreichen, findet sich in dem Strategiepapier ein weiterer Konflikt, der implizit angesprochen wird. Auf der einen Seite will das Militär die Informationshoheit erreichen, auf der anderen Seite muss es die neutrale Informationspflicht der Massenmedien akzeptieren.

> While the clear intent of this doctrine is to require commanders to pay closer attention to the media and its potential impact upon military operations, it is also clear that doctrine does not sanction in any way actions intended to mislead or manipulate media coverage of military operations. To the contrary, the Army accepts and fully endorses the healthy tension that exists between the normal desire of the media to inform the public as much as possible about military operations and the normal desire of commanders to the information environment about those same operations to the greatest possible degree. (Headquarters, Department of the Army 1996: 1.13)

Der Gegensatz zwischen der Freiheit der Medien und einer Informationskontrolle wird in dem Strategiepapier nicht aufgelöst. Im Gegenteil, die Widersprüche sind in vielen Passagen zu lesen. Denn während das Militär in der Außendarstellung darauf besteht, dass es die Medien nicht täuschen will, ergeben sich aus dem Strategiepapier Ansätze, die implizit auf eine solche Täuschung insistieren (vgl. Brown 2003: 90). Erschwerend hinzu tritt die auf demokratische Wertvorstellungen begründete Argumentation, welches vor allem in den vergangenen Kriegen (Afghanistan 2001, Irak 2003) die militärische Auseinandersetzung erst gerechtfertigt hat. Um die Unterstützung der Öffentlichkeit zu gewährleisten, muss das Militär eine Zensur vermeiden, da ein demokratischer Staat auf Medienfreiheit angewiesen ist (vgl. Webster 2003: 64)

Diese Gratwanderung des Militärs hat seinen eigenen Begriff gefunden: Perception Management. Anders als der negative besetzte Begriff der Propaganda ist Perception Management „neutraler gehalten" und beinhaltet eine ganze Reihe von Möglichkeiten wie öffentliche Diplomatie, internationale Rundfunksendungen, kultureller Austausch, Täuschungen und psychologische Operationen (vgl. Taylor 2003: 103). Der Unterschied zur Propaganda wird an verschiedenen Beispielen deutlich:

> This can involve a simple communication to the local residents of an area to stay off the streets while a convoy of humanitarian aid passes through their area (as in Somalia, 1992-3) or another message to local children not to point their toy guns at soldiers (as in Kos-

ovo, 1999). After stability has been restored, PSYOPS teams have been heavily involved in campaigns to alert local populations as to the dangers of land mines, producing everything from joint-the-dot colouring books containing different diagrams of land mines (an IFOR product for Bosnia 1995-6) to superman comics with storylines alerting children to the dangers of wandering into minefields (another Bosnien product from 1997-8). (Taylor 2003: 105f.)

Diese subtilen Möglichkeiten sind jedoch nur dann gegeben, wenn sämtliche Informationen, die aus der militärischen Informationsumgebung abgegeben werden, in sich konsistent sind. Fehlinformationen und Gerüchte sollten dabei möglichst vermieden werden, denn widersprüchliche Informationen können sich einerseits auf die Moral der eingesetzten Truppen und ihrer Kommandierenden, als auch auf die Moral der Umwelt des Militärs auswirken und damit den Einsatz negativ beeinflussen. Daher ist eine erhöhte Koordination des militärischen Informationsflusses vonnöten. Gerade die Omnipräsenz der Massenmedien stellt hohe Anforderungen an die Kontrolle der ausgehenden Information. Krisen und Kriege haben für die Massenmedien einen besonderen Nachrichtenwert, und das US-Militär stellt fest, dass die dadurch geschaffene Transparenz ihrer Operationen eine Medienkompetenz fordert, die nicht alleine nur von den Pressestellen des Militärs geboten werden kann. Das Strategiepapier Information Operations fordert daher, dass sämtliche Stellen (Abteilungen, Kommandierende, Soldaten) auf die Präsenz der Medien vorbereitet sind.

PA addresses issues that are integral to all levels of war. Below division level, however, the commander has no special staff to discharge this responsibility. Often, brigade and smaller units have to house, support, and escort reporters. Commanders must understand and train their soldiers, as well as themselves, to plan for the presence of media and provide effective interviews to communicate legitimate information to the public, strengthen soldier morale and unit cohesion, and enhance their ability to accomplish their mission. (Headquarters, Department of the Army 1996: 1.13)

Weiterhin beschreibt das Strategiepapier den geplanten Medienumgang des US-Militärs und die daraus resultierende Wirkung (vgl. Tab.1). Wissenschaftlich interessant ist an dieser Übersicht nicht nur die Auflistung der verschiedenen Ebenen, sondern auch die Zuordnung der Ebenen zu bestimmten Medienwirkungsfeldern. Keineswegs deutlich wird jedoch, nach welchen Kriterien die Zuordnung durchgeführt wurde. Doch es kann festgehalten werden, dass Medienwirkungen in dieser Matrix differenzierter betrachtet werden. also keineswegs einseitig im Sinne einer Propagandafunktion. Weiterhin wird in dem Strategiepapier durchgängig der Konjunktiv für die Medienwirkung benutzt, was darauf schließen lässt, dass eine bestimmte Wirkung eintreten kann, aber nicht muss, und dass mehrere Faktoren hierauf Einfluss haben. Damit gesteht sich

Tabelle 1: Verschiedene Ebenen der öffentlichen Interessen

Taktische Ebene	Operative Ebene	Strategische Ebene
Begleitung und Unterstützung der Medien	Berichterstattung der Medien von beiden Konfliktseiten	Öffentliche Unterstützung
Live-Interviews	Sofortige Berichterstattung und Analyse	Internationale Meinung
Täglicher Bericht von der Kampfzone	Koalitionsunterstützung	Politische Unterstützung
Internes Informationsprogramm	Sicherheit der Operation	Moral der Soldaten und ihrer Familien

Quelle: Headquarters, Department of the Army 1996: 3.15; Übersetzung: CS

das Militär seine Grenzen nicht nur in der Kontrolle der Massenmedien ein, sondern auch in der Wirkung von Informationen auf der strategischen Ebene. Diese Ansicht spiegelt aktuelle Diskussionen der Medienwirkungsforschung wider.

Die anfängliche wissenschaftliche Annahme einer starken Medienwirkung, wie sie seit den dreißiger Jahren vertreten wurde, ist heute dem Konzept der selektiven Wirkung gewichen, welches davon ausgeht, dass manche Medienbotschaften „bei manchen Rezipienten unter bestimmten Umständen und zu gewissen Zeiten zu einer Wirkung" führen (Brosius 2003: 133). Dabei nimmt die Wirkung jedoch umso mehr zu, „wenn Medien *kumulativ* und *konsonant* berichten, d.h. wenn in Medien eine bestimmte Botschaft, eine bestimmte Meinung, ein bestimmtes Argument immer wieder auftaucht." (Brosius 2003: 142, Hervorh. im Orig.) Die Streuung der Informationen über diese vier taktischen Ebenen ermöglicht dem Militär, eine bestimmte Botschaft kumulativ zu kommunizieren, und durch den repetetiven Charakter der Informationen (ständige Involviertheit der Journalisten, tägliche Berichte von der Kampfzone) wird ein bestimmter Standpunkt immer wieder vermittelt. Auch die Einbeziehung der Familien auf der strategischen Ebene findet seine Entsprechung in der wissenschaftlichen Annahme, dass die starke Involviertheit dieser Personen in die Kriegsthematik zu erhöhter Aufmerksamkeit und damit zu einer stärkeren Medienwirkung führen kann.

Insgesamt kann festgehalten werden, dass das Strategiepapier über Information Operations ein weit differenzierteres Bild von der Beziehung des Militärs zu den Medien bietet als das in der Strategie des Information Warfare geschehen ist. Es verweist an vielen Stellen auf Probleme, die auch in der wissenschaftlichen Diskussion reflektiert werden und bietet Ansatzpunkte zu weiteren Auseinandersetzungen. Dass diese vor allem in der US-Wissenschaft geführt werden, dem Ursprungsland dieser Strategiepapiere, verwundert nicht, sollte aber zum Anlass genommen werden, neuere Entwicklungen auch in die deutschsprachige Diskussion einzubringen.

4 Fazit

Die Beziehung zwischen dem Militär und den Massenmedien erweist sich als äußerst komplex. Der bisherige wissenschaftliche Fokus auf die Massenmedien hat in der Diskussion zahlreiche Probleme aufgedeckt, die dann analysiert werden konnten. Durch eine Verschiebung des Beobachterstandpunkts auf das Militär können weitere Erkenntnisse gewonnen werden. Gerade unter Einbeziehung neuerer Entwicklungen auf dem Informationssektor in die Analyse wird ersichtlich, dass die militärischen Strategien im Hinblick auf die öffentliche Meinung und den Umgang mit den Massenmedien ausdifferenziert sind. Die Selbsteinordnung in eine globale Informationsumgebung ermöglicht dem Militär, sowohl die Verbindung zu den Massenmedien als auch zu anderen Informationssystemen so zu gestalten, dass es seine Informationsofferten gemäß der Umwelt modifiziert und anpasst. Die These eines einseitigen Einflusses des Militärs auf die Massenmedien ist daher nicht mehr haltbar. Denn erst das Zusammenwirken beider Systeme unter Berücksichtigung weiterer Informationssysteme schafft die mediale Kriegskonstruktion. Damit der Journalismus innerhalb der globalen Informationsumgebung nicht seine Identität verliert, muss er sich den veränderten Bedingungen eines Informationskrieges anpassen und die Bedingungen der globale Informationsumgebung aktiv nutzen (vgl. Krotz 2002: 20), anstatt wehleidendes Opfer zwischen Militär, Politik, Ökonomie und Öffentlichkeit zu sein.

5 POLITIK, VERNETZUNG UND MILITAINMENT

Das Fernsehen und die politische Deutung der Ereignisse am 11. September

Oder: Die Kriegserklärung des Gerhard Schröder

Christoph Weller

1 Einleitung: Medien und Außenpolitik

Gerhard Schröder hat niemandem den Krieg erklärt, aber in der Wahl der Formulierung des Kernsatzes seiner Erklärung am Abend des 11. September 2001 hat er eine gewissermaßen autoritative politische Bestätigung des Interpretationsmusters der Terroranschläge in den USA vorgenommen, welches die großen deutschen Fernsehsender im Laufe des Nachmittags verbreitet hatten („Kriegserklärung gegen die gesamte zivilisierte Welt"). Dieses Interpretationsmuster hat bei der deutschen Bevölkerung in den darauf folgenden Wochen in erheblichem Maße zur bereitwilligen Akzeptanz des militärischen Vorgehens der USA in Afghanistan beigetragen. Ob die Formulierung von Schröders Erklärung einer politisch-strategischen Überlegung entstammte oder vornehmlich Produkt der vorhergehenden massenmedialen Konstruktion war, kann hier nicht abschließend entschieden werden. Doch sowohl die übereinstimmende Begrifflichkeit („Kriegserklärung") von Medien-Interpretation und Kanzlerwort als auch die spätere klare Ablehnung des US-geführten Irak-Krieges durch den deutschen Bundeskanzler legen den Schluss nahe, dass die massenmediale Berichterstattung von erheblichem Einfluss auf die regierungsamtliche Erklärung zu den Terroranschlägen am 11. September 2001 war. Daraus ergibt sich die Fragestellung dieses Beitrags nach den Mustern und Eigenlogiken einer

Fernsehberichterstattung, die dem Kanzler einer rot-grünen Regierung den „Krieg" in den Mund legt.[1]

2 Die massenmediale Konstruktion internationaler Politik

Die Terroranschläge auf das World Trade Center und das Pentagon am 11. September 2001 waren ohne Zweifel bedeutsame Ereignisse der internationalen Politik dieses Jahrzehnts. Ihre (politische) Bedeutung gewannen die genannten Ereignisse jedoch nicht aus sich selbst, sondern aus den (politischen) Deutungen, die ihnen gegeben wurden, und den mit diesen Deutungen unmittelbar verbundenen (politischen) Reaktionen, die sich seit dem 11. September 2001 beobachten lassen. Entscheidenden Einfluss auf diese Deutungen hatte zweifellos das Fernsehen mit seiner ausführlichen Live-Berichterstattung, denn sowohl die anderen Massenmedien als auch die Politiker im Hinblick auf die von ihnen geforderten Stellungnahmen griffen an diesem Tag in besonderer Weise auf die Fernsehberichterstattung als zentrale Informationsquelle zurück.

Bei allen Ereignissen der internationalen Politik - und deren Deutung - spielen die modernen Massenmedien eine zentrale Rolle (vgl. Neuman et al. 1992). Sie sind keine Transporteure ferner Ereignisse in die globalen Wohnstuben, sondern die Produzenten von Informationen, die mit ihrer Auswahl und Interpretation der Ereignisse unser Bild der internationalen Politik nachhaltig prägen.[2] Wenn die Massenmedien entsprechend berichten und damit „etwas" als ein Ereignis der internationalen Politik deuten, also einer bestimmten Beobachtung oder Information diese Bedeutung geben, wird ein solches Ereignis für die internationale Politik existent - weil als solches weltweit wahrgenom-

---

[1] Eine umfassendere Darstellung der Analyse der Fernsehberichterstattung am 11. September 2001 nebst einer Transkription der Sendungen von ARD, ZDF und RTL sowie die theoretischen Grundlagen zur Analyse massenmedialer Konstruktionen internationaler Politik finden sich in Weller 2002b. Für hilfreiche Anmerkungen zu einer früheren Fassung dieses Beitrags danke ich Thomas Hanitzsch und Pia Kohorst.

[2] Weil Deutung und Interpretation von Ereignissen unendlich vielfältig sein können, spricht man - in Anknüpfung an eine soziologische Theorietradition (vgl. Berger & Luckmann 1969) - ganz allgemein von „Konstruktionen". Damit wird weder behauptet, Konstruktionen entsprängen rationalistischer Intentionalität, noch in Abrede gestellt, dass neben den Konstruktionen auch eine Realität existiere. Allein die Möglichkeit, Realität ohne hinzugefügte Deutung zu erfassen, wird bezweifelt.

men.[3] Massenmedien bringen die Ereignisse der internationalen Politik in ihrer jeweiligen Deutung hervor.

Diese Betonung der Deutungs- und Konstitutionsfunktion der Massenmedien für Ereignisse der internationalen Politik bringt regelmäßig das Missverständnis hervor, hinter jedem Handeln mit politischen Auswirkungen - und folglich auch hinter solchen massenmedialen Deutungen - müsste eine politische Intention zu erkennen sein. Dieses Missverständnis resultiert vornehmlich daraus, dass im Bereich des Politischen alle Akteure bestimmte (politische) Ziele verfolgen bzw. davon ausgegangen wird, dass dieses der Fall sei. Es geht um die Grundannahme des methodologischen Individualismus, dass sich soziales Handeln auf die jeweiligen Intentionen, Motive und Erwartungen der handelnden Akteure zurückführen lasse (vgl. Treibel 2000: 91f.), oder anders ausgedrückt: Ein Ereignis der sozialen Welt wird in aller Regel gedeutet unter Rückbezug auf die ihm zugrunde liegende Intention. Die Explosionen der drei am 11. September 2001 entführten Verkehrsflugzeuge im Pentagon und in den zwei Türmen des World Trade Centers als „Terroranschläge" zu deuten, beinhaltet beispielsweise die Annahme, dass diese Explosionen von bestimmten Menschen intentional herbeigeführt wurden und darauf zielten, die getroffenen Bauwerke zu zerstören, die darin arbeitenden Menschen zu töten und die westliche Welt zu terrorisieren.

Für das Verständnis politischen Handelns ist diese Herangehensweise in den meisten Fällen außerordentlich aufschlussreich. Die politische Wirkungsweise von Massenmedien ist jedoch nur teilweise innerhalb einer solchen individualistischen Perspektive zu verstehen, denn die Akteure in den Massenmedien verfolgen zwar auch bestimmte Ziele, aber nur teilweise unmittelbar politische Ziele. Die Steigerung von Einschaltquoten, die Erhöhung von Verkaufszahlen, Marktanteilen und Renommee sowie ökonomisches Gewinnstreben, dem die zumeist privatwirtschaftlich organisierten Verlage, Radio- und Fernsehanstalten unterliegen, sind dominante Ziele der Massenmedien, zu deren Realisierung die Journalisten mit ihrer Arbeit beitragen. Zugleich fühlen sich diese ihren Berufsnormen wie Objektivität, Unparteilichkeit, Sorgfaltspflicht, Persönlichkeitsschutz etc. verpflichtet (vgl. etwa Kepplinger & Vohl 1979: 231)

---

3   Davon bleibt unberührt, dass sich ein Teil jeweils aktueller internationaler Politik - sowohl für Massenmedien wie für die Bevölkerungen betroffener Staaten - unbeobachtbar abspielt, etwa internationale Regierungsverhandlungen. Sie werden möglicherweise nachträglich zum „politischen Ereignis" im hier angesprochenen Sinne, wenn ihre Konsequenzen öffentlich debattiert und in diesem Zusammenhang der „Ursprung" als ein bedeutsames politisches Ereignis berichtet - und damit als solches konstruiert - wird.

und agieren insgesamt in aller Regel in einem Spannungsfeld von persönlichen Ambitionen, beruflich-institutionellen Abhängigkeitsverhältnissen, Ressourcenknappheit und einer individuellen normativen Orientierung (vgl. etwa Scholl & Weischenberg 1998).

Innerhalb dieser Rahmenbedingungen müssen Journalisten ständig Entscheidungen treffen, die politische Konsequenzen haben, da davon abhängig ist, *ob* ein bestimmtes Ereignis in den Massenmedien berichtet wird oder nicht, *wie* - mit welchem Stellenwert, Umfang, Kontext - über ein Ereignis berichtet wird und *was* in den Massenmedien vermittelt wird, also welche Aspekte und Fragen anhand welchen Deutungsmusters massenmedial Beachtung finden. Diese Entscheidungen werden aber nicht unter Berücksichtigung der möglichen politischen Wirkungen und Konsequenzen getroffen, sondern aufgrund der genannten Rahmenbedingungen (vgl. etwa Scholl 1997). Zwar verfolgen einzelne Journalisten, Redaktionen, Zeitungen, Sender und Verlage neben den oben genannten auch politische Ziele, die nicht ohne Auswirkungen auf die einzelnen Berichte und Medienprodukte bleiben. Bei der Betrachtung und Analyse der Welt-Konstruktionen, welche die Massenmedien *insgesamt* hervorbringen, spielen solche Einzelintentionen aber nur in speziellen Ausnahmefällen eine wichtige Rolle, nicht aber in der alltäglichen Berichterstattung über internationale Politik. Diese kann zwar in ihrer Schwerpunktsetzung, ihrer Kommentierung und teilweise auch bei der Wahl der Deutungsmuster zwischen verschiedenen Einzelmedien differieren, betrifft aber nicht die sehr breite massenmediale Übereinstimmung darüber, was als Ereignis der internationalen Politik berichtet wird als auch darüber, welches grundlegende Deutungsmuster als angemessen betrachtet wird.[4]

Die Ereignisse am 11. September 2001 beispielsweise als Anschläge islamistischer Terroristen - anstatt als Geheimdienstaktionen zur Steigerung der Rüstungsausgaben - zu deuten, entspringt keiner politischen Intention, sondern den im gesellschaftlichen Diskurs vorhandenen und breit akzeptierten Deutungsmustern, auf welche Journalisten zurückgreifen müssen, wenn sie über Politik berichten. Sie sind Teil der Rahmenbedingungen, innerhalb derer die massenmediale Konstruktion der internationalen Politik zustande kommt. Auf diese Weise erzielen Massenmedien mit ihrer Berichterstattung über politische

---

4   Für einen Überblick zu Stand und Entwicklung der Journalismusforschung vgl. Löffelhólz 2000a, 2000b.

Ereignisse, d.h. mit deren Deutung, politische Wirkungen, ohne die entsprechenden politischen Intentionen zu verfolgen.[5]

Dieser Zusammenhang von massenmedialer Deutung und politischer Wirkung lässt sich am Beispiel der Live-Berichterstattung des deutschen Fernsehens am 11. September 2001 veranschaulichen. Die Fernsehbilder aus den USA konnten ihre politische Bedeutung nicht ohne ihre sprachliche Interpretation gewinnen. Die rauchenden Türme des World Trade Centers waren sehr unterschiedlich deutbar, wie sich am Beginn der Fernsehberichterstattung auch zeigte (s.u.). Die politische Wirkung entstand dann erst durch die Spekulationen über mögliche Urheber der Anschläge, die vor allem durch die Fernsehberichterstattung in Sondersendungen angeboten wurden.

Analysiert man die sprachlichen Deutungen des Geschehens, zeigt sich ein schneller Rückgriff von Journalisten und Experten auf ein ihnen vertrautes Deutungsmuster für Ereignisse der internationalen Politik: das des Krieges. Und diese Deutung wurde dann von Bundeskanzler Gerhard Schröder in der Formulierung des Kernsatzes seiner Erklärung am 11. September kurz vor 18 Uhr übernommen:

> Dies ist eine Kriegserklärung gegen die gesamte zivilisierte Welt. Wer diesen Terroristen hilft oder sie schützt, verstößt gegen alle fundamentalen Werte, die das Zusammenleben der Völker untereinander begründen.[6]

Indem diese regierungsamtliche Erklärung in der weiteren Medienberichterstattung besondere Aufmerksamkeit erfuhr (vgl. dazu Jordan & Page 1992 sowie Weller 2002b: 42), konnte sich auch das damit verbundene Deutungsmuster auf breiter Front durchsetzen. Es schuf die Grundlage für die sich in kürzester Zeit entwickelnde bereitwillige Akzeptanz für das militärische Vorgehen der USA in Afghanistan, denn mit dem Deutungsmuster „Krieg" ist unmittelbar die Erwartung von militärischen Reaktionen und „Vergeltung" verknüpft (s.u.).

Wie sich das Deutungsmuster „Krieg" für die Terroranschläge am 11. September 2001 in der massenmedialen Berichterstattung durchsetzen konnte, diese Frage soll durch die nachfolgende Analyse der Live-Berichterstattung der drei meistgesehenen deutschen Fernsehsender ARD, ZDF und RTL beantwortet werden. Zuvor sei aber noch mal das oben schon thematisierte Missverständnis angesprochen, mit der Analyse eines Deutungsmusters in der Medien-

---

5   Zum theoretischen Hintergrund einer solchen Deutungs- und Konstruktionsanalyse vgl. Weller 2002a; Scholl & Weischenberg 1998; Luhmann 1996; Merten et al. 1994; Marcinkowski 1993; Schulz 1989, 1976.

6   Erklärung des Bundeskanzlers vor der Presse, 11.09.2001, 17:48 Uhr (vgl. Weller 2002b: 41).

berichterstattung sei etwa die Behauptung verknüpft, die untersuchten Fernsehsender hätten mit dem von ihnen vermittelten Deutungsmuster irgendwel-
che Interessen verfolgt. Davon ist genau so wenig auszugehen wie von der
These, die Deutung „Krieg" sei prinzipiell falsch. Sie ist aus kommunikations-
wissenschaftlicher Sicht prinzipiell genau so richtig wie falsch, aber politisch
doch unterschiedlich zu beurteilen.[7]

Nur wenn man der Auffassung ist, Krieg sei keine geeignete Austragungs-
form politischer Konflikte und noch viel weniger eine angemessene Antwort
auf transnationalen Terrorismus,[8] ließe sich aus der hier vorgelegten Untersuchung der Schluss ziehen, Gerhard Schröder habe mit seiner Formulierung von
der „Kriegserklärung gegen die zivilisierte Welt" eine politisch verhängnisvolle
Fehldeutung vorgenommen, weil mit dem damit gestützten Deutungsmuster
zugleich eine Rechtfertigung militärischer Reaktionen verbunden war. Die
kaum kontroverse öffentliche Debatte und breite Zustimmung in Deutschland
zu der Militäraktionen in Afghanistan waren ein deutliches Zeichen für diese
politische Konsequenz, ebenso wie die deutsch-amerikanischen Differenzen
beim Irak-Krieg: Nach der deutschen Zustimmung zum Afghanistan-Krieg
konnte die US-Administration nicht mit einer solch vehementen Ablehnung
des Militäreinsatzes gegen den Irak rechnen. Die in Deutschland verbreitete
Skepsis gegenüber dem Militär als Mittel der Außenpolitik hat sich ganz offensichtlich nicht verflüchtigt, die Akzeptanz einer militärischen Reaktion auf die
Anschläge des 11. September 2001 entsprach also nur einer vorübergehenden
Stimmung, die sich ohne Berücksichtigung der Fernsehberichterstattung nicht
verstehen lässt.

3 Der 11. September 2001 im Fernsehen

Die drei untersuchten Fernsehsender informierten ihre Zuschauer von den bis
dahin für unvorstellbar gehaltenen Ereignissen am 11. September 2001 in den
USA mit immer wieder eingespielten kleinen Filmberichten, in denen die Er-

[7] Zur kommunikationswissenschaftlichen Perspektive auf die Deutung der Wirklichkeit vgl.
     Merten et al. 1994. Zur Rolle der Journalisten bei der Berichterstattung über Kriege vgl. Wei-
     schenberg 1993.
[8] Argumente für diese Position finden sich bei Nuscheler & Weller 2002 sowie bei Hamm et al.
     2002.

eignisse und Bilder zusammengefasst wurden.[9] Doch die kontinuierlichen Sondersendungen verlangten nach immer neuen berichtenswerten News. Mit dem zunehmenden Versiegen des Neuigkeiten-Stroms, dessen Rasanz den Journalisten die Arbeit am Nachmittag eher schwer gemacht hatte, mussten in zunehmendem Maße immer neue Informationen hervorgebracht werden - oder anders formuliert: Die andauernden Sondersendungen und die wachsende zeitliche Distanz zu den spektakulären Ereignissen in New York und Washington hatten die Redaktionen der hier betrachteten Fernsehsender dafür genutzt, den Moderatoren vor allem eine große Zahl von Gesprächspartnern zu verschaffen. Mit ihnen konnten ständig neue Aspekte der Terroranschläge thematisiert werden. Die Fernsehanstalten haben damit dem fast unstillbaren Informationsbedürfnis ihrer Zuschauer und deren Wunsch nach Orientierung und Erklärung im Zusammenhang mit solch überraschenden und schwer einschätzbaren Ereignissen Rechnung getragen. Damit haben sie aber zugleich das verstärkte Erfordernis nach immer konkreterer politischer Deutung und Bewertung der Ereignisse hervorgebracht. Bei dieser Deutung dominierte schon wenige Stunden nach den Anschlägen eine bestimmte politische Einschätzung die Berichterstattung, die etwa so formuliert werden könnte: Alleine ein militärisches Vorgehen im Sinne der Vergeltung ist eine angemessene Reaktion auf die Terroranschläge, denn es herrscht Krieg.

Diese Sicht der Dinge, diese Konstruktion des Geschehens und das dafür genutzte Deutungsmuster setzte sich in der Fernsehberichterstattung in einer enormen Geschwindigkeit durch, und diese Geschwindigkeit steht völlig disproportional zu den am Abend des 11. September 2001 vorliegenden Erkenntnissen über die Terroranschläge, ihre Ziele, Motive und Täter. Aber die Ereignisse konnten offensichtlich nicht verarbeitet werden - weder massenmedial noch kognitiv -, ohne dass den Bildern einfache politische Deutungen hinzugefügt wurden, weder in den Fernsehstudios noch bei den Politikern.[10] Mit dem sehr schnellen Rückgriff auf das Deutungsmuster „Krieg" wurde zwar die Einordnung des Geschehens spürbar erleichtert, den Terroranschlägen aber zugleich ein Interpretationsrahmen gesetzt, den sie in den folgenden Tagen

---

[9]   Hieran zeigt sich beispielsweise sehr deutlich der Einfluss der intramedialen Kommunikation. Diese Konstruktionen des Geschehens orientierten sich in starkem Maße an den Deutungsmustern der senderspezifischen Berichterstattung (vgl. Weller 2002b).

[10] Siehe beispielsweise die Stellungnahmen von Edmund Stoiber, Wolfgang Gerhard, Angela Merkel (vgl. Weller 2002b: 86-89).

kaum mehr verlassen konnten und der dann zum Resonanzboden des militärischen Angriffs auf Afghanistan wurde.[11]

Um nur ein Beispiel dafür zu nennen, wie sehr Journalisten am Nachmittag des 11. September 2001 offensichtlich gezwungen waren, vorhandene Vorstellungen aufzugeben und Unvorstellbares mühsam zu begreifen: Als kurz vor 16 Uhr MEZ der Süd-Turm des World Trade Center in sich zusammenstürzte, sendete die ARD folgenden Dialog zwischen Claus Kleber, einem ihrer Amerika-Korrespondenten, der in Washington (!) fernsieht, und Ulrich Wickert als Moderator der Sondersendung (vgl. Weller 2002b: 67):

> *Wickert:* ... und, wie gesagt, Flugbewegungen sind alle eingestellt worden. Wir ...
>
> *Kleber:* Oh! Im Moment - hallo, hallo Hamburg!
>
> *Wickert:* Ja, Claus Kleber?
>
> *Kleber:* Im Moment sehe ich, dass ein, ein Bild, ich kann es gar nicht fassen, dass offensichtlich das, einer der Türme des World Trade Centers förmlich in sich zusammenbricht. [An dieser Stelle schaltet die ARD auch auf die Live-Bilder aus New York.] Das Bild sehe ich nur auf dem Fernsehen, ich hör' noch keine, sehe keine Meldung, bin nicht mal sicher, ob das ein Live-Bild ist, aber einer der beiden Türme ...
>
> *Wickert:* Ja, wir sehen dieses Bild auch, also man sieht hier eine unglaubliche Rauch- und Staubwolke, und tatsächlich: Es steht nur noch ein Turm des World Trade Centers. Es ist offensichtlich, es ist offensichtlich zusammengefallen. (ARD, 15:59 Uhr)

Von dieser Irritationsfähigkeit, der Infragestellung vertrauter Wahrnehmungs- und Deutungsmuster, war am Ende dieses Abends nichts mehr zu spüren. Das teilweise Unbegriffene war in einen Interpretationsrahmen gezwängt worden, der wieder Ordnung versprach, den Irritationen ein Ende setzte und keine weitergehenden Anforderungen zu stellen schien, angesichts neuer Dimensionen von transnationalem Terrorismus auch neu über die internationale Politik nachdenken zu müssen. Im Zusammenhang des 11. September 2001 wurde - fälschlicherweise (vgl. etwa Müller 2003) - immer wieder betont, es sei nichts mehr, wie es vorher war - und möglicherweise umso mehr auf vertraute Deutungs- und Interpretationsmuster zur Einordnung des Geschehens zurückgegriffen. Bei genauerer Betrachtung des Weltbildes, welches dem sich durchset-

---

11 Vgl. etwa die Fragen-Formulierung einer Meinungsumfrage des ZDF-Politbarometers am 12. und 13. September 2001, mit der eine entsprechende öffentliche Meinung konstruiert wurde: „Finden Sie es richtig oder nicht richtig, wenn die USA militärische Vergeltung für die Terroranschläge an den Schuldigen üben?" (ZDF, Politik & Gesellschaft, [Online-Dokument] URL: http://www.zdf.de/ZDFde/inhalt/0,1872,1019735,FF.html [Download: 08.11.2002]) Zur Rolle von Meinungsumfragen für die Konstruktionen internationaler Politik vgl. Weller (2000: 177-181).

zenden Deutungsmuster zugrunde liegt, ließe sich schnell erkennen, wie sehr hier noch ein staatenweltliches Denken dominiert und es am Verständnis für die weltgesellschaftlichen Dimensionen im sicherheitspolitischen Bereich mangelt (vgl. Messner et al. 2003; Brock 2001). Damit einher geht der Mangel an entsprechenden Begriffen im öffentlichen Diskurs, um weltgesellschaftlichen Erscheinungen wie etwa dem transnationalen Terrorismus eine angemessene Deutung geben zu können - auch dies leistete einen Beitrag zur schnellen Konsensfähigkeit der Kriegs-Deutung.[12] Sprachliche Bezeichnungen transportieren jedoch immer Bedeutung und haben bei politischen Ereignissen auch politische Konsequenzen.

Der öffentliche Diskurs über den 11. September 2001 und die daraus zu ziehenden politischen Folgerungen wurden schon nach wenigen Stunden dominiert von der Selbstverständlichkeit einer kriegerischen Konfrontation zwischen den USA bzw. „der gesamten zivilisierten Welt" (Gerhard Schröder) und „den Terroristen", von denen am 11. September nur das eine bekannt war: Sie waren Selbstmord-Attentäter gewesen und folglich tot. Trotzdem schienen sich Journalisten und Experten schon gleich über den massiven Gewalteinsatz in Reaktion auf die Terroranschläge einig zu sein, wobei die Rede von Vergeltung dominierte - kein Wort davon, dass Vergeltung weder mit völkerrechtlichen, noch mit rechtsstaatlichen Regeln in Einklang zu bringen ist. Das Denken in offensichtlich sehr vertrauten Mustern vom kriegerischen Kampf der Guten gegen die Bösen schien deutlich stärker zu sein als die Erwartung, Terroristenverfolgung lasse sich auch im Rahmen des Völkerrechts und am wirkungsvollsten mit polizeilichen Maßnahmen betreiben, im Einklang mit dem Grundsatz der Verhältnismäßigkeit der Mittel.

4   „Krieg" als Deutungsmuster des Unfassbaren

Zum einen diente der Begriff des Krieges in der Fernsehberichterstattung des 11. September 2001 dazu, das eigentlich Unbegreifliche, also nicht in Begriffen Fassbare, doch sprachlich beschreiben zu wollen bzw. in der Moderatoren-Situation beschreiben zu *müssen*. Dies wird deutlich erkennbar in einem Dialog des RTL-Moderators Peter Kloeppel mit einem Gesprächspartner in New

---

12   So wird bis heute noch vielfach der Begriff „internationaler Terrorismus" (Hirschmann 2002) verwendet, der die Assoziation von zwischenstaatlichem Konflikt nahe legt, damit aber die Spezifik dieses Terrorismus gerade verfehlt (vgl. hierzu Nuscheler & Weller 2002).

York (vgl. Weller 2002b: 82) kurz nach dem Zusammenbruch des zweiten
Turmes des World Trade Centers:

> Man hat schon Schwierigkeiten, dieses überhaupt auszudrücken, weil es so fernab ist von
> jeglicher Vorstellungskraft, die man normalerweise hat, wenn es um terroristische Akte
> geht. Aber das, was wir hier sehen, ist eigentlich eine Kriegserklärung an die Vereinigten
> Staaten von Amerika. Aber wir wissen nicht, wer den Krieg erklärt hat, wer verantwort-
> lich ist für diese vielen, wahrscheinlich zehntausend Toten, die dieses Unglück gefordert
> hat. (RTL, 16:39 Uhr)

Und die Rede von der „Kriegserklärung", die sich später auch in der Erklärung
des Bundeskanzlers wieder findet, wird vom New Yorker Gesprächspartner
des Moderators sofort aufgenommen: „Sie haben völlig recht, das ist eine
Kriegserklärung an die Vereinigten Staaten." (RTL, 16:39 Uhr) Der Begriff
„Kriegserklärung" findet sich kurze Zeit später dann auch im Erläuterungstext
der Filmzusammenfassung der Ereignisse in den USA, die bei RTL gegen
17:00 und 17:30 Uhr läuft. Berichterstattung ist auch intermediale Kommunikation, in der sich einmal aufgebrachte Deutungsmuster durchsetzen und reproduzieren können (siehe ein weiteres Beispiel unten). Doch es geht dabei
nicht um einzelne Worte oder Begriffe; das zugrunde liegende Deutungsmuster
„Krieg" gewinnt eine Eigendynamik und wird für den Erläuterungstext des
Filmberichts übernommen: Der Krieg wurde nicht nur erklärt, er hat begonnen
und ragt weit hinein in die gesamte Sprache und Grammatik des Berichts, insbesondere an seinem Ende (vgl. Weller 2002b: 83f.):

> Ein gigantischer Feuerball, eine Explosion, die Angst aller Amerikaner wird wahr: Ter-
> roranschlag mitten in New York, das World Trade Center steht in Flammen. Der Süd-
> turm explodiert, unzählige Menschen sterben. Eine Terrorgruppe hat Amerika den Krieg
> erklärt; 11. September 2001: der Alptraum aller Amerikaner hat begonnen. [...] Die
> Machtzentren Amerikas brennen. Und während die ganze Welt gebannt auf die Katas-
> trophenbilder schaut, stürzt der Südturm des World Trade Centers, ein Koloss aus Stahl
> und Beton, 415 Meter hoch, in sich zusammen, begräbt weite Teile des Zentrums von
> Manhattan unter sich. Wie viele Menschen sich unter den Trümmern befinden, niemand
> weiß es. Und noch scheint die Terrorspirale nicht zu Ende. *Der Beginn eines Krieges* einer
> fanatischen Minderheit gegen die Supermacht USA. Und sie treffen die Amerikaner dort,
> wo sie am verwundbarsten sind, in ihren Machtzentren. Der zweite Turm des World
> Trade Centers stürzt ein, obwohl eigentlich gegen Erdbeben gesichert, gedacht auch ge-
> gen Flugzeugabstürze. Die Türme des Feindes, die Türme New Yorks existieren nicht
> mehr. Ein feiger Anschlag, hinterlistig geplant, exakt durchgezogen in einem verlogenen
> Kampf für Gott, durchgeführt von verblendeten Fanatikern. (RTL, 16:58 Uhr)

Hier wird deutlich, wie die Verwendung des Kriegsbegriffs für die Terroranschläge fast zwangsläufig die Erwartung hervorbringt, die Gewalt müsse weitergehen („Und noch scheint die Terrorspirale nicht zu Ende"). Mit dem Begriff „Terrorspirale" wird die Gegengewalt implizit schon vorausgesetzt, und
daraus resultiert dann der „Beginn eines Krieges". Mit dieser Konstruktion

geht ein so eindeutiges Freund-Feind-Denken einher, dass ohne missverständlich zu wirken zwischen den Fronten hin und hergewechselt werden kann: „Die Türme des Feindes" soll die Perspektive der Attentäter aufscheinen lassen, die als besonders gefährlich und letztlich unmenschlich („verblendete Fanatiker") beschrieben werden. Aus diesem Freund-Feind-Schema im Deutungsmuster „Krieg" entstehen dann auch die entsprechenden Erwartungen an die US-amerikanischen Reaktionen auf die Terroranschläge: Weil es ab etwa 17 Uhr keine neuen Ereignisse von den Anschlagsorten mehr zu berichten gab, begann beispielsweise der RTL-Reporter in New York im Deutungsmuster „Krieg" zu kommentieren und zu spekulieren (vgl. Weller 2002b: 90):

> Das ist für die Amerikaner wohl die schlimmste denkbare Situation, für Präsident Bush ist es eine größere Krise und die große Frage ist: Wie wird er jetzt reagieren? Er muss im Prinzip zurückschlagen und, ich mache mir ein bisschen Sorgen, dass wir am Rande eines größeren Krieges stehen könnten, denn das können die Amerikaner so nicht hinnehmen, das ist für sie wirklich wirklich schlimm. [...] Gegen wen, um die Frage zu beantworten, gegen wen wird sich das richten? Also der Bösewicht und Feind Nummer Eins ist für die Amerikaner Osama Bin Laden. [...] Es wird einen Schlag geben und ich schätze, wenn ich jetzt raten müsste: Osama Bin Laden oder seine Organisation, wo immer sie auch im Moment ist, wird das Ziel sein. (RTL-Reporter Christof Lang aus New York, 17:34 Uhr)

Hier wird deutlich, wie das Deutungsmuster „Krieg" sowohl die Eskalationsautomatik der Gewalt („Er muss im Prinzip zurückschlagen") als auch die Fixierung eines Feindes, der in der massenmedialen Berichterstattung möglichst personalisiert konstruiert werden muss, beinhaltet.

5   Experten-Deutungen

Das Deutungsmuster „Krieg" setzte sich nicht nur in der Berichterstattung von RTL durch. In den Sondersendungen von ARD und ZDF wurde der Begriff „Krieg" von Experten eingeführt. Schon gleich in seinem ersten Statement, als er um eine Erläuterung zu jener palästinensischen Gruppe gebeten wurde,[13] die in einem Bekenneranruf als Urheberin der Anschläge genannt worden war, deutete Dietmar Ossenberg die Anschläge als „Krieg". Als Leiter der Aus-

---

13   Um 15.38 Uhr wurde über internationale Nachrichtenagenturen verbreitet, dass die DFLP, „Democratic Front for the Liberation of Palestine", die Verantwortung für die Anschläge auf das World Trade Center übernommen habe, was ein Vertreter der Organisation später dementierte. Aber diese Meldung, noch vor dem Anschlag auf das Pentagon in Umlauf gebracht, hatte erheblichen Einfluss auf die Deutung eines islamistischen Hintergrunds für die Anschläge des 11. September 2001 (vgl. Weller 2002b: 25, 58).

landsredaktion des ZDF, der lange Zeit als Korrespondent in Kairo gearbeitet hat,[14] tritt er in belehrender Weise insbesondere gegenüber dem Moderator der ZDF-Sondersendung auf und erklärt:

> [...] also das kann so sein, dass die DFLP an diesem Anschlag beteiligt ist, ich hab' im Moment meine großen Zweifel. Sie müssen sich vorstellen, was da heute passiert ist, ist Krieg, es ist Krieg im wahrsten Sinne des Wortes. Keine der Palästinenser- oder radikalislamischen Gruppen, die wir bisher kannten, die wir benennen konnten, sagen wir Bin Laden oder die früheren Gruppen um Abdel Rachman, die für das erste, für den ersten Anschlag auf das World Trade Center verantwortlich waren, wären in der Lage, diesen Anschlag alleine durchzuführen, der heute, oder, ich sag' mal, diese Anschlagserie, und wir wissen ja noch überhaupt nicht, wie das Ganze sich ausweitet. (Dietmar Ossenberg, ZDF, 15:51 Uhr)

Wie sich schon in dem zitierten Ausschnitt (vgl. Weller 2002b: 62f.) sowie in seinen weiteren Ausführungen zeigt, hält Ossenberg die Deutung „Anschlag" oder „Anschlagserie" für durchaus treffend. Aber gleichzeitig greift er mehrmals - zur Erläuterung der Ereignisse in den USA - auf das Deutungsmuster „Krieg" zurück, wovon sich kurze Zeit später auch der Moderator anstecken lässt (vgl. Weller 2002b: 65f.):

> *Ossenberg:* Ich könnte mir zum Beispiel vorstellen, dass der Irak, der sich ja offen zum palästinensischen Terror bekannt hat, durchaus logistische Hilfe geleistet hat. Wenn das in der Tat so ist, und ich denke, dass das FBI ja auch die Ermittlungen in diese Richtung aufnehmen wird, dann müssen wir uns in der Tat auf, ich sag' mal, kriegerische oder halbkriegerische Auseinandersetzungen in den nächsten Tagen und Wochen einrichten.
>
> *Moderator:* Dieses, bin ich sicher, wird in Amerika als ein kriegerischer Akt gesehen ...
>
> *Ossenberg:* ... das *ist* ein kriegerischer Akt...
>
> *Moderator:* ... und auch die Wortwahl von Präsident Bush – „wir werden alle Ressourcen einsetzen, um die Verantwortlichen ,to hunt them down', also sie wirklich zur Strecke bringen" - das ist eine sehr kriegerische Wortwahl. (ZDF, 15:57 Uhr)

Dieses Zitat macht nicht nur durch die verwendete Sprache, sondern auch explizit deutlich, in welch starkem Maße der politischen Deutung und Bewertung eine spezifische Interpretation zugrunde liegt. In seiner Reaktion auf die Erläuterungen des Experten möchte der Moderator auch eigene Kompetenz

---

14   Schon in der Auswahl dieses und auch anderer Experten (vgl. Weller 2002b: 24-30) liegt ein Deutungsvorgriff auf einen vermuteten Zusammenhang der Terroranschläge mit den Konflikten im Nahen Osten, gestützt von der erwähnten Meldung eines angeblichen Bekenneranrufs der DFLP. In der Praxis solcher Sondersendungen spielen aber solche Aspekte - gegenüber aktueller Anwesenheit oder örtlicher Verfügbarkeit - eine wohl eher untergeordnete Rolle. Darin lässt sich ein weiterer Aspekt der Systembedingungen mit politischen Konsequenzen erkennen.

signalisieren, greift hierfür einen Begriff des Experten („kriegerisch") für seine eigene Aussage auf und findet hierfür dann auch einen Beleg, indem er eine Aussage der ersten Stellungnahme des US-Präsidenten in entsprechender Weise interpretiert.

In der ARD hat der Moderator der Sondersendung - Ulrich Wickert - ab etwa 17 Uhr mehrere Studiogäste. Die Deutung der Terroranschläge als Krieg stammt auch hier von einem Experten (vgl. Weller 2002b: 84):

> *Wickert:* Wir haben hier Dr. Andreas Rieck vom Deutschen Orient-Institut hier in Hamburg. Man fragt sich natürlich sofort, wer steckt dahinter, das ist das allererste, und da gibt es einige, die man kennt. Und äh, was vermuten Sie?
>
> *Rieck:* Ja, ich, bei solchen Zerstörungen, bei solchen Massakern an Zivilisten, dieser Hass, der dahinter steckt, der kann eigentlich nur aus einer Richtung kommen, und, äh, also, ich, ich sage das jetzt schon, bevor es dort irgendwelche Bekennerschreiben oder sonstiges gibt: Ich sage, das kann nur die Islamistische Internationale sein, die diesen Krieg auch angekündigt hat. Das ist ein Krieg, das ist ein terroristischer Krieg gegen die Zivilbevölkerung, und der ist in dieser Form auch seit Jahren schon angekündigt worden, von Osama Bin Laden und anderen. [...] Diese Islamistische Internationale, die hat sich ironischerweise mit Schützenhilfe der USA in den 80er Jahren in Afghanistan gebildet. Dort kamen nämlich Freiwillige aus allen islamischen Ländern und haben den Kampf der Mudschahedin gegen die Russen unterstützt. In den 90er Jahren nach dem russischen Abzug haben die Amerika als ihren neuen Feind gesucht und äh, amerikanische Terrorismusexperten warnen schon seit Jahren davor: Was uns bevorsteht, das ist nicht gewöhnlicher Terrorismus, das ist der Krieg des 21. Jahrhunderts, und wir sehen jetzt den Anfang davon. (ARD, 17:11 Uhr)

In dieser ersten Stellungnahme verwendet Rieck den Begriff „Krieg" für die terroristischen Aktionen und macht deutlich, dass er weitere Terroranschläge derselben Urheber erwartet; zweieinhalb Stunden später, als er ein weiteres Mal im Studio befragt wird, beruft er sich wieder auf dieselben Gewährsleute, nun allerdings für eine Prognose, die unmittelbar das inzwischen erreichte Diskursstadium vom Krieg als nahe liegender Reaktion auf die Terroranschläge übernimmt:

> Also was amerikanische Terrorismusexperten schon seit mehr als zehn Jahren voraussagen, dass - „der Krieg gegen den Terrorismus wird die große Herausforderung des 21. Jahrhunderts" - das bewahrheitet sich nun. (Andreas Rieck in der ARD, 19:46 Uhr)

Die militärische Reaktion auf die Terroranschläge schien für diesen Experten schon am Abend des 11.09.2001 eine ausgemachte Sache zu sein.

6 Vom Krieg zur Vergeltung

In welch starkem Maße sich im Laufe weniger Stunden dieses eine Deutungsmuster etablierte und seine eigene Wirkung entfaltete, zeigt sich vor allem in
der Selbstverständlichkeit, mit der Vergeltungsschläge vorhergesagt wurden.
Der RTL-Moderator Peter Kloeppel sorgt sich zwar vor den Eskalationspro-
zessen der Gewalt, zweifelt aber nicht an seinem Deutungsmuster und „berichtet" um 18:14 Uhr von unausweichlicher Vergeltung: „[...] denn die Amerikaner sind ja mit Sicherheit im Moment in der Situation, dass sie sagen, wir wollen Vergeltung, und Vergeltung muss in irgendeiner Weise auch kommen."
(RTL, 18:14 Uhr)

In der kurz darauf gesendeten Reportage aus Berlin wird das Thema der
militärischen Vergeltung ebenfalls aufgegriffen, doch nicht mehr als journalistische Einschätzung politischer Optionen des amerikanischen Präsidenten, sondern in Form eines Berichts über eine angeblich übereinstimmende Einschätzung „der deutschen Politiker", obwohl sich bis zu diesem Zeitpunkt kaum
einer zu dieser Frage geäußert hatte:

> Insgesamt rechnen die deutschen Politiker natürlich mit einer extrem harten Reaktion der
> Vereinigten Staaten, wenn auch nur die Verursacher dieser Anschläge irgendwie identifi-
> ziert werden. (Gerhard Hofmann, RTL-Reporter in Berlin, 18:27 Uhr)

Indem mit einer solchen Aussage die Vergeltungserwartung den Politikern
zugeschrieben wird, wurde das massenmediale Deutungsmuster mit erfundener
politischer Authentizität unterfüttert.

Wie konsequent sich das Deutungsmuster „Krieg" durchsetzte, wird bei
RTL in einem um 18:34 Uhr gesendeten Filmbericht erkennbar. Die Rede vom
Krieg diente hier nicht mehr der sprachlichen Verdeutlichung schrecklicher
Bilder, sondern Bilder von Kriegsschiffen und Militärflugzeugen sollten veran-
schaulichen, womit nun nach Meinung der Journalisten bzw. entsprechend
ihres Deutungsmusters zu rechnen sei. Zudem wurde dabei die Gefahr eines
Krieges - und damit war an dieser Stelle eine militärische Reaktion der USA auf
die Terroranschläge gemeint - explizit zum Thema der Sendung. Schon die
Anmoderation des Beitrags nimmt die Entscheidung der US-amerikanischen
Regierung gewissermaßen vorweg (vgl. Weller 2002b: 96):

> Man hatte ja immer wieder gesagt, dass nach diesem Anschlag die Gefahr wächst, dass es zu einem Krieg kommen könnte, denn die amerikanische Regierung wird natürlich versuchen, in irgendeiner Weise zurückzuschlagen und klar zu machen, dass sie sich terroristische Anschläge dieser Art nicht gefallen lassen kann. Wie groß die Gefahr eines Krieges ist, dazu jetzt ein Beitrag. (RTL, 18:34 Uhr)

Und auch der Filmbericht, sowohl durch seine Bilder, die Kombination von einstürzendem World Trade Center, Flugzeugträger und Kampfjets sowie von Osama Bin Laden, als auch durch seinen Text, wirkt wie der Vorgriff auf die Zeit nach den US-amerikanischen Angriffen auf Afghanistan. Zunächst wird den ständig wiederholten Bildern vom Einschlag des zweiten Flugzeugs ins World Trade Center folgender Text unterlegt:

> Die fürchterlichen Anschläge auf das World Trade Center in den USA. Völlig unvorhergesehen ein eiskalter Akt des Terrors. Selbst der amerikanische Geheimdienst CIA hatte nie damit gerechnet, dass irgendjemand einmal auf die irrsinnige Idee kommen würde, mit einem Flugzeug in die Wolkenkratzer zu fliegen. Bekannt zu dem Anschlag hat sich eine palästinensische Splittergruppe. Mit einer Boeing 767 rasten die Terroristen in die höchsten Gebäude von New York City, ein tonnenschwerer Koloss aus Stahl. Die USA setzen jetzt [an dieser Stelle werden die Bilder eines Flugzeugträgers und darauf startender Kampfjets gezeigt] nach Einschätzung von Militärexperten ihre Streitkräfte in höchste Alarmbereitschaft, darunter auch die sechste US-Flotte im Mittelmeer [ab hier zeigt der Film wieder Bilder des einstürzenden World Trade Centers]. Amerika ist alles andere als unangreifbar, das hat die Katastrophe heute am 11. September 2001 so grauenvoll wie nur irgend möglich gezeigt. Und vermutlich steckt [jetzt zeigt der Film Osama Bin Laden] er hinter diesen Attacken: Osama Bin Laden, der gefährlichste Terrorist der Welt. Er hasst Amerika auf den Tod, für ihn ist es das Reich des Bösen. Der arabische Terrorismus, [ab hier werden wieder Bilder des Terroranschlags gegen das World Trade Center gezeigt] sind sich die Experten einig, hat Amerika heute den Krieg erklärt. Wie Amerika auf die größte nationale Katastrophe in der Geschichte des Landes reagieren wird, weiß zur Stunde noch niemand. Präsident Bush hat in einer ersten Reaktion vom Werk von Terroristen gesprochen. Der Tag am World Trade Center hat Amerika und die Welt in tiefe Trauer gestürzt. Die Gefahr eines Vergeltungsschlages von amerikanischer Seite wächst. (RTL, 18:34 Uhr)

Kurze Zeit später (19:10 Uhr) bringt das Deutungsmuster „Krieg" den ZDF-Moderator Klaus-Peter Siegloch dazu, die folgende Frage an seinen Korrespondenten Udo van Kampen in New York zu stellen: „Werden die USA denn diese Welle von Terror jetzt beantworten mit Anschlägen gegen die Terroristen?" Siegloch merkt offensichtlich gar nicht, wie absurd seine Überlegung zu diesem Zeitpunkt ist und weit er sich mit dieser Frage von einem rechtsstaatlichen bzw. völkerrechtlichen Denken entfernt hat. Und auch die Antwort aus New York basiert nicht auf Informationen, sondern auf dem Deutungsmuster „Krieg". Eigentlich hätte die Antwort nur lauten können: „Dazu lässt sich zum gegenwärtigen Zeitpunkt von dieser Stelle aus nichts sagen." Doch auch van

Kampen lässt sich vom Deutungsmuster „Krieg" anstecken und bestätigt die in der Frage angelegte Tendenz (vgl. Weller 2002b: 99):

> Also damit ist zu rechnen. Ich glaube, zuerst einmal steht jetzt ganz Amerika zusammen, und Präsident Bush hat ja in einer ersten Reaktion bereits angekündigt, dass er eben alles daran setzen würde, die Schuldigen zu finden und entsprechend zu bestrafen. Ich glaube, nichts wird mehr so sein, wie es war, und ich glaube in der Außenpolitik, insbesondere im Nahen Osten, da müssen wir uns auf sehr sehr scharfe Reaktionen einstellen. (ZDF, 19:08 Uhr)

Noch deutlicher artikuliert sich dieses Deutungsmuster beim ZDF-Experten Dietmar Ossenberg, der die Dementis zu den Bekenneranrufen folgendermaßen aufgreift:

> Also dass es heute Dementis hagelt, überrascht, glaube ich, niemanden, denn wer sich offen zu einem solchen Terroranschlag bekennen würde, der wäre morgen ganz einfach tot. Die USA würden nicht zögern, Vergeltungsangriffe zu fliegen und sofort anzugreifen.

Ossenberg fühlt sich offensichtlich gezwungen, sein Expertentum durch prognostische Aussagen zu unterstreichen, und erliegt damit den massenmedialen Systembedingungen, die von Experten ein bestimmtes Rollenverständnis verlangen.[15]

7 Die Fernsehkonstruktion im Kanzleramt

In allen drei untersuchten Fernsehberichterstattungen des 11. September 2001 zeigt sich die rasche Durchsetzung einer übereinstimmenden Konstruktion: Das „Unfassbare" wird durch das Deutungsmuster „Krieg" verstehbar geredet. Nicht die Bilder, sondern die Sprache verleiht den Terroranschlägen ihre Bedeutung. Dabei ist gleich in den ersten Stunden ein Wandel der massenmedialen Konstruktion erkennbar, der sich folgendermaßen zusammenfassen lässt: Aus den Terroranschlägen wird eine Kriegserklärung, dann ein Krieg; Krieg aber ist Sache des Militärs und verlangt nach Zurückschlagen gegen den Feind, nach Vergeltung. So erscheint vom Abend des 11. September 2001 an nahezu selbstverständlich, was unter völkerrechtlichen, problemlösungsorientierten

---

15 Experten sind in der Regel Anhänger eines bestimmten Deutungsmusters, es ist in den meisten Fällen eine deutungsmuster-bezogene Kompetenz, die sie zu gefragten GesprächspartnerInnen in Fernsehsendungen macht - und eben dieses bestätigt die ExpertInnen auch in der ‚Richtigkeit' ihrer individuellen Deutungsmuster (vgl. Weller 2002b: 30).

und weltpolitischen Gesichtspunkten als höchst fraglich einzustufen ist: Die Rückkehr des Krieges als Mittel der Politik (vgl. Hauswedell et al. 2003).

Nicht nur die deutsche Bevölkerung bezog zu ihrem überwiegenden Teil aus der hier skizzenhaft geschilderten massenmedialen Konstruktion der Terroranschläge ihre Kenntnisse über das Geschehen am 11. September 2001. Auch die politische Spitze, Regierung, Parlamentarier und der gesamte politische Apparat, konnten sich kaum anders informieren als aus den elektronischen Massenmedien, vornehmlich natürlich dem Fernsehen. So kann Gerhard Schröders Interpretation der Terroranschläge - „Dies ist eine Kriegserklärung gegen die gesamte zivilisierte Welt" - sowohl als prominente Bestätigung eines sich innerhalb weniger Stunden durchsetzenden Deutungsmusters, als auch als politisches Resultat der massenmedialen Konstruktion der Terroranschläge verstanden werden. Was sich bei den massenmedialen Vermittlungsinstanzen als Deutungsmuster zur Beurteilung politischer Ereignisse durchsetzt, gewinnt schnell solche Kraft, dass es auch einer Regierung schwer fallen würde, dem eine andere Sicht der Dinge entgegenzusetzen, etwa das Beharren auf Gewaltverzicht und weiterer Zivilisierung und Verrechtlichung der internationalen Beziehungen oder die Deutung der Ereignisse als transnationaler Terrorismus, dem mit intensivierter internationaler polizeilicher Zusammenarbeit zu begegnen ist.

Der Interpretationsrahmen der „Kriegserklärung" mag im Hinblick auf die breite Allianz gegen den transnationalen Terrorismus, die Solidarität mit den USA, die Rechtfertigung militärischer Reaktionen etc., also aus strategischpolitischen Gründen gewählt worden sein; die massenmediale Konstruktion der Terroranschläge in der untersuchten Fernsehberichterstattung hat ihm zumindest den Resonanzboden bereitet, so dass die militärischen Aktionen der USA in Afghanistan auch der deutschen Öffentlichkeit als fast unvermeidlich erschienen. Nach dem von der Fernsehberichterstattung am 11. September 2001 nahe gelegten Deutungsmuster muss dies nicht verwundern. So hat die Fernsehberichterstattung am 11. September 2001 einen wesentlichen Beitrag dazu geleistet, die öffentliche Meinung in Deutschland in der Weise zu strukturieren, dass die rot-grüne Bundesregierung keine Notwendigkeit und aufgrund der mangelnden gesellschaftlichen Unterstützung auch keine Möglichkeit sah, der US-amerikanischen Kriegsrhetorik vehement entgegenzutreten. Gerhard Schröders Rede von der „Kriegserklärung gegen die zivilisierte Welt" und die Fernsehsendungen des 11. September 2001 haben den Interpretationsrahmen zugezogen, aus dem die öffentlicher Zustimmung bedürftigen Politiker nur noch mit erheblicher Mühe hätten heraustreten können.

Internet und Krieg

Informationsrisiken und Aufmerksamkeitsökonomie in der vernetzten Kriegskommunikation

Hans-Jürgen Bucher

1 Vernetzung und Beschleunigung

Ein Sieger des Golfkrieges von 1991 stand schnell fest: CNN hatte für mehr als zwei Wochen die Nachrichtenlage beherrscht und dadurch den Mythos vom CNN-Krieg sowie den CNN-Effekt geschaffen (vgl. Robinson 2002; Stech 1994). Prämiert wurde dieser Sieg nicht nur durch eine gewinnträchtige Erhöhung der Einschaltquoten, sondern auch durch das Lob des damaligen US-Präsidenten, er habe durch CNN mehr erfahren als durch die CIA (vgl. Carruthers 2000: 199). Wer aber ist der Sieger des „ersten wahren Krieg des Informationszeitalters" - wie die ‚New York Times' (20.04.2003) den Irak-Krieg von 2003 bezeichnete? War es das Fernsehen, das den „most televised war in history" (New York Times 20.04.2002) präsentierte - oder das Internet, als „die einzige Quelle authentischer Information",[1] die laut ‚Guardian' (10.03.2003) eine „Schlüsselrolle in diesem Krieg spielen soll" oder gar das Mobiltelefon, mit dem Hörer und Zuschauer weltweit erstmals massenhaft SMS an die Rundfunkanstalten schickten (vgl. Guardian 28.03.2003) und das auch den Kriegsreportern als zentrales Übertragungsmedium diente?

---

[1] [Online-Dokument] URL: http://www.politik-digital.de [Download: 25.04.2003].

Für welches Medium auch immer man sich als Sieger entscheiden mag, interessant ist das Denkmuster, das diesen Diagnosen zugrunde liegt. Die Unauflösbarkeit des Verhältnisses von Krieg und Medien wird stillschweigend als Konstante vorausgesetzt.

Es ist bereits zur Selbstverständlichkeit geworden, Kriege über die Art ihrer Berichterstattung zu charakterisieren. So bezeichnet man den Korea-Krieg als den ersten Fernsehkrieg, den Vietnamkrieg als den ersten Farbfernseh-Krieg, der Golfkrieg von 1991 als den ersten Satelliten- oder Realtime-Fernsehkrieg und den Kosovo-Krieg als den ersten Internet-Krieg (vgl. Taylor 2000: 194). Interessanterweise gehen alle diese Vergleiche von einer Parallelität zwischen Medienentwicklung und Entwicklung der Kriegstechnologie aus. Bleibt man für den Golfkrieg von 2003 bei dieser Betrachtungsweise, so müsste er als der erste Krieg der Netzwerk-Kommunikation bezeichnet werden. Und vor allem in diesem Fall liegt die Analogie zwischen Kriegstechnologie und Medientechnologie auf der Hand: Die Militärs praktizierten die netzwerk-orientierte Kriegsführung („network oriented warfare"), auch als Rumsfeld-Doktrin bekannt geworden, bei der dezentrale Kampfeinheiten und computergestützte Waffensysteme mittels Informationstechnologien in Echtzeit koordiniert werden (vgl. Department of Defense 2001). Auch in der Charakterisierung von Al-Qaida als „Netzwerk des Terrors" (Priddat 2002) findet diese informationstechnologische Positionierung eines militanten Konfliktes ihren Niederschlag.

Auf Seiten der modernen Krisenberichterstattung entspricht dieser Sichtweise eine bislang nicht gekannte Vernetzung verschiedenster Informationsquellen und Kommunikationsvorgänge, so dass man mit guten Gründen von einem Netzwerk-Journalismus als Pendant zum Netzwerk-Krieg sprechen kann. Während der Kosovo-Krieg ein Internet-Krieg im Sinne der Distribution von Konflikt-Information über das neue Medium war, ist der Golfkrieg von 2003 ein Internet-Krieg, in dem die Vernetzungspotentiale des neuen Mediums ausgespielt werden: Fernsehreporter berichten nicht nur für ihre jeweilige Anstalt, sondern führen öffentlich ihr Online-Tagebuch als sogenannte Weblogs (s.u.), eingebettete Reporter („embeds") berichten live mittels Digitalkamera und Notebook via Satellit direkt vom Frontgeschehen, Reporter-Soldaten beliefern die Medien mit Bildern aus ihren Helmkameras direkt vom Einsatz, Communities von Fachleuten debattieren in Foren über die Kriegsstrategien, in den sogenannten Weblogs oder Warblogs (vgl. dazu ausführlicher Abs. 4) wird von den Nutzern selbst ein alternatives, weltweites Informationsnetz mit diversen Quellen und Quellenkommentierungen aufgezogen, das sogar von einigen der klassischen Medienunternehmen in ihre Online-Angebote integriert wird.

So hat sich beispielsweise die Website des ‚Guardian' dadurch von einer Distributionsplattform für Informationen zu einer Kommunikationsplattform zum Austausch von Informationen gewandelt. Die klassische Medienberichterstattung wird auf diese Weise nicht nur, wie das im Kosovo-Krieg der Fall war, durch alternative Online-Quellen ergänzt, sondern selbst in die virtuelle Netzwerk-Kommuni-kation einbezogen - als Belegquellen, auf die verlinkt wird, oder als Diskussionsgegenstand. Nur wenige Minuten an Programmstrecke von CNN reichen aus, um ein Bild vom Netzcharakter der Berichterstattung zu erhalten: Ancorman and -women in Kuwait-City und Atlanta wechseln sich in der Moderation ab, schalten zu den Reportern in Washington, in Katar oder im Nordirak, rufen die embedded Correspondents aus den verschiedenen Kampfeinheiten auf, verweisen für weiterführende Informationen auf das Online-Angebot cnn.com, ein Trailer macht auf die arabische Onlineausgabe a-rab.cnn.com aufmerksam und die Videoclips, mit denen Waffensysteme vorgestellt werden, kennt der Online-Nutzer bereits als Flash-Animation aus dem Internet.

Die Vernetzung der Kriegskommunikation auf militärischer und journalistischer Seite ist unmittelbar mit einer Beschleunigung der Kommunikation verbunden. Beschränkte sich die Echtzeit-Berichterstattung im Golfkrieg von 1991 noch auf die Sondersituation von CNN in Bagdad, so konnte im Golfkrieg von 2003 im Prinzip jedes Kriegsereignis, unabhängig vom jeweiligen Ort, in Echtzeit übertragen werden. Die Webcam der BBC in Bagdad ermöglicht jedem Surfer das Gefühl, jederzeit live dabei sein zu können. Auch die Zugänglichkeit zur Information hat sich durch das Internet dynamisiert, da nicht mehr Programmplätze und Erscheinungszeiten über den Informationszugang entscheiden, sondern der Internetanschluss den Dauerzugang sichert.

Der Netzwerk-Charakter und die Aufhebung von Zeit- und Raumgrenzen durch das Internet haben die Kriegskommunikation radikal verändert, und zwar für alle Beteiligten - für die Kriegsakteure und ihre Öffentlichkeitsarbeit, für die Journalisten und für die Rezipienten. Was bereits für den Kosovo-Krieg konstatiert wurde, gilt in noch globalerer Weise für den Golfkrieg von 2003:

> The web offered a spectrum of positions on the war, which both problematized and expanded the role of propagandists on both sides and threatened journalism itself with a degree of redundancy. (Hall 2000: 389)

In welcher Weise diese Herausforderungen den Journalismus verändern, wird eine der zentralen Fragestellungen dieses Beitrags sein. Der Netzwerk-Charakter hat aber auch zu einer Funktionserweiterung des Mediums selbst beigetragen: Das Internet ist nicht mehr nur ein Übertragungsmedium, sondern

es ist als Bestandteil des Information Warefare selbst zum Kriegsschauplatz
geworden, auf dem Angriffe auf die digitale Infrastruktur des Gegners, Infor-
mationsattacken und gezielte Propagandaaktivitäten ausgetragen werden. Die
Blockade des englischsprachigen Online-Angebotes von ‚Al-Jazeera', das Über-
schreiben von Websites mit pro-irakischen Grußadressen, Virenattacken auf
Regierungs- und Militärserver, Angriffsversuche auf GPS-Zentralrechner, um
die digitale Navigation von Waffen und Militäreinheiten zu stören (vgl. Washington Post 31.03.2003; Neue Züricher Zeitung[2]). Welche Auswirkungen
diese Funktionsänderungen in Summe auf die Krisenkommunikation in
Kriegszeiten haben, soll im Folgenden gezeigt werden. Grundlegender Gedan-
ke dabei ist, dass der Strukturwandel der medialen Kriegskommunikation von
einem Strukturwandel der Öffentlichkeit begleitet wird.

2   Die Dezentralisierung der Kriegskommunikation

Welche Rolle das Internet in der Kriegskommunikation spielen kann, ist auch
eine Frage der gattungsspezifischen Besonderheiten und ihrer Konsequenzen
für die öffentliche Meinungsbildung. Der Ansatz, das Internet als „loses Netzwerk" zu charakterisieren (Burnett & Marshall 2003), bietet eine Ausgangsbasis
für eine begriffliche Klärung, die dem Hybridcharakter des Internets gerecht
wird. „Lose" ist diese Medium insofern, als es gleichermaßen offen ist für interpersonale und öffentliche Kommunikation, für anonyme Informationsdist-
ribution und persönliche Interaktionen, für kommerzielle Transaktionen und
für nicht-kommerziellen Datenaustausch. Das Internet fungiert sowohl als
digitale Agora als auch als Kommunikationsmedium mit jedem Grad von Inti-
mität, es löst die Kontrollen der Kulturindustrie über Kulturgüter - Bilder,
Texte, Audio und Video - ebenso auf wie die Grenze zwischen aktiven Kommunikatoren auf Seiten der Medienunternehmen und den - bislang - passiven
Konsumenten. Letztere werden im Netzwerk-Medium vom Zuschauer, Zuhörer und Leser zum interaktiven Rechercheur oder gar zum Kommunikator, der
eigene Informationen durch Publikation via Internet zu Nachrichten machen
kann. Die Grenze zwischen offiziellen Nachrichten, die von den klassischen
Kommunikatoren der Massenmedien, der Politik, des Militärs, der Behörden
und Verbänden verbreitet werden, und informellen Nachrichten nicht-

---

2   [Online-Dokument] URL: http://www.nzz.ch/netzstoff [Download: 28.03.2003].

autorisierter Quellen wird fließend. Auch wenn von den Nutzungszahlen her das Internet noch hinter den traditionellen Medien Fernsehen, Hörfunk und Tageszeitung liegt und das Fernsehen die Nachrichtenwelt auch im Irak-Krieg beherrschte (vgl. Rainie, Fox & Fallows 2003), so dürfen zwei Punkte nicht übersehen werden: Zum einen ist das Internet für die Journalisten der traditionellen Medien zu einem Leitmedium und Orientierungsmedium geworden, was sich beispielsweise in der häufigen Thematisierung des Internets in Hörfunk, Fernsehen und Tageszeitung spiegelt. Zum anderen ist in der Kriegskommunikation deutlich ein Two-Step-Flow-Muster zu beobachten, demzufolge Themen zuerst im Internet behandelt und dann von den übrigen Medien aufgegriffen werden. Das gilt für eine ganz Reihe von medienkritischen Auseinandersetzungen, die in Weblogs und Internetforen begonnen und dann in Rundfunk- und Printmedien aufgegriffen wurden.

Für die Krisenkommunikation ist dieses „lose Netzwerk" der Internetkommunikation eine völlig neuartige Herausforderung, da die herkömmlichen Steuerungsmechanismen nicht mehr oder nur noch eingeschränkt greifen. Was die Internetkommunikation sowohl von anderen Formen der Medienkommunikation als auch der direkten Kommunikation unterscheidet ist einerseits ihre vernetzungsbedingte Komplexität (vgl. Kuhlen 1999: 22-26) und andererseits ihre hochgradige „Entbettung". Giddens (1996: 33) versteht darunter „das Herausheben sozialer Beziehungen aus ortsgebundenen Interaktionszusammenhängen und ihre unbegrenzte Raum-Zeit-Spannen übergreifende Umstrukturierung". Entbettung heißt im Falle der Internetkommunikation: Es gibt kein definierbares Verbreitungsgebiet, keine bestimmbare Reichweite, keine Begrenzung der Anbieter, keine Begrenzung der Kommunikationszwecke, eine Vermischung von interpersonellen, ökonomischen, medialen, organisatorischen und politischen Kommunikationsformen; die Anonymität der Anbieter ist äußerst hoch; die möglichen Rezipienten sind so vielfältig, dass eine klare Adressatenspezifik der Angebote nur schwer umsetzbar ist; die Flut der Kommunikationsangebote ist nahezu unüberschaubar geworden und Raum- und Zeitbegrenzungen für Kommunikation sind generell aufgehoben. Durch die Entbettung entstehen auch für die Krisenkommunikation „komplexe Informationsmärkte" (Kuhlen 1999: 171f.), die im Unterschied zu früheren Krisen und Kriegen nicht mehr durch Informationsknappheit, sondern durch Informationsüberfluss gekennzeichnet sind. Dies führt für die Adressaten in der Kriegskommunikation zu einer Autonomie gegenüber den traditionellen Informationsmonopolisten, also den privilegierten Informationsquellen des Militärs und der Regierungen. So war die Golfkriegsberichterstattung von 1991 gekenn-

zeichnet durch eine hohe Homogenität und Monoperspektivität der Berichterstattung, bedingt durch die Zensur und den vom Militär gesteuerten Zugang zu
den Kriegsereignissen (vgl. Taylor 1997: 99-144; MacArthur 1993; Weischenberg 1993). Angesichts dieser Tendenzen diagnostiziert Katz für den Golfkrieg
zusammenfassend das „Ende des Journalismus": „The fact is that we didn't see
a war at all. What we saw were aspects of a war that was said to be in pro-
gress." (Katz 1992: 8) Der fehlende Zusammenhang zwischen den Kriegsereignissen und dem Medienkrieg provozierte folgerichtig die Redeweise von
einer Fiktionalisierung des Krieges oder von einem virtuellen Krieg (vgl. Löffelholz 1993a: 54f.). Auch angesichts der Berichterstattung zum Golfkrieg von
2003 machte die Redeweise vom Ende des Journalismus ihre Runde, allerdings
mit der entgegengesetzten Begründung: War es vorher die Zentralisierung der
Information durch die Militärs, die journalistisch recherchierte Darstellungen
behinderte, so ist es im Falle des Golfkrieges von 2003 gerade die Dezentralisierung der Informationen auf einem komplexen Informationsmarkt, die die
öffentliche Meinungsbildung dem journalistischen Gatekeeping zu entziehen
droht (vgl. dazu Bucher 2002b). Kehrseite der Liberalisierung des Informationsmarktes durch das Internet ist dementsprechend eine neue Unübersichtlichkeit, welche die Risiken des kommunikativen Scheiterns erhöht: In der
Risikokommunikation wird die Kommunikation selbst zum Risiko, und zwar
durch das sogenannte Informationsparadox (vgl. Kuhlen 1999: 173). Komplexere Informationsleistungen durch eine Vervielfältigung und Vernetzung der
Quellen sowie durch Beschleunigung der Informationsübertragung schaffen
weitere Informationsprobleme hinsichtlich des Umgangs mit diesen Informationen. Mehr Information führt nicht automatisch zur Informiertheit, sondern
kann auch Irritationen zur Folge haben. Giddens hat das Informationsparadox
sogar als ein zentrales Merkmal moderner Gesellschaften charakterisiert.[3]

Die andauernden Gerüchte und Falschmeldungen aus dem Golfkrieg von
2003 belegen die Existenz des Informationsparadoxes in diesem Multimedia-
Krieg und machen deutlich, dass das mediale Netzwerk ein idealer Resonanzboden für deren Verstärkung darstellt. Neun Mal wurde am ersten Kriegswo-
chenende die Einnahme von Basra gemeldet, trotz anhaltender heftiger Kämpfe, die Kilometerangaben für die Distanz der US-Truppen nach Bagdad
schwanken innerhalb kürzester Zeit zwischen vier und 20 Meilen, der Einsatz
von Splitterbomben wurde wiederholt dementiert, bis dann der britische Verteidigungsminister nach zwei Tagen deren Einsatz strategisch rechtfertigte.

---

3   Vgl. New Statesman, 01.10.1997, 18(2).

Oder: Die Beschießung eines zivilen Pkws durch einem Kontrollposten nahe
Kerbala, bei der sieben Frauen und Kinder getötet wurden, wurde damit gerechtfertigt, dass der Fahrer trotz Warnschüssen nicht angehalten habe. Der
Bericht eines „embedded" Korrespondenten der ‚Washington Post' ergab
allerdings, dass gar keine Warnschüsse abgegeben worden waren. Angesichts
dieser anhaltenden Informationsunsicherheit hat der ‚Guardian' eine Webpage
mit dem Titel „Media Watch" eingerichtet, auf der Gerüchte und ihre Geschichten gesammelt wurden. Die zur Aufklärung von Desinformationskampagnen eingerichtete Website ‚www.disinfopedia.org' war aufgrund der zahlreichen Anfragen so überlastet, dass sie vorübergehend geschlossen wurde (vgl.
Süddeutsche Zeitung 18.03.2003)

Die Tatsache, dass im Golfkrieg von 2003 alle Medien in einem bislang
nicht gekannten Ausmaß in reflexiver Weise die Berichterstattung selbst thematisiert haben, ist ein deutliches Indiz dafür, dass das Informationsparadox
zumindest geahnt wurde. Selbstreflexivität in der Medienkommunikation oder
sogenannte „Metaformen" sind bevorzugt zu beobachten in medialen Um-
bruchsituationen, die mit Irritationen und Verunsicherungen einer traditionellen Medienkonstellation einhergehen (vgl. Johnson 1999: 47-53). Sie sind einerseits zu deuten als Selbstvergewisserung, mit denen der Journalismus seine
Selbststeuerung nachjustiert, andererseits aber auch als Orientierungsangebote
an die Mediennutzer. Für diese bedeutete der komplexer gewordene Informationsmarkt eine doppelte Herausforderung: Sie müssen aus der unüberschaubar
gewordenen Vielzahl von Informationsressourcen die relevanten Quellen auswählen - was als Referenzproblem informationeller Autonomie bezeichnet
wird - und sie müssen die Qualität der Quellen einschätzen können - das Vali-
ditätsproblem informationeller Autonomie (vgl. Kuhlen 1999: 174). Authentizität, Informativität, Aktualität, Relevanz, Glaubwürdigkeit von Informationen
lassen sich in globalen Informationsmärkten aus einer lokalen Perspektive nur
schwer überprüfen. Als Kompensation der gestiegenen Informationsrisiken
wird deshalb das Vertrauen zu einer zentralen Aufgabe in globalen Informationsmärkten, für die Kommunikatoren als Vertrauenssicherung und für die
Rezipienten als Vertrauensvergewisserung (vgl. dazu ausführlicher Bucher
2002a).

Die Dezentralisierung des Informationsmarktes in Krisenzeiten durch das
Internet hat sich seit dem Golfkrieg von 1991 in verschiedenen Schritten voll-
zogen. So diente das Internet in Indonesien bereits 1998 als Plattform für eine
Gegenöffentlichkeit zu den staatlich beherrschten Medien, in denen die Politik
Suhartos kritisiert und Informationen über die Korruption seiner Familie aus-

getauscht wurden (vgl. Lim 2002). Die Zappatisten nutzen das Internet, um weltweit ihre Forderungen gegenüber der mexikanischen Regierung zu dokumentieren (vgl. Russell 2001). Als „Interfada" wurde der digitale Informationskrieg zwischen Israelis und Palästinensern bezeichnet, der aus gegenseitigen Hackerattacken aber auch aus Aufklärungskampagnen über verschiedene Websites bestand. Und erstmals wurde in diesem Konflikt das Internet für eine globale Medienkritik im Dienste der eigenen Sache eingesetzt. Ein dichtes Netz von Media-Watch-Angeboten auf beiden Seiten sorgte für kontinuierliche Kritik an vermeintlich einseitiger Berichterstattung in den internationalen Medien und die Verbreitung des eigenen Standpunktes (vgl. Bucher 2002c; Hanieh 1999).

Während im Falle des Golfkrieges von 1991 die traditionellen Massenmedien Fernsehen, Hörfunk und Zeitung die Berichterstattung bestimmt haben, gilt der Kosovo-Krieg als der erste Web-Krieg. „As Vietnam came to be considered as the first TV war and the Gulf the first satellite war, we can usefully understand Kosovo as the first web war." (Hall 2000: 388) Einerseits wurde erstmals in diesem Umfang das Internet selbst von den verschiedenen Konfliktparteien als Mittel der Kriegsführung, nämlich zur Propaganda sowie zur Sabotage genutzt (vgl. Hammond 2000b), andererseits war erstmals das Internet eine wichtige, für bestimmte Bereiche auch die einzige Informations- und Kommunikationsplattform (vgl. Taylor 2000). Es diente als schwarzes Brett für die Suchanzeigen nach Vermissten, als Datenarchiv für Dokumente, Bilder, Videos der Konfliktparteien und verschiedener Organisationen, als publiziertes Kriegstagebuch über E-Mails und Newsletter, als Alternativ-Medium für Nichtregierungsorganisationen (NGO), als aktueller Informationskanal für die traditionellen Medien, als Diskussionsplattform für den Meinungsstreit über den Konflikt, es diente für die Verbreitung strategischer und politischer Analysen oder für Hilfs- und Spendenaufrufe.

> For the first time anyone on the Internet can receive a flow of combatant news, comments and pictures [...] But the real point is that anyone with such an equipment could also transmit their news, comments and pictures to a global audience, by passing the traditional mass media. (Taylor 2000: 194f.)

Aber nicht nur die traditionelle Medienberichterstattung wurde unterlaufen, sondern auch die Informationspolitik der Kriegsparteien, der Nato, der serbischen Regierung oder der UCK. Die größten Schwierigkeiten, sich auf die veränderte Informationslage einzustellen, hatte offensichtlich die Nato, deren Online-Angebot ausschließlich als traditionelle Kriegs-PR in Form von Nachrichten und Hintergrundinformationen aufgemacht war, während die Jugoslawische Regierung, mit Hilfe einer Gruppe von rund 1.000 Studierenden - der sogenannten Beogradjanka - das Internet gezielt für den Information Warfare einsetzte (Taylor 2000: 196-199; Hall 2000: 400ff.). Durch Übersetzung der offiziellen jugoslawischen Webangebote ins Englische, die Teilnahme an Chats und Newsrooms, Kontaktaufnahmen zu Internetinitiativen der Kriegsgegner in anderen Ländern, dem Angebot von Exklusivinformationen an Journalisten gelang es, die Internetöffentlichkeit mitzubestimmen und dadurch auch die Berichterstattung der klassischen Medien zu beeinflussen, ohne dass dies, wie im Falle der Nato, als Propagandastrategie erkennbar wurde. Die Nato hatte nicht nur den Internet-Krieg verloren, sondern auch das Vertrauen der Medienöffentlichkeit.

3 Aufmerksamkeitsökonomie in Krisenzeiten

„Krieg bootet Sex und Britney aus" titelt die Nachrichtenagentur ‚Reuters' einen Beitrag über die Auswertung von Suchbegriffen während des Golfkrieges 2003. Und so wie wenige Wochen später in der nächsten globalen Krise „SARS" den Spitzenplatz in der Hitliste der Yahoo-Suchbegriffe eroberte, setzte sich mit Ausbruch des Golfkriegs der Begriff „Iraq" an die Spitze der Suchbegriffe - unmittelbar vor den Dixie Chicks, eine US-amerikanische Country-Gruppe, die durch kritische Äußerungen über den amerikanischen Präsidenten in die Schlagzeilen und auf den Index vieler amerikanischer Radiostationen geraten war. Bemerkenswert ist diese Auswahl von Suchbegriffen vor allem deshalb, weil im Herbst 2002 auf den ersten 20 Plätzen von ‚Lycos' und ‚Yahoo' ausschließlich unterhaltungsorientierte Begriffe rangierten. Nutzeraktivitäten im Word Wide Web sind offensichtlich verlässliche Krisenindikatoren: In den Suchbegriffen spiegelt sich die Begriffsstruktur einer Krise und damit das Krisenbewusstsein nahezu eins-zu-eins. „U.S. Army", „Al-Jazeera", „MOAB-Bomb" sind im März 2003 bei ‚Lycos' unter den Top50, ebenso wie „Saddam Hussein" und „George W. Bush", wobei hier der amerikanische Präsident deutlich gegen den irakischen Diktator verliert. Verschiedene Studien zum Publikumsverhalten in Krisenzeiten haben ergeben, dass eine der Hauptwirkungen von Massenmedien darin besteht, „Aufmerksamkeit zu erzeugen und die Rezipienten zur Nutzung weiterer Informationsquellen zu veranlassen." (Dunwoody & Peters 1993) In dieser Hinsicht verhalten sich Publikum und Journalisten in kommunikativen Risikosituationen analog: In Krisenzeiten sinkt das Vertrauen der Journalisten in die offiziellen Quellen und die Eigenaktivitäten in Form verstärkter Recherche nehmen zu (vgl. Barth & Donsbach 1992). Die nach allen Krisen der letzten Jahre - 11. September 2001, Geiselnahme in einem Moskauer Theater, Golfkrieg oder SARS - beobachtbare Steigerung der Online-Nutzung belegt, dass sich das Publikum ebenso verhält. Kommunikatoren und Rezipienten agieren in Krisensituationen offensichtlich unter dem Eindruck eines erhöhten Informationsrisikos. Kompensiert wird dies durch zwei Verhaltensweisen, die zunächst widersprüchlich erscheinen: Einerseits durch den Abgleich verschiedener Informationsquellen, was sich deutlich in einer generellen Erhöhung von Abrufzahlen manifestiert. Andererseits suchen die Nutzer verstärkt solche Angebote auf, die sie für ihr spezifisches Informationsbedürfnis als kompetent einschätzen, nämlich Marken-Medien und Medienangebote, die authentische Informationen direkt aus den entsprechenden Krisengebieten versprechen. Insgesamt stellt Nielsen/NetRatings[4] bereits in den ersten Tagen des Irak-Krieges eine 25-prozentige Steigerung der Nutzung von Online-Nachrichtenangeboten in Großbritannien fest, in den USA gingen die Nutzungszahlen analog zum 11. September 2001 ebenso sprunghaft in die Höhe. Während allerdings nach dem 11. September 2001 nur drei Prozent das Internet als primäre Informationsquelle angaben, waren es während des Golfkriegs bereits 17 Prozent der amerikanischen Online-Nutzer (vgl. Rainie, Fox & Fallows 2003). Profitiert haben von diesem Newsboom die Online-Angebote der prominenten Nachrichtenanbieter aus den klassischen Medien: CNN konnten die Abrufzahlen vom 16. März bis zum 23. März 2003 um 58 Prozent steigern, ‚Fox-News' um 78 Prozent. Für den ‚Guardian' lag die Steigerungsrate gegenüber dem Vormonat Februar bei 113 Prozent, bei der BBC bei 103 Prozent - also mehr als eine Verdopplung der Abrufzahlen auf weltweit rund 103 Millionen Page impressions bei der BBC. Im Gegensatz dazu konnten die Online-Angebote der englischen Boulevardblätter keine nennenswerten Zuwächse verbuchen - offensichtlich eine deutliche Entscheidung der Nutzer für Qualitäts- und Hintergrundberichterstattung.[5] Aber auch die Online-Angebote aus dem Krisengebiet selbst verzeichneten Nutzungszuwächse - ein deutliches Zeichen für die Interkulturalität der Online-Kommunikation. Obwohl die englischsprachige Website von ‚Al-Jazeera' bereits kurz nach ihrem Erscheinen regelmäßig gehackt wurde, stieg das Angebot laut Hitwise[6] um 63

---

4   [Online-Dokument] URL: http://www.nielsen-netratings.com [Download: 15.04.2003].
5   [Online-Dokument] URL: http://www.nielsen-netratings.com [Download: 15.04.2003].
6   Vgl. http://www.hitwise.co.uk/ss, zit. nach ‚Guardian', 03.04.2003.

Plätze in der Rangliste der Nachrichtenangebote und konnte in den ersten Tagen jeweils 50.000 Besucher zählen.

Die Diversität der Informationsquellen ist für zwei Drittel der Nutzer von Online-Nachrichten das primäre Nutzungsmotiv und liegt noch vor der Aktualität. Und mehr als die Hälfte der Online-Nutzer begründen die Nachrichtensuche im Internet damit, dass sie alternative Sichtweise zu den traditionellen Medien und den offiziellen Quellen finden, wobei dieser Trend stärker ausgeprägt ist bei den Kriegsgegnern (vgl. Rainie, Fox & Fallows 2003: 6, 10). Die drei beschriebenen Trends der Internetnutzung waren bereits deutlich in früheren Krisen erkennbar: Verstärkte Nutzung der Marken-Medien, Internationalisierung der Informationssuche und Nutzung von Quellen aus dem Krisengebiet waren auch schon charakteristische Merkmale der Krisenkommunikation im Internet während des Kosovo-Krieges von 1999 und nach den Terroranschlägen in den USA am 11. September 2001 (vgl. Bucher 2002a, 2002b; Welch 1999). Ein vierter Trend der Internetnutzung, der sich in den vorausgegangenen Krisen erst vage abzeichnete, hat nun während des Golfkrieges von 2003 deutlich an Profil gewonnen: die Nutzung nicht-offizieller Quellen und der damit verbundene Aufbau eines informellen, open-source-ähnlichen Informationsnetzes. Die Abrufzahl der drei führenden Antikriegs-Webangebote - ,www.antiwar.com', ,www.unitedforpeace.org' und ,www.stopwar.org.uk' - erhöhte sich durchschnittlich um 160 Prozent gegenüber der Vorkriegszeit (vgl. Washington Post 22.03.2003: E01). Das Symbol für diese Krisenkommunikation aber sind die sogenannten Weblogs, im Falle der Kriegsberichterstattung auch Warblogs genannt. Was im Kosovo-Krieg als E-Mail- und Newsgroups-Kommunikation begann, hat sich nun zu Kommunikationsplattformen im World Wide Web weiterentwickelt und optimiert. Zwar stellen die Weblogs quantitativ gesehen noch keine ernsthafte Konkurrenz für die traditionellen Online-Medien dar: Nur vier Prozent der amerikanischen Onlinenutzer suchen Informationen und Meinungsbeiträge in Warblogs, wobei die meisten dieser Nutzer unter 30 Jahren sind. Einige der Warblogs erwerben während des Krieges allerdings erhebliche Prominenz. So schafft es das Kriegstagebuch von Salam Pax direkt aus Bagdad - bekannt geworden als Warblog „Where is Raed" - auf Platz 3 der von Australiern aufgerufenen 564 globalen Webangebote (vgl. The Age 18.04.2003), dem Warblog des CNN-Reporters Kevin Sites gelingt der Sprung unter die Top 100 der Weblogs, bevor CNN dem angestellten Reporter aus dem Nordirak das Betreiben des Blogs untersagt. Entscheidend ist der qualitative Sprung in der Krisenkommunikation, den die Warblogs bedeuten (vgl. Abs. 4).

Die Nutzung des Internets scheint in Krisenzeiten mit der Nutzung der traditionellen Medien eng verzahnt zu sein, was sich in cross-medialen Nutzungsmustern spiegelt. Entsprechend den Daten von „ComScore Media Metrix" stieg die Nutzung des Internets am Arbeitsplatz nach Beginn des Golfkrieges 2003 um 16 Prozent, die Nutzung zu Hause aber nur um ein Prozent. Gleichzeitig konnten die Internetangebote der entsprechenden Informationsprogramme im Fernsehen wie CNN oder ‚Fox-News' auch die höchsten Steigerungen in den Abrufzahlen verbuchen. Dies legt den Schluss nahe, dass die Nutzer zum Dauerabgleich ihres Informationsstandes am Arbeitsplatz eben die Online-Angebote derjenigen Anbieter nutzen, deren Fernsehprogramm ihnen zu Hause als Informationsquellen dient (vgl. Washington Post 22.03.2003: E01). Die Nutzung am Arbeitsplatz könnte aber noch einen anderen Grund haben: Während nur 52 Prozent der Internetnutzer zu Hause einen Breitband-Anschluss haben, sind 90 Prozent der Arbeitsplätze über Breitband an das Internet angeschlossen. Die Tatsache, dass während des Golfkrieges der Abruf von Multimedia-Angeboten um etwa das zehnfache gestiegen ist, dürfte auch damit zu erklären sein, dass der kostenlose Zugang am Arbeitsplatz für den Abruf von Videos zum Kriegsgeschehen genutzt wurde (vgl. New York Times 24.03.2003; Kirkpatrick 2003).

4   Warblogs als open-source-Journalismus

Der Netzwerk-Charakter der Kriegskommunikation im Internet manifestiert sich am deutlichsten und in paradigmatischer Weise in den sogenannten Weblogs. In Kriegszeiten hat sich bereits ein eigenes Subgenre ausgebildet, die Warblogs. Die Dezentralisierung der Krisenkommunikation ist in diesen Online-Netzwerken am weitesten fortgeschritten. Charakteristische Merkmale dieser Kommunikationsform sind: die hochgradige Vernetzung zu einer Art Blogosphere, die Beschleunigung der Kommunikation und ihre Globalität, die Interaktivität und Multimedialität, aber auch die Grenzauflösung zwischen personeller, öffentlicher, institutioneller und journalistischer Kommunikation. Die Bloghere ist zwar ein eingeständiges virtuelles Diskursuniversum aber eng an die Medienkommunikation angekoppelt: durch thematische Übernahmen, reflexive Kommentierungen oder aufgrund personeller Überschneidungen. Mit den Weblogs, so kommentiert ‚Spiegel-Online' (25.03.2003), „erlebt im immer kommerzieller geprägten Internet die informelle, freie Kommunikations- und Nachrichtenplattform ihr Revival." Zwar weisen die Nutzungsdaten

aus den USA daraufhin, dass auch in Krisenzeiten nur eine begrenzte Zahl von
Medienrezipienten sich an dieser Kommunikationsform beteiligt - im Irak-
Krieg waren es in den USA vier Prozent der Online-Nutzer. Allerdings hat die
Nutzerzahl gegenüber dem 11. September 2001 ebenso zugenommen wie die
Zahl der Weblogs insgesamt. Zieht man außerdem in Betracht, dass die
Warblogs in den klassischen Medien selbst als Informationsquellen, Verweisad-
ressen und Berichterstattungsanlässe genutzt werden, so ist klar, dass sie in der
Kriegskommunikation mittlerweile ein nicht mehr wegzudenkender Faktor
geworden sind.

Weblogs sind eine relativ neue Kommunikationsform im World Wide Web,
die etwa seit 1999 zu beobachten ist. Entscheidend für die massenhafte Beteiligung an diesem Kommunikationsnetz waren zwei softwaretechnische Entwicklungen: Die Entwicklung zu handhabender Software, mit der der eigene Rechner mit wenig Aufwand zum Webserver und zur Editionsplattform konfigu-
rierbar wurde, und das Angebot von Weblogportalen auf ihnen - analog zum
eigenen Mailaccount - einen eigenen Weblog einzurichten (vgl. Fleishman
2001). Ursprünglich entstanden Weblogs als kommentierte Linksammlungen,
die für bestimmte Themenfelder oder Interessen den Surfern Orientierungshil-
fen liefern sollten und die untereinander vernetzt waren (vgl. Blood 2002).
Inzwischen haben sie sich zu einem vielfältigen Phänomen entwickelt, das
verschiedene Kommunikationsformen des Internets wie Linksammlungen,
Diskussionsforen, Mailinglisten, Newsticker, Portale, Suchmaschinen und On-
linetagebücher zu jeweils spezifischen Mischungen verbindet. Zwei Basistypen
lassen sich dabei unterscheiden: Der sogenannte „Filter-style weblog", bei dem
der Schwerpunkt auf kommentierten Verweisen auf andere Beiträge im Web
liegt und der „journal-style blog", der als eine Art Berichterstattungs-Tagebuch
geführt wird (Blood 2002: 11ff.). Der letzte der beiden Typen wurde im Irak-
Krieg auch von Korrespondenten traditioneller Medien eingesetzt - als eine Art
Parallelberichterstattung zu ihren offiziellen Korrespondentenbeiträgen. Kon-
stitutives Merkmal für alle Weblogs ist der individuelle, personenbezogene
Charakter: Weblogs werden fast ausschließlich von Individuen betrieben, berichten oder kommentieren aus einer subjektiven Perspektive, die Selektion der
Inhalte und der Verlinkungen erfolgt nach eigenen Kriterien. Darin eine „Renaissance der publizistischen Persönlichkeit" (Neuberger 2003) zu sehen, greift
allerdings zu kurz: Es ist gerade der „Systemcharakter", nämlich die dichte
Vernetzung der Weblogs zu einer Blogosphere, also einer eigenen Form virtueller Öffentlichkeit, die als Strukturmerkmal diese Kommunikationsform charakterisiert. Unter publizistischen Gesichtspunkten sind sie vergleichbar mit

den Piratenradios. Wie diese in den verschiedenen Ländern zu unterschiedlichen Zeiten eine Gegenöffentlichkeit zu den kommerziellen und öffentlich-rechtlichen Rundfunkangeboten aufbauten, so sind Weblogs als individuelle Aneignungen und Wiederbelebungen der Kommunikationspotentiale des WWW zu betrachten:

> We're in the midst of a change, where journalism is changing from a lecture into something that resembles something between a conversation and a seminar. (Gillmor in Lasica 2001/02b)

Systematisiert man die kommunikativen Funktionen der Weblogs, so ergibt sich folgende Merkmalsliste: Weblogs zeichnen sich aus durch:

- Individualisierung der Kommunikation,

- Reflexivität hinsichtlich der Medienkommunikation,

- Verlinkung und Vernetzung der Webkommunikation,

- Filterung und Selektion der Medienkommunikation,

- Interaktivität aller Beteiligten und

- Aufhebung der Grenze zwischen Rezipient und Produzent und damit auch zwischen Profis und Laien.

Medienhistorisch betrachtet sind Weblogs die logische Konsequenz aus der bisherigen Internetentwicklung: Nachdem die interaktiven Kommunikations-möglichkeiten bislang weitgehend auf Foren, Chaträume, Newsgroups und Mailsysteme beschränkt blieben, sind sie nun in das WWW selbst integriert, das bisher von den Push-Angeboten der klassischen Massenmedien, der Politik, der Wirtschaftsunternehmen und der großen Online-Dienste beherrscht war. Weblogs sind in diesem Sinne das, was Blood (2002: XII) „Desktop broad-casting" nennt. Die Streitfrage, ob und inwiefern Weblogs journalistische Leistungen erbringen (vgl. dazu Lasica 2002; Lasica 2001/02a, 2001/02b) soll im Folgenden an einigen Beispielen aus dem Irak-Krieg überprüft werden, da sich in dieser internationalen Krise die Blogosphere erstmals als eine Gegenöffent-lichkeit konstituierte.

Kriterien dafür, ob journalistische Leistungen in den Weblogs erbracht werden, lassen sich auf drei Ebenen finden: Auf der Ebene der für Journalis-mus konstitutiven Handlungen, Programme und Standards, auf der Ebene der institutionellen Organisation und auf der Ebene der Funktionen journalisti-scher Kommunikation (vgl. Altmeppen & Löffelholz 1998).

Auf der Ebene der Handlungen ist in den Weblogs das gesamte Spektrum dessen zu finden, was Journalismus konstituiert, und zwar ganz unabhängig davon, ob die Akteure professionelle Journalisten oder Amateure sind: Berichte, Kommentierungen, Analysen und auch Unterhaltung. Die Vor-Ort-Berichte des Weblog-Autors aus Bagdad, der sich Salam Pax nennt, stehen denen der professionellen Korrespondenten in nichts nach. So heißt es in einem Beitrag von ‚MSNBC-online'[7] über diesen Weblog, der während der Bombardierung von Bagdad nicht immer erreichbar war:

> For the almost uninterrupted glut of war coverage flowing from the media, none of it has captured the humanity and the practical reality of the Iraqi citizenry like the ‚Where is Raed?' Weblog.

Für den ‚Guardian' hat dieser Weblog durch „the most compelling description of life during the war" alle professionellen Korrespondenten ausgestochen, so dass er ab Anfang Juni auf der Homepage des ‚Guardian' selbst angesiedelt ist (McCarthy 2003). Die Exklusivität dieses Weblogs, seine irakische Perspektive, führte dazu, dass er der am meisten erwähnte Weblog in der Berichterstattung wurde und in der ersten Kriegswoche rund 86 Prozent des gesamten Weblog-Verkehrs der USA auf sich ziehen konnte.[8] Eine entscheidende Erweiterung der journalistischen Handlungsmöglichkeiten durch die Weblogs liegt in der Interaktivität begründet. Kevin Sites, ein CNN-Korrespondent im Nordirak, der parallel ein eigenes Weblog führte, begründet diese Doppelberichterstattung folgendermaßen:

> This experience has really made me rethink my rather orthodox views of reaching folks via mass media. Blogging is an incredible tool, with amazing potential. The feedback readers are posting motivates me to provide as much as I can for all of these folks hungry for first-hand info.[9]

Die Tatsache, dass CNN den Korrespondenten zwang, sein Weblog zu schließen, ist ein deutliches Indiz dafür, dass Unverträglichkeit und Konkurrenz mit der kommerziellen Medienberichterstattung befürchtet wurden. Im Falle des eingebetteten Fotografen der ‚St. Petersburg Times', John Pendygraft, führte das Weblog[10] zu einer neuen Art Cyberspace-Lokalberichterstattung: Das

---

7 [Online-Dokument] URL: http://www.dear_raed.blogspot.com [Download: 28.03.2003].

8 Nielsen/NetRating, [Online-Dokument] URL: http://www.nielsen-net-ratings.com [Download: 27.03.2003].

9 [Online-Dokument] URL: http://www.kevinsites.net [Download: 28.03.2003].

10 [Online-Dokument] URL: http://www.tampabay.com/live-online/index.cfm?eid=22 [Download: 26.05.2003].

Weblog-Angebot wurde von Angehörigen der Einheit, der der Korrespondent zugeordnet war, als Informationsquelle über Väter, Söhne, Ehemänner und Bekannte sowie als Informationskanal für Grüße genutzt. Dementsprechend persönlich fielen die Leserrückmeldungen im Weblog aus:

> We appreciate the Press reporting on the War and also the Human Interest stories not only on our troops but on the local people. Keep up the great job stay safe and hope our Men and Women come home soon. A special Hello to our son Shane Merrick. His family misses and supports him.

Wie das Beispiel zeigt: Weblogs sind, im Unterschied zu Fernseh- und Hörfunksendungen und auch zur Tageszeitung, interaktive Kommunikationsplattformen, die für die Rezipienten eine leicht zugängliche Rückmeldung eröffnen, mit der der Autor auch kalkuliert.

Trotz der subjektiven Autorenschaft der meisten Weblogs sind diese dennoch Bestandteil einer Organisationsstruktur. Eine Beschreibung nur auf der Ebene individuellen Handelns greift dementsprechend zu kurz. Ihre Funktion entfalten sie nämlich erst innerhalb des Kommunikationsnetzes, in das sie eingebunden sind. Entscheidend für die Weblogs ist deshalb „not the publication of a first-person journal but the chain of interaction it often ignits" (Lasica 2002a, 2001). Indikator dieser Organisationsstruktur ist das für alle Weblogs typische Blogrolling, eine Liste von Bezugsweblogs, die als Linkliste mit teilweise über 100 Einträgen in einem rechten oder linken Navigationsrahmen untergebracht ist.[11] Die Organisiertheit der Blogoshere zeigt sich aber auch in der Selbststeuerung der Kommunikationsstrukturen und der Qualitätskontrolle. So stellt Lasica (2002b, 2001) beispielsweise fest, dass ein Weblog erst durch kollektive Bestätigung („community endorsement") zu einer autorisierten Informationsquelle wird: „So what we have is a marketplace in which we grant to those we trust to alter or author our own opinion."

Die Funktion der Weblogs besteht nicht darin, die klassischen Medien zu ersetzen, sondern vielmehr darin, sie zu ergänzen (vgl. Mooney 2003). In der Online-Kommunikation zum Irak-Krieg lassen sich deutlich zwei dieser Ergänzungsfunktionen unterscheiden: Weblogs sind einerseits Meta-Medien - also eine Art Informationsassistent - die Orientierung im Netz der Informationen bieten. Während es das Ziel der klassischen linearen Medien ist, den Nutzer möglichst an die entsprechende Ausgabe eines Mediums - die Zeitungsausgabe, die Sendung, die Website - zu binden, besteht die Funktion eines Weblogs gerade darin, die Aufmerksamkeit des Nutzers im Netz zu verteilen.

---

11   Zum Beispiel ‚www.nowarblog.org'; ‚www.instapundit.com'.

Das Weblog ‚daypop.com' ist in dieser Hinsicht ein typisches Angebot: Es stellt aus einer Grundgesamtheit von 35.000 Onlineangeboten - Nachrichten-angebote und Weblogs - drei Top40-Linklisten mit täglicher Aktualisierung zusammen: die in Weblogs am meisten zitierte Internetseiten, die am meisten zitierte Nachrichtenseite und die am meisten verwendeten Begriffe. Durch eine entsprechende optische Aufbereitung, die auch die Veränderungen im Ranking zeigt, übernimmt dieses Meta-Angebot journalistische Selektions- und Trans-parenzfunktionen auf mehreren Ebenen: Es werden relevante Links herausge-filtert, die Links werden hierarchisiert, Verbindungen zu den klassischen Me-dien werden hergestellt, Einstiegspunkte in die Netzstruktur der Weblogs wer-den angeboten und die Dynamik der Weblog-Kommunikation wird visualisiert. In den Worten des Weblogbetreibers:

> The Top 40 is an excellent indicator of the blogging world's collective consciousness, where concepts and ideas tend to gain momentum before the rest of the internet popula-tion embraces them.[12]

Außerdem bietet ‚daypop' eine spezielle Suchmaschine für Weblogs. Diese technisch umgesetzten Orientierungsfunktionen werden ergänzt durch persön-liche Kommentare von Webloggern, auf die ebenfalls verlinkt wird. Am 31.05.2003 belegen beispielsweise zwei Beiträge zur Nachkriegsdebatte die Plätze 1 und 2, die beide das Thema der in Zweifel geratenen Begründung des Irak-Krieges durch die US-Regierung und die Britische Regierung behandeln. Der Link auf Platz 1 führt zu einem Weblog, in dem alle Zitate von Vertretern der US-Regierung zusammengestellt wurden, in denen die Zerstörung von Massenvernichtungswaffen im Irak als Kriegsgrund angegeben wird. Platz 2 des Rankings ist ein Link auf einen Kommentar der ‚New York Times' , in dem die propagandistische Kommunikationspolitik der US-Regierung in Bezug auf die Rechtfertigung des Irak-Krieges mit dem Film „Wag the Dog" vergli-chen wird: Um von den sexuellen Affären eines US-Präsidenten abzulenken, wird in dem Film mit Dustin Hoffman und Robert de Niro eine militärische Bedrohung der USA konstruiert, um dann einen Krieg beginnen zu können. Mangels eines realen Feindes muss dieser dann für die Mediengesellschaft als Hollywood-Krieg inszeniert werden.

Der reflexive Charakter der Weblogs zeigt sich auch in den medienkriti-schen Beiträgen zur Irak-Krieg-Berichterstattung: Die Überführung manipu-lierter Fotos, beispielsweise eines Titelfotos des Evening Standards in London

---

12   [Online-Dokument] URL: http://www.daypop.com [Download: 05.05.2003].

durch den Weblog ‚thememoryhole.org', die Analyse der BBC-Bericht-
erstattung im Hinblick auf Tendenzen und Einseitigkeiten durch ‚biased-
bbc.blogspot.com' oder die Aufdeckung der Inszenierung des Falles der Sad-
damstatue in Bagdad durch Militärs und Journalisten in einem der bekanntes-
ten Warblogs ‚warblogging.com'. In diesen Fällen tragen die Weblogs ebenso
zum Aufbau einer Gegenöffentlichkeit bei wie die verschiedenen Webangebote
von Antikriegs-Gruppierungen wie „indymedia", „informationclearinghouse",
das „Institute für War & Peace Reporting" (www.iwpr.net) oder die Initiative
„Iraq-Body-Count", die als Gegeninformation zu den Militärs eigene Verlust-
zahlen recherchieren und veröffentlichen.

Die Selbst-Steuerung des Weblog-Kommunikationssystems wird aber nicht
nur an den reflexiven Transparenzmaßnahmen und der Medienkritik deutlich,
sondern auch in den Ansätzen, Regeln und Prinzipien für diesen Kommunikationsraum zu formulieren. Regulierungsbedarf entstand während des Irak-
Krieges beispielsweise hinsichtlich der Frage, ob professionelle Journalisten
neben ihrer Korrespondententätigkeit einen Weblog führen können, oder aber
auch hinsichtlich der Probleme der Quellentransparenz, des Vertrauens in die
Quellen und der Informationsqualität. Nachdem verschiedene Medien
Weblogs ihrer Mitarbeiter geschlossen hatten - beispielsweise CNN das
Weblog des Korrespondenten im Nordirak Kevin Sites, der ‚Hartford Courant'
das Weblog eines Redakteurs oder die ‚Times' das Weblog eines freien Mitar-
beiters -, wurde über die Weblogs hinweg eine breite Diskussion über Rechte,
Freiheiten und Zwänge von Online-Journalisten geführt. Hierbei spielten Argumente zur Selbstbestimmung und freien Meinungsäußerung oder zur ökonomischen Abhängigkeit ebenso eine Rolle wie das journalistische Selbstverständnis: „CNN.com prefers to take a more structured approach to presenting
the news. We do not blog" lautete das Argument für die Weblog-Schließung
des eigenen Korrespondenten Kevin Sites. Der Herausgeber des ‚Hartford
Courant' formuliert die Konkurrenz-Situation zwischen seinem Blatt und dem
Weblog des Redakteurs Denis Horgan bedeutend offener:

> Denis Horgan's entire professional profile is a result of his attachment to the *Hartford
> Courant*, yet he has unilaterally created for himself a parallel journalistic universe where
> he'll do commentary on the institutions that the paper has to cover without any editing
> oversight by the *Courant*. That makes the paper vulnerable. (Sullivan 2003)

Diese Konfliktfälle machen deutlich, dass die Komplementärfunktion der
Weblogs gegenüber journalistischen Angeboten noch längst nicht geklärt ist.
Andere Medienunternehmen, wie beispielsweise MSNBC, ‚Slate' oder der
‚Guardian', haben statt der Konfrontationsstrategie eine Integrationsstrategie

eingeschlagen und mit der Kriegsberichterstattung Weblogs in ihr eigenes On-line-Angebot eingebaut. Was diese Konfliktfälle aber auch deutlich gemacht haben: Selbstverständnisdebatten in internationalen Krisensituationen werden auch global geführt, mit Mails und Weblog-Postings aus unterschiedlichen Ländern mit ganz verschiedenen journalistischen Kulturen. Auch die klaren Fälle von Weblog-Zensur mittels Abschaltung durch den entsprechenden Provider sind in globalen Internet-Diskussionen als Teil des US-amerikanischen Informationskrieges gegen „unpatriotische" Äußerungen kritisiert worden (vgl. Standard 25.03.2003).

Dass die Selbststeuerung in der Blogosphere bereits funktioniert, zeigt das Beispiel eines Plagiatfalles: Nachdem einem Weblogger nachgewiesen werden konnte, dass er seine Informationen zum Irak-Krieg aus einem kommerziellen Nachrichtendienst abgeschrieben hatte, sanken die Abrufe von einem Spitzenwert von rund 120.000 Hits um 40 bis 45 Prozent (vgl. Glaser 2003). Auch Probleme der Quellenüberprüfung werden in der Blogosphere kollektiv gelöst: Als mit Beginn des Krieges Mutmaßungen auftauchten, der Weblog-Autor Salam Pax in Bagdad sei eventuell ein Agent der CIA oder des Mossad oder sitze in London und täusche die Vor-Ort-Präsenz in Bagdad nur vor, wurden die Zweifel und Mutmaßungen in der Weblog-Community diskutiert. Datentechnische Recherchen eines versierten Bloggers, der die Übertragungswege des Weblogs aus Bagdad mit Hilfe der IP-Adresse im Kopf einer Mail aus Bagdad rekonstruierte, wurden dabei ebenso berücksichtigt wie die persönlichen Erfahrungen einer Israelin, die seit sechs Monaten mit Salam Pax im Mailkontakt stand. Natürlich ist die Identifizierung einer Person in der virtuellen Kommunikation nicht endgültig zu klären, was auch Salam Pax selbst formulierte: „Please stop sending emails asking if I were for real, don't believe it? then don't read it." Bis ein ‚Guardian'-Korrespondent dann Ende Mai den 29-jährigen Architektur-Studenten aufsuchen konnte, mussten die Leser des Weblogs aus Bagdad sich mit dem Ratschlag eines der Rechercheure begnügen: „In the end, it's still a matter of faith."[13]

Neben solchen Selbststeuerungsprozessen oder der Einrichtung eines Ausbildungsangebotes für Weblogging an der University of California Graduate School of Journalism ist auch die für Weblogs begonnene Debatte um einen „Blogger's Code of Ethics" ein deutliches Anzeichen für eine Institutionalisierung der Blogosphere. Die Vorschläge für Qualitätskriterien, beispielsweise

---

[13] [Online-Dokument] URL: http://paulboutin.weblogger.com/2003/03/20 [Download: 28.03.2003].

vom American Press Institute, orientieren sich dabei deutlich an einer öffentlichen Funktion, die Weblogs ausüben, wenn für die Blogger vorgeschlagen wird:

> They shouldn't be expected to follow the same ethics codes journalists are. But responsible bloggers should recognize that they are publishing words publicly and therefore have certain ethical obligations to their readers, the people they write about, and society in general.[14]

Im Selbstverständnis der Blogger übernehmen auch sie, wie die Massenmedien, eine öffentliche Aufgabe.

5 Wandel von Öffentlichkeit und Journalismus

Kriege sind Paradebeispiele für globale Medienereignisse und werden insofern in einer globalen Öffentlichkeit abgehandelt. Die Tatsache, dass quer durch alle Kontinente, Kulturen und Länder die Tageszeitungen den Fall Bagdads mit dem Bild der stürzenden Statue Saddam Husseins visualisierten, zeigt, wie weit inzwischen eine globale Homogenisierung der Sichtweisen fortgeschritten ist.[15] Demgegenüber stehen aber verschiedene Dezentralisierungstendenzen der öffentlichen Kommunikation, die viel deutlicher auf einen Zerfall von Öffentlichkeiten hinzudeuten scheinen. Durch das Internet ist auch eine Entwicklung vorangetrieben worden, derzufolge Kriegskommunikation ebenfalls von dem gekennzeichnet ist, was als Glokalisierung beschrieben wurde (vgl. Robertson 1998): ein Nebeneinander von Homogenität und Heterogenität, lokal unterschiedliche Weiterverarbeitungen der Kommunikation aus den klassischen Informationszentren der Politik, des Militärs und der Medien sowie mediale Wechselwirkungen zwischen lokalen, auf eine Kommunikationsraum begrenzten Öffentlichkeiten und globalen Öffentlichkeiten. Dieser Strukturwandel hin zu multiplen Öffentlichkeiten hat auch Konsequenzen für den Journalismus, dessen Funktion ja gerade im Herstellen von Öffentlichkeit(en) besteht.

(1) Der Journalismus hat sein Informations- und Deutungsmonopol verloren: Weder die Vermittlung zwischen Öffentlichkeit und Militär, noch die Vor-Ort-Information durch Korrespondenten, noch die Deutung, Beurteilung und Erklärung sind unter den Bedingungen der Internet-Kommunikation Privile-

---

14   [Online-Dokument] URL: http://www.cyberjournalist.net [Download: 19.05.2003].
15   [Online-Dokument] URL: http://www.newseum.org [Download: 26.04.2003].

gien der traditionellen Massenmedien. Das Internet eröffnet jedem den Zugang zu journalistischen Primärquellen, zu alternativen Vor-Ort-Berichten und zu alternativen Foren der Meinungsbildung. Die Konsequenzen für den Journalismus liegen in einem erweiterten Rollenverständnis: Die Berichterstattung über die Internetkommunikation muss in derselben Weise in das journalistische Programm integriert werden wie die Kultur-, die Sport- oder die Wirtschaftsberichterstattung. Journalismus kann sich nicht mehr auf die statische Gatekeeper-Rolle beschränken, sondern muss mit den Rezipienten durch das Tor hindurch gehen und zum Reiseführer werden.

> One of the roles of journalism in this ocean of information is to help readers negotiate the various impasses that arise around bad and contradictory information, even from reputable sources. (Hall 2000: 393)

(2) Nicht Informations- und Quellenmangel bestimmt die moderne Kriegsberichterstattung sondern Informations- und Quellenüberfluss: Das Problem der Informationsbeschaffung und der Selektion hat sich dementsprechend von den Journalisten auf die Medienrezipienten verlagert. Der Journalismus verliert sein Vermittlungs-Monopol, die Rezipienten gewinnen die Macht, ihre Aufmerksamkeit selbstbestimmt zu verteilen und den Zugang zu den Informationen aus Politik, Militär und Medien an der journalistischen Vermittlung vorbei zu organisieren. Die Kehrseite dieser gewonnenen Freiheit von Abhängigkeiten gegenüber den klassischen Kommunikationen ist eine erhöhte Anforderung an die Medienkompetenz. Dass noch wenige darüber verfügen, belegen die hohen Nutzungszahlen bei den Online-Angeboten der Markenmedien. Allerdings ist gegenüber früheren Krisen ein deutlicher Trend erkennbar, die Netzwerkmedien verstärkt als Informationsbasis zu nutzen - nicht nur ergänzend, sondern auch als vollwertiger Ersatz. Der Boom der Weblogs während des Irak-Kriegs ist ebenso ein deutliches Anzeichen dafür wie die veränderten Gewohnheiten der Mediennutzung (vgl. Abs. 3). Neben der Navigator-Aufgabe kommt dem Journalismus zunehmend eine Moderatorenrolle zu: die Organisation von virtuellen Kommunikationsplattformen, wie einzelne Medien das bereits mit der Integration von Weblogs in ihr Online-Angebot demonstrieren. Der Netzwerk-Journalismus ist dadurch charakterisiert, dass er diese verschiedenen Funktionen integriert: die Informationsfunktion, die Einordnungsfunktion, die Navigationsfunktion und die Moderationsfunktion.

(3) Öffentliche Kriegskommunikation ist multiperspektivisch geworden: In der Internetkommunikation finden sich die Sichtweisen der verschiedenen Kriegsparteien, der unterschiedlichen Kulturen und Ethnien, der klassischen

Medien, der Experten, der Beobachter vor Ort und vor allem auch Darstellungen der Opfer aus den Regionen des Kriegsgeschehens, die für die Korrespondenten nicht zugänglich waren (vgl. Lasica 1999). Die klassischen Deutungsinstanzen haben dadurch ihre Monopolstellung eingebüßt. Das gilt nicht nur für den Journalismus, sondern auch für andere ehemalige Informationsmonopolisten. Das verschiedentlich diagnostizierte Versagen der Informationspolitik der Nato im Kosovo-Krieg oder des Iraks im Golfkrieg von 2003 beruht zum einen auf dem Festhalten an einem veralteten Propaganda-Modell im Stil der Golfkriegs-Informationspolitik (vgl. Hall 2000: 401; Taylor 2000: 199), zum anderen auf dem Erfolg des neuen Mediums Internet (vgl. Welch 1999).

Militainment als „banaler" Militarismus

Auf dem Weg zu einer Militarisierung der politischen Kultur?

Fabian Virchow und Tanja Thomas

> 14. Szene: Kino
> Der Kinoregisseur (tritt vor):
>
> Nun folgt die erste Vorführung des großen Sommefilms. In drei Teilen entrollen sich Szenen der furchtbaren Herbstschlacht 1916, mit der die große Hoffnung der Feinde ins Grab sank. Imponierend dröhnen die Tritte unübersehbarer deutscher Reservisten. - Die Ungeheuer moderner Kriegsmaschinen öffnen ihre blitzenden Mäuler, die furchtbarsten Waffen unseres technischen Zeitalters spielen auf. - Über Minenfelder, Hindernisse, durch sprengstoffschwangere Gassen des Todes hinein zum heißen Nahkampfe! - Die Handgranate mäht! [...] Von Graben zu Graben in die Hauptstellung hinein! Die eigene Artillerie schöpft Luft und streut Entsetzen in die feindlichen Reserven.
>
> Karl Kraus: Die letzten Tage der Menschheit

Eindrucksvoll lassen „Die letzten Tagen der Menschheit" uns wissen, dass Beschreibung und mediale Adaption des Krieges Traditionen aufweisen, die - mit Karl Kraus kritisch - auch als Mittel der Kriegsführung verstanden werden können. Während der Analyse des Verhältnisses von Journalismus und Militär, insbesondere in Kriegszeiten, in den vergangenen Jahren zunehmend Aufmerksamkeit geschenkt wurde, sind Felder der Kooperation von Militär und (Unterhaltungs-)Kultur nur ansatzweise analysiert worden. Gerade hier sind jedoch langfristig wirksame Entwicklungslinien zu beobachten, die auch in „Friedenszeiten" zu Kooperationen militärischer Institutionen mit Software-, Medien- oder Unterhaltungsindustrie führen und damit möglicherweise zu einer weit über den journalistischen Bereich hinausweisenden Veränderung politischer Kultur beitragen. Die medialen Erscheinungsweisen dieser Kooperationen, denen wir am Beispiel der USA und der Bundesrepublik Deutschland nachgehen, werden gelegentlich als „Militainment" bezeichnet, ohne dass der Begriff präzise bestimmt und in seinen Dimensionen beleuchtet wird. Dabei erscheint es uns evident, dass auch bei der Thematisierung dieses spezifischen, Kontinuität gewinnenden Phänomens über Interessen, Akteure und Strukturen gesprochen werden muss. Vor diesem Hintergrund legen wir in diesem Beitrag den Schwerpunkt exemplarisch auf Kooperationen von Software-Unternehmen und Militärs im Bereich der Simulation, des Kriegsfilms und sogenannter „Militär-Soaps" sowie den Einsatz von Künstlern und Medienakteuren im Bereich der Truppenbetreuung, mit denen wir zum Teil Interviews geführt haben. Dabei argumentieren wir, dass Aktivitäten des Militainment nicht nur in ihrer Funktion zur Verbesserung des Ansehens der Streitkräfte und der Rekrutierung des militärischen Nachwuchses zu beschreiben, sondern auch mit Blick auf die Veränderung der politischen Kultur eines Landes zu analysieren sind. Zustimmung und Akzeptanz hinsichtlich Existenz und Auftrag des Militärs sowie bezüglich der Normalisierung militärischer Gewaltanwendung als staatlich organisiertem und politisch legitimiertem Umgang mit Konflikten etablieren sich unseres Erachtens maßgeblich über Formen alltäglicher medialer (Kriegsbzw. Militär-)Kommunikation. In Anlehnung an Billig (1995: 1-12), der die wenig spektakulären, im Alltag dennoch gegenwärtigen und wirkungsmächtigen Formen der gesellschaftlichen Reproduktion von „Nation" als (häufig unbewussten) doxischen Bezugspunkt des Fühlens, Denkens und Handelns von Menschen analysiert, nennen wir diesen gesellschaftlichen Mechanismus „banal militarism".

1   Kriegsfilme und Soaps für die Heimatfront

Auf Einladung von Karl Rove, Berater des Präsidenten der Vereinigten Staaten von Amerika, trafen sich zwei Monate nach dem 11. September 2001 Vertreter der Film- und Fernsehunternehmen mit Angehörigen des Pentagon in Beverly Hills. Gegenstand der Beratungen waren denkbare Beiträge der Medien zu „Kriegsführung und Terrorismusbekämpfung" (vgl. Schmidt 2003: 25). Ergebnis dieser Beratungen, aus denen das Komitee „Hollywood 9/11" hervorging, waren Initiativen mit unterschiedlicher Zielrichtung. Da eine Interpretation der

Anschläge auf das Pentagon und das World Trade Center in der These vom „Überschwappen" der Fiktion in die Realität bestand, schien eine mögliche Strategie in einer engeren Vernetzung von Regierungsbehörden mit Hollywood zu bestehen, um das Reservoir möglicher, bereits in filmische Untergangsszenarien gegossener Attentate anzuzapfen und damit ihrer Verwirklichung in Zukunft einen Schritt voraus zu sein. In diesem Sinne möchte das Pentagon beispielsweise an Ergebnissen des Brainstormings des Kreativ-Teams, das Stories für die Actionserie „MacGyver" entwickelt, partizipieren.

Ein weiteres Ergebnis der Beratungen kann man, so Maresch (2002: 353), derzeit in den europäischen Kinos bewundern:

> Auf der neuen und großen Gefühlswelle verkaufen sich Krieg und Kriegsfilme besser als jemals zuvor. Inzwischen hat es den Anschein, als ob die Filmindustrie wie die Bush-Administration denkt und fühlt. Hollywood und Washington sind eine Symbiose eingegangen - so eng wie seit dem Zweiten Weltkrieg nicht mehr, als John Huston, Frank Capra oder William Wyler dem Patriotismus ihren Tribut zollten, und sich Stars wie Marilyn Monroe, John Wayne und Elvis Presley dem vaterländischen Ruf nicht verweigerten.

Die Praxis wechselseitiger Bezugnahmen - Filmschaffende greifen den Krieg als Erfolg versprechendes Thema auf und Kriegsführende nutzen Film, um weitreichend Deutungsangebote zu machen - hat hinsichtlich des Genres Kriegsfilm zu Ausdifferenzierungen geführt.[1] Zwar kann eine Darstellung der historischen Entwicklung dieses Genres hier nicht geleistet werden, eine grobe Kategorisierung in subversiven Kriegsfilm und Propagandafilm[2], in Action- und Dokumentarfilm sowie in Frontunterhaltung und Nachrichtenbeitrag[3] mag jedoch einen Eindruck hinsichtlich der Bandbreite möglicher Darstellungsformen vermitteln. Die größte Zahl der Produktionen dieser Art können dem US-amerikanischen Unterhaltungsfilm zugerechnet werden. Seit den Anschlägen auf das World Trade Center und das Pentagon erschienen beispielsweise in relativ kurzer Zeit das Vietnam-Epos „Wir waren Helden", das Kriegsgefangenendrama „Das Tribunal", die Somalia-Tragödie „Black Hawk Down", das Pazifikschlachtmelodram „Windtalkers" und das Nuklearbombendrama „Der

---

1   Frühe Beispiele sind die militärische Unterstützung des Monumentalfilms „The Birth of a Nation" des amerikanischen Filmpioniers D.W. Griffith im Jahr 1915; die Militärakademie „West Point" stellte Kanonen und Soldaten. Für den Film „America", der neun Jahre später entstand, standen 1.000 Kavalleristen und eine Militärkapelle zur Verfügung.

2   Die Unterscheidung zwischen Kriegs- und Antikriegsfilm wird verschiedentlich problematisiert. Zur Diskussion vgl. Strübel (2002: 39-74).

3   Vgl. dazu den Entwurf zu Filmreihe und Ausstellungskonzept „Krieg in der Unterhaltung, Unterhaltung im Krieg" von Arne Scheuermann (2000) [Online-Dokument] http://kultur-und-strategie.de/wesel_xanten/pdf/scheuermann.pdf [Download: 14.04.2002].

Anschlag". Die Produktion der Filme war zwar schon vor dem 11. September 2001 konzipiert, zum Teil sogar abgeschlossen; ihr Erscheinen allerdings wurde nach diesem Datum auf Drängen der US-Regierung forciert und die Gestaltwerdung der Filme zum Teil noch erheblich beeinflusst:

> So wurden für *Black Hawk Down* acht Hubschrauber und 100 Elitesoldaten zur Verfügung gestellt. Im Gegenzug erhielt man nicht nur drei Millionen Dollar, sondern auch Einblick ins Drehbuch und Mitsprache bei dessen Umsetzung! Mittlerweile fanden rund 150 Produktionen derartiger Kooperationen statt. (Schmidt 2003: 25)

Für „Der Anschlag" stellte das Pentagon diverse F16 Bomber, einen Flugzeugträger mit 80 Flugzeugen, 5.000 Mann Besatzung sowie eine fliegende Kommandozentrale in einer umgebauten Boeing 747 und ein Heer an Beratern - von Air Force Piloten bis hin zum CIA-Direktor George W. Tenet. „Wir suchen die Gelegenheit, über ein machtvolles Medium direkt mit der amerikanischen Öffentlichkeit zu kommunizieren", erläutert dies der Beauftragte des Pentagon für Unterhaltungsmedien, Philip M. Strub. Rekrutenwerbung und Imagearbeit für das Militär sind offen formulierte Ziele (vgl. Christmann 2002).

Kriegsfilme werden somit immer stärker zu einem dual-use Produkt militärisch-filmindustrieller Kooperation; schon „Top Gun" (1986) und „Air Force One" (1997) wurden von der US-Navy bzw. der US-Air Force nachbearbeitet. Als „Top Gun" anlief, richtete die US-Navy in den Foyers mehrerer großer Kinos Informationsstände ein, an denen man sich nach Verlassen des Films sogleich zum Dienst in der Marine melden konnte. Philip Nemy schickte für sein Projekt „Armageddon" (1998) schon vorweg einen Bittbrief an das Pentagon. Darin stellte er heraus, dass sein Film mit der Unterstützung des US-Militärs „das Können, die Führungsstärke und den Heroismus des amerikanischen Militär verdeutlichen" (Winkler 2003) werde. Dies zeigt exemplarisch, dass die Zusammenarbeit ziviler und militärische Akteure keineswegs als einseitiges Transferverhältnis aufgefasst werden kann. Als Folge dieser Zusammenarbeit sieht beispielsweise Woznicki (2003) eine Deaktivierung der „verbleibenden Abwehrmechanismen, die in unserer Demokratie gegen das Militärische kultiviert worden sind."

Krause & Schwelling (2002) arbeiten am Beispiel des frühen Vietnamfilms „Apokalypse Now" heraus, wie mediale Angebote als „Orte kollektiver Erinnerung" betrachtet werden können: Sie bedienen sich symbolischer Muster, auf die auch in anderen gesellschaftlichen Bereichen zurückgegriffen wird, sind aber auch aktiv an der Konstruktion von Deutungsmustern und kulturellen Selbstverständlichkeiten beteiligt. Ähnlich argumentiert Schmidt (2003: 25):

Kino hat den Ruf, Seismograph, Mediator und Verstärker zu sein. Es nimmt allgemeine Befindlichkeiten auf, setzt sie in Szene und ermöglicht eine Auseinandersetzung damit. Das Kino nimmt so teil an einer Interaktion von unterschwelligen Stimmungen, deren öffentlichen Erscheinungsformen und den begleitenden kritischen Reflexionen.

Das Ausmaß der finanziellen bzw. materiellen Unterstützung seitens des Pentagons für Produktionen wie „Black Hawk Down" lassen darauf schließen, dass man sich dort der Wirkmächtigkeit von in Filmen transportierten Botschaften durchaus bewusst ist, erreichen Filme doch „im Zusammenwirken des Ganzen, - Ton und Musik, Licht und Bild, Schnitt und Montage, Schauspielführung und Starsystem, Architektur und Interieurs sowie der Postproduktion, der Nachbereitung des Materials, der Werbung, des Verleih- und Vertriebssystems" ein Millionenpublikum, „das mit dem Kauf einer Kinokarte bereit ist, sich rational und emotional auf ein Thema einzulassen" (Strübel 2002: 8).

Betrachten wir unter diesem Blickwinkel „Black Hawk Down" etwas eingehender: Der Film zählt zu einer Reihe jüngerer Filme, die das Department of Defense (DoD) mit Material und Soldaten unterstützte. Jerry Bruckheimer, der als Produzent schon für seine Filme „Top Gun" und „Pearl Harbour" die Unterstützung der Regierung fand, erzählt in „Black Hawk Down" die Geschichte der US-Militäroperation in Somalia mit abertausend toten Somalis und 19 getöteten Amerikanern. Nicht mehr der Rückzug amerikanischer Soldaten aus Somalia und damit die militärische Niederlage, sondern die Brutalität des Krieges, individueller amerikanischer Heldenmut im Einsatz zur Rettung hungernder Menschen in Afrika und Patriotismus stehen im Mittelpunkt der Erzählung. Völlig vernachlässigt werden die politischen und ökonomischen Motive und Kontexte der Intervention. Der Film steht damit exemplarisch für eine neue Sichtweise auf Krieg, seine Rechtfertigungen und den Mythos der Männlichkeit.

„Black Hawk Down" wurde zunächst im Weißen Haus gezeigt und sein Ausstrahlungstermin danach vorgezogen. Während zeitgleich kaum Bilder den realen Krieg in Afghanistan dokumentierten, stehen Kriegshandeln, Verletzung und Tod im Zentrum des Films. Zivilisten wie Soldaten werden von Scharfschützen getroffen, aus ihren Fahrzeugen geschleudert, von einer Sekunde auf die andere von einem Geschoss zerfetzt oder sind Opfer eines Hubschrauberabsturzes. Zu sehen sind zerfetzte Leiber und abgetrennte Gliedmaßen. „Black Hawk Down" wurde - ähnlich wie beispielsweise „Saving Private Ryan" - (in den USA) gerade für die realistische Darstellung der Gefechtsszenen gelobt. Allerdings werden die Figuren nicht als Individuen aufgebaut, - offensichtlich, weil so viele von ihnen sterben. Die Protagonisten sind keine „Rambos", keine Einzelkämpfer-Typen; der Soldat ist im Film nur als Gruppe wahrnehmbar.

Sicher bietet auch diese Art Hollywood-Film elaborierte Charaktere; doch ihr Tod erfüllt explizit einen übergeordneten Zweck, so dass dieser vom Publikum akzeptiert werden kann. Im Kampf ums Überleben demonstriert der Soldat seine Bereitschaft, das eigene Leben herzugeben für den Nächsten. Dabei wird in „Black Hawk Down" die Einbindung des Zuschauenden nicht über den Bezug zur Figur hergestellt, sondern durch die Erfahrung und das Erleben des Kampfes. Zuschauende, so Andersen (2002), werden

> zum Teil des Kampfes, im Malstrom des Kämpfens, Zurückziehens, Verletzt Werdens und Sterbens. Aber es bleibt keine Zeit zum Trauern, da die nächsten Geschosse einem schon im Dolby-Sound um die Ohren fliegen.

War das militärische Engagement der USA in Somalia eine Niederlage, so gelingt es dem Film dennoch, eine „positive" Botschaft zu vermitteln: Den Somalis, denen Töten als inhärente Eigenschaft unterstellt wird, steht ein neuer amerikanischer Helden-Typus gegenüber - jenseits der reinen Unterhaltungsdimension, aber des historischen Kontextes vollständig entleert.[4] Wahres Heldentum besteht hier nicht im Abfeuern von Raketen aus 2.000 Kilometer Entfernung, sondern in dem Einstehen für die Kameraden und im Häuser- und Straßenkampf mit seinen Hinterhalten und Sprengfallen. Während in „Saving Private Ryan" die Figur des klassischen Helden transportiert wurde, der für eine ehrenwerte Sache kämpft und stirbt und zugleich - im Unterschied etwa zu „Rambo" - das Prinzip der militärischen Autorität des Vorgesetzten rehabilitiert, geht es in „Black Hawk Down" vor allem um den Kampf um des Kampfes bzw. der Kameradschaft willen. Politische Hintergründe und Motive oder fehlgeschlagene militärische Logiken sind für die Motivation der Soldaten unbedeutend. Der Mythos des Maskulinen wird gefüllt durch kollektive Unerschrockenheit und „Teamwork". Das Plädoyer für die Opferbereitschaft ist ein zentraler Teil der Botschaft des Films. Da der Tod nicht abgewehrt, sondern akzeptiert und ihm heroische Bedeutungen zugewiesen werden, entspricht dieser „battlefield realism" der Notwendigkeit einer Kriegskultur, wie sie mit dem von der Bush-Administration in Folge der Anschläge vom 11. September 2001 verkündeten sogenannten Anti-Terror-Krieg verbunden ist.

Als der Sender CNN seine Berichterstattung vom „Kampf gegen den Terror" mit Bildern von „Black Hawk Down" unterlegte, wurden Grenzen zwischen Fiktion und Realität weiter aufgelöst. Tendenzen zur Schaffung einer

---

4   Der Film verzichtet völlig darauf, den Anteil US-amerikanischer Politik an der ökonomischen und militärischen Zuspitzung (Internationaler Währungsfond, Waffenlieferungen) der Situation in Somalia zu verdeutlichen.

„zweiten Realität", die Strübel (2002: 8) als eine zentrale Dimension des
Kriegsfilms beschreibt, wurden so unterstützt. Das Paradoxon, dass Gewalt
und Tod zwar in (Spiel-)Filmen und Computerspielen einen prominenten Stellenwert einnehmen, reale Gewalt aber nicht visuell wiedergegeben werden
kann, wird damit jedoch nicht gelöst: „Was die amerikanischen Fernsehzuschauer nicht zu sehen bekamen", schreibt Susan Sontag über den Golfkrieg
II,

> waren von NBC beschaffte (und dann nicht ausgestrahlte) Aufnahmen, die zeigten, was
> diese Überlegenheit anrichten konnte: das Schicksal Tausender irakischer Wehrpflichti-
> ger, die gegen Ende des Krieges, am 27. Februar 1991, aus Kuwait City flohen und auf
> ihrem Weg nach Norden, in Konvois oder zu Fuß, auf der Straße nach Basra mit
> Sprengbomben, Napalm, radioaktiver DU-Munition (abgereichertes Uran) und Streu-
> bomben belegt wurden - ein Massaker, das einer der amerikanischen Offiziere damals als
> „Truthahn-Schießen" bezeichnete. (Sontag 2003: 41)

Auch die heftigen Leserreaktionen auf ein Titelbild von ‚USA Today',[5] das im
Hintergrund einen von den US-Streitkräften beschossenen Bus und davor zwei
tote Irakis mit dem Gesicht zur Erde liegend zeigt, bestätigen die Validität
dieses Tabus.

Das Pentagon ist sich der Auswahl der von ihm unterstützten Filme sehr
wohl bewusst. So wurde etwa bei der Produktion von „Courage under Fire",
die Geschichte einer Meuterei gegen einen weiblichen Offizier, keine Hilfe
gewährt. Der Start des Films „Buffalo Soldier" wurde verschoben, weil es zu
einer Zeit, da US-amerikanische Soldaten in Arlington begraben wurden, nicht
in die politische Landschaft passte, einen Film über gewalttätige, drogenhan-
delnde und falsche Spiele treibende Soldaten zu zeigen. Das Unternehmen
Miramax hatte den Film beim Toronto-Filmfestival am 10. September 2001
gekauft und seitdem in der Hoffnung zurückgehalten, dass ein Zeitpunkt
komme, wo die unheroischen Soldaten des Films für weniger Kontroverse
sorgen könnten. In diesem Sinne benannte Rick Sands als den wichtigsten

---

[5] „It is surprising to me that as a nation we seem to have little compunction to exposing our
children to hours of fantasy violence while at the same time wanting to protect them from
the reality of the very violent world in which they live. [...] Even as adults - maybe because of
this early exposure - we pay our money to see films, such as Saving Private Ryan, that include
scenes of a graphic nature that I have yet to see in front-line photojournalism. In the thousands of images I looked at while authoring a new book about war photographers, I never
saw anything that compared with the sight of the dazed soldier holding his severed arm in
Saving Private Ryan; I also have yet to see photographers that are so bloody and violent as
many of the graphics in the video games that our children play for hours on end." (Howe
2003)

Grund für Miramax, den Film zurückzustellen, die „Sensibilität angesichts der geopolitischen Situation" (James 2003: 18).

Jenseits der für Kinos produzierten Streifen in Spielfilmlänge haben inzwischen auch „Military Soaps" ihren Weg in die Fernsehsender gefunden. Als Nachrichtensendungen nach Berichterstattung vom Kriegsschauplatz in Afghanistan verlangten und Journalisten wie Dough Struck von der ‚Washington Post' nach eigenen Angaben sogar mit Waffengewalt an eigenen Recherchen gehindert wurden, besuchte Jerry Bruckheimer die US-Truppen in Afghanistan. Für das von ihm gemeinsam mit Bertram van Munster verfolgte Projekt, eine Reality-TV-Soap mit dem Arbeitstitel „Profiles from the Front Line", bekam er volle Unterstützung von den US-Streitkräften (vgl. Andersen 2003a: 3-4). Der Sprecher des „Central Command", Rear Admiral Craig Quigley - er hatte Bruckheimer zur adäquaten Inszenierung der Premiere seines Films „Pearl Harbour" einen Flugzeugträger zu Verfügung gestellt - begrüßte die Initiative ausdrücklich: „Wenn es die Möglichkeit gibt, dreizehn Wochen lang im Prime-Time-Fernsehen von dem Mut und dem Professionalismus unserer Soldaten zu erzählen, werden wir das machen." (Schmidt 2002)

Mit „Profiles from the Front Line" setzt Bruckheimer einen neuen Standard bei der „medialen Bewirtschaftung der Heimatfront".[6] „Profiles from the Front Line" ist eine umfassende keimfrei gemachte Version des Krieges, in der junge Männer in einer militärischen Einheit von einer Art Ersatzmutter, verkörpert von einer strengen Afro-Amerikanerin, umsorgt, aber zugleich zur korrekten Durchführung der übertragenen Aufgaben angehalten werden. Die überproportional hohe Zahl von Soldatinnen in „Profiles from the Front Line", die zugleich Erziehungsaufgaben wahrnehmen, macht den Krieg und das Militär unterhaltsam für die ganze Familie.[7] Oder, wie die ‚Frankfurter Allgemeine Zeitung' kommentierte: „Bei ‚Profiles from the Front Line' wird der Krieg jugendfrei." (Hupertz 2003: 40)

In den Sendungen werden viele Aspekte aufgenommen, die im Zusammenhang mit dem Irak-Krieg 2003 in den Medien aufgeworfen wurden. So klärt der Sergeant in seiner Ansprache an die Soldaten zu Beginn der Serie

---

6   Mit diesen Worten beschreibt Krass (2002) die Funktion der Militainmentangebote.

7   Dass in den Stories idealisierte Love-Stories und treu(sorgend)e Familienväter und Männer ihren Platz haben, entspricht wohl dem Wunsch des Publikums, aber kaum der Realität. So schreibt etwa der frühere US-Marine Swofford in seinem Buch „Jarhead" (2003), dass der Anwerber der US-Marine „gleefully talked to me about buying sex in the Philippines [...]. He guaranteed me I could book a threesome for 40 American dollars in Olongapo [...]. I was sold." Dies waren Informationen, die „my mother would never see in the brochures."

Fragen nach der Legitimation des Krieges knapp, aber eindeutig: „Wie können sie es wagen, in die Vereinigten Staaten zu kommen und amerikanische Bürger anzugreifen". Den Tod eines US-amerikanischen Soldaten markiert eine Tragbahre, die in die chirurgische Abteilung getragen wird. Unscharfe, grobkörnige Bilder und gedämpft grünes Licht lassen die mit dem Tod verbundenen Qualen gar nicht erst aufscheinen. Stattdessen werden lange Sequenzen der Frau und der Mutter des Gefallenen gewidmet. Sie zeigen ihre Bereitschaft, den Sohn bzw. Ehemann für den Kriegszweck zu geben, jedenfalls lächeln sie vornehm-tapfer in die Kamera (vgl. Andersen 2003b).

Die Ausstrahlung von „Profiles from the Front Line" ist im Februar 2003 auf ABC angelaufen. Admiral Craig Quigley kommentierte die Soap in der ‚New York Times' dahingehend, dass es „jenseits der Nachrichtenagenturen und -medien eine Menge anderer Wege gebe, das amerikanische Volk zu informieren" (Werneburg 2002). Dass sich das Pentagon vorbehielt, das gesamte Filmmaterial vor der Ausstrahlung kontrollieren zu dürfen, ist offensichtlich Teil dieser „Informationsstrategie". Einige Szenen, die im Pentagon als zu gefährlich angesehen wurden, sind rechtzeitig durch anderes Material ersetzt worden. Mit dem ebenfalls vom Pentagon unterstützten „Military Diaries Projekt" des Kabelsenders VH1 ist das Angebot an „Military Soaps" rasch erweitert worden. Grundlage dieser „Tagebücher" sind die Aufnahmen, die 60 GI's mit den ihnen zur Verfügung gestellten digitalen Videokameras von der „Erfüllung ihrer Pflicht" abliefern. Alle wurden in einer kurzen Einweisung mit der Kameratechnik vertraut gemacht; ihre Livebilder sind nun im Internet abrufbar.[8]

Auch in der Bundesrepublik Deutschland erlebt der „Soldaten-Film" eine Renaissance. Bis zu Beginn der 90er Jahre tauchte der deutsche Soldat vereinzelt auf dem Fernsehbildschirm auf; so spielte Til Schweiger in „Die Lindenstraße" einen Rekruten. 1994 jedoch startete die ARD „Nicht von schlechten Eltern", eine Familienserie um Marineangehörige, in der der Schauspieler Ulrich Pleitgen den Marineoffizier Wolfgang Schefer spielte. Seit 1997 wurden im ZDF inzwischen rund 50 Folgen der Serie „Die Rettungsflieger" ausgestrahlt. Die Bundeswehr stellte für die Dreharbeiten Hubschrauber, Piloten, Beratung und Schulungen der Schauspieler durch die Rettungsassistenten bereit. „Durch die enge Zusammenarbeit mit der Bundeswehr und vor allem durch die Bera-

---

8 Kurze Videoausschnitte, eine Fotogalerie und natürlich auch die Möglichkeit der Teilnahme an einem Message board liefert der Sender im Internet unter URL: http://www.vh1.com/ shows/ dyn/military_diaries/series.jhtml.

tung von Dr. Thomas Samek - einem erfahrenen Rettungsflieger - ist es dem ZDF gelungen, ein Höchstmaß an Authentizität zu gewährleisten", so nachzulesen auf der Homepage zur Serie, auf der das Emblem der Bundeswehr stets eingeblendet bleibt.[9] Die gewandelte Bedeutung im Serienformat publik zu machen, ist der Bundeswehr offensichtlich Einsatz wert; Mitte 2003 liefen Wiederholungen aus der zweiten, dritten und vierten Staffel.

Von Februar 1999 bis April 1999 zeigte der Sender ,Pro7' elf Folgen der Serie „Jets - Leben am Limit". Die Ausstrahlung der ersten Folge am 21. Februar fiel somit zeitlich zusammen mit der Debatte über den Bundeswehreinsatz im Kosovo unter Beteiligung der Bundesluftwaffe mit 14 Tornadojets. Soldatische Tugenden, harte Ausbildung und treue Männerkameradschaft, die „Erotik" des Kampfjets werden begleitet von kernigen Sprüchen der jungen Kampfpiloten: „Ich wollte mich entschuldigen, aber ich hab mir vorgestellt, wie wir in 3.000 Metern Höhe Liebe machen." Thematisch präsentieren die Folgen das erweiterte Aufgabenspektrum deutscher Soldaten: Es wird gegen das Hochwasser gekämpft, illegale Söldnertruppen aufgespürt, Waffenschieberei aufgedeckt. Die Serie wurde nach elf Folgen mangels Einschaltquote abgesetzt; zwei bereits vorproduzierte Teile wurden im September 2001 am Sonntagvormittag ausgestrahlt.

Dennoch spricht die Bundeswehr inzwischen zufrieden davon, dass die Bundeswehr auch im Medienalltag „salonfähig" geworden sei. In der fünfteiligen Doku-Soap „Frauen am Ruder" (WDR) wurde - nach Meinung der Bundesmarine - „wahrhaft und realistisch" das erste Ausbildungsjahr von vier Offiziersanwärterinnen an Bord des Schulschiffs „Gorch Fock" dargestellt (Lange 2002: 12-15). Hingegen stieß eine Produktion des SWR mit dem Titel „Feldtagebuch - Allein unter Männern" (später mit verändertem Material: „Attacke! Frauen ans Gewehr"), in deren Mittelpunkt die Ausbildung von vier Frauen in einem Panzergrenadierbataillon steht, bei der Bundeswehr auf deutliche Kritik (vgl. Renz 2003).

Schließlich gibt es mit „Soldatenglück und Gottes Segen" von Ulrike Franke und Michael Loeken (Untertitel: „Über das Leben im Einsatz") eine erste abendfüllende Kinodokumentation über den Auslandseinsatz deutscher Soldaten. Diese zeigt KFOR-Soldaten im Kosovo beim Schuhe putzen, Haare schneiden, stramm stehen oder Post entgegennehmen und beobachtet sie in ihrer Freizeit: als lokale Radiomoderatoren, beim Skatspielen oder mit dem

---

9   So führt auch ein Link der Homepage der deutschen Bundeswehr zur Serie; das Surfen auf beiden Homepages begleitet dabei die gleiche bassdominierte Musik.

Sänger Gunter Gabriel, der sich als Truppenbetreuer engagiert und für die
Soldaten zu seiner Gitarre aufspielt. Die zentrale Botschaft des Films besteht in
der möglichst weitgehenden Simulation einer Alltagsnormalität, die den Da-
heimgebliebenen den Eindruck eines kalkulierbaren Risikos vermittelt.

2 Software & Simulation - vom Computerkrieg zum realen Krieg

Seit dem 11. September 2001 steigen in den USA die Militärausgaben; insbesondere die Computer- und Software-Industrie profitieren: Silicon Graphics
hat kürzlich mit dem Pentagon einen Softwarevertrag über 26 Millionen Dollar
abgeschlossen. Das Auftreten des US-Militärs im Rahmen der „Electronic
Entertainment Exposition 2002" symbolisierte die eigenen Machtansprüche
offensiv: Auf dem Messegelände in Los Angeles traten Soldaten auf, um zwei
Computerspiele zu bewerben, die von der US-Armee als Rekrutierungsspiel-
zeug auf den Markt gebracht worden waren. Das Messegelände wurde unterdessen mit Panzern bewacht und unterstand so „ihrer symbolischen Kontrolle".[10]
    Doch werfen wir zunächst einen kurzen Blick auf die Traditionslinien der
Kriegsspiele. Sie reichen weit in Zeiten zurück, in denen es noch keine Computer gab;[11] schon die Entwicklung früher Vorläufer moderner Kriegsspiele verbindet die Produkte militärisch-universitärer Kooperation mit Stätten der All-
tagskultur: In Vergnügungsparks konnte man bereits Anfang der 30er Jahre des
20. Jahrhunderts in 35 Nationen den mechanischen Flugsimulator von Edward
Link testen - noch bevor sich das Militär für den „Link Trainer" zu interessieren begann. Und die heute so berüchtigten Egoshooter-Actionspiele entstanden in den ‚Arcades' Anfang der 80er Jahre (vgl. für einen knappen Überblick
Lischka 2003b).

---

[10]   Woznicki (2003: 78) beschließt seinen Beitrag über diese Ereignisse mit dem Kommentar:
       „Welche Geschichte damit vorweggenommen bzw. neu geschrieben werden soll, liegt auf der
       Hand. Fragt sich nur, ob sich die zivile Öffentlichkeit mit dieser Version zufrieden geben
       darf."

[11]   Gieselmann weist z.B. darauf hin, dass der Begriff „Kriegsspiel" aus dem Preußischen
       stammt. Planspiele zur Simulation eines Gefechts waren beim preußischen Militär schon im
       18. Jahrhundert üblich, Kriegsspielzeug zunächst den Königssöhnen vorbehalten, bevor es
       breiteren Bevölkerungsschichten zugänglich wurde - so erlebte das Kriegsspiel einen wahren
       „Boom", als William Britain 1893 die Zinnsoldaten erfand; vgl. Gieselmann (2002a: 18ff.).

Schon in den 70er Jahren führte das Militär ein Trainingssystem „Multiple Integrated Laser Engagement Systems" ein. Die Soldaten trugen Westen, die bei einem Treffer durch einen Laserstrahl Signale aussendeten und das Gewehr des Getroffenen deaktivierten. Die Spielzeugindustrie griff diese Technologie auf: Die Lasertags, erhältlich bei Einkaufszentren wie Toys„Я"Us, erbrachten 1998 einen Umsatz von 220 Millionen Dollar (vgl. Naisbitt 1999: 24f.). Die Lasertags waren allerdings für das Militär langfristig unattraktiv; teure Truppenübungen mussten nach wie vor im Gelände stattfinden. Es wurde mehr und mehr mit Modellen gearbeitet. Seit Mitte der 80er Jahre wurden Militärtrainings mittels Computersimulation stark vorangetrieben. Auch für die Rekrutenwerbung entdeckte man das Computerspiel. Nachdem Sergeant Daniel Snyder das Sharewareprogramm „Doom" für militärische Zwecke adaptiert hatte, entdeckte das „Combat and Development Command",[12] dass handelsübliche Spiele günstige Ausgangsmaterialien zur Entwicklung spezieller Trainingswerkzeuge darstellen. Inzwischen bestehen enge personale Kontakte - beispielsweise arbeitet Daniel Snyder inzwischen für GT Interactive, dem Vertreiber von „Doom" - aber auch institutionalisierte Formen kontinuierlicher Zusammenarbeit zwischen Spielzeugindustrie und Militär. Diese Zusammenarbeit wird durch den National Research Council, der die US-Regierung in wissenschaftlichen und technologischen Fragen berät, organisiert: Mitglieder des Verteidigungsministeriums und Vertreter der Spieleindustrie treffen sich regelmäßig auf Konferenzen. MÄK Technologies in Cambridge, Massachusetts, hat unterdessen von den Konferenzen profitiert: Die Firma erhielt den ersten Entwicklungsauftrag des Verteidigungsministeriums mit „doppelter Verwertung": Das Spiel „Marine Expeditionary Unit" soll kommerziellen wie militärischen Zwecken dienen.

Intensive Formen der Kooperation wurden unterdessen auch zwischen Forschungsinstituten und Militär organisiert und institutionalisiert, deren Produkte zumindest teilweise auch der Öffentlichkeit zugänglich sind: Davon zeugen u.a. das Forschungsinstitut Modeling, Virtual Environments and Simulation an der Naval Postgraduate School der US-Marine oder der seit 1999 von der US-Armee finanzierte Sonderforschungsbereich der University of Southern

---

[12] Abteilung der Marine, zuständig für Verteidigungs- und Kampfstrategien, deren Umsetzung und entsprechendes Training mit Sitz in Quantico, Virginia; vgl. zu diesem Punkt ausführlicher Naisbitt (1999: 25).

California mit dem Namen Institute of Creative Technologies.[13] An den Instituten werden u.a. Spiele wie „Soldiers" oder der Egoshooter „Operations" produziert, mit dem zugleich Rekruten geworben wie „ganz normale Menschen unterhalten werden sollen." Dieses Ziel im Blick, erhielten „ganz normale Menschen" das Spiel zum Teil sogar kostenlos; 1,2 Millionen CD-Roms wurden über Computerspielzeitschriften verteilt (vgl. Lischka 2003a: 59).

Die Attraktivität solcher Spiele (insbesondere) unter jungen Männern hat die US-Armee vor kurzem dazu veranlasst, auch die Kriegssimulation „America's Army" kostenfrei über das Internet, durch Rekrutierungsstellen und Spielerzeitschriften zu verteilen (vgl. Gieselmann 2002b). Die US-Armee registriert alle Spieler mit Usernamen und E-Mailadresse und speichert deren Fortschritte, schließlich wird das Spiel von der US-Armee gezielt zur Rekrutenwerbung eingesetzt (die Altersfreigabe liegt bei 13 Jahren!). Dementsprechend werden die Spieler von „America's Army" begrüßt:

> Guten Morgen Rekrut, heute lernen Sie den Umgang mit dem M16A2-Maschinengewehr, wodurch sie zur meist gefürchteten Kampfmaschine auf diesem Planeten werden: einem US-Army-Infanteristen.[14]

Das Spiel hält, was es verspricht: Akkurat wird die Handhabung von Handfeuerwaffen erklärt. Bevor ein Spieler an den Online-Kämpfen teilnimmt und zur „Kampfmaschine" wird, muss eine Ausbildung durchlaufen werden (z.B. als Ranger, Scharfschütze oder Fallschirmspringer).[15] Es gelten klare Regeln, und gefeuert wird nur auf Befehl; bei „Befehlsverweigerung" droht - wenn auch nur virtuell - die Einzelzelle. Militärische Gehorsamsproduktion hat Priorität. So authentisch die Inszenierung der militärischen Einübung von Zucht und Ordnung wirkt, so realistisch das „Handling" der Waffen virtuell eingeübt werden kann,[16] so wenig realistisch sind die Tötungsszenen. Es fließt noch nicht einmal „Pixelblut", und „erschossene Gegner" zeigen ihr „Ausscheiden" damit an, dass sie sich hinsetzen. Repräsentiert wird der „Soldatentyp des rationalen Technikers", der sich nicht von Gewalt- oder Rachephantasien leiten lässt (vgl.

---

13 Laut James der Derian (2001) haben Vertreter des Pentagon die Gründung des „Institute of Creative Technologies" öffentlich celebriert und Investitionen in Höhe von 40 Millionen US-Dollar verkündet.

14 [Online-Dokument] URL: http://www.goarmy.com [Download: 16.04.2003].

15 Im Falle von „America's Army" schränkten die langwierigen Qualifizierungsmodi die Massenwirksamkeit ein; die lange Einübungszeit verminderte die Attraktivität der Spiels maßgeblich. Ab 1999 wurde die Produktion fast aller hochkomplexen Militärsimulationen eingestellt.

16 Insbesondere in diesem Zusammenhang sind die Diskussionen über die Realitätstauglichkeit des Spieles im Internetforum ‚www.americasarmy.com' interessant.

Gieselmann 2002b). Gerade Ästhetisierung, die Gewalt nicht nur folgen-, sondern auch erfahrungslos macht, und die Tatsache, dass moralische Erwägungen im Handlungsvollzug der Computerspiele völlig ausgeklammert werden, führen Fritz & Fehr (1997: 12) zu der Feststellung:

> Das Problem ist nicht, daß Gewalt in der virtuellen Welt „verharmlost" oder „verherrlicht" werden könnte, sondern als das angemessene und notwendige Mittel erscheint, Macht und Kontrolle über das Spiel zu erlangen.

Distanz von jeglicher Empathie komme den Bedürfnissen unverkrampfter virtueller Gewaltausübung entgegen, sei aber gerade deshalb zu problematisieren, so die Autoren weiter, da diese Spieloberflächen Sozialisationsimpulse setzen, die in eklatantem Widerspruch stehen zu empathischem Verhalten.

Weitaus erfolgreicher unter den Onlineshootern ist dagegen „Counterstrike"; die Statistik bei ‚Csports.net' verzeichnet im Zeitraum von Mitte September bis Mitte Oktober 2002 weltweit ca. elf Millionen Spielende. In diesem Spiel bekämpfen sich Terroristen und Anti-Terroreinheiten; es bleibt dem Spieler überlassen, für welche Seite er sich entscheidet. Das Actionspiel hat inzwischen auch Forschungen in den Neurowissenschaften angeregt; für die Ergebnisse interessieren sich die US-Militärs nachdrücklich: Daphne Bavelier stellte in Testreihen fest, dass Spiele wie „Counterstrike" die visuelle Aufmerksamkeit erhöhen. Auch Nichtspieler konnten nach zehntägiger Übungszeit mehrere Objekte gleichzeitig auf dem Bildschirm wahrnehmen. Bisher schult das US-Militär seine Spezialeinheiten mit Actionvideos, damit sie unbekanntes Territorium schnell sondieren lernen. Den Kontakt zu Frau Bavelier haben sie allerdings unterdessen aufgenommen (vgl. entsprechende Beiträge in Nature 423 2003: 534-537; Neue Zürcher Zeitung 05.06.2003).

Der Markt liefert unterdessen Onlineshootervarianten unterschiedlicher Hersteller; einige unterhalten ausgeprägte Verbindungen zum Militär. Erwähnt sei die Firma Redstorm Entertainment des bekannten Bestseller-Autors Tom Clancy. Clancy hat enge Kontakte zum US-Militär, er liefert mit seinen Bücher nicht nur die Vorlagen für Filmproduktionen wie „Der Anschlag", sondern er entwickelt auch Computerspiele passend zu seinen Militär- und Spionage-Romanen. Zusätzlich liefert er Dokumentationen und Ausbildungsbücher zu einzelnen Waffengattungen.

Aber auch andere Spielangebote sind militärisch-kulturindustrielle Gemeinschaftsproduktionen: Ergebnis der Kooperation eines rechten Söldnermagazins und des Spieleproduzenten Activision ist das Spiel „Soldier of Fortune". Der Spieler schlüpft in die Rolle des Söldners John Mullins; die Gegner werden mit Schusswaffen regelrecht zerstückelt. Das Spiel ist dabei ein Angebot auch für unerfahrene Spieler; es bedarf keiner langen Orientierung, um in der blutrünstigen Ramboszenerie auf seine Gegner „draufzuhalten" (Gieselmann 2002b).

Gieselmann beschreibt in seinen Texten immer wieder auch die Attraktivität des Zweiten Weltkrieges als thematische Bezugnahme in Computerspielen. Er geht davon aus, dass der Film „Saving Private Ryan" (1998, dt.: „Der Soldat James Ryan"), der die Landung der Alliierten in der Normandie zeigt, hier als Impulsgeber angesehen werden kann: Der Film zeigt, wie in der Schlacht am Omaha Beach Hunderte Amerikaner den Maschinengewehren der Deutschen zum Opfer fallen; diese Darstellung bildet die halbstündige, blutige Eingangssequenz des Films. Mit „Medal of Honor" und „Battlefield 1942" des Spieleherstellers Publisher Electronic Arts kann man inzwischen den Zweiten Weltkrieg und die Schlacht am Omaha Beach virtuell erleben. Publisher Electronic Arts bemüht sich nicht nur um die virtuelle Vermarktung des Krieges; das Unternehmen kooperiert eng mit der Congressional Medal of Honor Society,[17] die über die höchste militärische Auszeichnung der USA wacht.

Die Möglichkeit, Schlachten des Zweiten Weltkrieges als Wehrmachts- oder SS-Offizier durchleben zu können, zieht nicht nur „normale" Spieler und Hobbymilitaristen, sondern auch immer mehr Rechtsradikale an. Da man auch die Fangemeinde, der es um Waffentechnik u.ä. geht, als Absatzmarkt erkannt hat, hat auch Electronic Arts entsprechend seines Spielangebotes „Battlefield 1942" ein Internetforum geschaffen. Auf der deutschen Fanseite ‚www.bf42.de' eint die Begeisterung für Waffentechnik und Soldatengeschichten Unpolitische, Militaristen und Rechtsradikale. Letztere bekennen sich teilweise durchaus als glühende Verehrer der Waffen-SS; in ihren sogenannten User-Mods[18] wie „Day of Defeat" bemühen sie sich um authentische Wiedergabe verschiedener Waffen, in den Foren von „Day of Defeat" wirbt man u.a. um Nachwuchs für Waffen-SS-Clans.

Um die Simulation des Angriffs der Waffen-SS auf die Stadt Charkov geht es bei dem Echtzeitstrategiespiel „Sudden Strike 2" des CDV-Verlags. Gieselmann führt unter Verweis auf das Simon Wiesenthal Center an, dass Angehörige der Wehrmacht und Waffen-SS 1941 in Charkow mehrere Hundert Zivilisten aufhängten, vergewaltigten, plünderten; am 16. Dezember 1941 wurden 20.000 Juden aus Charkow in ein Traktorenwerk gebracht und dort erschossen

---

17   Vgl. URL: http://www.cmohs.org.
18   Mod ist die Abkürzung für Modifications und steht für von Spielern neu geschaffene Räume in kommerziell vertriebenen Spielen; dort führen sie neue Spielregeln und -ziele, neue Topographien, aber auch neue Figuren ein.

oder vergast (vgl. Gieselmann 2003: 98). Im Spiel sind die SS-Soldaten tapfere Kämpfer, sie verkörpern „soldatische Tugenden" wie Mut, Ehre, Tapferkeit, Vaterlandsliebe und Anständigkeit. Da „Sudden Strike" so profitabel ist, bringt der CDV-Verlag nun „Blitzkrieg" auf den Markt. Auch die neuen Fans wird wohl die Faszination für Waffentechnik und „soldatische Tugenden" verbinden; Gieselmann (2003: 99) kommentiert:

> Ob daraus schließlich eine Vorliebe für die US-Armee oder die Waffen-SS erwächst, scheint für viele jugendliche Spieler lediglich eine Geschmacksfrage zu sein, ähnlich als ob man nun Bayern- oder Schalke-Fan ist.

Jugendliche Adressaten hat wohl auch der Internet-Auftritt der Bundeswehr ‚treff.bundeswehr' im Blick. Seit dem Frühjahr 2003 widmet man sich auf den Internetseiten insbesondere der Nachwuchswerbung. Als Hauptnutzer sollen Jugendliche zwischen 14 und 17 Jahren angesprochen werden:

> Entsprechend jugendgerecht und spielerisch konzipiert ist auch das gesamte Angebot. Ob es um den Alltag des Soldaten, die Ausbildung, Übungen, das Leben in der Kaserne, um Teilstreitkräfte, Auslandseinsätze oder einzelne Waffensysteme geht, die vorgestellt werden - zu jedem Stichwort werden Applikationen, beispielsweise 360 Grad-Bilder und 3 D-Animationen, gezeigt. (BW aktuell 24.03.2003: 12)

3   Truppenbetreuung: „Aus voller Brust für die Moral der Truppe"

Truppenbetreuung kann als eine etablierte, vielleicht sogar als eine genuine Form von Militainment gelten. In diesem Abschnitt wenden wir uns der Gruppe von Akteuren und Akteurinnen zu, die singend oder moderierend „an der Front" und in Deutschland Solidarität für die Truppe bezeugt oder eingeworben haben. Mit der Ausweitung der militärischen Einsätze der Bundeswehr haben sich auch hinsichtlich der „Truppenbetreuung" neue Aufgaben ergeben.

Seit der Aufstellung der Bundeswehr im Jahre 1956 hat es immer eine Verbindung zum Kulturellen gegeben. Dies gilt etwa für die Orchester der Bundeswehr, die im In- und Ausland im militärischen wie nicht-militärischen Kontext öffentlich auftraten, um damit dem deutschen Militär nach 1945 wieder Akzeptanz zu verschaffen (vgl. Masuhr 1977). Dies gilt ebenso für die von Bundeswehr-Einheiten veranstalteten Tanz- und Vergnügungsveranstaltungen

mit musikalischen Darbietungen.[19] Mit der wachsenden Zahl der Auslandsein-
sätze verändert sich der Charakter der kulturell-militärischen Zusammenarbeit
in einem Sinne, wie ihn etwa die Streitkräfte der USA seit längerem kennen:
Die kulturelle Dienstleistung erfolgt außerhalb des Staatsgebietes, „an der
Front", im Kriegsgebiet.

Entsprechende Frontbesuche bei den Truppen der USA sind seit den Kriegen in Korea und Vietnam bekannt; nach dem 11. September 2001 haben solche Aktivitäten erheblich an Bedeutung gewonnen. So reisten Julia Roberts,
Brad Pitt, George Clooney, Andy Garcia und Matt Damon auf den südtürki-
schen Militärstützpunkt Incirlik, der als Versorgungsdrehscheibe für die US-
Militäroperationen in Afghanistan dient, sangen die amerikanischen Popstars
Jennifer Lopez und Mariah Carey auf dem US-Luftwaffenstützpunkt Ramstein
bzw. in Militärkluft für die US-Soldaten und -Soldatinnen im Kosovo, und das
Ex-Spice-Girl Geri Halliway besuchte die britischen Truppen im Oman. Die
Streitkräfte der USA verfügen mit der USO - „United Service Organisation"
und „Armed Forces Entertainment" über entwickelte Strukturen für diese
kulturellen Aktivitäten, die von Industrieunternehmen finanziell unterstützt
werden. So hat beispielsweise „Nissan North America" Mitte Dezember 2001
diesen Organisationen 125.000 US-Dollar zur Verfügung gestellt

> to help the USO and Armed Forces Entertainment bring a special star-studded concert
> tour to service men and women abroad this holiday season. The three-day trip overseas
> will include both music and comedy performances at U.A. land bases and Naval aircraft
> carriers. (U.S. Newswire 18.12.2001)

Auch die Nato hält für den Einsatz von Popstars und Cheerleadern einen Etat
vor. Zu diesen „Morale and Welfare Activities" tragen die deutschen Steuer-
zahler 18,4 Prozent bei (vgl. Westdeutsche Allgemeine Zeitung 24.11.2001).

Wurde in Deutschland Anfang der 80er Jahre unter Truppenbetreuung vor
allem das Angebot einer attraktiven Freizeitgestaltung in den Standorten der
Bundeswehr verstanden und darauf verwiesen, dass sich die dafür den Rahmen
bildenden „äußeren Bedingungen [...] weitgehend von denen des Zweiten

---

[19] Vgl. etwa den Bericht in der Zeitschrift ‚BW aktuell' (19.08.2002, 10) zum 29. Sommerbiwak
der 1. Panzerdivision in Hannover: „Alt und Jung erlebten am vorvergangenen Freitag auf
insgesamt 22 Bühnen zahlreiche Vorführungen, dargeboten von 49 Künstlern und Künstler-
gruppen. Mehr als 7.000 Gäste konnte der Gastgeber und Divisionskommandeur, Generalmajor Horst Förster, im Hannover Congress Centrum begrüßen [...]. Unter den Musikforma-
tionen begeisterte neben dem Heeresmusikkorps 1 auch das Marineorchester der nationalen
Streitkräfte aus Lettland. Ein gestaffeltes Boden- und Höhenfeuerwerk rundete das bunte
Programm ab."

Weltkrieges mit seinen weit vom Vaterland entfernten Fronten" unterscheiden, „wie auch von denen, die die Grundlage für die aufwendigen Betreuungsmaßnahmen z.b. für die US-Streitkräfte in Europa bilden" (von Ilsemann 1981: 177f.),[20] so wird die Bundeswehr - seitdem größere Truppenkontingente der Bundeswehr in Auslands- bzw. Kriegseinsätze entsandt werden - in diesem Bereich stärker aktiv. „Den nachdrücklichen Anlaß für neue konzeptionelle Überlegungen zu diesem Aufgabenfeld", formuliert etwa Generalleutnant Klaus Reinhardt, „stellte der erste Blauhelm-Einsatz der Bundeswehr im Rahmen der UNOSOM II-Operation der Vereinten Nationen von Juni 1993 bis März 1994 mit dem Deutschen Unterstützungsverband Somalia dar." (Reinhardt 1995: 148) Seitdem ist die Zahl der außerhalb der Bundesrepublik Deutschland eingesetzten Soldaten wie auch die Verweildauer in den Stationierungs- und Kriegsgebieten angestiegen. Da die „Moral der Truppe" auch von den angebotenen Freizeit- und Unterhaltungsmöglichkeiten abhängt, stellen sich hier für die Bundeswehr neue Herausforderungen.

Truppenbetreuung im Einsatz und im Krieg umfasst neben fortlaufenden Angeboten, wie zum Beispiel Satellitenfernsehen,[21] Kino, die Bereitstellung von Sportgeräten oder dem telefonischen Kontakt zu den Angehörigen, zusätzliche Aktivitäten, zu denen auch kulturelle Dienstleistungen gehören. Deren Bandbreite geht vom Auftritt von DJ Bobo und dem fast einwöchigen Aufenthalt der Rockmusikformation Asshole im April 2000 in Bosnien[22] über die Tanzdarbietung der Berlin Thunder Cheerleaders zum Jahreswechsel 2001/2002 in Mazedonien bis hin zu Gastspielen des Country-Liedermachers Gunter Gabriel. Neben unbekannteren Cover-Bands, wie z.B. der Heart & Soul Blues Brother Cover Band,[23] sangen und tanzten im Januar 2002 die No Angels für 1.000

---

[20] Von Ilsemann kommt freilich zum Ergebnis, dass die „auf den kasernierten Wehrpflichtigen abgestellten Betreuungsmaßnahmen" auf wenig Resonanz gestoßen sind.

[21] Vgl. etwa den Bericht in ‚BW aktuell' vom 10.06.2002 über die Bereitstellung von fünf Satelliten-Empfangsanlagen mit 32 Receivern, fünf Fernsehgeräten und einem Multimedia-Projektor für Großleinwände durch die Firmen Phillips, Deutsche Telekom und ‚Bild' für die deutschen Soldaten in Afghanistan während der Fußball-WM 2002. In der korrespondierenden Meldung der ‚Bild' wird der Kommandeur, Brigadegeneral von Butler, mit den Worten zitiert: „Ich bedanke mich für die Initiative von BILD. Die WM-Spiele live miterleben zu können ist toll für die Moral der Soldaten!" (Bild 07.06.2002)

[22] Vgl. den Bericht der Band im Netzangebot der ‚Rhein-Zeitung' [Online-Dokument] URL: http://home.rhein-zeitung.de/~j.albert/bosnien.html [Download: 07.09.2002].

[23] Der Auftritt Peter Strucks als Lead-Sänger der Band fand sich kurz darauf nicht nur als Bild der Woche in der Illustrierten ‚Stern', sondern führte auch zu manch süffisanter Kommentierung (vgl. Frankfurter Allgemeine Sonntagszeitung 27.04.2003).

Soldaten in Prizren; organisiert hatte dieses Konzert die ‚Bild', die in ihren Printausgaben und in Videos im Internet über die „heißeste Fracht" berichtete, die in der Luftwaffen-Maschine vom Typ Transall je transportiert worden sei. Auch Wünsche sächsischer Soldaten in Raijlovac wurden erfüllt: Sie erhofften sich „Freddy", die junge Morgenmoderatorin von ‚RadioEnergy Leipzig', als Star für ihr Kontingentabschlussfest, welches am Ende des sechsmonatigen Aufenthalts im Einsatzgebiet gefeiert wird.

„Ich will euch nur sagen, dass wir alles, was ihr Jungs tut, zu schätzen wissen." Wie US-Sängerin Jennifer Lopez auf dem USA-Luftwaffenstützpunkt Ramstein,[24] so will auch Gunter Gabriel mit seinen Auftritten bei den deutschen Streitkräften im Kosovo einer - wie er es nennt - „sozialen Randgruppe" für deren gefährliche Arbeit Anerkennung zollen. [25] Von diesem Gedanken war auch der Song „Es steht ein Haus im Kosovo" bestimmt, dessen Text er aus dem unmittelbaren Erleben der Situation der Soldaten im Stationierungsgebiet kurz vor einem Auftritt schrieb. Die Motivation der Radio-Moderatorin Friederike „Freddy" Lippold bewegt sich zwischen einem naiven Patriotismus („[...] das war mein Dienst am Vaterland") und einer Mischung aus Interesse („[...] und ich kann das auch nur empfehlen, man tut sich ja nichts, wenn man runter fährt, man kriegt mal 'nen ganz andern Eindruck") und regionaler Verbundenheit (Meister: „Wir wollen unseren Hörern gegenüber also den Soldaten zeigen, also dass, wie soll ich sagen, Vaterlandsliebe ist das falsche Wort, Solidarität ist auch das falsche Wort, also da sind nun mal Sachsen dabei gewesen und von daher war die Affinität sehr hoch, Punkt"). Lippold ist sich bewusst, dass solche Auftritte für die Aufrechterhaltung der Moral der Truppe besonders wichtig sind („[...] die ham auch gesagt, das ist auch gut, das jetzt ein Fest passiert, weil so langsam aber sicher dreht man dann doch durch, weil es gab dann zwischendurch die Milosevic-Geschichte [...] und die Bedingungen wurden dann sehr verschärft und da waren sie natürlich froh, dass da mal 'ne Abwechslung stattgefunden hat und so ein Lagerkoller muss ma dann, glaub' ich, nach fünf Monaten sowieso kriegen [...]"). Die Militärführung weiß um den Nutzen solcher Kulturdarbietungen. Anlässlich des Auftritts der Frauenband No Angels im Kosovo im Januar 2002 zitierte ‚Bild' Brigadegeneral Alois Bach

---

24 Vgl. den Bericht in ‚Die Welt' vom 11.12.2001 sowie ‚Rheinpfalz-online' vom 04.12.2001, die den Präsidenten der USO, General a.D. John H. Tilelli, mit den Worten zitiert, der das Konzert zusammen mit eingeblendeten Soldaten-Interviews übertragende Musiksender MTV zolle „den Männern und Frauen in Uniform Beifall, die fern von der Heimat in Gefahr sind."

25 Die Zitate von Gunter Gabriel, Friederike Lippold und ihrem Manager Alexander Meister stammen aus Interviews, die wir am 03. bzw. 11. September 2002 geführt haben.

mit den Worten: „Eigentlich fehlt es den Soldaten im Kosovo an nichts - nur an Unterhaltung. Danke, dass ihr gekommen seid." (Bild 24.01.2002)

Solche Kulturangebote dienen der Aufrechterhaltung der Moral der Truppe, der Vermeidung von „Lagerkoller" und der Sicherung der Kampfbereitschaft der Soldaten, indem ihnen bestätigt wird, dass ihre Anwesenheit in einem fremden Land und ihr konkreter Auftrag von sozial weithin anerkannten Sympathieträgern aus der Heimat als sinnvoll hervorgehoben wird. Insbesondere die Auftritte von Sängerinnen, Tänzerinnen und anderen (jungen) Frauen aus dem Kulturbetrieb dienen dem noch immer männlich dominierten Militär als Projektionsfläche ihrer sexuellen Wünsche und Ängste.[26]

Genderanalytische Ansätze beschreiben das Militär als „Agentur zur Herstellung des hierarchisch bestimmten Geschlechter-Dualismus" (Albrecht-Heide 1991). Auch nach der Aufweichung des grundsätzlichen Ausschlusses von Frauen vom Dienst an der Waffe bleibt das Militär zentraler Ort männlich-militärischer Identitätsbildung.[27] Eine „männliche" Perspektive ist es auch, die sich in weiten Teilen der Truppenbetreuung widerspiegelt.

Aus den 40er und 50er Jahren des 20. Jahrhunderts bekannt und bereits mehrfach analysiert sind u.a. die Live-Auftritte weiblicher Stars wie Marilyn Monroe in Korea: Das Bild der Masse junger Männer, hinaufblickend zu der Frau, findet sich aktuell wieder in der deutschen Medienlandschaft. Die Darstellung eines quantitativen Ungleichgewichts der Geschlechter und des Mangels spiegelt sich in den Zeitungsgazetten wider: Fotos strahlender No Angels vor den die Arme ausstreckenden Soldaten präsentieren ein uniformiertes Männerkollektiv in deutlicher Gegenüberstellung zur erotischen Attraktion. So schildert die junge Moderatorin Friederike Lippold die Eindrücke ihres Bühnenauftritts in Raijlovac:

---

[26] Bereits 1965 schickte Playboy-Herausgeber Hugh Hefner das Playmate des Jahres zu einem Truppenbesuch nach Vietnam. Während des ersten Golfkrieges bot der Playboy über die Adresse „operationplaymate@playboy.com" den Soldaten die Möglichkeit, E-Mails zu versenden, was der damalige Kommandeur der US-Truppen als einen „moralischen Schub für unsere Truppen" positiv hervorhob. Während des Irak-Krieges im Frühjahr 2003 durften die US-Soldaten den im Playboy abgebildeten Frauen E-Mails schicken und erhielten Fotos der Frauen zurückgesandt; vgl. Rennefanz 2003.

[27] Derzeit sind drei bis vier Prozent der Berufs- und Zeitsoldaten Frauen, laut Verteidigungsministerium sollen es auch nicht mehr als fünf bis zehn Prozent werden. Jenseits der Statistiken, vgl. u.a. Schießer 2002, zur Konstruktion weiblicher Stereotype in Printmedien der Bundeswehr. In den US-Streitkräften dienten Mitte 2003 etwa 15 Prozent Frauen. Zum Militär als zentralem Ort männlich-militärischer Identitätsbildung vgl. Janshen 2001; Seifert 1996.

Ich hab' ja gesehen, wie die Jungs drauf sind und dass sie über jede weibliche Abwechslung sehr sehr sehr froh sind, ja ich find' das gut, ich mein', die ham ja wirklich nicht
mehr als ihre vier Küchendamen, die sie sich da angucken können ein halbes Jahr und
wenn das wirklich nur Tänzerinnen sind ist das doch in Ordnung, ja, ich mein', selbst
wenn's mehr ist, die ham da genug zu tun die Jungs und ich find' das nicht schlimm, ich
würd's nicht machen, weil ich hab's gesehen, wie es war, als ich auf der Bühne stand [...]
och, na ja, halt, männlich, ne, sehr animalisch [lacht].

Triebhaftigkeit und potente Männlichkeit als ein Kernbereich männlich-
militärischer Maskulinität werden - in der Äußerung von Lippold wie in der
Organisation ihres Auftritts - nicht nur antizipiert, sondern ebenso reproduziert und immer wieder neu verfestigt. Winklers (1992) These von der Politik
nicht gegen, sondern *mit* Sexualität erfährt auch in dieser Hinsicht Bestätigung.
Ein weiteres Indiz dafür liefert der nach der Melodie von „House of the rising
sun" gesungene Liedtext Gunter Gabriels: „Es steht ein Haus im Kosovo".[28]

1. Strophe:

Es steht ein Haus im Kosovo
das ist zerbombt und leer,
doch die Jungs aus good old Germany,
die stellen es wieder her.

4. Strophe:

Nur nachts, da haben sie Zeit zu träumen
von zu Haus und ihrer schönen Frau
und ob sie ihm auch die ganze Zeit treu geblieben ist,
das wissen sie nie so ganz, so ganz genau.

Die Thematisierung der Fragen: „Wird meine Frau mir treu sein?", „Wird alles
wie vorher sein, wenn ich zurückkomme?" ist Gabriel in seinem Liedtext, aber
auch im direkten Gespräch außerordentlich wichtig. Nicht nur der Antagonismus zwischen dem männlich Militärischen und dem Weiblichen wird hier wiederholt, sondern eben auch militärisches Funktionieren *während* des Krieges wie
gesellschaftliches Funktionieren in etablierten Geschlechterstrukturen *nach* dem
Krieg konditioniert. Populärkultur bindet sich somit ein in eine Etablierung des
Kulturellen, in dem Krieg integraler Bestandteil ist.

Selbstverständlich finden sich in den medialen Angeboten der Bundeswehr
für die Soldaten (in den Zeitschriften ‚Bundeswehr Aktuell', ‚Informationen für

---

28 Zur Herstellung des Kontexts zitieren wir hier neben der vierten, hier relevanten Strophe
auch die erste Strophe.

die Truppe', ,Keiler' etc.; in den Sendungen von ,Radio Andernach' sowie in den Onlinediensten) Berichte über die kulturellen Events an der Front, Erlebnisschilderungen und Kommentare aus soldatischer Sicht, Interviews mit den Akteuren und Akteurinnen aus dem Kulturbereich. Aber auch diese selbst betrachten und nutzen ihre Auftritte an der Front im Sinne einer Imagewerbung: Als „Dienst am Hörer" betrachtet Friederike Lippold ihren Auftritt in Raijlovac, als „Dienst an der Frau" eine Anruf- und Grußaktion des Sender nach ihrer Rückkehr in Leipzig. Plüschtiere werden auf Kosten von ,Radio Energy' quer durch die Republik verschickt und „Freddy" beantwortet die Fragen junger Frauen: „[die] ham hier angerufen und ham wirklich nachgefragt, ich wusste dann nicht mehr, wer der Rico ist, aber es waren natürlich alle Jungs lieb." Sie beantwortet die Mails von den Verehrern an der Front und besucht auf Einladung seit neuestem auch ab und zu die „Festivitäten, die es bundeswehrtechnisch in Leipzig gibt."

Gunter Gabriel indessen singt seinen „Kosovo-Song" auf jedem Konzert, denn inzwischen merkt er, dass das „ankommt" und er ärgert sich, dass er nicht noch zusätzlich zu der rockigen eine „softe Folkversion" des Songs auf CD produziert hat, die sich besser an ein weniger junges Publikum verkaufen ließe. Privat ermutigt er Kollegen wie Jürgen Drews, mit seiner Ehefrau an die Front zu reisen; über die Presse verbreitet er seine Kritik an Wolfgang Petry, fordert den „Scharping-Freund" und Liedermacher Konstantin Wecker auf, da „runter zu gehen".

Bislang werden die Verflechtungen zwischen kulturellen Akteuren und Militär in der Öffentlichkeit kaum wahrgenommen, während innerhalb der Streitkräfte jeder Auftritt ein besonderes Ereignis ist und von Seiten der Bundeswehr das Interesse an kontinuierlicher Kooperation besteht, die nicht nur in die Truppe, sondern auch in die Gesellschaft - hier im Sinne eines positiven Imageeffektes - wirken soll.

4   Vom Militainment zum Military-Entertainment-Complex?

Wird Militainment als Zusammenarbeit und Austausch zwischen Militär einerseits sowie Medien-, Software- und Unterhaltungsindustrie andererseits verstanden, wobei die Ergebnisse der Kooperation in erheblichem Maße als dualuse-Produkte gelten können, so wollen wir dort, wo es sich um eine im Mindestmaß institutionalisierte bzw. längerfristige personelle Austauschverhältnisse beinhaltende sowie auf einer Schnittmenge geteilter Interessen basierende Zusammenarbeit handelt, in Anlehnung an den Begriff des „Militär-Industrie-Komplexes" (MIK)[29] von einem „Military-Entertainment-Complex" (MEC) sprechen.[30]

Für die USA hat Fulbright (1971) bereits früh eindrucksvoll an vielen Beispielen gezeigt, in welch großem Umfang das US-Militär die Agenturen und Medien mit vorproduzierten Tonbändern, Filmen, Fotos und Presseartikeln beliefert hat und wie rege dieses Angebot aufgegriffen wurde. Von der US-Navy gelieferte Werbespots, deren Drehbücher von Albert C. Brook, einem Journalistik-Professor an der Universität von Nebraska stammten, wurden beispielsweise von vielen Sendeanstalten dazu genutzt, den vorgeschriebenen öffentlich-rechtlichen Quotenanteil des Programms abzudecken. Hollywood seinerseits hat eine Reihe von Kriegen, an denen US-Truppen beteiligt waren, mit Produktionen unterstützt, z.B. den Eintritt in den Zweiten Weltkrieg mit der mehrteiligen Filmserie „Why We Fight". In den 80er Jahren wurde „das von Reagan und Bush etablierte Leitbild einer starken Nation mit entsprechenden Kinohelden ausstaffiert (z.B. Schwarzenegger, Stallone)." (Schmidt 2003: 25)

Auch jene Filmproduzenten, die in ihren Produktionen auf Aufnahmen des US-Militärs angewiesen waren oder zurückgreifen wollten, waren auf der Grundlage entsprechender Vorschriften des DoD einem strengen Kontrollprozess unterworfen, der die Einflussnahme des US-Militärs sicherstellen sollte. Die Gestaltung und die Aussagen von Filmen zu beeinflussen, wird auch möglich durch die Bereitstellung von Filmmaterial, welches das Militär seinerseits produziert. Seit längerem schon gehören zur militärischen Öffentlichkeitsarbeit der US-Armee sogenannte „Combat-Camera"-Einheiten,[31] die für die visuelle Dokumentation des Krieges sorgen sollen und deren Aufnahmen auch

---

[29]   Mit dem Terminus MIK soll hier vor allem die große Bedeutung des Rüstungssektors für die jeweiligen Volkswirtschaften und deren Verflechtung mit anderen Wirtschaftszweigen herausgestellt werden. In Großbritannien entfielen in den 90er Jahren elf Prozent der industriellen Produktion auf die Rüstungsindustrie. Etwa 600.000 Beschäftigte waren in ihr tätig. Das Verteidigungsministerium war der drittgrößte Grundbesitzer des Landes und größter Kunde der britischen Industrie (vgl. Paxman 1990: 237). In den USA befassten sich 1990 mehr als 30.000 Unternehmen mit der Produktion militärischer Güter; 3,725 Millionen Arbeitsplätze und 70 Prozent aller Ausgaben für Forschung und Entwicklung gingen in den Rüstungsbereich (vgl. Drucker 1993: 126).

[30]   James der Derian (2001) spricht in vergleichbarem Sinne von einem „military-industrial-media-entertainment network".

[31]   Vgl. http://www.dodima-gery.afis.osd.mil; http://www.doim.army.mil/VIWeb/combatcam.cfm; http://www.media-cen.navy.mil/vi/comcam.htm.

als Teil der Media-Kits verwendet werden können, mit denen journalistisch Tätige auf Pressekonferenzen versorgt werden (vgl. Rid 2003). In der Bundeswehr liefert solche Aufnahmen ein sogenanntes „Einsatzkameratrupp" (EKT), dessen Arbeiten auch kommerziellen und öffentlich-rechtlichen Medien zur Verfügung stehen (vgl. Lewis 2003).[32] Diese Angebote sind Teil des modernisierten Verständnisses von Öffentlichkeitsarbeit in der Bundeswehr:

> Die hohe Schule des Operativen Marketings ist nun, die Ereignisse aus dem „Angebot", die ohne Anwesenheit der Presse stattfinden, den Medien eigeninitiativ verfügbar zu machen. [...] Weiterhin sind kreative Kräfte vor Ort gefragt, die aus der eher tristen Routine eines langen Einsatzes interessante Features für unterschiedliche Medien zu produzieren helfen. (Dienst 2003: 8)

Auch die Produktionen des bundeswehreigenen Fernsehens sind anderweitig verwendbar (vgl. Holst 2003).

1987 sorgte die Kooperation des ‚Bayerischen Rundfunks' (BR) mit den in Andernach stationierten, auf die Tätigkeit der psychologischen Kriegsführung spezialisierten Bundeswehr-Einheiten noch für öffentliche Kontroversen; für den Zeitraum des Bundeswehrmanövers „Kecker Spatz" hatte man die tägliche Ausstrahlung von sechseinhalb Stunden Radioprogramm über eine BR-Frequenz vereinbart (vgl. hz 1987). Inzwischen haben sich verschiedene Formen der Kooperation etabliert, so etwa zwischen Bundeswehr und SWR 3, dessen Morning Show über den Bundeswehr-Betreuungssender ‚Radio Andernach' für die deutschen Soldaten in Bosnien, im Kosovo und in Afghanistan übernommen wird[33] oder die Moderatorentätigkeit von René Steuder (NDR-Sprecher) und Dorothee Dregger (WDR-Moderatorin) im Bundeswehr-Fernsehen (vgl. Holst 2003).

Während Anfang 2003 in Frankreich der größte internationale Zeitschriftenverlag, das drittgrößte Rundfunk-Unternehmen Frankreichs und eine über fünfzehnprozentige Beteiligung am europäischen Rüstungs- und Luftfahrtkonzern EADS unter dem Dach der Lagardère-Gruppe vereint waren (vgl. Hahn 2003), erhielten in den USA manche Journalisten regelmäßig Gehaltsschecks von der Rüstungsindustrie. Einer der größten Waffenproduzenten der USA, Lockheed Martin, bezahlte national bekannte Kolumnisten und Kolumnistinnen wie Mark Shields, Steve Roberts (U.S. News & World Report), Gloria Borger, Haynes Johnson oder Hedrick Smith (ehemals New York Times) für

---

32 Die Zahl der EKT soll bis 2004 auf vier erhöht werden.
33 rhe. (2003): Radio Andernach mit neuem Sendekonzept. In: Y. Magazin der Bundeswehr, 4, 118.

ihre Auftritte in einer morgendlichen Radio-Talkshow für den Einzugsbereich
von Washington, D.C. Ziel dieses Engagements war es, Anerkennung und gute
Beziehungen zu einflussreichen Kreisen in Washington aufzubauen. Lee (1992)
machte bereits Anfang der 90er Jahre darauf aufmerksam, dass die ‚National
Broadcasting Corporation' (NBC), einer der führenden kommerziellen Fernsehsender in den USA, General Electrics (GE) gehört - einem der größten
Vertragspartner der Rüstungsindustrie. GE hatte direkten Anteil an Entwicklung, Herstellung und Wartung aller wichtigen Waffensysteme, die von den
USA im Golfkrieg eingesetzt wurden. Aber auch andere Medienunternehmen
scheuen nicht die Nähe zu Vertretern des Militärs: Zu gleicher Zeit war der
ehemalige Außenminister Cyrus Vance Mitglied des Aufsichtsrates bei General
Dynamics, einem der größten Rüstungsunternehmen des Landes und immer
wieder wichtigem Mediensponsor und Mitglied des Aufsichtsrates der ‚New
York Times'. Mit Verteidigungsministern schmückt man sich in der Branche
öfters: Harold Brown war Mitglied des Aufsichtsrates bei CBS, Robert McNa-
mara übernahm diese Aufgabe bei der ‚Washington Post' (vgl. Lee 1992).[34]
  Die Konvergenz der Kriegsbefürwortung zwischen US-Militär und relevanten Teilen der Medien hat in den USA im Frühjahr 2003 eine neue Dimension
erreicht, als die im Zuge der Liberalisierung der Medien- und Telekommunika-
tionsindustrie zu erheblicher Bedeutung aufgestiegene Clear Channel Worldwide Inc. zu Pro-Kriegs-Demonstrationen mobilisierte. Ursprünglich eine relativ
unbedeutende Radiostation in San Antonio (Texas) ist die Unternehmensgrup-
pe mit Ablegern wie Clear Channel Entertainment oder SFX innerhalb weniger
Jahre zum größten Betreiber von Radio-Stationen in den USA aufgestiegen.
Ihre über 1.200 Stationen erreichen nach eigenen Angaben in den USA deutlich über 100 Millionen Hörende; weltweit sollen es über eine Milliarde Menschen sein (vgl. Jones 2003; Krugman 2003c). Weitere Unternehmensschwer-
punkte liegen in den Bereichen Konzertveranstaltung und Werbung auf Re-
klametafeln.[35] Nach dem 11. September 2001 vertrat Clear Channel Communications einen scharf militär- und kriegsfreundlichen Kurs, der sich vor und
während des Krieges gegen den Irak in der Verbannung von Friedenssongs aus
dem Sendeprogramm und der Mobilisierung zu Pro-Krieg-Demonstrationen,

---

[34] Nicht immer führen solche Verbindungen zu einer völlig unkritischen Berichterstattung der
     jeweiligen Medien über Themen wie Rüstung, Militär und Krieg.
[35] An der Spitze von Clear Channel Communications steht L. Lowry Mays, ein langjähriger
     Geschäftspartner von George Bush sen. An die Spitze der staatlichen Regulierungsbehörde
     Federal Communications Commission wurde von Bush jun. schon kurz nach seiner Ernen-
     nung zum Präsidenten Michael Powell berufen, Sohn des USA-Außenministers Colin Powell.

genannt „Rally for America", ausdrückte. Von den CCC-Stationen in Atlanta, Cleveland, San Antonio oder Cincinnati wurde zu Kundgebungen aufgerufen, zu denen bis zu 20.000 Teilnehmende kamen. Bei einer der Pro-Kriegsdemonstrationen, organisiert von dem Radiosender KRMD (benannt nach ihrem Begründer, dem Radiopionier Robert Malcom Dean), welches Teil von Cumulus Media ist, wurden von einem tonnenschweren Traktor CDs, Tonbänder und Fan-Artikel der regierungskritischen Band Dixie Chicks zerstört (vgl. Schweitzer 2003). Auch in diesem Fall war von CCC zur Teilnahme aufgerufen worden. Nach offizieller Lesart handelt es sich dabei um Eigeninitiativen der jeweiligen Stationen; angesichts der autoritären Führungsphilosophie und -praxis des Unternehmens ist dies jedoch wenig wahrscheinlich.

Hinsichtlich der Entwicklungsstufe und der Vielfalt des Militainment und demzufolge dem Reifegrad des MEC dürfen zwischen den USA und Deutschland derzeit bestehende Unterschiede nicht ignoriert werden. Während für die USA aufgrund ihrer über Jahrzehnte fortgesetzten Dislozierung von Truppen rund um den Globus sowie einer spezifischen Kultur des (militärischen) Patriotismus von einer kontinuierlichen Tradition des Engagements von Künstlern und Künstlerinnen mit weltweitem Bekanntheitsgrad im Rahmen der Truppenbetreuung gesprochen werden kann, die sich auch im Vorhandensein einer entsprechenden Abteilung der US-Streitkräfte sowie dem Sponsoring solcher Aktivitäten durch Unternehmen ausdrückt, sammelt die Bundeswehr mit solchen Engagements erst seit einigen Jahren Erfahrung. Im Bereich der Kooperation bei Software und militarisierten Computerspielen ist bedeutsam, dass die Software-Entwicklung in der Breite nicht von in Deutschland beheimateten Unternehmen angeführt wird. Auf der Suche nach Spitzentechnologie geht das US-Militär daher vor allem Kooperationen mit Firmen in den USA ein. Ähnlich gilt, dass im Bereich der Filmunterhaltung die Potenziale der US-Firmen deutlich größer sind als die von Produktionsfirmen in Deutschland. Diese Unterschiede ändern freilich wenig daran, dass die zugrunde liegenden Prozesse und Mechanismen - wenn auch auf unterschiedlichen Niveaus - dieselben sind. Angesichts der „integration of the media industries' interests with those of the military/industrial complex and the importance of the media's role in celebrating militarism" spricht Keeble (2000: 60) daher vom „media/military/industrial complex" als einem treibenden Faktor bei der Formierung eines neues Militarismus.

5 Militainment und politische Kultur: Banal Militarism

Mit Militainment gerät nicht der auf eine spezifische Krise bezogene Versuch des Militärs in den Untersuchungsfokus, die Kontrolle über Informationen und Bilder zu behalten, sie gezielt zu steuern, zu streuen oder zu verknappen, sondern die über die je konkrete Krisen- oder Kriegslage hinausgehenden Kooperationen zwischen Militär einerseits und Medien- bzw. Kulturindustrie andererseits.

Fragen nach den kulturellen Grundlagen sozialen und politischen Handelns haben in den vergangenen 20 Jahren wachsendes wissenschaftliches Interesse gefunden. Thomas Herz hat 1995 auf dem Kongress der Deutschen Gesellschaft für Soziologie an den historischen und prozessualen Charakter politischer Kultur erinnert und eine Konzeptionalisierung politischer Kultur vorgeschlagen, die davon ausgeht, dass politische Kultur aus kollektiv geteilten Deutungen besteht, die in Konflikten zwischen politischen und kulturellen Eliten produziert werden und sowohl historisch gewachsen sind als auch in aktuellen Auseinandersetzungen verändert werden können (vgl. Herz & Schwab-Trapp 1997).

Mit der militärischen Niederlage der Wehrmacht und des Nationalsozialismus nach „jahrelanger exzessiver Betätigung der Vernichtungsmaschinerie" (Wette 1994: 982) wurde die im Gefolge des Ersten Weltkrieges auftretende Parole „Nie wieder Krieg!" nach Ende des Zweiten Weltkrieges noch verschärft zum Postulat „Nie wieder Militär!". In einem konflikthaften Prozess wurden in den 50er Jahren jedoch der Aufbau der Bundeswehr und die Wiederbewaffnung durchgesetzt und damit auch ein erster Schritt zur Remilitarisierung der politischen Kultur vollzogen. Stand in diesem Prozess zunächst im Vordergrund, dass die Existenz von Militär in der Bundesrepublik Deutschland, dieses Mal in Gestalt der Bundeswehr und ohne den „alten Glanz des Militärischen, das Imponiergehabe mit Pauken und Trompeten" und ohne eine „Restauration der herausgehobenen gesellschaftlichen Stellung des deutschen Berufsmilitärs" (Wette 1994: 982f.), *im Grundsatz* anerkannt wurde,[36] so vollzog

---

[36] Hier geht es also um die prinzipielle Akzeptanz der Bundeswehr, unbeschadet der Tatsache, dass die Akzeptanz- und Zustimmungsquoten im Zeitverlauf und themen- sowie gelegenheitsabhängig immer variiert haben, insbesondere soweit dies für die Bevölkerung (oder für Teile von ihr) mit als nachteilig empfundenen Folgen verbunden war (z.B. Wehrpflicht, Manöver, Truppenübungsplätze). Dennoch lässt sich für das Ende des 20. Jahrhunderts von einer überwiegend positiven Einstellung zur Bundeswehr sprechen; vgl. Becker (2003: 76-79).

sich in den 90er Jahren eine Veränderung der politischen Kultur, die sich von
der Akzeptanz des Militärs als solchem zur Akzeptanz der Beteiligung der
Bundeswehr an Kriegseinsätzen, die nicht der Verteidigung des Territoriums
der Bundesrepublik Deutschland dienen, verschob. Schwab-Trapp (2002: 11)
spricht in diesem Zusammenhang von der „politische(n) Kultur des Krieges",
deren Vereinheitlichung im vergangenen Jahrzehnt zu beobachten gewesen sei.

Unter Militarismus wird gewöhnlich eine gesellschaftliche Konstellation
verstanden, in der „das Militärische eine bevorzugte Rolle in Staat und Gesellschaft spielt" und/oder wo Soldaten „ihren Beruf als den eines ‚besonderen
Standes' begreifen", dessen Ethos „als eine der bürgerlichen Gesittung über-
gene höherwertige Lebensform anerkannt" und von Zivilisten nachgeahmt
wird (Lutz 1980: 173f.) In diesem Sinne wird der Militarismus in der Bundesrepublik wie in vielen anderen Staaten als ein randständiges Phänomen wahrgenommen. Dennoch spielt das Militär eine beträchtliche Rolle in vielen Gesellschaften - im Verbrauch gesellschaftlichen Reichtums, in der öffentlichen Diskussion und im Alltagserleben vieler Menschen (vgl. Krippendorff, Euskirchen
& Wellmann 2000). Ein Begriff existiert allerdings nicht dafür - trotz zahlloser
TV-Reportagen über das Soldatenleben auf Flugzeugträgern, trotz Wanderaus-
stellungen wie „Unser Heer", trotz öffentlicher Vereidigungen und Gelöbnisse
als militär-symbolische Handlungen zur Suggestion einer Art mystischer, vom
Militär garantierter Einheit zwischen Staat und Volk, trotz des Auftretens von
Jugendoffizieren[37] oder der Präsentation der Bundeswehr mit einem großen
Stand bei der Leipziger Buchmesse im März 2003.[38] „Gaps in political language
are rarely innocent", stellt Billig (1995: 6) fest. In Anlehnung an seine Überlegungen, die in alltäglichen Handlungen und Diskursen stattfindende Reproduktion des Nationalstaates bzw. „der Nation" als „banal nationalism" zu bezeichnen, schlagen wir vor, die entsprechenden Mechanismen, die die Existenz von
Militär, sein öffentliches Auftreten, sein Anspruch auf Bereitstellung öffentlicher Mittel legitimieren, mit dem Begriff des „banal militarism" zu erfassen.[39]

---

[37]   Laut Jahresbericht der Jugendoffiziere der Bundeswehr für das Jahr 2000 wurden insgesamt
       über 300.000 Menschen erreicht; vgl. Bundesministerium der Verteidigung: Jahresbericht der
       Jugendoffiziere der Bundeswehr 2000, Bonn 2001, Anlage 2a zu BMVg Pr-/InfoStab-Ref
       ÖA, 18.

[38]   Oberstleutnant Horst-Dieter Rückert: „Eine Buchmesse ist immer auch eine kulturpolitische
       Kommunikationsveranstaltung, in der gerade der Austausch über Inhalte von Bedeutung ist."
       Vgl. das Interview in: junge welt, 20.03.2003.

[39]   Billig verweist mit Hannah Arendt darauf, dass „banal" nicht notwendig Verharmlosung
       bedeutet.

Dieser banale Militarismus, dessen historische Traditionslinien und vielfältige Erscheinungsformen ebenso wie seine (Re-)Produzenten und Widersacher noch genauer zu vermessen und abzugrenzen wären, konstituiert sich weitgehend unspektakulär, häufig in den nüchternen Routinen und Ritualen des Alltags einer Vielzahl von Akteuren und Akteurinnen. Gleichwohl ist ihnen gemein, dass in und mit ihnen Krieg, Militär, Waffen und Gewalthandeln als (tendenziell) selbstverständlich und unausweichlich erscheinen. Welchen Beitrag mediale und kulturelle Angebote bei den in verschiedenen national(staatlich)en Kontexten nicht notwendig deckungsgleichen Konstituierungsprozessen, Profilbildungen und Verlaufsformen eines banalen Militarismus leisten, bleibt eine spannende Herausforderung für Mediensoziologie, Cultural Studies und Militärsoziologie.

ANHANG

Bibliographie

A

Albrecht, Ulrich (1995): Internationale Politik. Einführung in das System internationaler Herrschaft. 2., durchges. Aufl. München & Wien: Oldenbourg.

Albrecht, Ulrich & Jörg Becker (Hrsg.) (2002): Medien zwischen Krieg und Frieden. Baden-Baden: Nomos.

Albrecht-Heide, Astrid (1991): Militär und Patriarchat. In: Wilfried Karl & Thomas Nielebock (Hrsg.): Die Zukunft des Militärs in Industriegesellschaften. Baden-Baden: Nomos. 109-113.

Alexander, Jocelyn & JoAnn McGregor (1999): Representing Violence in Matabeland, Zimbabwe: Press and Internet Debates. In: Tim Allen & Jean Seaton (eds.): The Media of Conflict: War Reporting and Representations of Ethnic Violence. London & New York: Zed Books. 244-267.

Allen, Tim & Jean Seaton (eds.): The Media of Conflict: War Reporting and Representations of Ethnic Violence. London & New York: Zed Books.

Allison, Graham T. (1971): Essence of Decision: Explaining the Cuban Missile Crisis. Boston: Little, Brown.

Alterman, Eric (2003): Keine ernsthafte Debatte in den US-Medien. In: Neue Gesellschaft/Frankfurter Hefte, 4, 30-33.

Altmeppen, Klaus-Dieter (1993): Helden im Cyberspace. Journalismus im elektronischen Krieg. In: Martin Löffelholz (Hrsg.): Krieg als Medienereignis. Grundlagen und Perspektiven der Krisenkommunikation. Opladen: Westdeutscher Verlag. 211-228.

Altmeppen, Klaus-Dieter (2000): Funktionale Autonomie und organisationale Abhängigkeit. Inter-Relationen von Journalismus und Ökonomie. In: Martin Löffelholz (Hrsg.): Theorien des Journalismus. Ein diskursives Handbuch. Wiesbaden: Westdeutscher Verlag. 225-239.

Altmeppen, Klaus-Dieter (2004): Journalismus und Medien als Organisationssysteme. Leistungen, Strukturen und Management. Ilmenau: unveröffentlichte Habilitationsschrift an der TU Ilmenau.

Altmeppen, Klaus-Dieter & Martin Löffelholz (1998): Journalismus. In: Otfried Jarren, Ulrich Sarcinelli & Ulrich Saxer (Hrsg.): Politische Kommunikation in der demokratischen Gesellschaft. Wiesbaden: Westdeutscher Verlag. 414-421.

Andersen, Robin (2002): Black Hawk Down: Reinventing the War Hero for the 21st Century? Paper submitted to the 53rd annual conference of the International Communication Association (Conference, San Diego, 23-27 May 2003.

Andersen, Robin (2003a): From Saving Private Lynch to the Top Gun President: The Made-for-TV „Reality" War on Iraq. Unpublished working paper. New York: Fordham University.

Andersen, Robin (2003b): That's Militainment! The Pentagon's Media Friendly „Reality" War. In: Extra!, (5-6), [Online-Dokument] URL: http://www.fair.org/extra/0305/militainment.html [Download: 19.08.2003].

Angerer, Jo & Mathias Werth (2001): Es begann mit einer Lüge. Monitor Autoren enthüllen Fälschungen in der Berichterstattung zum Kosovo-Krieg [Online-Dokument] URL: online.wdr.de/online/news/kosovoluege [Download: 14.12.2002].

Apitz, Klaas (1987): Konflikte, Krisen, Katastrophen: Präventivmaßnahmen gegen Imageverlust. Wiesbaden: Gabler.

Arquilla, John & David Ronfeldt (eds.) (1997): In Athena's Camp. Preparing for Conflict in the Information Age. Santa Monica/Washington: Rand.

Atkinson, Philippa (1999): Deconstructing Media Mythologies of Ethnic War in Liberia. In: Tim Allen & Jean Seaton (eds.): The Media of Conflict: War Reporting and Representations of Ethnic Violence. London & New York: Zed Books. 192-218.

B

Baecker, Dirk (1999): Organisation als System. Frankfurt a.M.: Suhrkamp.

Baggini, Julian (2003): The Philosophy of Journalism. In: opendemocracy.net, 15-05-2003, [Online-Dokument] URL: http://www.opendemocracy.net/debates/article-8-92-1218.jsp [Download: 24.05.2003]

Bailey, George (1976): Television War: Trends in Network Coverage of Vietnam 1965-1970. In: Journal of Broadcasting, 20(2), 147-158.

Baldwin, William Henry (1965): History of Persuasion: Bicentenary of a Classical Campaign. In: Public Relations Quarterly, 10.

Barth, Henrike & Wolfgang Donsbach (1992): Aktivität und Passivität von Journalisten gegenüber Public Relations. Fallstudie am Beispiel von Pressekonferenzen zu Umweltthemen. In: Publizistik, 37(2), 151-165.

Baum, Achim (2001): Under Attack. In: Grimme - Zeitschrift für Programm, Forschung und Medienproduktion, 24(4), 35-36.

Baumgartner, Andreas (1994): Krieg in den Medien - Medien im Krieg. Eine exemplarische Untersuchung zur Berichterstattung über den Golfkrieg 1991. In: Medien und Zeit: Forum für historische Kommunikationsforschung, 9(2), 10-22.

Becker, Jörg (2000): Literatur zum Themenschwerpunkt „Medien und Krieg". In: Vierteljahreszeitschrift für Sicherheit und Frieden (3)2000, 258-263.

Becker, Jörg (2001): Medien im Krieg. In: ÖMZ, (5), 575-580.

Becker, Jörg (2002a): Medien im Krieg. In: Ulrich Albrecht & Jörg Becker (Hrsg.): Medien zwischen Krieg und Frieden. Baden-Baden: Nomos. 13-26.

Becker, Jörg (2002b): Bibliographie zum Thema „Krieg und Medien". In: Ulrich Albrecht & Jörg Becker (Hrsg.): Medien zwischen Krieg und Frieden. Baden-Baden: Nomos. 267-279.

Becker, Jörg (2002c): Afghanistan: Der Krieg und die Medien. In: Ulrich Albrecht & Jörg Becker (Hrsg.): Medien zwischen Krieg und Frieden. Baden-Baden: Nomos. 139-172.

Becker, Susanne (2003): Kein freier Rücken. In: Y. Magazin der Bundeswehr, (3), 76-79.

Bednarz, Klaus (1991): „'s ist Krieg, 's ist Krieg". In: Jürgen Felix & Peter Zimmermann (Hrsg.): Medien-Krieg. Zur Berichterstattung über die Golfkrise (Marburger Hefte zur Medienwissenschaft, 11). Marburg: Institut für neuere deutsche Literatur. 57-58.

Beham, Mira (1996): Kriegstrommeln. Medien, Krieg und Politik. München: Deutscher Taschenbuch-Verlag.

Beham, Mira (2000): Der Informationskrieg um das Kosovo. In: Vierteljahresschrift für Sicherheit und Frieden, 18(3), 218-226.

Bell, Martin (1993): Testament of an Interventionist. In: British Journalism Review, 4(4), 8-11.

Bell, Martin (1997): TV News: How Far Should We Go? In: British Journalism Review, 8(1), 7-16.

Bell, Martin (1998a): „The Journalism of Attachment". In: Matthew Kieran (ed.): Media Ethics. London: Routledge. 15-22.

Bell, Martin (1998b): The Truth Is Our Currency. In: Press/Politics, 3(1), 102-109.

Bendrath, Ralf (1999): Militärpolitik, Informationstechnologie und die Virtualisierung des Krieges. In: Peter Bitter & Jens Woinowski (Hrsg.): Mensch - Informatisierung - Gesellschaft. Hamburg: Lit. 141-161.

Bentele, Günther (2003): Kommunikatorforschung: Public Relations. In: Günter Bentele, Hans-Bernd Brosius & Otfried Jarren (Hrsg.): Öffentliche Kommunikation. Handbuch Kommunikations- und Medienwissenschaft. Wiesbaden: Westdeutscher Verlag. 55-78.

Berge, Dieudonnée ten (1990): The First 24 Hours. A Comprehensive Guide to Successful Crisis Communications. Oxford, UK: Basil Blackwell.

Berger, Peter L. & Thomas Luckmann (1969): Die gesellschaftliche Konstruktion der Wirklichkeit. Frankfurt a.M.: Fischer.

Berkowitz, Bruce D. (1997): Warfare in the Information Age. In: John Arquilla & David Ronfeldt (eds.): In Athena's Camp: Preparing For Conflict In The Information Age. Santa Monica/Washington: Rand. 175-189.

Bernays, Edward L. (1926): Crystallizing Public Opinion. New York: Kennikat Press.

Bernays, Edward L. (1965): Biography of an Idea: Memoirs of Public Relations Counsel Edward l. New York: Simon & Schuster.

Bernhardt, Ute & Ingo Ruhmann (2001): Vom Cyberkrieg zur digitalen Entspannungspolitik. In: WechselWirkung, Mai/Juni, 36-42.

Bertkau, Friedrich, Walter Schöne, Karl Kurth & Werner Stephan (1944): Kriegsberichterstattung. In: Handbuch der Zeitungswissenschaft. Band II. Leipzig: Karl W. Hiersemann. 2656-2705.

Bertram, Jürgen (1996): Asien, atemlos. Als Korrespondent in einer fremden Welt. Hamburg: Rasch und Röhring.

Beuthner, Michael (2003): Wie wenig Zeit braucht guter Journalismus? Echtzeitberichterstattung zwischen Aktualitätsdruck, Sorgfaltspflicht und Bilderflut. In: Michael Beuthner et al. (Hrsg.): Bilder des Terrors - Terror der Bilder? Krisenberichterstattung am und nach dem 11. September. Köln: Halem. 134-157.

Beuthner, Michael et al. (Hrsg.) (2003): Bilder des Terrors - Terror der Bilder? Krisenberichterstattung am und nach dem 11. September. Köln: Halem.

Biehl, Heiko (2002): Auseinander driften statt zusammen wachsen? Die Unterschiede im sicherheitspolitischen Meinungsbild der Ost- und Westdeutschen. In: Gerhard Kümmel & Sabine Collmer (Hrsg.): Europäische Streitkräfte in der Postmoderne. Baden-Baden: Nomos. 115-143.

Billig, Michael (1995): Banal Nationalism. London: Sage.

Billings, Erin P. (2002): The Rendon Group's Top Secret Spin Machine for the Pentagon Is Big Business. In: Washington Business Forward, May, [Online-Dokument] URL: http://www.bizforward.com/wdc/issues72002-05/government [Download: 18.10.2002].

Bland, Michael (1998): Communicating Out of a Crisis. Basingstoke: Macmillan.

Blöbaum, Bernd (1994): Journalismus als soziales System. Geschichte, Ausdifferenzierung und Verselbständigung. Opladen: Westdeutscher Verlag.

Blöbaum, Bernd (2000): Organisationen, Programme und Rollen. Die Struktur des Journalismus. In: Martin Löffelholz (Hrsg.): Theorien des Journalismus. Ein diskursives Handbuch. Wiesbaden: Westdeutscher Verlag. 169-183.

Blood, Rebecca (ed.) (2002): We've got blog: How weblogs are changing our culture. Introduction by Rebecca Blood. Cambridge, MA: Perseus Publishing.

Bockstette, Carsten (2003): Konzerninteressen, Netzwerkstrukturen und die Entstehung einer europäischen Verteidigungsindustrie. Eine Fallstudie am Beispiel der Gründung der European Aeronautic, Defence and Space Company (EADS). Hamburg: Kovac.

Bonfadelli, Heinz (1999): Medienwirkungsforschung I. Grundlagen und theoretische Perspektiven. Konstanz: UVK.

Brenner, Susan W. (2002): Cyberterrorism: How real is the Threat? In: Media Asia, 29(3), 149-154.

Briggs, John & F. David Peat (2003): Die Entdeckung des Chaos. Eine Reise durch die Chaos-Theorie (8. Auflage). München: Deutscher Taschenbuch-Verlag.

Brock, Lothar (2001): Trends und Interdependenzen in der Weltpolitik. In: Ingomar Hauchler, Dirk Messner & Franz Nuscheler (Hrsg.): Globale Trends 2002. Frankfurt a.M.: Fischer. 380-399.

Broscheit, Janina (2004): Proaktive Krisen-PR in Aktiengesellschaften. Fallstudien in DAX-notierten Unternehmungen. Ilmenau: unveröffentlichte Diplomarbeit.

Brosius, Hans-Bernd (2003): Medienwirkung. In: Günter Bentele, Hans-Bernd Brosius & Otfried Jarren (Hrsg.): Öffentliche Kommunikation. Handbuch Kommunikations- und Medienwissenschaft. Wiesbaden: Westdeutscher Verlag. 128-148.

Brouwer, Aart (1997): „De Servische Femicide". In: De Groene Amsterdammer, 03.09.1997 [Online-Dokument] URL: http://www.groene.nl/1997/36/ab_servie.html [Download: 09.09.1999].

Brown, Robin (2003): Spinning the War: Political Communications, Information Operations and Public diplomacy in the War on Terrorism. In: Daya Kishan Thussu & Des Freedman (eds.): War and the Media. Reporting Conflict 24/7. London: Sage. 87-100.

Buchanan, Mark (2001): Das Sandkorn, das die Erde zum Beben bringt. Dem Gesetz der Katastrophen auf der Spur oder warum die Welt einfacher ist als wir denken. Frankfurt a.M. & New York: Campus.

Bucher, Hans-Jürgen (2000): Journalismus als kommunikatives Handeln. Grundlagen einer handlungstheoretischen Journalismustheorie. In: Martin Löffelholz (Hrsg.): Theorien des Journalismus. Ein diskursives Handbuch. Wiesbaden: Westdeutscher Verlag. 245-274.

Bucher, Hans-Jürgen (2002a): Crisis Communication and the Internet. Risk and Trust in Global Media. In: Firstmonday, 7(4).

Bucher, Hans-Jürgen (2002b): The Power of the Audience: Interculturality, Interactivity and Trust in Internet Communication. In: Fay Sudweeks & Charles Ess (eds.): Cultural Attitudes towards Computer and Communication. Perth: Murdoch University. 3-14.

Bucher, Hans-Jürgen (2002c): Internet und globale Kommunikation. Strukturwandel der Öffentlichkeit? In: Andreas Hepp & Martin Löffelholz (Hrsg.): Grundlagentexte zur transkulturelle Kommunikation. Konstanz: UVK-Medien. 500-530.

Bücher, Karl (1926): Der Krieg und die Presse. In: Gesammelte Aufsätze zur Zeitungskunde. Tübingen: Laupp. 269-306.

Bühler, Heike (2000): Krisenmanagement für Unternehmen durch Public Relations. Regensburg: Roderer.

Bündger, Iris (2001): Apocalypse now - kritische Diskursanalyse der Berichterstattung der BILD-Zeitung vom 12.9.2001 bis zum 7.11.2001. In: Prokla - Zeitschrift für kritische Sozialwissenschaft, 31(4), 603-624.

Bullard, Frederick L. (1974): Famous War Correspondents. New York: Beekman Publishers.

Bundesministerium der Verteidigung (1993): Zentrale Dienstvorschrift 10/1 „Innere Führung". Bonn.

Bundesministerium der Verteidigung (2001): Jahresbericht der Jugendoffiziere der Bundeswehr 2000. Bonn.

Burkart Roland (1998): Kommunikationswissenschaft. Grundlagen und Problemfelder. 3. Auf. Wien, Köln & Weimar: Böhlau.

Burnett, Robert & P. David Marshall (2003): Web Theory: An Introduction. London/New York: Routledge.

Burston, Jonathan (2003): War and the Entertainment Industries: New Research Priorities in an Era of Cyber-Patriotism. In: Daya Kishan Thussu & Des Freedman (eds.): War and the Media: Reporting Conflict 24/7. London: Sage. 163-176.

Busse, Nikolas (2003): Übermächtig und flexibel. In: Frankfurter Allgemeine Zeitung, 12.04.2003.

Bussemer, Thymian (1999): Der Kosovo-Krieg und die Medien. In: Vorgänge. Zeitschrift für Bürgerrechte und Gesellschaftspolitik, 147(3), 4-6.

Bußler, Ingrid (1998): Deeskalierende Friedens- und Konfliktberichterstattung. Eine kommentierte Bibliographie. Hagen.

C

Calließ, Jörg & Stefan Raue (2004): Die Kritik an der Kriegsberichterstattung braucht weitere Horizonte. In: Christian Büttner, Joachim von Gottberg & Verena Metze-Mangold (Hrsg.): Krieg in den Medien. Frankfurt am Main: Campus. 199-210.

Carey, James W. (2002): American Journalism on, before, and after September 11. In: Barbie Zelizer & Stuart Allan (eds.) (2002): Journalism after September 11. London & New York: Routledge. 71-90.

Carruthers, Susan L. (2000): The Media at War: Communication and Conflict in the Twentieth Century. New York: St. Martin's Press.

Cavuto, Neil (2003): American First, Journalist Second. In: FOXNews.com [Online-Dokument] URL: http://www.foxnews.com/story/0,2933,82504,00.html [Download: 29.07.2003].

Chandler, David (2002): From Kosovo to Kabul: Human Rights and International Intervention. London: Pluto Press.

Charlton, Michael & Silvia Schneider (Hrsg.) (1997): Rezeptionsforschung. Theorien und Untersuchungen zum Umgang mit Massenmedien. Wiesbaden: Westdeutscher Verlag.

Chaudhary, Anju Grover (2000): International Media Images: Is Development News Ignored in Western and Third World Newspapers? In: Media Asia, 27(4), 212-219.

Cho, Hiromi & Stephen Lacy (2000): International Conflict Coverage in Japanese Local Daily Newspapers. In: Journalism & Mass Communication Quarterly, 77(4), 830-845.

Chomsky, Noam (2000): „In Retrospect". In: Z Magazine, April/Mai [Online-Dokument] URL: http://www.zmag.org [Download: 25.06.2003].

Christiansen, Olaf (2004): Das „Office for Strategic Influence" als Informationsmanager in der US-Kampagne in Afghanistan. In: Publizistik, 49(1), 66-81.

Christmann, Holger (2002) Kinoproduktion: „Der Anschlag". In: Frankfurter Allgemeine Zeitung, 06.08.2002.

Claßen, Elvira (1996): Kriegsberichterstattung als Indikator gesamtstaatlichen Wandels. Eine Untersuchung der Vietnam- und Golfkriegsberichterstattung in Fernsehnachrichtensendungen der Bundesrepublik Deutschland und der USA. In: Peter Ludes (Hrsg.): Informationskontexte für Massenmedien: Theorien und Trends. Opladen: Westdeutscher Verlag. 264-316.

Claßen, Elvira (2003): Am Anfang stand die Lüge. In: Telepolis [Online-Dokument] URL: http://www.telepolis.de/deutsch/special/irak/14271/1.html [Download: 26.02.2003].

Clausewitz, Carl von (1969): Vom Kriege. Pfaffenhofen: Ilmgau-Verlag.

Cobet, Justus (1997): Herodot, Historiai. In: Volker Reinhardt (Hrsg.): Hauptwerke der Geschichtsschreibung. Stuttgart: Kröner. 281-284.

Conter, Claude D. (1999) : Zu Besuch bei Kaspar Stieler. „Zeitungs Lust und Nutz" - ein Beitrag zur historischen Kommunikationsforschung. In: Publizistik, 44(1), 75-93.

Control Risks Group (2003): Investieren nur mit Risiko. In: Frankfurter Rundschau, 12.11.2003, 12.

Cook, Russel J. (1998): Vietnam War: War Changed the Role of the Press in U.S. Affairs. In: Margaret A. Blanchard (ed.): History of the Mass Media in the United States. An Encyclopedia. Chicago: Fitzroy Dearborn. 677-680.

Coombs, W. Timothy (1999): Ongoing Crisis Communication: Planning, Managing, and Responding. Thousand Oaks, CA: Sage.

Coulter, Ann (2001): This Is War: We Should Invade Their Countries. In: National Review Online [Online-Dokument] URL: http://www.nationalreview.com/coulter/coulter091301.shtml [Download: 29. 07.2003].

Crefeld, Martin van (1998): Die Zukunft des Kriegs. München: Gerling-Akademie-Verlag.

Cronin, Blaise & Holly Crawford (1999): Information Warfare: Its Application in Military and Civilian Contexts. In: The Information Society, 15, 257-263.

Culbert, David (1988): Television's Vietnam and Historical Revisionism in the United States. In: Historical Journal of Film, Radio and Television, 8(3), 253-267.

Cutlip, Scott M. (1989): Public Relations: The Manufacture of Opinion. In: Gannett Center Journal, Spring, 105-116.

Cutlip, Scott M. (1994): The Unseen Power: Public Relations. A History. Hillsdale: Erlbaum.

Cutlip, Scott M. (1995): Public Relations History: From the 17th to the 20th Century. The Antecedents. New Jersey: Hillsdale.

D

Damm, Tile von (2002): Die Öffentlichkeitsarbeit der Bundeswehr - die Truppe als modernes Promotion- und Marketingunternehmen. In: Ulrich Albrecht & Jörg Becker (Hrsg.): Medien zwischen Krieg und Frieden. Baden-Baden: Nomos. 55-63.

Daniels, Josephus (1944): The Wilson Era: Years of Peace, 1910-1917. Chapel Hill: The University of North Carolina Press.

Dao, James & Eric Schmitt (2002): A Nation Callenged: Hearts and Minds: Pentagon Readies Efforts to Sway Sentiments abroad. In: The New York Times, 19.02.2002.

Davis, Morris (1977): Interpreters for Nigeria: The Third World and International Public Relations. Urbana: University of Illinois.

Debiel, Tobias & Volker Matthies (2000): Krisenprävention - mehr Fragen als Antworten? Eine Zwischenbilanz zur deutschen Entwicklungs-, Außen- und Sicherheitspolitik. In: E+Z - Entwicklung und Zusammenarbeit, (9), 250-253.

Deichmann, Thomas (1998): From „Never again War" to „Never again Auschwitz": Dilemmas of German Media Policy in the War against Yogoslavia. In: Philip Hammond & Edward S. Herman (eds.): Degraded Capability: The Media and the Kosovo Crisis. London & Sterling, VA: Pluto Press. 153-163.

Delitz, Jürgen & Klaus Plake (1988): Präsentation von Normalität. Das Bild der Bundeswehr in der überregionalen Tagespresse - eine inhaltsanalytische Studie. In: Wolfgang R .Vogt (Hrsg.): Militär als Lebenswelt. Streitkräfte im Wandel der Gesellschaft (II). Opladen: Leske+Budrich. 149-170.

Department of Defense (2001): Report to Congress: Network centric warfare [Online-Dokument] URL: http://www.c3i.osd.mil/NCW [Download: 03.04.2003].

Derian, James der (2001): Virtuous War. Colorado: West View.

Deutsche Welle (Hrsg.) (2001): „Sagt die Wahrheit: Die bringen uns um!" Zur Rolle der Medien in Krisen und Kriegen. Berlin: Vistas.

Devost, Matthew G., Brian K. Houghton & Neal A. Pollard (1997): Information Terrorism: Can you trust your toaster? In: Robert E. Neilson (ed.): Sun Tzu and Information Warfare. Washington, D.C.: National Defense University Press. 63-78.

Dienst, Christian (2003): Operatives Marketing. Grundsätzliche Betrachtungen zur Pressearbeit am Beispiel der Operation Enduring Freedom aus der Sicht eines (Marine-)Sprechers im BMVg. In: Marineforum, (3), 8.

Dietz, Bernhard (2000): Medienberichterstattung, „Öffentliche Meinung" und Außenpolitik. Grundelemente eines interdisziplinären Forschungsansatzes. TU Braunschweig: Institut für Sozialwissenschaft. Forschungsbericht Nr. 35.

Dietz, Bernhard & Ulrich Menzel (1999): „Brandstifter" oder Anwälte des demokratischen Friedens? Die Rolle der Medien in bewaffneten Konflikten. Untersucht anhand politischer Entscheidungsprozesse der deutschen Bundesregierung in ausgewählten militärischen Konflikten der 1990er Jahre. Entwurf eines Forschungsprojekts. In: Forschungsberichte aus dem Institut für Sozialwissenschaften 27/1999: Braunschweig.

Doerries, Reinhard R. (1989): Imperial Challenge: Ambassador Count Bernstorff and German-American relations, 1908-1917. Chapel Hill: University of North Carolina Press.

Dombrowsky, Wolf R. (1991): Krisenkommunikation. Problemstand, Fallstudien und Empfehlungen. Arbeiten zur Risikokommunikation. Heft 20. Jülich.

Dominikowski, Thomas (1993): „Massen"medien und „Massen"krieg. Historische Annäherungen an eine unfriedliche Symbiose. In: Martin Löffelholz (Hrsg.): Krieg als Medienereignis. Grundlagen und Perspektiven der Krisenkommunikation. Opladen: Westdeutscher Verlag. 33-48.

Dougherty, Devon (1992): Crisis Communications: What Every Executive Needs to Know. New York: Walker.

Drucker, Peter F. (1993): Post-Capitalist Society. Oxford: Butterworth Heinemann.

Dunkley, Christopher (1997): Whose News Is it Anyway? In: Financial Times, 20.09.1997.

Dunwoody, Sharon & Hans Peter Peters (1993): Massenmedien und Risikowahrnehmung. In: Bayerische Rück (Hrsg.): Risiko ist ein Konstrukt. Wahrnehmungen zur Risikowahrnehmung. München: Knesebeck. 317-341.

E

Eckert, Dirk (2001): Theorie und Praxis der Information Warfare in den USA. Kölner Arbeitspapiere zur internationalen Politik, 1.

Eckert, Dirk (2003): Medien als Teil der Kriegführung. In: M Menschen machen Medien, 3/2003, 15-16.

Edeani, David O. (1993): Role of Development Journalism in Nigeria's Development. In: Gazette, 52, 123-143.

Eilders, Christiane (1997): Nachrichtenfaktoren und Rezeption. Eine empirische Analyse zur Auswahl und Verarbeitung politischer Information. Opladen: Westdeutscher Verlag.

Eilders, Christine & Albrecht Lüter (2000): Germany at War: Competing Framing Strategies in German Public Discourse. In: European Journal of Communication, 15(3), 415-428.

Ehlers, Renate (1991): Fernseh- und Radionutzung während des Golfkrieges. In: Media Perspektiven, (5), 333-337.

Emmer, Martin, Christoph Kuhlmann, Gerhard Vowe & Jens Wolling (2002): Der 11. September - Informationsverbreitung, Medienwahl, Anschlusskommunikation. Ergebnisse einer Repräsentativbefragung zu einem Ereignis mit extremem Nachrichtenwert. In: Media Perspektiven, (4), 166-177.

EMNID (2001): Umfrage & Analyse.

EMNID (2002): Umfrage & Analyse.

EMNID (2003): Umfrage & Analyse.

Eriyanto (2002): Koran, Bisnis, dan Perang: Kisah Perpecahan sebuah Suratkabar Jadi Kristen dan Islam di Ambon. In: Pantau, (9), 14-25.

Eriyanto (2003): Media dan Konflik di Ambon: Media, Berita, dan Kerusuhan Komunal di Ambon 1999-2002. Jakarta: Kantor Berita Radio 68H.

Erlich, Resse (2003): Berichterstattung in den Medien: Ein Blick von unten. In: Norman Solomon & Reese Erlich (Hrsg.): Angriffsziel Irak. Wie die Medien uns den Krieg verkaufen. München: Goldmann. 35-41.

Eurich, Claus (1991): Tödliche Signale. Die kriegerische Geschichte der Informationstechnik. Frankfurt a.M.: Luchterhand.

Evans, Harold M. (2001): The Combat Correspondent: A Look at War Reporting, from Caesar's Commentaries to Cell Phones. In: Media Studies Journal, 15(1), 2-7.

Everett, Charles B., Moss Dewindt & Shane McDade (1997): The Silicon Spear: Assessment of Information Based Warfare and U.S. National Security. In: Robert E. Neilson (ed.): Sun Tzu and Information Warfare. Washington, D.C.: National Defense University Press. 33-62.

F

Faern-Banks, Kathleen (2002): Crisis Communications: A Casebook Approach. 2nd Ed. Mahwah, NJ: Lawrence Erlbaum.

Fahrer, Birgit (2000): Konstruktive Friedensberichterstattung? Inhaltsanalyse - ausgewählte Medien-Presseberichte zum israelisch-palästinensischen Friedensprozess. Konstanz: unveröffentlichte Diplomarbeit.

Fawcett, Liz (2002): Why Peace Journalism Isn't News. In: Journalism Studies, 3(2), 213-223.

Feichtner, Gerhard (1994): Schnappschuss Schlagzeile: Medien und Krieg - eine Herausforderung für die Friedenserziehung. Stadtschlaining: Österreichisches Studienzentrum für Frieden und Konfliktlösung.

Ferdowski, Mir A. (Hrsg.) (2002): Internationale Politik im 21. Jahrhundert. München: Fink (UTB).

Fico, Frederick, Linlin Ku & Stan Soffin (1994): Fairness, Balance of Newspaper Coverage of U.S. in Gulf War. In: Newspaper Research Journal, 15(1), 30-43.

Fiedler, Stefan (1994): Kommunikation zur Krisenvermeidung und -vorsorge. In: Roland Gareis (Hrsg.): Erfolgsfaktor Krise. Konstruktionen, Methoden, Fallstudien zum Krisenmanagement. Wien: Signum. 211-235

Filk, Christian (1995): Manipulation durch Mediokratie. Zur medienpolitischen Kommunikation im zweiten Golfkrieg. In: Film und Fernsehen, 23(4), 46-51.

Filk, Christian (1999): Symbolische Politik, historische Analogien, Bilderkrieg. Performanzen des Kosovo-Kriegs in den Medien. In: Rundfunk und Geschichte: Mitteilungen des Studienkreises Rundfunk und Geschichte, 25(4), 263-267.

Fink, Steven (1986): Crisis Management: Planning for the Inevitably. New York: Amacom.

Fischermann, Thomas (2001): Hacker im heiligen Krieg. In: Die Zeit, 11.10.2001.

Fisher, Nigel (2000): Communication for Development and Social Change. In: Media Asia, 27(1), 33-35.

Fleishman, Glenn (2001): Been „blogging"? Web discourse hits higher level. In: The Seattle Times [Online-Dokument] URL: http://archives.seattletimes.nwsource.com [Download: 10.04.2001].

Floto, Christian, Fabian Sieg & Sven Wiebeck (2002): Sensationelle Seriosität oder seriöse Sensationalisierung. Aspekte zur Standortfrage von TV-Nachrichtensendungen am Beispiel der Berichterstattung über das Geschehen in Afghanistan. In: tv diskurs, (21), 64-70.

Foer, Franklin (2002): John Rendon's Shallow PR: War on Terrorism. Flacks Americana. In: The New Republic [Online-Dokument] URL: http://www.tnr.com/docprint.mhtml?i=20020520s=foer052002 [Download: 20.05.2002].

Foerster, Heinz von (2002): Entdecken oder Erfinden. Wie läßt sich Verstehen verstehen? In: Heinz von Foerster (Hrsg.): Einführung in den Konstruktivismus (6. Auflage). München: Piper. 41-88.

Forster, Peter (1998): Aber wahr muss es sein. Information als Waffe. Frauenfeld: Huber.

Franklin, Bob (2003): „A Good Day to Bury Bad News?": Journalists, Sources and the Packaging of Politics". In: Simon Cottle (ed.): News, Public Relations and Power. London: Sage. 45-61.

Frerichs, Stefan (2000): Bausteine einer systemischen Nachrichtentheorie. Konstruktives Chaos und chaotische Konstruktionen. Wiesbaden: Westdeutscher Verlag.

Freund, Giséle (1976): Photographie und Gesellschaft. München: Rogner und Bernhard.

Fritz, Jürgen & Wolfgang Fehr (1997): Gewalt, Aggression und Krieg. Bestimmende Spielthematiken in Computerspielen. In: Jürgen Fritz & Wolfgang Fehr (Hrsg.): Zuerst in: Handbuch Medien: Computerspiele. Theorie, Forschung, Praxis. Bonn: Bundeszentrale für Politische Bildung. [Online-Dokument] URL: http://www.medien-paedagogik-online/cs/7/00545 [Download: 15.03.2002]

Fröhlich, Romy (2002): Die mediale Wahrnehmung von Frauen im Krieg: Kriegsberichterstatterinnen und Kriegsberichterstattung aus Sicht der Kommunikationswissenschaft. In: Ulrich Albrecht & Jörg Becker (Hrsg.): Medien zwischen Krieg und Frieden. Baden-Baden: Nomos. 182-193.

Frohloff, Astrid (2004): Kriegsnachrichten. In: Christian Büttner, Joachim von Gottberg & Verena Metze-Mangold (Hrsg.): Krieg in den Medien. Frankfurt am Main: Campus. 39-49.

Fuchs, Peter (1992): Die Erreichbarkeit der Gesellschaft. Zur Konstruktion und Imagination gesellschaftlicher Einheit. Frankfurt a.M.: Suhrkamp.

Fuchs, Peter (1997): Adressabilität als Grundbegriff der soziologischen Systemtheorie. In: Soziale Systeme, 3(1): 55-79.

Fuchs, Peter (1999): Intervention und Erfahrung. Frankfurt a.M.: Suhrkamp

Füßer, Ulrich (1997): Der 3. Indochinakonflikt im Spiegel der wissenschaftlichen Forschung und von vier deutschsprachigen Tageszeitungen. Münster: Lit.

Fulbright, J. William (1971): Das Pentagon informiert oder: Der Propaganda-Apparat einer Weltmacht. Reinbek: Rowohlt.

Furneaux, Rupert (1945): The First War Correspondent: William Howard Russell of The Times. London: Cassell.

G

Galtung, Johan (1997): Kriegsbilder und Bilder vom Frieden oder: Wie wirkt diese Berichterstattung auf Konfliktrealität und Konfliktbearbeitung? In: Jörg Calließ (Hrsg.): „Das erste Opfer eines Krieges ist die Wahrheit" oder: Die Medien zwischen Kriegsberichterstattung und Friedensberichterstattung (Loccumer Protokolle, Nr. 69/95.) Loccum: Evangelische Akademie Loccum. 81-92.

Galtung, Johan (1998a): Frieden mit friedlichen Mitteln. Friede und Konflikt, Entwicklung und Kultur. Opladen: Leske+Budrich.

Galtung, Johan (1998b): Friedensjournalismus: Was, warum, wer, wie, wann, wo? In: Wilhelm Kempf & Irena Schmidt-Regener (Hrsg.): Krieg, Nationalismus, Rassismus und die Medien. Münster: Lit. 3-20.

Galtung, Johan (2002): Peace Journalism - A Challenge. In: Wilhelm Kempf & Heikki Luostarinen (eds.): Vol. 2: Journalism and the New World Order: Studying War and the Media. Göteborg: Nordicom. 259-272.

Galtung, Johan & Mari Holmboe Ruge (1965): The Structure of Foreign News: The Presentation of the Congo, Cuba and Cyprus Crises in Four Norwegian Newspapers. In: Journal of Peace Research, 2(1), 64-91.

Galtung, Johan & Richard C. Vincent (1992): Global Glasnost. Toward a New World Information and Communication Order? Creskill, NJ: Hampton Press.

Gantz, Walter & Bradley S. Greenberg (1993): Patterns of Diffusion and Information Seeking. In: Bradley S. Greenberg & Walter Gantz (eds.): Desert Storm and the Mass Media. Cresskill, NJ: Hampton. 166-181.

Gantzel, Klaus Jürgen (1996): Krieg. In: Dieter Nohlen (Hrsg.): Wörterbuch Staat und Politik. München: Piper. 372-374.

Gantzel, Klaus Jürgen (2002): Neue Kriege? Neue Kämpfer? Universität Hamburg. Institut Politische Wissenschaften: Forschungsstelle Kriege, Rüstung und Entwicklung. Arbeitspapier Nr. 2.

Gantzel, Klaus Jürgen & Thorsten Schwinhammer (1995): Die Kriege nach dem Zweiten Weltkrieg 1945-1992. Daten und Tendenzen. Münster: Lit.

Gapp, Christian (2003): Fully Embedded. Kriegsberichterstattung mit Tradition. In: Telepolis [Online-Dokument] URL: http://www.heise.de/tp/deutsch/special/auf/14471/1.html [Download: 30.07.2003].

Gareis, Sven B. & Rolf Zimmermann (1999): Sicherheitspolitische Kommunikation. Baden-Baden: Nomos.

Gaus, Bettina (2002): Ein Quantensprung an Bedeutung. Das Fernsehen und der 11. September 2001. In: Adolf-Grimme-Institut (Hrsg.): Jahrbuch Fernsehen. Marl: Adolf-Grimme-Institut. 51-61.

Gaus, Bettina (2003): Kriegsbilanzen. In: die tageszeitung (tazmag), 07/08.06.2003, I-III.

Gellner, Ernest (1999): Nationalismus. Kultur und Macht. Berlin: Siedler.

Gerlach, Hellmut von (1926): Die große Zeit der Lüge. Charlottenburg: Weltbühne.

Gesellschaft für Wirtschaftskommunikation Dr Doeblin (1989): Die Kommunikation von Unternehmen in Krisenzeiten. Eine Umfrage unter Wirtschafts- und Umweltjournalisten. o.O.

Giddens, Anthony (1996): Konsequenzen der Moderne. Frankfurt a.M.: Suhrkamp.

Gieselmann, Hartmut (2002a): Der virtuelle Krieg. Zwischen Schein und Wirklichkeit im Computerspiel. Hannover: Offizin.

Gieselmann, Hartmut (2002b): Virtuelle Stahlgewitter. Militarismus und Nationalismus in Computer-spielen. In: medien+erziehung, (6), 360-365.

Gieselmann, Hartmut (2003): Spielplatz Zweiter Weltkrieg. Nazi-Clans und Militär-Fanatiker im virtuel-len Stahlgewitter. In: c't, (7), 94-99.

Giessmann, Hans. J. (2002): Media and the Public Sphere: Catalyst and Multiplier of Terrorism? In: Media Asia, (3), 134-136.

Gjelten, Tom (2001): Finding the Right „Moral Attitude": Journalists Can Best Serve Victims By Bal-ancing Humanity and Professionalism. In: Media Studies Journal, 15(1), 72-76.

Glaser, Mark (2003): Journalists Debate Closure of Another Blog. In: Online Journalism Review [Onli-ne-Dokument] URL: http://www.ojr.org/ojr/glaser/1051593413.php [Download: 19.05.2003].

Glasersfeld, Ernst von (2002): Konstruktion der Wirklichkeit und des Begriffs der Objektivität. In: Heinz von Foerster (Hrsg.): Einführung in den Konstruktivismus (6. Auflage). München: Piper. 9-39.

Glasersfeld, Ernst von & Bernhard Pörksen (2001): „Was im Kopf eines anderen vor sich geht, können wir nie wissen". Ernst von Glasersfeld über Wahrheit und Viabilität, Sprache und Erkenntnis und die Prämissen einer konstruktivistischen Pädagogik. In: Bernhard Pörksen (Hrsg.): Die Gewissheit der Ungewissheit. Heidelberg: Carl-Auer-Systeme-Verlag. 46-69.

Glass, Charles (1999): Hacks versus Flacks: Tales from the Depths. In: Z Magazine, August [Online-Dokument] URL: http://www.zmag.org [Download: 01.08.1999].

Glasser, Theodore L. (1992): Objectivity and News Bias. In: Elliot D. Cohen (ed.): Philosophical Issues in Journalism. New York u.a.: Oxford University Press. 176-183.

Gleich, Uli (2003): Qualität im Journalismus am Beispiel der Kriegsberichterstattung. Forschungsbeiträ-ge zur Qualitätsdebatte. In: Media Perspektiven, (3), 139-148.

Gödde, Ralf (1992): Radikaler Konstruktivismus und Journalismus. Die Berichterstattung über den Golfkrieg - Das Scheitern eines Wirklichkeitsmodells. In: Gebhard Rusch & Siegfried J. Schmidt (Hrsg.): Konstruktivismus: Geschichte und Anwendung. Frankfurt a.M.: Suhrkamp. 269-287.

Görke, Alexander (1993): Den Medien vertrauen? Glaubwürdigkeitskonzepte in der Krise. In: Martin Löffelholz (Hrsg.): Krieg als Medienereignis. Grundlagen und Perspektiven der Krisenkommunika-tion. Opladen: Westdeutscher Verlag. 127-144.

Görke, Alexander (1999): Risikojournalismus und Risikogesellschaft. Sondierung und Theorieentwurf. Opladen: Westdeutscher Verlag.

Görke, Alexander (2000): Systemtheorie weiterdenken: Das Denken in Systemen als Herausforderung für die Journalismusforschung. In: Martin Löffelholz (Hrsg.): Theorien des Journalismus. Ein dis-kursives Handbuch. Wiesbaden: Westdeutscher Verlag. 435-454.

Görke, Alexander (2002): Journalismus und Öffentlichkeit als Funktionssystem. In: Armin Scholl (Hrsg.): Systemtheorie und Konstruktivismus in der Kommunikationswissenschaft. Konstanz: UVK-Medien. 69-90.

Görke, Alexander (2003): Das System der Massenmedien, öffentliche Meinung und Öffentlichkeit. In: Harald Bluhm, Karsten Fischer & Kai-Uwe Hellmann (Hrsg.): Das System der Politik. Niklas Luhmanns politische Theorie. Wiesbaden: Westdeutscher Verlag. 121-135.

Görke, Alexander & Johannes Kollbeck (1996): (Welt)Gesellschaft und Mediensystem. Zur Funktion und Evolution internationaler Medienkommunikation. In: Miriam Meckel & Markus Kriener (Hrsg.): Internationale Kommunikation. Eine Einführung. Opladen: Westdeutscher Verlag. 263-281.

Goetsch, Paul (1997). Der unsichtbare Feind im Vietnam-Film. Zum Problem der Sympathielenkung. In: Michael Charlton & Silvia Schneider (Hrsg.) (1997): Rezeptionsforschung. Theorien und Untersuchungen zum Umgang mit Massenmedien. Wiesbaden: Westdeutscher Verlag. 148-156.

Goodman, Robyn S. (1999): Prestige Press Coverage of US-China Policy during the Cold War's Collapse and Post-cold War Years Did a Deteriorating Cold War Paradigm Set the Stage for More Independent Press Coverage. In: Gazette, 61(5), 391-410.

Gottmann, Tanja (2002): Visualisierung konfliktiver Ereignisse. Schlüsselbilder in der Bildberichterstattung von Spiegel und Focus am Beispiel des Attentats am 11. September 2001 und des Afghanistan-Feldzuges. Ilmenau: unveröffentlichte Diplomarbeit.

Grade, Jochen (2002): Deeskalation durch Information. In: Europäische Sicherheit, 51(7), 31-34.

Grattan, Clinton H. (1969): Why We Fought. Indianapolis: Bobbs Merrill.

Greenberg, Bradley S. (1993): Summary and Commentary. In: Bradley S. Greenberg & Walter Gantz (eds.): Desert Storm and the Mass Media. Cresskill, NJ: Hampton. 395-413.

Gresh, Alain (2003): Verbrechen, Lügen und Befreiung. US-Amerikanische Kriegsführung im Irak. In: Le Monde diplomatique, 16.05.2003, 4-5.

Griffin, Michael & Jongsoo Lee (1995): Picturing the Gulf War: Constructing an Image of War in Time, Newsweek, and U.S. News & World Report. In: Journalism & Mass Communication Quarterly, 72(4), 813-825.

Grimm, Jürgen (1997): Informationsleistungen von Medien in Krisenzeiten. Anomalien des Zuschauerverhaltens während des Golfkriegs. In: Christof Barth & Christian Schröter (Hrsg.): Radioperspektiven. Strukturen und Programme. Baden-Baden: Nomos. 211-229.

Grundmann, Julia (2000): Friedensjournalismus und Kriegsjournalismus nach Johan Galtung. In: ami, 30(8-9), 86-96.

Grundmann, Reiner, Dennis Smith & Sue Wright (2000): National Elites and Transnational Discourses in the Balkan War: A Comparison between the French, German and British Establishment Press. In: European Journal of Communication, 15(3), 299-320.

Guillery, Jean-Michel & Michel Ogrizek (1999): Communicating in Crisis: A Theoretical and Practical Guide to Crisis Management. New York: De Gruyter.

Gunaratne, Shelton A. (1999): The Media in Asia: An Overview. In: Gazette, 61(3-4), 197-223.

H

Hacke, Christian (2003): Außen- und Sicherheitspolitik. In: Herfried Münkler (Hrsg.): Politikwissenschaft. Ein Grundkurs. Reinbek: Rowohlt. 324-373.

Häckel, Erwin (1990): Ideologie und Außenpolitik. In: Wichard Woyke (Hrsg.): Handwörterbuch internationale Politik (4., völlig überarb. Auflage). Opladen: Leske+Budrich. 202-209.

Hafez, Kai (2002): Die politische Dimension der Auslandsberichterstattung. Band 2: Das Nahost- und Islambild der deutschen überregionalen Presse. Baden-Baden: Nomos.

Hahn, Dorothea (2003): Mit Raketen und Schulbüchern. In: die tageszeitung, 17.03.2003.

Hall, Christian (Hrsg.) (2001): Krieg mit Bildern. Wie Fernsehen Wirklichkeit konstruiert. Mainzer Tage der Fernsehkritik. Band 33. Mainz: ZDF.

Hall, Jim (2000): The First Web War: „Bad Things Happen in Unimportant Places". In: Journalism Studies, 1(3), 387-404.

Halliday, Julian, Sue Curry Jansen & James Schneider (1992): Framing the Crisis in Eastern Europe. In: Marc Raboy & Bernard Dagenais (eds.): Media, Crisis and Democracy: Mass Communication and the Disruption of Social Order. London & Newbury Park, CA: Sage. 63-78.

Hallin, Daniel C. (1986): The Uncensored War: The Military and the Media. Oxford: University Press.

Hamm, Brigitte, Jochen Hippler, Dirk Messner & Christoph Weller (2002): Weltpolitik am Scheideweg. Der 11. September und seine Folgen (SEF-Policy Paper 19). Bonn.

Hammond, Philip (1998): CNN: Selling Nato's War Globally. In: Philip Hammond & Edward S. Herman (eds.): Degraded Capability: The Media and the Kosovo Crisis. London/Sterling, VA: Pluto Press. 123-131.

Hammond, Philip (2000a): „Good versus Evil" after the Cold War: Kosovo and the Moralisation of War Reporting. In: Javnost, 7(3), 19-38.

Hammond, Philip (2000b): Reporting „Humanitarian" Warfare: Propaganda, Moralism and NATO's Kosovo War. In: Journalism Studies, 1(3), 365-386.

Hammond, Philip & Edward S. Herman (2000): Degraded Capability: The Media and the Kosovo Crisis. London: Pluto Press.

Hanieh, Adam (1999): The WWW in Palestine: An informational and organizing tool. In: Middle East Report [Online-Dokument] URL: http://www.merip.org/mer/mer213/213_hanieh.html [Download: 14.10.2000].

Hanitzsch, Thomas (2004): Journalismus in Indonesien. Akteure, Strukturen, Orientierung-shorizonte, Journalismuskulturen. Wiesbaden: Deutscher Universitäts-Verlag.

Hauser, Thomas (1994): Krisen-PR von Unternehmen. Analyse von Kommunikationsstrategien anhand ausgewählter Krisenfälle. München: FGM.

Hauswedell, Corinna, Christoph Weller, Ulrich Ratsch, Reinhard Mutz & Bruno Schoch (2003): Stellungnahme zur gegenwärtigen Situation: Aktuelle Entwicklungen und Empfehlungen. In: Corinna Hauswedell et al. (Hrsg.): Friedensgutachten 2003. Münster: Lit. 1-23.

Headquarters, Department of the Army (1996): Information Operations. Field Manual No. 100-6. Washington, D.C.

Hecker, Silke (1997): Kommunikation in ökologischen Unternehmenskrisen. Der Fall Shell und Brent Spar. Wiesbaden: Deutscher Universitäts-Verlag.

Herman, Edward S. & David Peterson (1998): CNN: Selling Nato's War Globally. In: Philip Hammond & Edward S. Herman (eds.): Degraded Capability: The Media and the Kosovo Crisis. London/Sterling, VA: Pluto Press. 111-122.

Hertog, James K. (2000): Elite Press Coverage of the 1986 U.S.-Libya Conflict: A Case Study of Tactical and Strategic Critique. In: Journalism & Mass Communication Quarterly, 77(3), 612-627.

Hertsgaard, Mark (2003a): Im Schatten des Sternenbanners. Amerika und der Rest der Welt. München/Wien: Hanser.

Hertsgaard, Mark (2003b): Wiederholung triumphiert über Wahrheit. In: Spiegel Online, 16.05.2003.

Herz, Thomas & Michael Schwab-Trapp (1997): Umkämpfte Vergangenheit. Diskurse über den Nationalsozialismus seit 1945. Opladen: Westdeutscher Verlag.

Hickethier, Knut (1991): Fernsehen, Fern-Sehen und Golfkrieg. Die Inszenierungen der TV-Kriegsberichterstattung. In: Augen-Blick: Marburger Hefte zu Medienwissenschaften, (11), 35-53.

Hiebert, Ray E. (1966): Courtier to the Crowd: The Story of Ivy Lee and the Development of Public Relations. Iowa: Ames.

Hirschmann, Kai (2002): Internationaler Terrorismus gestern und heute: Entwicklungen, Ausrichtung, Ziele. In: Hans Frank & Kai Hirschmann (Hrsg.): Die weltweite Gefahr. Terrorismus als internationale Herausforderung. Berlin: Berlin-Verlag Spitz. 27-66.

Höijer, Birgitta, Stig Arne Nohrstedt & Rune Ottosen (2002): Der Kosovo-Krieg in den Medien. Analyse einer globalen Diskursordnung. In: Conflict & Communication Online, 1(2), [Online-Dokument] URL: http://www.cco.regener-online.de/2002_2/pdf_2002_2/h%F6ijer.pdf [Download: 11.06.2003].

Hörner, Karin (1993): Der Begriff Feindbild: Ursachen und Abwehr. In: Verena Klemm & Karin Hörner (Hrsg.): Das Schwert des „Experten". Peter Scholl-Latours verzerrtes Araber- und Islambild. Heidelberg: Palmyra Verlag. 34-43.

Hoffman, Bruce (2001): Terrorismus. Der unerklärte Krieg. Neue Gefahren politischer Gewalt. Frankfurt a.m.: Fischer

Hoffmann, Hans-Viktor (Hrsg.) (2004): Netzwerk Kommunikation in Zeiten der Krise. Dokumentation zum 9. Strausberger Symposium und dessen Auswertung für die Praxis. Baden-Baden: Nomos.

Hoffner, Cynthia & Margaret J. Haefner (1994): Children's News Interest During the Gulf War: The Role of Negative Affect. In: Journal of Broadcasting & Electronic Media, 38(2), 193-204.

Holst, Jens (2003): „Combat Ready einsatzbereit". Tagesthemen für die Truppe - die Bundeswehr informiert ihre Mannen mit einem eigenen Fernsehkanal. In: Frankfurter Rundschau, 29.03.2003.

Honke, Gudrun & Sylvia Servaes (1994): Europas Blick auf Afrikas Katastrophen. Der Krieg in Ruanda in der deutschen Presse. In: Zeitschrift für Kulturaustausch, (3), 343-349.

Horowitz, Edward M. & Johan Wanstrom (2003): Communicating Patriotism: Reactions and Responses to the Anniversary of 9-11. Communication in the Borderland of 9/11/01: Individual, Interpersonal, and Media Responses and Effects. Paper presented at the 53rd Annual Conference of the International Communication Association, San Diego, May 2003.

Howe, Peter (2003): Which Photos of War Tell the Truer Story? In: USA Today, 04.04.2003.

Hudson, Miles & John Stanier (1998): War and the Media. New York: New York University Press.

Hug, Detlef Matthias (1997): Konflikte und Öffentlichkeit. Zur Rolle des Journalismus in sozialen Konflikten. Opladen: Westdeutscher Verlag.

Hume, David (1958): A Treatise of Human Nature. Oxford: Oxford Univ. Press.

Hume, Mick (1997): Whose War Is it Anyway? The Dangers of the Journalism of Attachment. (Living Marxism Special). London: Inform Inc.

Hume, Mick (1998): Nazifying the Serbs, from Bosnia to Kosovo. In: Philip Hammond & Edward S. Herman (eds.): Degraded Capability: The Media and the Kosovo Crisis. London/Sterling, VA: Pluto Press. 70-78.

Hupertz, Heike (2003): Rambojungs. In: Frankfurter Allgemeine Zeitung, 01.03.2003, 40.

The Hutchins Commission (1947): Report of the Commission on the Freedom of the Press: A Free and Responsible Press. Chicago, IL: University of Chicaco Press.

hz (1987): Bundeswehr als „Kecker Spatz" auf den Wellen des Bayerischen Rundfunks? In: druck und papier, (18), 31.08.87.

I

Ilsemann, Carl Gero von (1981): Die Innere Führung in den Streitkräften. In: Hubert Reinfried & Hubert F. Walitschek (Hrsg.): Die Bundeswehr. Eine Gesamtdarstellung. Band 5. Regensburg: Walhalla und Praetoria Verlag.

Imhof, Christiane (1997): Fernseh- und Radionutzung in politischen Krisenzeiten. In: Christof Barth & Christian Schröter (Hrsg.): Radioperspektiven. Strukturen und Programme. Baden-Baden: Nomos. 231-238.

Imhof, Kurt (1995): Kriegskommunikation im sozialen Wandel. In: Kurt Imhof & Peter Schulz (Hrsg.): Medien und Krieg - Krieg in den Medien. Zürich: Seismo. 123-135.

Imhof, Kurt & Peter Schulz (Hrsg.) (1995): Medien und Krieg - Krieg und Medien. Zürich: Seismo.

Inacker, Michael (2003): Der neue Krieg. In: Frankfurter Allgemeine Sonntagszeitung, 19.01.2003.

Ispandriarno, Lukas, Thomas Hanitzsch & Martin Löffelholz (Hrsg.) (2002): Media - Militer - Politik. Crisis Communication: Perspektif Indonesia dan Internasional. Yogyakarta: Galang.

Iyengar, Shanto & Adam Simon (1993): News Coverage of the Gulf Crisis and Public Opinion. A Study of Agenda-Setting, Priming, and Framing. In: Communication Research, 20(3), 365-383.

Iyengar, Shanto (1996): Framing Responsibility for Political Issues. In: Kathleen Hall Jamieson (ed.): The Media and Politics. The Annals of The American Academy of Political and Social Science. Vol. 546. Thousand Oaks, CA: Sage. 59-70.

J

Jäckel, Michael (1999): Medienwirkungen. Ein Studienbuch zur Einführung. Wiesbaden: Westdeutscher Verlag.

Jaeger, Susanne (1998): Propaganda mit Frauenschicksalen die deutsche Presseberichterstattung über Vergewaltigung im Krieg in Bosnien-Herzegowina. In: Wilhelm Kempf & Irena Schmidt-Regener (Hrsg.): Krieg, Nationalismus, Rassismus und die Medien. Münster: Lit. 75-88.

Jaeger, Susanne (2002a): Compatibility of Peace and News Media. In: Communicator, 37(1), 27-30.

Jaeger, Susanne (2002b): Mediale Wahrnehmungsfilter: Nationalität, Ethnie. In: Ulrich Albrecht & Jörg Becker (Hrsg.): Medien zwischen Krieg und Frieden. Baden-Baden. 194-204.

Jaeger, Susanne, Andreas Mattenschlager & Gerhard Meder (1999): Dokumentation der Datenbasis der Bosnienstudie im „Journalism in the New Order"-Projekt. Diskussionsbeiträge der Projektgruppe Friedensforschung, Nr. 47. [Online-Dokument] URL: http://www.ub.uni-konstanz.de/ v13/ voll-texte/1999/331/pdf/331_1.pdf [Download: 19.01.2003].

Jakobsen, Peter Viggo (2000): Focus on the CNN Effect Misses the Point: The Real Media Impact on Conflict Management Is Invisible and Indirect. In: Journal of Peace Research, 37(2), 131-143.

James, Caryn (2003): When reality overtakes Hollywood. In: International Herald Tribune, 07.05.2003, 18.

Janshen, Doris (2001): Militärische Männerkultur in der Spannung von Konversion und Reversion. In: Peter Döge & Michael Meuser (Hrsg.): Männlichkeit und soziale Ordnung. Opladen: Leske+Budrich. 73-84.

Jarren, Otfried & Donges, Patrick (2002): Politische Kommunikation in der Mediengesellschaft. Eine Einführung. 2 Bände. Wiesbaden: Westdeutscher Verlag.

Jarren, Otfried, Ulrich Sarcinelli & Ulrich Saxer (1998): Politische Kommunikation in der demo-kratischen Gesellschaft. Ein Handbuch mit Lexikonteil. Wiesbaden & Opladen: Westdeutscher Verlag.

JCS Pub 3-13 (1998): Joint Doctrine for Information Operations, 09.10.1998.

Jertz, Walter (2001a): Information Warfare: Medienarbeit als ein Mittel von Führung am Beispiel des Kosovokonflikts. In: Gerhard P. Groß (Hrsg.): Führungsdenken in Europäischen und Nordameri-kanischen Streitkräften im 19. und 20. Jahrhundert. Hamburg: Mittler. 160-163.

Jertz, Walter (2001b): Krieg der Worte - Macht der Bilder. Bonn: Bernard und Graefe.

Jertz, Walter (2002): Die Zukunft nationaler Luftstreitkräfte im Rahmen der ESVP - Eine Perspektive militärischer Multinationalität? In: Werner Hoyer & Gerd F. Kaldrack (Hrsg.): Europäische Sicherheits- und Verteidigungspolitik (ESVP) - Der Weg zu integrierten europäischen Streitkräften? Baden-Baden: Nomos. 75-86.

Johnson, Steven (1999): Interface Culture: Wie neue Technologien Kreativität und Kommunikation verändern. Stuttgart: Klett-Cotta.

Johnstone, Diana (1998): CNN: Selling Nato's War Globally. In: Philip Hammond & Edward S. Herman (eds.): Degraded Capability: The Media and the Kosovo Crisis. London/Sterling, VA: Pluto Press. 141-152.

Johnstone, Diana (2002): Fools' Crusade: Yugoslavia, Nato and Western Delusions. London: Pluto Press.

Jones, Tim (2003): Media Giant's Rally Sponsorship Raises Questions. In: Chicago Tribune, 19.03.2003.

Jordan, Donald L. & Benjamin Page (1992): Shaping Foreign Policy Opinions: The Role of TV News. In: Journal of Conflict Resolution, 36(2), 227-241.

K

Kagan, Robert (2003): Macht und Ohnmacht. Amerika und Europa in der neuen Weltordnung. Berlin: Siedler.

Kaldor, Mary (2000): Neue und alte Kriege. Organisierte Gewalt im Zeitalter der Globalisierung. Frankfurt a.M.: Suhrkamp.

Katz, Elihu (1992): The End of the Journalism? Notes on Watching the War. In: Journal of Communication, 42(3), 5-13.

Katz, Jon (1999): Der Mythos vom Internet-Krieg. In: Message, (1), 64-67.

Keeble, Richard (2000): New Militarism and the Manufacture of Warfare. In: Phillip Hammond & Edward S. Herman (eds.): Degraded Capability: The Media and the Kosovo Crisis. London/Sterling, VA: Pluto Press. 59-69.

Keegan, John (1995): Die Kultur des Krieges. Berlin: Siedler.

Kempf, Wilhelm (1994a): German Newspaper Coverage of Allied Prisoners of War during the Gulf Crisis (1990/91). Diskussionsbeiträge der Projektgruppe Friedensforschung, Nr. 26. [Online-Dokument] URL: http://www.ub.uni-konstanz.de/kops/volltexte/1999/96/ [Download: 11.06.2003].

Kempf, Wilhelm (Hrsg.) (1994b): Manipulierte Wirklichkeiten. Medienpsychologische Untersuchungen der bundesdeutschen Presseberichterstattung im Golfkrieg. Münster & Hamburg: Lit.

Kempf, Wilhelm (1997): Media Coverage of Third Party Peace Initiatives - A Case of Peace Pournalism? Diskussionsbeiträge der Projektgruppe Friedensforschung, Nr. 47. [Online-Dokument] URL: http://www.ub.unikonstanz.de/kops/volltexte/1999/345/ [Download: 10.06.2003].

Kempf, Wilhelm (1998a): Die Berichterstattung über Friedensinitiativen dritter Parteien während des Golfkrieges. In: Wilhelm Kempf & Irena Schmidt-Regener (Hrsg.): Krieg, Nationalismus, Rassismus und die Medien. Münster: Lit. 35-46.

Kempf, Wilhelm (1998b): Media Contribution to Peace Building in War Torn Societies. Diskussionsbeiträge der Projektgruppe Friedensforschung, Nr. 43. [Online-Dokument] URL: http://www.ub.uni-konstanz.de/kops/volltexte/1999/76/ [Download: 18.07.03].

Kempf, Wilhelm (1999a): Escalation- and Deescalation-Oriented Aspects in the Media Construction of the Bosnia Conflict. Diskussionsbeiträge der Projektgruppe Friedensforschung, Nr. 45. [Online-Dokument] URL: http://www.ub.uni-konstanz.de/kops/volltexte/1999/273/ [Download: 10.09.2003].

Kempf, Wilhelm (1999b): Konfliktprävention und die Medien. Plädoyer für einen Friedensjournalismus. In: epd Entwicklungspolitik, 6, 17-23.

Kempf, Wilhelm (2002): Conflict Coverage and Conflict Escalation. In: Wilhelm Kempf & Heikki Luostarinen (eds.): Vol. 2: Journalism and the New World Order: Studying War and the Media. Göteborg: Nordicom. 59-72.

Kempf, Wilhelm (2003): Konstruktive Konfliktberichterstattung - ein sozialpsychologisches Forschungs- und Entwicklungsprogramm. In: conflict & communication online, 2(2).

Kempf, Wilhelm & Heikki Luostarinen (Hrsg.) (2002): Journalism and the New World Order: Studying War and the Media. Göteborg: Nordicom.

Kempf, Wilhelm & Michael Reimann (1994): Informationsbedürfnis und Mediengebrauch während des Golfkriegs. In: Wilhelm Kempf (Hrsg.): Manipulierte Wirklichkeiten. Medienpsychologische Untersuchungen der bundesdeutschen Presseberichterstattung im Golfkrieg. Münster & Hamburg: Lit. 47-57.

Kempf, Wilhelm, Michael Reimann & Heikki Luostarinen (1996): Qualitative Inhaltsanalyse von Kriegspropaganda und Kritischem Friedensjournalismus. Diskussionsbeiträge der Projektgruppe Friedensforschung, Nr. 32. [Online-Dokument] URL: http://www.ub.uni-konstanz.de/ kops/ volltexte/1999/258/ [Download: 18.07.03].

Kempf, Wilhelm & Irena Schmidt-Regener (1998): Krieg, Nationalismus, Rassismus und die Medien. Münster: Lit.

Kepplinger, Hans Mathias & Inge Vohl (1979): Mit beschränkter Haftung. Zum Verantwortungsbewußtsein von Fernsehredakteuren. In: Hans Mathias Kepplinger (Hrsg.): Angepaßte Außenseiter. Was Journalisten denken und wie sie arbeiten. Freiburg: Alber. 223-259.

Khalilzad, Zalmay M. & John P. White (1999): The Changing Role of Information in War. Santa Monica/Washington: Rand.

Kirkpatrick, David D. (2003): War Tests High-Speed Web. In: The New York Times, 24.03.2003.

Kirtley, Jane (2001): Enough is Enough: Journalists Should Draw a Line in the Sand to Limit the Military's Attempts at Absolute Secrecy. In: Media Studies Journal, 15(1), 40-45.

Kister, Kurt (1984): Sicherheitspolitik im Zerrspiegel? Strukturen und Defizite sicherheitspolitischer Berichterstattung in der politischen Tages- und Wochenpresse. In: Wolfgang R. Vogt (Hrsg.): Streitfall Frieden. Heidelberg: C. F. Müller. 262-272.

Kister, Kurt (1991): Die Lust am Grauen. Arbeit zwischen Faszination und Schrecken: die Déformation professionelle der Kriegsberichterstatter. In: Süddeutsche Zeitung, 26./27.01.91.

Klaus, Elisabeth, Kerstin Goldbeck & Susanne Kassel (2002): Fremd- und Selbstbilder in der Berichterstattung der deutschen Medien während des Kosovokrieges am Beispiel des Spiegel. In: Kurt Imhof, Otfried Jarren & Roger Blum (Hrsg.) Integration und Medien. Wiesbaden: Westdeutscher Verlag. 285-305.

Kleinsteuber, Hans Joachim (2002): Markige Sprüche klopfen. In: Message, (1) [Online-Dokument] URL: http://www.message-online.de/arch1_02/12_kleinst.htm [Download: 14.12.2002].

Klenner, Karsten, Elmar Lenzen, Christina Ohde, Olaf Rühmeier & Anja Rullmann (1993): Tyrannen, Aggressoren, Psychopathen. Deutsche Tageszeitungen und ihre Feindbilder. In: Martin Löffelholz (Hrsg.): Krieg als Medienereignis. Grundlagen und Perspektiven der Krisenkommunikation. Opladen: Westdeutscher Verlag. 109-126.

Klimke, Robert & Barbara Schott (1993): Die Kunst der Krisen-PR. Paderborn: Junfermann.

Kloss, Stephan (2003): Mein Bagdad-Tagebuch. Frankfurt a.M.: Fischer Taschenbuch.

Kneer, Georg & Armin Nassehi (2000): Niklas Luhmanns Theorie sozialer Systeme. Eine Einführung (4. Auflage). München: Fink.

Knightley, Phillip (1975): The First Casualty: The War Correspondent as Hero and Myth-Maker from the Crimea to Kosovo. London: Prion.

Knightley, Phillip (1982): The Falklands: How Britannia Ruled the News. In: Columbia Journalism Review, 21(3), 51-53.

Knoblauch, Hubert (1999): Die Rhetorik amerikanischer Radiohörer-Telefonate während des Golfkriegs. In: Jörg Bergmann & Thomas Luckmann (Hrsg.): Kommunikative Konstruktion von Moral. Band 1: Struktur und Dynamik der Formen moralischer Kommunikation. Opladen: Westdeutscher Verlag. 61-86

Knott-Wolf, Brigitte (2001): Zwischen Sensationsmache und Propaganda. Über Macht und Ohnmacht der Kriegsberichterstatter. In: Deutsche Welle (Hrsg.): „Sagt die Wahrheit: die bringen uns um!" Zur Rolle der Medien in Krisen und Kriegen. Berlin: Vistas. 15-26.

Kohring, Matthias (1997): Die Funktion des Wissenschaftsjournalismus. Ein systemtheoretischer Entwurf. Opladen: Westdeutscher Verlag.

Kohring, Matthias (2000): Komplexität ernst nehmen. Grundlagen einer systemtheoretischen Journalismustheorie. In: Martin Löffelholz (Hrsg.): Theorien des Journalismus. Ein diskursives Handbuch. Wiesbaden: Westdeutscher Verlag. 153-168.

Kohring, Matthias (2002): Vertrauen in Journalismus. In: Armin Scholl (Hrsg.): Systemtheorie und Konstruktivismus in der Kommunikationswissenschaft. Konstanz: UVK-Medien. 91-110.

Kohring, Matthias, Alexander Görke & Georg Ruhrmann (1996): Konflikte, Kriege, Katastrophen. Zur Funktion internationaler Krisenkommunikation. In: Miriam Meckel & Markus Kriener (Hrsg.): Internationale Kommunikation. Eine Einführung. Opladen: Westdeutscher Verlag. 283-298.

Koltsova, Elena (2000): Change in the Coverage of the Chechen Wars: Reasons and Consequences. In: Javnost, 7(3), 39-54.

Kosko, Bart (2001): Die Zukunft ist fuzzy. Unscharfe Logik verändert die Welt. München: Piper.

Koszyk, Kurt (1968): Deutsche Pressepolitik im Ersten Weltkrieg. Düsseldorf: Droste.

Krallmann, Dieter & Ziemann, Andreas (2001): Grundkurs Kommunikationswissenschaft. Mit einem Hypertext-Vertiefungsprogramm im Internet. München: Fink.

Krass, Stephan (2002): Militainment oder: Wie man „Krieg" übersetzt. In: Kunst Et Kultur. Kulturpolitische Zeitschrift, (5), U2.

Krause, Peter & Birgit Schwelling (2002): „Filme als Orte kollektiver Erinnerung". Aspekte der Auseinandersetzung mit der Erfahrung des Vietnamkriegs in *Apocalypse Now*. In: Michael Strübel (Hrsg.): Film und Krieg. Zur Inszenierung der Politik zwischen Apologetik und Apokalypse. Opladen: Leske+Budrich. 93-108.

Krauze, Andrzej (1992): Spin Doctors of War. In: New Statesman & Society, 31.07.1992, 12-13.

Krippendorff, Ekkehart, Markus Euskirchen & Arend Wellmann (2000): 100 Tage Militär. Exemplarischer Tätigkeitsbericht über das älteste und größte Gewerbe der Welt. Bremen: Donat.

Kristoff, Nicholas D. (2003): Cloaks and Daggers. In: The New York Times, 06.06.2003.

Kriz, Jürgen (1999): Systemtheorie für Psychotherapeuten, Psychologen und Mediziner. Wien: Facultas.

Krönig, Jürgen (2003): Nachkriegswahrheiten. Das geplünderte Museum in Bagdad und andere Enten. In: epd-medien, 49, 5-7.

Krotz, Friedrich (2002): Strategien gegen die Informationsblockade. In: Message, (1), 18-20.

Krüger, Udo Michael (2003): Der Irak-Krieg im deutschen Fernsehen. Analyse der Berichterstattung in Das Erste/ARD, ZDF, RTL und SAT1. In: Media Perspektiven, (9), 398-413.

Krugman, Paul (2003a): Denial and Deception. In: The New York Times, 24.06.2003.

Krugman, Paul (2003b): Who's Accountable? In: The New York Times, 10.06.2003.

Krugman, Paul (2003c): Channels of Influence. In: The New York Times, 25.03.2003.

Krystek, Ulrich (1987): Unternehmenskrisen. Beschreibung, Vermeidung und Bewältigung überlebenskritischer Prozesse in Unternehmungen. Wiesbaden: Gabler.

Kuhlen, Rainer (1999): Die Konsequenzen von Informationsassistenten. Was bedeutet informationelle Autonomie oder wie kann Vertrauen in elektronische Dienste in offenen Informationsmärkten gesichert werden? Frankfurt a.M.: Suhrkamp.

Kunczik, Michael (1986): „Development Journalism" - ein neuer Journalismustypus? In: Publizistik, 31(3-4), 262-277.

Kunczik, Michael (1990): Die manipulierte Meinung. Köln: Böhlau.

Kunczik, Michael (1991): Propaganda und Berichterstattung im Krieg - ein historischer Rückblick. In: Bertelsmann Briefe, Oktober 1991, 37-44.

Kunczik, Michael (1995): Kriegsberichterstattung und Öffentlichkeitsarbeit in Kriegszeiten. In: Kurt Imhof & Peter Schulz (Hrsg.): Medien und Krieg - Krieg in den Medien. Zürich: Seismo. 87-104.

Kunczik, Michael (1997a): Geschichte der Öffentlichkeitsarbeit in Deutschland. Köln: Böhlau.

Kunczik, Michael (1997b): Images of Nations and International Public Relations. Mahwah, N.J.: Lea.

Kunczik, Michael (1998): British and German Propaganda in the United States from 1914 to 1917. In: Jürgen Wilke (ed.): Propaganda in the 20th Century. Cresskill, N.J.: Hampton Press.

Kunczik, Michael (2001) Feind-Bilder. Wie Stereotypisierungen funktionieren und wozu sie dienen. In: Deutsche Welle (Hrsg.): „Sagt die Wahrheit: Die bringen uns um!" Zur Rolle der Medien in Krisen und Kriegen. Berlin: Vistas. 97-104.

Kunczik, Michael (2002): Öffentlichkeitsarbeit in Kriegszeiten. In: PR-Magazin, 33(10), 45-52.

Kunczik, Michael, Astrid Zipfel & Beate Biesinger (2000): Internationale Werbe- und Public Relations-Netzwerke. WPP, Hill & Knowlton und die Wexler Group. In: Stefan Brüne (Hrsg.): Neue Medien und Öffentlichkeiten. Hamburg: Deutsches Übersee-Institut. 316-364.

L

Lake, Eli J. (2002): U.S. Plans PR Campaign for War on Iraq. In: The Washington Times, 21.08.2002.

Lambeck, Alfred (1992): Die Krise bewältigen: Management und Öffentlichkeitsarbeit im Ernstfall. Ein praxisorientiertes Handbuch. Frankfurt a.M.: IMK.

Lang, Michael (2003): Maus statt Mörser. Amerikaner kämpfen auch an der virtuellen Front. In: Süddeutsche Zeitung, 01.04.2003.

Lange, Ute (2002): Auf Augenhöhe. Bundeswehr und Medien. In: Y. Magazin der Bundeswehr, 2(11), 12-15.

Lasica, Joseph D. (1999): Conveying the War in Human Terms. In: The American Journalism Review [Online-Dokument] URL: http://www.well.com/user/jd/coljun99.html [Download: 10.10.2002].

Lasica, Joseph D. (2001/02a): Blogging as a Form of Journalism. In: Online Journal Review [Online-Dokument] URL: http://www.ojr.org/ojr/workplace/1017958873.php [Download: 26.04.2003].

Lasica, Joseph D. (2001/02b): Weblogs: A New Source of News. Blogs will supplement, not supplant, traditional media. In: Online Journal Review [Online-Dokument] URL: http://www.ojr.org/ojr/lasica/1019165278.php [Download: 26.04.2003].

Lasica, Joseph D. (2002): When Bloggers commit Journalism. In: Online Journal Review [Online-Dokument] URL: http://www.ojr.org/ojr/lasica/p1032910520.php [Download: 19.05.2003].

Lasswell, Harold D. (1942): Communications Research and Politics. In: Douglas Waples (ed.): Print, Radio, and Film in a Democracy. Chicago: University of Chicago Press. 101-117.

Lazarsfeld, Paul F., Bernard Berelson & Hazel Gaudet (1944): The People's Choice: How the Voter Makes Up His Mind in a Presidential Campaign. New York: Duell, Sloan & Pearce.

Lee, Martin A. (1992): Journalisten in den USA: Die schweigenden Diener der Rüstungsindustrie. In: die tageszeitung, 04.01.1992.

Lehmann, Ingrid (2004): Friedensoperationen im Kreuzfeuer. Kommunikationsstrategien für die Vereinten Nationen. In: Christian Büttner, Joachim von Gottberg & Verena Metze-Mangold (Hrsg.): Krieg in den Medien. Frankfurt am Main: Campus. 165-174.

Lehrke, Ines (2003): Unternehmenskommunikation in Krisensituationen. Eine empirische Untersuchung in mittelständischen Unternehmen. Ilmenau: unveröffentlichte Diplomarbeit.

Lemish, Dafna & Inbal Barzel (2000): „Four Mothers": The Womb in the Public Sphere. In: European Journal of Communication, 15(2), 147-169.

Leopold, Mark (1999): The War in the North: Ethnicity in Ugandan Press Explanations of Conflict, 1996-97. In: Tim Allen & Jean Seaton (eds.): The Media of Conflict: War Reporting and Representations of Ethnic Violence. London & New York: Zed Books. 219-243.

Lerg, Winfried B. (1992): Geschichte der Kriegsberichterstattung. Ein Literaturbericht. In: Publizistik, 37(3), 405-422.

Lewis, Robert (2003): Drehort: Einsatzland. In: BW aktuell, (19), 8-9.

Libicki, Martin C. (1995): What is Information Warfare? Center for Advanced Concepts and Technology. Washington, D.C.: National Defense University Press.

Libicki, Martin C. (1997): The Small and the Many. In: John Arquilla & David Ronfeldt (eds.): In Athena's Camp: Preparing for Conflict in the Information Age. Santa Monica/Washington: Rand. 191-216.

Liedke, Anja (1994): Zur Sprache der Berichterstattung in den Kriegen am Golf und in Jugoslawien. Frankfurt a.M.: Lang.

Lim, Merlyna (2002): CyberCivic Space in Indonesia: from Panopticon to Pandemonium? In: International Development and Planning Review Journal, 24(4), 383-400.

Lindheim, James B. (1994): Communication as a Crisis Management Function. In: Roland Gareis (Hrsg.): Erfolgsfaktor Krise. Konstruktionen, Methoden, Fallstudien zum Krisenmanagement. Wien. 236-245

Lischka, Konrad (2003a): Schöne Spiele, falsche Freunde. Theorie und Praxis des Kriegs in Computerspielen. In: Florian Rötzer (Hrsg.): Virtuelle Welten - reale Gewalt. Hannover: Heise. 59-67.

Lischka, Konrad (2003b): Unterwerfung und Transzendenz. Ein Streifzug entlang den Traditionslinien des Computerspiels. In: Süddeutsche Zeitung, 02.04.2003.

Lo, Ven-hwei (1994): Media Use, Involvement, and Knowledge of the Gulf War. In: Journalism Quarterly, 71(1), 43-54.

Löffelholz, Martin (Hrsg.) (1993a): Krieg als Medienereignis. Grundlagen und Perspektiven der Krisenkommunikation. Opladen: Westdeutscher Verlag.

Löffelholz, Martin (1993b): Krisenkommunikation. Probleme, Konzepte, Perspektiven. In: Martin Löffelholz (Hrsg.): Krieg als Medienereignis. Grundlagen und Perspektiven der Krisenkommunikation. Opladen: Westdeutscher Verlag. 11-32.

Löffelholz, Martin (1993c): Beschleunigung, Fiktionalisierung, Entertainisierung. Krisen (in) der „Informationsgesellschaft". In: Martin Löffelholz (Hrsg.): Krieg als Medienereignis. Grundlagen und Perspektiven der Krisenkommunikation. Opladen: Westdeutscher Verlag. 49-64.

Löffelholz, Martin (1995): Beobachtung ohne Reflexion? Strukturen und Konzepte der Selbstbeobachtung des modernen Krisenjournalismus. In: Kurt Imhof & Peter Schulz (Hrsg.): Medien und Krieg - Krieg in den Medien. Luzern: Seismo. 171-191.

Löffelholz, Martin (2000a): Theorien des Journalismus. Ein diskursives Handbuch. Wiesbaden: Westdeutscher Verlag.

Löffelholz, Martin (2000b): Theorien des Journalismus. Entwicklungen, Erkenntnisse, Erfindungen - eine metatheoretische und historische Orientierung. In: Martin Löffelholz (Hrsg.): Theorien des Journalismus. Ein diskursives Handbuch. Wiesbaden: Westdeutscher Verlag. 15-60.

Löffelholz, Martin (2001a): Neue Schlachtfelder - alter Journalismus? Bedingungen und Konsequenzen der Kriegskommunikation im Zeitalter globaler Public Relations. In: Deutsche Welle (Hrsg.): „Sag uns die Wahrheit: Die bringen uns um!" Zur Rolle der Medien in Krisen und Kriegen. Berlin: Vistas. 27-36.

Löffelholz, Martin (2001b): Krieg in der Mediengesellschaft. Von der Sicherheitspolitik zum Management des „Information Warfare". In: Ruprecht-Karls-Universität Heidelberg (Hrsg.): Krieg. Heidelberg: Winter. 85-98.

Löffelholz, Martin (2002a): Globalisierung und transkulturelle Krisenkommunikation. In: Andreas Hepp & Martin Löffelholz (Hrsg.): Grundlagentexte zur transkulturellen Kommunikation. Konstanz: UVK. 186-204.

Löffelholz, Martin (2002b): Crisis communication: Apa yang kita ketahui dan apa yang belum kita ketahui. Perspektif riset mengenai hubungan media, militer dan politik. In: Lukas Ispandriarno, Thomas Hanitzsch & Martin Löffelholz (Hrsg.): Media - Militer - Politik. Crisis Communication: Perspektif Indonesia dan Internasional. Yogyakarta: Galang. 15-28.

Löffelholz, Martin (2003a): Crisis Communication and Democracy in an Era of Globalization. Paper presented at the XXVII Indian Social Science Congress, Kharagpur (India), 05.12.2003.

Löffelholz, Martin (2003b): Kommunikatorforschung: Journalistik. In: Günter Bentele/Hans-Bernd Brosius & Otfried Jarren (Hrsg.): Öffentliche Kommunikation. Handbuch Kommunikations- und Medienwissenschaft. Wiesbaden: Westdeutscher Verlag. 28-53.

Löffelholz, Martin (2004a): Grundlagen der Krisenkommunikation. Beziehungen zwischen Sicherheitspolitik, Militär und Öffentlichkeit in unterschiedlichen Konfliktphasen. In: Hans-Viktor Hoffmann (Hrsg.): Netzwerk Kommunikation in Zeiten der Krise. Dokumentation zum 9. Strausberger Symposium und dessen Auswertung für die Praxis. Baden-Baden: Nomos.

Löffelholz, Martin (Hrsg.) (2004b): Theorien des Journalismus. Ein diskursives Handbuch. 2., vollst. überarb. Aufl. Wiesbaden: Verlag für Sozialwissenschaften.

Löffelholz, Martin (2004c): Ein privilegiertes Verhältnis. Theorien zur Analyse der Inter-Relationen von Journalismus und Öffentlichkeitsarbeit. In: Martin Löffelholz (Hrsg,): Theorien des Journalismus. Ein diskursives Handbuch. 2., vollst. überarb. Auf. Wiesbaden: Verlag für Sozialwissenschaften. 473-486.

Löffelholz, Martin & Thorsten Quandt (2003): Kommunikationswissenschaft im Wandel. Zur Orientierung in einer dynamischen, integrativen und unüberschaubaren Disziplin. In: Martin Löffelholz & Thorsten Quandt (Hrsg.): Die neue Kommunikationswissenschaft. Theorien, Themen und Berufsfelder im Internet-Zeitalter - eine Einführung. Wiesbaden: Westdeutscher Verlag. 13-42.

Lokongo, Antoine Roger (2002): Media Coverage of the Congo Invasion: In the Footsteps of Western Interests? In: Media Development, (1), 62-65.

Loyn, David (2003): Witnessing the Truth. In: openDemocracy.net [Online-Dokument] URL: http://www.opendemocracy.net/articles/ViewPopUpArticle.jsp?id=2&articleId=993 [Download: 27.07.2003].

Luhmann, Niklas (1971): Öffentliche Meinung. In: Niklas Luhmann (Hrsg.): Politische Planung. Opladen: Westdeutscher Verlag. 9-34.

Luhmann, Niklas (1975): Einführende Bemerkungen zu einer Theorie symbolisch generalisierter Kommunikationsmedien. In: Niklas Luhmann (Hrsg.): Soziologische Aufklärung 2: Aufsätze zur Theorie der Gesellschaft. Opladen: Westdeutscher Verlag. 170-192.

Luhmann, Niklas (1984): Soziale Systeme. Grundriß einer allgemeinen Theorie. Frankfurt a.M.: Suhrkamp.

Luhmann, Niklas (1990): Die Wissenschaft der Gesellschaft. Frankfurt a.M.: Suhrkamp.

Luhmann, Niklas (1996): Die Realität der Massenmedien (2., erw. Auflage). Opladen: Westdeutscher Verlag.

Luhmann, Niklas (1997): Die Gesellschaft der Gesellschaft. Frankfurt a.M.: Suhrkamp.

Luostarinen, Heikki (1998): Die Konstruktion nationaler Identitäten in den Medien. Einführung in ein Forschungsprojekt. In: Wilhelm Kempf & Irena Schmidt-Regener (Hrsg.): Krieg, Nationalismus, Rassismus und die Medien. Münster: Lit. 143-148.

Luostarinen, Heikki (2002): Journalism and Cultural Preconditions of War. In: Wilhelm Kempf & Heikki Luostarinen (eds.): Vol. 2: Journalism and the New World Order: Studying War and the Media. Göteborg: Nordicom. 273-283.

Luostarinen, Heikki & Rune Ottosen (1998): Militär-Medien-Management und Kriegsberichterstattung. Herausforderungen für den Journalismus in begrenzten Konflikten nach dem 2. Weltkrieg. In: Wilhelm Kempf & Irena Schmidt-Regener (Hrsg.): Krieg, Nationalismus, Rassismus und die Medien. Münster: Lit. 21-33.

Luttwak, Edward (2003): Strategie. Die Logik von Krieg und Frieden. Lüneburg: zu Klampen.

Lutz, Ernst (1980): Lexikon zur Sicherheitspolitik. München: Beck.

Lynch, Jake (2002a): Impunity in Journalism. In: Media Development, (2), 30-32.

Lynch, Jake (2002b): Reporting the World. Taplow: Conflict and Peace Forums.

Lynch, Jake (2003): Journalists Need to Think: A Reply to David Loyn. In: openDemocracy.net [Online-Dokument] URL: http://www.opendemocracy.net/debates/article-8-92-1037.jsp [Download: 27.07.2003].

M

MacArthur, John R. (1993): Die Schlacht der Lügen. wie die USA den Golfkrieg verkauften. München: Deutscher Taschenbuch-Verlag.

Mahajan, Rahul (2002): The New Crusade: America's War on Terrorism. New York: Monthly Review Press.

Mahoney, John (1975): How the Vietnam War Changed Television News Operations. In: EBU-Review, 26(4), 16-17.

Malesic, Marjan (1998): Propaganda im Krieg in Bosnien-Herzegowina. In: Wilhelm Kempf & Irena Schmidt-Regener (Hrsg.): Krieg, Nationalismus, Rassismus und die Medien. Münster: Lit. 67-74.

Malik, Maja (2002): Selbstthematisierung des Journalismus: Eine journalistische und theoretische Gren-
zerfahrung. In: Armin Scholl (Hrsg.): Systemtheorie und Konstruktivismus in der Kommunikationswissenschaft. Konstanz: UVK-Medien. 111-128.

Marcinkowski, Frank & Thomas Bruns (2000): Autopoiesis und strukturelle Kopplung. Interrelationen
zwischen Journalismus und Politik. In: Martin Löffelholz (Hrsg.): Theorien des Journalismus. Ein
diskursives Handbuch. Wiesbaden: Westdeutscher Verlag. 209-223.

Marcinkowski, Frank (1993): Publizistik als autopoietisches System. Politik und Massenmedien. Eine
systemtheoretische Analyse. Opladen: Westdeutscher Verlag.

Maresch, Rudolf (2002): Are you passionate? Medien und Kultur im Dienst der amerikanischen Nation.
In: medien+erziehung, (6), 347-355.

Marra, Francis J. (1998): Crisis Communication Plan: Poor Predictors of Excellent Crisis Public Relations. In: Public Relations Review, 24(4), 461-474.

Masuhr, Fritz (1977): Die Militärmusik in der Bundeswehr: Militärmusikgeschichte 1955-1975. Bonn:
Bundesminister der Verteidigung.

Mathes, Rainer, Hans-Dieter Gärtner & Andreas Czaplicki (1991): Kommunikation in der Krise:
Autopsie eines Medienereignisses. Das Grubenunglück in Borken. Frankfurt a.M.: IMK.

Maturana, Humberto R. & Francisco J. Varela (1987): Der Baum der Erkenntnis. Die biologischen
Wurzeln menschlichen Erkennens. Bern/München: Goldmann.

Maull, Hanns W. (2001): Außenpolitische Kultur. In: Karl-Rudolf Korte & Werner Weidenfeld (Hrsg.):
Deutschland Trendbuch. Fakten und Orientierungen. Opladen: Leske+Budrich. 645-672.

May, Ernest R. & Philip D. Zelikow (1997): The Kennedy Tapes: Inside the White House during the
Cuban Missile Crisis. Cambridge, MA: Belknap Press of Harvard University Press.

Mayer, Manuel (2003): Lieber Hochzeitsbilder. Spaniens Staatssender TVE unterdrückt kritische Stimmen zum Irak-Krieg. In: Berliner Zeitung, 08.04.2003.

Mayer, Thomas (1998): Politik als Theater. Die neue Macht der Darstellungskunst. Berlin: Aufbau.

McCann, Thomas P. (1976): An American Company: The Tragedy of United Fruit. New York: Crown
Publishers.

McCarthy, Rory (2003): Salam's Story. In: The Guardian, 30.05.2003.

McChesney, Robert (2002): The US News Media and World War III. In: Journalism, 3(1), 7-14.

McGoldrick, Annabel (2000): Peace Journalism - An Introduction. In: Friedrich-Ebert-Stiftung (Hrsg.):
Medien im Konflikt - Mittäter oder Mediatoren? The Media in Conflicts - Accomplices or Mediators? Bonn: Friedrich-Ebert-Stiftung. 19-24.

McGoldrick, Annabel & Jake Lynch (2000): Peace Journalism: How To Do It? [Online-Dokument]
URL: http://www.transcend.org/pjmanual.htm [Download: 27.07.2003].

McGoldrick, Annabel & Jake Lynch (2001): What Is Peace Journalism? In: activate, (4), 6-9.

McLaughlin, Greg (2002): The War Correspondent. London: Pluto Press.

McLeod, Douglas, William P. Eveland & Nancy Signorielli (1994): Conflict and Public Opinion: Rally-
ing Effects of the Persian Gulf War. In: Journalism Quarterly, 71(1), 20-31.

McNair, Brian (1999). An Introduction to Political Communication. New York: Routledge.

McNulty, Mel (1999): Media Ethnicization and the International Response to War and Genocide in
Rwanda. In: Tim Allen & Jean Seaton (eds.): The Media of Conflict: War Reporting and Representations of Ethnic Violence. London & New York: Zed Books. 268-286.

Media Lens (2003): Vindication - A Statue Falls [Online-Dokument] URL: http://www.medialens.org/
alerts/030411_Vindication.html [Download: 21.05.2003].

Medientenor (2003): 143. Forschungsbericht. 10(143), September 2003.

Meister, Martina (2003): Aufweichung der medialen Heimatfront. In: Frankfurter Rundschau Online, 04.04.2003 [Online-Dokument] URL: http://www.fr-aktuell.de/ressorts/kultur_und_medien/medien/?cnt=187596 [Download am 10.04.2003].

Merlino, Jacques (1993): Les Vérités Yugoslaves ne sont pas toutes bonnesà dire. Paris: Michel.

Merten, Klaus (1973): Aktualität und Publizität: Zur Kritik der Publizistikwissenschaft. In: Publizistik, 18(2), 216-235.

Merten, Klaus (1977): Kommunikation. Eine Begriffs- und Prozessanalyse. Opladen: Westdeutscher Verlag.

Merten, Klaus (1994): Evolution der Kommunikation. In: Klaus Merten, Siegfried J. Schmidt & Siegfried Weischenberg (Hrsg.): Die Wirklichkeit der Medien. Eine Einführung in die Kommunikationswissenschaft. Opladen: Westdeutscher Verlag. 141-162.

Merten, Klaus (1999): Einführung in die Kommunikationswissenschaft. Band 1: Grundlagen der Kommunikationswissenschaft. Münster: Lit.

Merten, Klaus, Siegfried J. Schmidt & Siegfried Weischenberg (1994): Die Wirklichkeit der Medien. Eine Einführung in die Kommunikationswissenschaft. Opladen: Westdeutscher Verlag.

Merten, Klaus & Rainer Zimmermann (Hrsg.) (1998): Das Handbuch der Unternehmenskommunikation. Neuwied: Luchterhand.

Messner, Dirk, Jeanette Schade & Christoph Weller (2003): Weltpolitik zwischen Staatenanarchie und Global Governance. In: Ingomar Hauchler, Dirk Messner & Franz Nuscheler (Hrsg.): Globale Trends 2004/2005. Frankfurt a.M.: Fischer. 235-251.

Meyn, Hermann (2001): Aus Fehlern gelernt? Kriegsberichterstattung als Herausforderung des Journalismus und seiner Ethik. In: Deutsche Welle (Hrsg.): „Sagt die Wahrheit: die bringen uns um!" Zur Rolle der Medien in Krisen und Kriegen. Berlin: Vistas. 105-113.

Mikich, Sonia (2000): Über die Diskussion post festum. In: Friedrich-Ebert-Stiftung (Hrsg.): Medien im Konflikt - Mittäter oder Mediatoren? The Media in Conflicts - Accomplices or Mediators? Bonn: FES. 95-100.

Miller, Laura & Sheldon Rampton (2001): The Pentagon's Information Warrior: Rendon to the Rescue. In: PR Watch, 8(4), 11-12

Miladi, Noureddine (2003): Mapping the Al-Jazeera Phenomenon. In: Daya Kishan Thussu & Des Freedman (eds.): War and the Media: Reporting Conflict 24/7. London & Thousand Oaks, New Delhi: Sage. 149-160.

Millis, Walter (1931): The Martial Spirit: A Study of Our War with Spain. Cambridge, Mass.: Ivan R. Dee Publisher.

Millis, Walter (1935): Road to War. America 1914-1917. Boston/New York: Houghton Mifflin.

Milton, Joyce (1989): The Yellow Kids: Foreign Correspondents in the Heyday of Yellow Journalism. New York: Harper & Row.

Mitroff, Ian I. & Christine M. Pearson (1993): Crisis Management: A Diagnostic Guide for Improving Your Organization's Crisis-Prepardness.San Francisco, CA: Jossey-Bass.

Möhıle, Hartwin (Hrsg.) (2004): Krisen-PR. Krisen erkennen, meistern und vorbeugen - Ein Handbuch von Profis für Profis. Frankfurt a.M.: Frankfurter Allgemeine Buch.

Mooney, Chris (2003): How Blogging Changed Journalism - almost. In: Pittsburgh Post Gazette [Online-Dokument] URL: http://www.post-gazette.com [Download: 21.05.2003].

Mott, Frank Luther (1962): American Journalism: A History: 1690-1960 (3. edition). New York: Macmillan.

Müller, Harald (2002): Zwischen Information, Inszenierung und Zensur. Zum Verhältnis von Demokratie, Krieg und Medien. HSFK-Standpunkte, Nr. 4.

Müller, Harald (2003): Amerika schlägt zurück. Die Weltordnung nach dem 11. September. Frankfurt a.M.: Fischer Taschenbuch-Verlag.

Müller-Brandeck-Bocquet, Gisela (Hrsg.) (2000): Europäische Außenpolitik, GASP- und ESVP-Konzeptionen ausgewählter EU-Mitgliedstaaten. Baden-Baden: Nomos.

Münkler, Herfried (2002): Die neuen Kriege (2. Auflage). Reinbek bei Hamburg: Rowohlt.

Münkler, Herfried (2003a): Der neue Golfkrieg. Reinbek: Rowohlt.

Münkler, Herfried (2003b): [Vortrag]. In: Akademie-Report der Akademie für Politische Bildung Tutzing, 1, 14.

Murthy, D. V. R. (2000): Developmental News Coverage in the Indian Press: An Analysis of Four Dailies. In: Media Asia, 27(1), 24-29, 53.

N

Nagel, Beate (1989): Die gescholtene Presse - Publizistik und Nachrichtenpolitik des Ersten Weltkriegs in der Kritik zeitgenössischer Fachleute. Universität Münster. Unveröff. Magisterarbeit.

Naisbitt, John (1999): Der militärisch-interaktive Komplex. Zum Verhältnis von Militär und Computerspielindustrie. In: Zeitschrift für Kommunikationsökologie, 2(1), 20-26.

Nassehi, Armin (1990): Zum Funktionswandel von Ethnizität im Prozeß gesellschaftlicher Differenzierung: Ein Beitrag zur Theorie funktionaler Differenzierung. In: Soziale Welt, 41, 261-282.

Neuberger, Christoph (2000): Journalismus als systembezogene Akteurskonstellation. Vorschläge für eine Verbindung von Akteur-, Institutionen- und Systemtheorie. In: Martin Löffelholz (Hrsg.): Theorien des Journalismus. Ein diskursives Handbuch. Wiesbaden: Westdeutscher Verlag. 275-292.

Neuberger, Christoph (2003): Onlinejournalismus: Veränderungen - Glaubwürdigkeit - Technisierung. Eine Sekundäranalyse bisheriger Forschungsergebnisse und wissenschaftlicher Analysen. In: Media Perspektiven, (3), 131-138.

Neuman, W. Russel, Marion R. Just & Ann N. Crigler (1992): Common Knowledge: News and the Construction of Political Meaning. Chicago: University of Chicago Press. Ill.

Neverla, Irene (2003): Zäsur und Kompetenz. Thesen zur journalistischen Krisenberichterstattung. In: Michael Beuthner et al. (Hrsg.): Bilder des Terrors - Terror der Bilder? Krisenberichterstattung am und nach dem 11. September. Köln: Halem. 158-169.

Newhagen, John E. (1994a): The Relationship between Censorship and the Emotional and Critical Tone of Television News Coverage of the Persian Gulf War. In: Journalism Quarterly, 71(1), 32-42.

Newhagen, John E. (1994b): Effects of Televised Government Censorship Disclaimers on Memory and Thought Elaboration during the Gulf War. In: Journal of Broadcasting & Electronic Media, 38(3), 339-351.

Nohrstedt, Stig A., Sophia Kaitatzki-Whitlock, Rune Ottosen & Kristina Riegert (2000): From the Persian Gulf War to Kosovo - War Journalism and Propaganda. In: European Journal of Communication, 15(3), 383-404.

N.N. (2003): Der Medien-General Murdoch. In: Spiegel Online, 08.04.2003. [Online-Dokument] URL: http://www.spiegel.de/kultur/gesellschaft/0,1518,243862,00.html [Download: 10.04.2003].

Nuscheler, Franz & Christoph Weller (2002): Die Alternative zum Krieg gegen den Terrorismus: Global Governance in der Friedens- und Sicherheitspolitik. In: Bruno Schoch et al. (Hrsg.): Friedensgutachten 2002. Münster: Lit. 205-214.

O

Ohde, Christine (1994): Der Irre von Bagdad. Zur Konstruktion von Feindbildern in überregionalen deutschen Tageszeitungen während der Golfkrise 1990/91. Frankfurt a.M.: Lang.

Ozgune, Neslihan & Georgios Terzis (2000): Constraints and Remedies for Journalists Reporting National Conflict: The Case of Greece and Turkey. In: Journalism Studies, 1(3), 405-426.

P

Pan, Zhongdang, Ronald E. Ostman, Patricia Moy & Paula Reynolds (1994): New Media Exposure and its Learning Effects during the Persian Gulf War. In: Journalism Quarterly, 71(1), 7-19.

Parker, Suzanne L. (1995): Toward an Understanding of „Rally" Effects: Public Opinion in the Persian Gulf war. In: Public Opinion Quarterly, 59(4), 526-546.

Patterson III, Oscar (1984a): Television's Living Room War in Print: Vietnam in the News Magazines. In: Journalism Quarterly, 61(1), 35-39.

Patterson III, Oscar (1984b): An Analysis of Television Coverage of the Vietnam War. In: Journal of Broadcasting, 28(4), 397-404.

Patterson III, Oscar (1991): The Vietnam Veteran and the Media: A Comparative Content Analysis of Media Coverage of the War and the Veteran 1968-1973. Ann Arbor: UMI.

Paxman, Jeremy (1990): Friends in High Places: Who Rules Britain? London: Joseph.

Pedelty, Mark (1995): War Stories: The Culture of Foreign Correspondents. London: Routledge.

Peterson, Horace C. (1935): Propaganda for War: The Campaign Against American Neutrality 1914-1917. Norman: University of Oklahoma Press.

Philipp, Peter (2001): Restriktionen und Selektionen. Krisen- und Kriegsberichterstattung im Nahen Osten. In: Deutsche Welle (Hrsg.): „Sag uns die Wahrheit: Die bringen uns um!" Zur Rolle der Medien in Krisen und Kriegen. Berlin: Vistas. 63-72.

Pietsch, Thomas, Lutz Martiny & Michael Klotz (1998): Strategisches Informationsmanagement: Bedeutung und organisatorische Umsetzung. Berlin: E. Schmidt.

Pinsdorf, Marion K. (1987): Communicating When Your Company Is Under Siege: Surviving Public Crisis. Lexington, MA: Lexington Books.

Pöppel, Ernst (1982): Lust und Schmerz. Grundlagen menschlichen Erlebens und Verhaltens. Berlin: Severin und Siedler.

Prätorius, Rainer (1996): Konflikt/Konflikttheorie. In: Dieter Nohlen (Hrsg.): Wörterbuch Staat und Politik. München: Piper. 337-340.

Priddat, Birger (2002): Djihad als Neztwerkunternehmen eines „global tribe": al-Qaida. In: Dirk Baecker, Peter Krieg & Fritz B. Simon (Hrsg.): Terror im System. Der 11. September und die Folgen. Heidelberg: Carl-Auer-Systeme-Verlag. 110-129.

Prümm, Karl (1999): Wo ist die Wahrheit? Der Kosovo-Krieg und die Medien. Ein Rückblick. In: epdmedien, 72, 4-10.

Pümpin, Cuno & Jürgen Prange (1991): Management der Unternehmensentwicklung: phasengerechte Führung und der Umgang mit Krisen. Frankfurt a.M. & New York: Campus.

Puchleitner, Klaus (1994): Public Relations in Krisenzeiten: Das Handbuch für situationsorientierte Öffentlichkeitsarbeit. Wien: Signum.

R

Rados, Antonia (2003): Live aus Bagdad. München: Heyne.

Rainie, Lee, Susanne Fox & Deborah Fallows (2003): The Internet and the Iraq War: How Online Americans Have Used the Internet to Learn War News, Understand Events, and Promote their Views. In: Pew Internet & American Life Project [Online-Dokument] URL: http://www.pewinternet.org [Download: 23.04.2003].

Ramaprasad, Jyotika (2003): A Profile of Journalists in Post-Independence Tanzania. In: Gazette, 63(6), 539-556.

Rampal, Kuldip R. (1995): The Collection and Flow of World News. In: John C. Merrill (ed.): Global Journalism: Survey of International Communication. White Plains, NY: Longman. 35-52.

Rattinger, Hans & Christian Holst (1998): Strukturen und Determinanten außen- und sicherheitspolitischer Einstellungen in der Bundesrepublik. Universität Bamberg: Lehrstuhl für Politikwissenschaft II.

Read, James Morgan (1945): Atrocity Propaganda 1914-1919. New York: Arno.

Rediske, Michael (2001): Schutzlos in der Schusslinie? Warum der Schutz von Kriegsreportern und einheimischen Journalisten in Krisengebieten so schwierig und wichtig ist. In: Deutsche Welle (Hrsg.): „Sag uns die Wahrheit: Die bringen uns um!" Zur Rolle der Medien in Krisen und Kriegen. Berlin: Vistas. 115-122.

Reeb, Hans-Joachim (1998): Legitimation von Streitkräften. Entwicklungslinien im historischen Vergleich. In: Reader Sicherheitspolitik, Teil 1, Nr. A V 1 (Ergänzungslieferung 10).

Reeb, Hans-Joachim (2002): Die Medien im „Krieg gegen den Terror". Kriegsberichterstattung am Beispiel Afghanistan. In: Reader Sicherheitspolitik, Teil 1, Nr. A II 1 (Ergänzungslieferung 7).

Reeb, Hans-Joachim (2003a): Sicherheitspolitische Kultur in Deutschland seit 1990. WIFIS-Aktuell 31, Bremen: Edition Temmen.

Reeb, Hans-Joachim (2003b): Berichterstattung vom Golf. Reflexionen über den Journalismus im Irak-Krieg 2003. SOW kontrovers Nr. 1/03. Hamburg: Führungsakademie der Bundeswehr. Fachbereich Sozialwissenschaften.

Reeb, Hans-Joachim & Peter Többicke (2003): Lexikon Innere Führung (3., aktual. Auflage). Regensburg: Walhalla Fachverlag.

Reimann, Michael (1998): Zweiseitige Botschaften und Doppelbindungen als Mittel zur Abwehr „subversiver" Informationen. In: Wilhelm Kempf & Irena Schmidt-Regener (Hrsg.): Krieg, Nationalismus, Rassismus und die Medien. Münster: Lit. 47-56.

Reimann, Michael & Wilhelm Kempf (1992): Information Politics. Informationsbedürfnis, Mediengebrauch und Informiertheit über Völkerrechtsverletzungen im 2. Golfkrieg. Diskussionsbeiträge der Projektgruppe Friedensforschung, Nr. 21. [Online-Dokument] URL: http://www.ub.uni-konstanz.de/kops/volltexte/1999/327/ [Download: 11.6.2003].

Reineke, Wolfgang (1997): Krisenmanagement: Richtiger Umgang mit den Medien in Krisensituationen. Ursachen - Verhalten - Strategien - Techniken. Ein Leitfaden. Essen: Stamm.

Reinhardt, Klaus (1995): Betreuung und Fürsorge im Rahmen der internationalen Aufgaben der Bundeswehr. In: Uwe Hartmann & Christian Walther (Hrsg.): Der Soldat in einer Welt im Wandel. Ein Handbuch für Theorie und Praxis. München: Olzog. 148-152.

Reljić, Dušan (2002): Der Kosovo-Krieg und die deutschen Medien. In: Ulrich Albrecht & Jörg Becker (Hrsg.): Medien zwischen Krieg und Frieden. Baden-Baden: Nomos. 64-74.

Rennefanz, Sabine (2003): Frauen in Pullovern. In: Berliner Zeitung, 02.04.2003.

Renz, Gabriele (2003): Ärger mit dem Alphamännchen. In: Frankfurter Rundschau, 11.01.2003.

rhe (2003): Radio Andernach mit neuem Sendekonzept. In: Y. Magazin der Bundeswehr, (4), 118.

Richard, Birgit (1998): Norn Attacks und Marine Doom. In: Gerfried Stocker & Christine Schöpf (Hrsg.): Information. Macht. Krieg. Wien/New York: Springer. 172-183.

Richter, Dirk (1996): Nation als Form. Opladen: Westdeutscher Verlag.

Richter, Simone (1999a): Journalisten zwischen den Fronten. Kriegsberichterstattung am Beispiel Jugoslawien. Opladen/Wiesbaden: Westdeutscher Verlag.

Richter, Simone (1999b): Kriegsparteien. In: journalist, (5), 26-36.

Rid, Thomas (2003): Präventive Medienstrategie der USA. Militärische Öffentlichkeitsarbeit im Banne eines Krieges. In: Neue Zürcher Zeitung, 10.02.2003, 5.

Riedl, Rupert (1994): Die Folgen des Ursachendenkens. In: Paul Watzlawick (Hrsg.): Die erfundene Wirklichkeit. Wie wissen wir, was wir zu wissen glauben? Beiträge zum Konstruktivismus (8. Auflage). München: Piper. 67-90.

Robertson, Roland (1998): Glokalisierung: Homogenität und Heterogenität in Raum und Zeit. In: Ulrich Beck (Hrsg.): Perspektiven der Weltgesellschaft. Frankfurt a.M.: Suhrkamp. 192-220.

Robinson, Piers (2000): The News Media and Intervention: Triggering the Use of Air Power during Humanitarian Crises. In: European Journal of Communication, 15(3), 405-414.

Robinson, Piers (2002): The CNN Effect: The Myth of News, Foreign Policy and Intervention. London/New York: Routledge.

Rockel, Michaela (1999): Im Schatten des Krieges. Nachkriegsjournalismus, dargestellt am Beispiel der Indochina-Berichterstattung. Eine Inhaltsanalyse. Münster: Westfälische Wilhelms-Universität.

Rössler, Patrick (2003): Botschaften Politischer Kommunikation: Länder, Themen und Akteure internationaler Fernsehnachrichten. In: Frank Esser & Barbara Pfetsch (Hrsg.): Politische Kommunikation im internationalen Vergleich. Grundlagen, Anwendungen, Perspektiven. Wiesbaden: Westdeutscher Verlag. 305-336.

Rogers, Everett M. (1962): Diffusion of Innovations. London: Macmillan.

Rohloff, Christoph (2001): Konflikte und Krisenprävention. In: Ingomar Hauchler, Dirk Messner & Franz Nuscheler (Hrsg.): Globale Trends 2002. Fakten, Analysen, Prognosen. Frankfurt a.M.: Fischer. 445-467.

Roselieb, Frank (1999): Empirische Befunde zu Frühwarnsystemen in der internen und externen Unternehmenskommunikation. In: Marie Henckel v. Donnersmarck & Roland Schatz (Hrsg.): Frühwarnsysteme. Bonn u.a.: Innovatio. 85-105.

Roselieb, Frank & Christian Barrot (1999): Krisenkommunikation für das Jahr-2000-Problem. In: PR-Magazin, (8), 35-42.

Rothschild, Matthew (2003): President Leading Us Around By the Nose. In: The Honolulu Advertiser, 05.05.2003, A14.

Rötzer, Florian (2002): Wahrheit und Lüge. In: Goedart Palm & Florian Rötzer (Hrsg.): MedienTerror-Krieg. Zum neuen Kriegsparadigma des 21. Jahrhunderts. Hannover: Heise. 140-155.

Rötzer, Florian (2003a): Das Hollywood-Heldendrama im Irak. In: Telepolis Spezial: Irak [Online-Dokument]   URL: http://www.heise.de/tp/deutsch/special/irak/14621/1.html   [Download: 20.08.2003].

Rötzer, Florian (2003b): Bombenzensur oder „Kollateralschaden". In: Telepolis Spezial: Irak [Online-Dokument]   URL: http://www.heise.de/tp/deutsch/special/irak/14562/1.html   [Download: 20.08.2003].

Rüb, Matthias (2003): Eingebettet vom Pentagon. Der erste Cyber-Krieg des einundzwanzigsten Jahrhunderts. In: Frankfurter Allgemeine Zeitung, 20.03.2003, 44.

Ruff, Peter & Khalid Azis (2003): Managing Communications in a Crisis. Burlington, VT: Gower.

Ruhrmann, Georg (1989): Rezipient und Nachricht. Struktur und Prozess der Nachrichtenkonstruktion. Opladen: Westdeutscher Verlag.

Ruhrmann, Georg (1992): Risikokommunikation. In: Publizistik, 37(1), 5-24

Ruhrmann, Georg (1993): Ist Aktualität noch aktuell? Journalistische Selektivität und ihre Folgen. In: Martin Löffelholz (Hrsg.): Krieg als Medienereignis. Grundlagen und Perspektiven der Krisenkommunikation. Opladen: Westdeutscher Verlag. 81-96.

Ruhrmann, Georg (1994): Ereignis, Nachricht und Rezipient. In: Klaus Merten et al. (Hrsg.): Die Wirklichkeit der Medien. Eine Einführung in die Kommunikationswissenschaft. Opladen: Westdeutscher Verlag. 237-256.

Rullmann, Anja (1996): Modernisierung und Dependenz. Paradigmen internationaler Kommunikationsforschung. In: Miriam Meckel & Markus Kriener (Hrsg.): Internationale Kommunikation: Eine Einführung. Opladen: Westdeutscher Verlag. 19-47.

Rümmer, Heinrich O. & Hans-Viktor Hoffmann (2002): Demoskopisches Meinungsbild in Deutschland zur Sicherheits- und Verteidigungspolitik 2001. Strausberg: Akademie der Bundeswehr für Information und Kommunikation.

Russell, Adrienne (2001): Chiapas and the New News: Internet and Newspaper Coverage of a Broken Cease-Fire. In: Journalism, 2(2), 175-196.

Ruß-Mohl, Stefan (1992): Am eigenen Schopfe... Qualitätssicherung im Journalismus - Grundfragen, Ansätze, Näherungsversuche. In: Publizistik, 37(1), 83-96.

Ryan, Michael (2003): The War According To Fox. In: TomPaine.com [Online-Dokument] URL: http://www.tompaine.com/feature2.cfm/ID/7576/view/print [Download: 27.07.2003].

S

Savarese, Rossella (1993): The European Press and Saladin the Fierce. In: European Journal of Communication, 8(1), 53-75.

Savarese, Rossella (2000): Infosuasion in European Newspapers: A Case Study on the War in Kosovo. In: European Journal of Communication, 15(3), 363-382.

Saxer, Ulrich (1995): Bedingungen optimaler Kriegskommunikation. In: Kurt Imhof & Peter Schulz (Hrsg.): Medien und Krieg - Krieg in den Medien. Luzern: Seismo. 203-219.

Schallenberger, Stefan (1999): Moralisierung im Kriegsdiskurs. Eine Analyse von Printmedienbeiträgen zum Golfkrieg und zum Vietnamkrieg. Frankfurt a.M.: Lang.

Schenk, Michael (2000): Medienwirkungsforschung (2., vollst. überarb. Auflage). Tübingen: J.C.B. Mohr.

Scherler, Patrik (1996): Management der Krisen-Kommunikation. Theorie und Praxis zum Fall Brent Spar (Greenpeace gegen Royal Dutch/Shell). Frankfurt a.M.: Helbing und Lichtenhahn.

Schicha, Christian (1999): Kriegsberichterstattung zwischen Anspruch und „Wirklichkeit". Kriterien für den Friedensjournalismus. In: Zeitschrift für Kommunikationsökologie, 2(1), 10-13.

Schießer, Sylvia (2002): Gender, Medien und Militär: Zur Konstruktion weiblicher Stereotype in der Darstellung von Soldatinnen in den Printmedien der Bundeswehr. In: Frauen in den Medien. Beiträge zur feministischen Theorie und Praxis, 61, 47-61.

Schmid, Günther (2003): „Kleine" Kriege erschüttern die globale Sicherheit. Aktuelle Herausforderungen für die internationale Politik. In: Akademie-Report der Akademie für Politische Bildung Tutzing, 1, 16-19.

Schmidt, Siegfried J. (1994a): Die Wirklichkeit des Beobachters. In: Klaus Merten et al. (Hrsg.): Die Wirklichkeit der Medien. Eine Einführung in die Kommunikationswissenschaft. Opladen: Westdeutscher Verlag. 3-19.

Schmidt, Siegfried J. (1994b): Kognitive Autonomie und soziale Orientierung. Konstruktivistische Bemerkungen zum Zusammenhang von Kognition, Kommunikation, Medien und Kultur. Frankfurt a.M.: Suhrkamp.

Schmidt, Siegfried J. (1996): Die Welten der Medien. Grundlagen und Perspektiven der Medienbeobachtung. Braunschweig: Vieweg. Schmidt, Siegfried J. & Guido Zurstiege (2000): Orientierung Kommunikationswissenschaft. Was sie kann, was sie will. Reinbek: Rowohlt.

Schmidt, Siegfried J. (2000): Kalte Faszination. Entwurf einer MedienKulturWissenschaft. Göttingen: Velbrück.

Schmidt, Siegfried J. & Siegfried Weischenberg (1994): Mediengattungen, Berichterstattungsmuster, Darstellungsformen. In: Klaus Merten et al. (Hrsg.): Die Wirklichkeit der Medien. Eine Einführung in die Kommunikationswissenschaft. Opladen: Westdeutscher Verlag. 212-236.

Schmidt, Ulrich (2003): Washington und Hollywood. Zur Verflechtung von (Kriegs-)Politik und Film. In: medien praktisch, (1), 25.

Schmidt, Uwe (2002): Hollywood goes Afghanistan. In: Die Welt, 04.03.2002.

Schmiese, Wulf (2000): Fremde Freunde. Deutschland und die USA zwischen Mauerfall und Golfkrieg. Paderborn: Schöningh.

Schmolke, Michael (1991): ... daß die ganze Welt zuhört. Kriegsberichterstattung zwischen Prohibition und Exhibition. In: Medien Journal, 15(1), 35-42.

Schmoll, Anka (1998): Die Wa(h)re Nachricht über Afrika. Stereotype und Standardisierung in der Fernsehberichterstattung. In: Wilhelm Kempf & Irena Schmidt-Regener (Hrsg.): Krieg, Nationalismus, Rassismus und die Medien. Münster: Lit. 89-96.

Schneersohn, Fischel (1927): Sozialpsychologie der Massenlüge. In: Otto Lipmann & Paul Plaut (Hrsg.): Die Lüge in psychologischer, philosophischer, juristischer, pädagogischer, historischer, soziologischer, sprach- und literaturwissenschaftlicher und entwicklungsgeschichtlicher Betrachtung. Leipzig: Barth. 532-549.

Schön, Gerti (2003a): „Ein beunruhigender Trend zur Heimlichtuerei". Pressearbeit der US-Regierung in der Kritik. In: Die Welt, 21.10.2003, 30.

Schön, Gerti (2003b): Die „Eingebetteten" mucken auf. Je länger der Krieg dauert, desto kritischer berichten die mit der Armee vorrückenden Journalisten. In: Die Welt, 01.04.2003.

Scholl, Armin (1997): Autonomie und Information(sverhalten) im Journalismus. In: Günter Bentele & Michael Haller (Hrsg.): Aktuelle Entstehung von Öffentlichkeit. Akteure - Strukturen - Veränderungen. Konstanz: UVK-Medien. 127-139.

Scholl, Armin & Siegfried Weischenberg (1998): Journalismus in der Gesellschaft. Theorie, Methodologie und Empirie. Wiesbaden: Westdeutscher Verlag.

Schramm, Wilbur (1957): Responsibility in Mass Communication. New York: Harper.

Schulz, Jürgen (2000): Management von Risiko- und Krisenkommunikation: zur Bestandserhaltung und Anschlussfähigkeit von Kommunikationssystemen. Berlin. Dissertation: Humboldt-Universität.

Schulz, Winfried (1976): Die Konstruktion von Realität in den Nachrichtenmedien. Analyse der aktuellen Berichterstattung. Freiburg/München: Alber.

Schulz, Winfried (1989): Massenmedien und Realität. Die „ptolemäische" und die „kopernikanische" Auffassung. In: Max Kaase & Winfried Schulz (Hrsg.): Massenkommunikation. Theorien, Methoden, Befunde (Kölner Zeitschrift für Soziologie und Sozialpsychologie, Sonderheft 30). Opladen: Westdeutscher Verlag. 135-149.

Schulz, Winfried (1990): Die Konstruktion von Realität in den Nachrichtenmedien. Analyse der aktuellen Berichterstattung. Freiburg: Alber.

Schulz, Winfried (1997): Politische Kommunikation. Theoretische Ansätze und Ergebnisse empirischer Forschung zur Rolle der Massenmedien in der Politik. Wiesbaden & Opladen: Westdeutscher Verlag.

Schwab-Trapp, Michael (2002): Kriegsdiskurse. Die politische Kultur des Krieges im Wandel 1991-1999. Opladen: Leske+Budrich.

Schweitzer, Eva (2003): Fragwürdiges Engagement. In: Berliner Zeitung, 26.03.2003.

Seagrave, Sterling (1988): Die Soong Dynastie. Eine Familie beherrscht China. London: Sidgwick & Jackson.

Seeger, Matthew W. (2002): Chaos and Crisis: Propositions for a General Theory. In: Public Relations Review, 28(4), 329-337

Seib, Philip (2002): The Global Journalist: News and Conscience in a World of Conflict. Oxford: Rowman and Littlefield.

Seifert, Ruth (1996): Militär - Kultur - Identität. Individualisierung, Geschlechterverhältnisse und die soziale Konstruktion des Soldaten. Bremen: Edition Temmen.

Semati, M. Mehdi (1997): Terrorists, Moslems, Fundamentalists and Other Bad Objects in the Midst of "Us". In: Journal of International Communication, 4(1), 30-49.

Senghaas, Dieter (1969): Abschreckung und Frieden. Studien zur Kritik organisierter Friedlosigkeit. Frankfurt a.M.: Europäische Verlags-Anstalt.

Sharkey, Jacqueline (2001): War, Censorship and the First Amendment: The Military Has Replaced Outright Control of War Reporting with „News Management" Techniques. In: Media Studies Journal, 15(1), 20-25.

Shea, Jamie (2000): Die Kosovo-Krise und die Medien: Reflexionen eines NATO-Sprechers. In: Vierteljahresschrift für Sicherheit und Frieden, 18(3), 208-217.

Shinar, Dov (2000): Media Diplomacy and "Peace Talk": The Middle East and Northern Ireland. In: Gazette, 62(2), 83-97.

Signorelli, Nancy & George Gerbner (1988): Violence and Terror in the Mass Media: Bibliography. Paris: Unesco.

Simon, Fritz B. (2001): Tödliche Konflikte. Zur Selbstorganisation privater und öffentlicher Kriege. Heidelberg: Carl-Auer-Systeme-Verlag.

Simon, Jutta (1991): „Die Wahrheit ist das erste Opfer eines Krieges". Kriegsschauplätze als Medienereignisse: Auswahlbibliographie. In: Rundfunk und Fernsehen, (2), 276-280.

Skopljanc, Nena (1993): From the Mythic to Political Paranoia. In: Medien-Journal, (4), 217-223.

Smoltczyk, Alexander (2003): Das Theater des Krieges. In: Spiegel Online, 20.03.2003.

Sontag, Susan (2003): Die Botschaften der Bilder. In: Frankfurter Allgemeine Zeitung, 12.04.2003, 41.

Spasovska, Verica (2001): Friedensberichterstattung. Wie Berichte vom Krieg Brücken bauen können. In: Deutsche Welle (Hrsg.): „Sagt die Wahrheit: die bringen uns um!" Zur Rolle der Medien in Krisen und Kriegen. Berlin: Vistas. 123-133.

Spencer, Graham (2003): Pushing for Peace: The Irish Government, Television News and the Northern Ireland Peace Process. In: European Journal of Communication, (18)1, 55-80.

Spoo, Eckart (1997): Wie soll die Öffentlichkeit über Konflikte in der Welt informiert werden? In: Jörg Calließ (Hrsg.): „Das erste Opfer eines Krieges ist die Wahrheit" oder Die Medien zwischen Kriegsberichterstattung und Friedensberichterstattung (Loccumer Protokolle, Nr. 69/95). Loccum: Evangelische Akademie Loccum. 131-136.

Squires, James D. (1935): British Propaganda at Home and in the United States from 1914 to 1917. Cambridge, Mass.: Harvard University Press.

Stacharowsky, Heiner (1994): Massenmedien und Kriminalität der Mächtigen. Eine Problemanalyse anhand der Darstellung der Person Saddam Husseins während des Golfkrieges in der Presse. Dissertation: Universität Tübingen.

Staiger, Jan (2003): Journalistische Kriegskonstruktionen - Eine Erkundung der Bedeutsamkeit konstruktivistischer und sozialsystemischer Ansätze zur Beschreibung von Kriegsberichterstattung. Technische Universität Ilmenau. Unveröff. Diplomarbeit.

Staun, Harald (2003): Einmarsch mit der Maus. In: Frankfurter Allgemeine Sonntagszeitung, 09.03.2003.

Stech, Frank J. (1994): Winning CNN Wars. In: Parameters [Online-Dokument] URL: http://www.carlisle-army.mil/usawc/Parameters/1994/stech.htm [Download: 25.05.2003].

Stein, Meyer L. (1968): Under Fire. The Story of American War Correspondents. New York: Julian Messner.

Stern, Jessica (2003): Süchtig nach dem Dschihad. In: Rheinischer Merkur, (36), 10.

Stieler, Kaspar (1969[1695]): Zeitungs Lust und Nutz. Bremen: Schünemann.

Stoiciu, Gina & Dov Shinar (1992): Reality Construction in Socio-Politico Crisis: The Coverage of the Romanian Revolution in the Western Media. In: Communications, (1), 57-65.

Strübel, Michael (Hrsg.) (2002): Film und Krieg. Zur Inszenierung der Politik zwischen Apologetik und Apokalypse. Opladen: Leske+Budrich.

Styan, David (1999): Misrepresenting Ethiopia and the Horn of Africa? Constraints and Dilemmas of Current Reporting. In: Tim Allen & Jean Seaton (eds.): The Media of Conflict: War Reporting and Representations of Ethnic Violence. London & New York: Zed Books. 287-304.

Sullivan, Carl (2003): Hartford Paper Tells Employee to Kill Blog. In: Editor & Publisher [Online-Dokument] URL: http://www.editorandpublisher.com [Download: 19.05.2003].

Swofford, Anthony (2003): Jarhead. London: Scribner.

T

Tai, Zixue & Tsan-Kuo Chang (2002): The Global News and the Pictures in Their Heads: A Comparative Analysis of Audience Interest, Editor Perceptions and Newspaper Coverage. In: Gazette 64(3), 251-265.

Taylor, Philip M. (1997): Global Communication, International Affairs and the Media Since 1945. London: Routledge.

Taylor, Philip M. (2000): The World Wide Web Goes to War, Kosovo 1999. In: David Gauntlett (ed.): Web. Studies. Rewiring Media Studies for the Digital Age. London: Arnold. 194-201.

Taylor, Philip M. (2003): "We Know Where You Are": Psychological Operations Media during Enduring Freedom. In: Daya Kishan Thussu & Des Freedman (eds.): War and the Media: Reporting Conflict 24/7. London & Thousand Oaks, CA: Sage. 101-113.

Teinowitz, Ira (2002): Charlotte Beers and the Selling of America: One Year Later She's Criticized for Not Doing Enough [Online-Dokument] URL: http://www.adage.com/news.cms?/ newsld-36106 [Download: 23.09.2002].

The White House (2003): The National Strategy to Secure Cyberspace. Washington, D.C.

Thielbeer, Siegfried (2003): Dynamik eines Vorstoßes. In: Frankfurter Allgemeine, 12.04.2003.

Thrall, A. Trevor (2000): War in the Media Age. Cresskill, NJ: Hampton Press.

Thussu, Daya Kishan (2000): Legitimizing "Humanitarian Intervention"? CNN, NATO and the Kosovo Crisis. In: European Journal of Communication, 15(3), 345-362.

Thussu, Daya Kishan (2003): Live TV and Bloodless Deaths: War, Infotainment and 24/7 News. In: Daya Kishan Thussu & Des Freedman (eds.): War and the Media: Reporting Conflict 24/7. London & Thousand Oaks, CA: Sage. 117-132.

Thussu, Daya Kishan & Des Freedman (eds.) (2003): War and the Media: Reporting Conflict 24/7. London & Thousand Oaks, CA: Sage.

Tilgner, Ulrich (2003): Der inszenierte Krieg. Berlin: Rowohlt.

Tittel, Silke (2003): Rebranding America. In: prmagazin, 34(5), 34-38.

Todd, Emmanuel (2003): Weltmacht USA. Ein Nachruf. München: Piper.

Tönnies, Ferdinand (1922): Kritik der öffentlichen Meinung. Berlin: Springer.

Tolstoi, Leo N. (1956): Krieg und Frieden. München: Winkler.

Topping, Seymour (1999): Covering the Chinese Civil War: Lessons that Echoed from Nanking to Saigon. In: Media Studies Journal, 13(1), 20-29.

Treibel, Annette (2000): Einführung in soziologische Theorien der Gegenwart (5. Auflage). Opladen: Leske+Budrich.

Trotha, Trutz von (1999): Formen des Krieges. Zur Typologie kriegerischer Aktionsmacht. In: Sighard Neckel & Michael Schwab-Trapp (Hrsg.): Ordnungen der Gewalt: Beiträge zu einer politischen Soziologie der Gewalt und des Krieges. Opladen: Westdeutscher Verlag. 71-95.

Tull, Denis M. (2003): Zerfall staatlicher Strukturen. Wie in der krisengeschüttelten Demokratischen Republik Kongo der Übergang zu Demokratie und einer Mehrparteienregierung erfolgen soll. In: Frankfurt Rundschau, 10.06.2003, 7.

Tumber, Howard & Marina Prentoulis (2003): Journalists under Fire: Subcultures, Objectivity and Emotional Literacy. In: Daya Kishan Thussu & Des Freedman (eds.): War and the Media: Reporting Conflict 24/7. London & Thousand Oaks, CA: Sage. 215-230.

Tunstall, Jeremy (1971): Journalists at War. London: Constable.

Tunstall, Jeremy & David Machin (1999): The Anglo-American Media Connection. Oxford: Oxford University Press.

U

Uhde, Olaf V. (1996): Strukturindizierte Kommunikationskonflikte in Organisationen. Wiesbaden: Deutscher Universitäts-Verlag.

V

Varela, Francisco (1994): Der kreative Zirkel. Skizzen zur Naturgeschichte der Rückbezüglichkeit. In: Paul Watzlawick (Hrsg.): Die erfundene Wirklichkeit. Wie wissen wir, was wir zu wissen glauben? Beiträge zum Konstruktivismus (8. Auflage). München: Piper. 294-309.

Vincent, Richard C. (2000): A Narrative Analysis of US Press Coverage of Slobodan Milosevic and the Serbs in Kosovo. In: European Journal of Communication, 15(3), 321-344.

Vincent, Richard C. & Johan Galtung (1993): Krisenkommunikation morgen. Zehn Vorschläge für eine andere Kriegsberichterstattung. In: Martin Löffelholz (Hrsg.): Krieg als Medienereignis. Grundlagen und Perspektiven der Krisenkommunikation. Opladen: Westdeutscher Verlag. 177-210.

Vogler, Kathrin (2004): Friedensbewegung und Massenmedien. In: Christian Büttner, Joachim von Gottberg & Verena Metze-Mangold (Hrsg.): Krieg in den Medien. Frankfurt am Main: Campus. 185-195.

Vogt, Marie (2004): "Embedded Journalism" im Irakkrieg 2003. Hintergründe, Merkmale und Wirkungsweisen. Ilmenau: unveröffentlichte Diplomarbeit.

Volkmer, Ingrid (1999): News in the Global Sphere: A Study of CNN and its Impact on Global Communication. Luton: University of Luton Press.

Voorts, Tom H.A. van der, Jan E. van Lil & Marcel W. Vooijs (1992): Watching the Gulf War: News Diffusion and Educational Effects. In: Medien-Psychologie, (4), 91-103.

Vowe, Gerhard (2003): Politische Kommunikation. In: Herfried Münkler (Hrsg.): Politikwissenschaft. Ein Grundkurs. Reinbek: Rowohlt. 519-552.

W

Wall, Melissa (1997): A "Pernicious New Strain of the Old Nazi Virus" and an "Orgy of Tribal Slaughter": A Comparison of US News Magazine Coverage of the Crises in Bosnia and Rwanda. In: Gazette, 59(6), 411-428.

Ward, Stephen J. (1998): An Answer to Martin Bell: Objectivity and Attachment in Journalism. In: Press/Politics, 3(3), 121-125.

Watzlawick, Paul (2002): Wirklichkeitsanpassung oder angepaßte „Wirklichkeit"? Konstruktivismus und Psychotherapie. In: Heinz von Foerster (Hrsg.): Einführung in den Konstruktivismus (6. Auflage). München: Piper. 89-107.

Weber, Bernd & Gerhard Hubatschek (Hrsg.) (2000): Sicherheitsorganisationen, UNO, OSZE/LSE, Nato, EU, WEU. Sonderbroschüre IAP-Dienst Sicherheitspolitik. Bonn: IAP-Publizistische Gesellschaft für Politik und Zeitgeschehen m.b.H.

Weber, Max (1980): Wirtschaft und Gesellschaft. Grundriß der verstehenden Soziologie (5. Auflage). Tübingen: J.C.B. Mohr.

Weber, Stefan (2000): Ist eine integrative Theorie möglich? Distinktionstheorie und nicht-dualisierender Ansatz als Herausforderungen für die Journalismustheorie. In: Martin Löffelholz (Hrsg.): Theorien des Journalismus. Ein diskursives Handbuch. Wiesbaden: Westdeutscher Verlag. 455-466

Webster, Frank (2003): Information Warfare in an Age of Globalization. In: Daya Kishan Thussu & Des Freedman (eds.): War and the Media: Reporting Conflict 24/7. London & Thousand Oaks, CA: Sage. 57-69.

Weischenberg, Siegfried (1993): Zwischen Zensur und Verantwortung. Wie Journalisten (Kriege) konstruieren. In: Martin Löffelholz (Hrsg.): Krieg als Medienereignis. Grundlagen und Perspektiven der Krisenkommunikation. Opladen: Westdeutscher Verlag. 65-80.

Weischenberg, Siegfried (1995a): Journalistik. Theorie und Praxis aktueller Medienkommunikation. Band 2: Medientechnik, Medienfunktionen, Medienakteure. Opladen: Westdeutscher Verlag.

Weischenberg, Siegfried (1995b): Legitimation als Gegengeschäft. Warum CNN zum Symbol journalistischer Dummheit geworden ist. In: Kurt Imhof & Peter Schulz (Hrsg.): Medien und Krieg - Krieg in den Medien. Luzern: Seismo. 163-168.

Weischenberg, Siegfried, Martin Löffelholz & Armin Scholl (1994): Merkmale und Einstellungen von Journalisten. "Journalismus in Deutschland" II. In: Media Perspektiven, (4), 154-167.

Weischenberg, Siegfried & Ulrich Hienzsch (1994): Die Entwicklung der Medientechnik. In: Klaus Merten et al. (Hrsg.): Die Wirklichkeit der Medien. Eine Einführung in die Kommunikationswissenschaft. Opladen: Westdeutscher Verlag. 455-480.

Weischenberg, Siegfried & Armin Scholl (1995): Konstruktivismus und Ethik im Journalismus. In: Gebhard Rusch & Siegfried J. Schmidt (Hrsg.): Konstruktivismus und Ethik. Frankfurt a.M.: Suhrkamp. 214-240.

Welch, Matt (1999): Kosovo Highlights Failings in Journalism. In: Online Journal Review [Online-Dokument] URL: http://www.ojr.org/ojr/ethics/1017968790.php [Download: 17.11.2002].

Weller, Christoph (2000): Die öffentliche Meinung in der Außenpolitik. Eine konstruktivistische Perspektive. Wiesbaden: Westdeutscher Verlag.

Weller, Christoph (2002a): Friedensforschung zwischen Massenmedien und Krieg. Von der Manipulationsforschung zur konstruktivistischen Friedenstheorie. In: Ulrich Albrecht & Jörg Becker (Hrsg.): Medien zwischen Krieg und Frieden. Baden-Baden: Nomos. 27-44.

Weller, Christoph (2002b): Die massenmediale Konstruktion der Terroranschläge am 11. September 2001. Eine Analyse der Fernsehberichterstattung und ihre theoretische Grundlage (INEF-Report 63). Duisburg.

Werneburg, Brigitte (2002): Das Fiasko von Mogadischu. In: die tageszeitung, 10.10.2002.

Wette, Wolfram (1994): Rückkehr zu „Normalität" und Weltmachtdenken. Die Renaissance des Militärischen im neuen Deutschland. In: Blätter für deutsche und internationale Politik, 8, 981-990.

Wiesel, Elie (2003): Peace Isn't Possible In Evil's Face. In: The Honolulu Advertiser, 13.03.2003, A14.

Wiesendahl, Elmar (1983): Legitimations- und Legitimitätsaspekte des Militärischen in der Demokratie. In: Wolfgang R. Vogt (Hrsg.): Sicherheitspolitik in der Legitimationskrise. Baden-Baden: Nomos. 141-166.

Winkler, Hartmut (1992): Der weibliche Star als Kriegsbraut. In: Augenblick, 12, 35-55.

Winkler, Willi (2003): Nach dem Krieg. Die Lüge ist die Mutter aller Schlachten. Ein Lehrstück über Original und Fälschung. In: Süddeutsche Zeitung, 06.03.2003.

Wintour, Patrick & Sarah Hall (2003): BBC Scorns Campbell Deadline for Apology over Iraq Allegations. In: The Guardian [Online-Dokument] URL: http://politics.guardian.co.uk/Print/0,3858,4700068,00.html [Download: 27.06.2003].

Wissenschaftszentrum Berlin für Sozialforschung (WZB) (2000): Medien zum Kosovokrieg. Konsens und Konflikt im Diskurs von Tageszeitungen. In: WZB-Mitteilungen, 89/2000, 3-5.

Wolf, Fritz (2001): Naiver Realismus. Über den Mangel an analytischer Krisenberichterstattung im Fernsehen. In: Deutsche Welle (Hrsg.): „Sag uns die Wahrheit: Die bringen uns um!" Zur Rolle der Medien in Krisen und Kriegen. Berlin: Vistas. 87-96.

Wolff, Reinhard (2002): Heer, Luftwaffe, Marine - Medien? In: die tageszeitung, 31.12.2002, 22.

Wolfsfeld, Gadi (1997): Promoting Peace through the News Media: Some Initial Lessons from the Oslo Peace Process. In: International Journal of Press/Politics, 2(4), 52-70.

Wong, Kokkeong (2004): Asian-based Development Journalism and Political Elections: Press Coverage of the 1999 General Elections in Malaysia. Gazette, 66(1), 25-40.

Woodward, Bob (2003): Bush at War. Amerika im Krieg. Stuttgart: Deutsche Verlags-Anstalt.

Woznicki, Krystian (2003): Das globale Übungsdorf. Wie militärische Kriegsspiele die Bühnen der zivilen Öffentlichkeit formatieren. In: Florian Rötzer (Hrsg.): Virtuelle Welten - realen Gewalt. Hannover: Heise. 68-79.

Z

Zelizer, Barbie & Stuart Allan (Hrsg.) (2002): Journalism after September 11. London & New York: Routledge.

Zieser, Gernot (1971): Die Propagandastrategie Biafras im nigerianischen Bürgerkrieg (1967-1970). In: Publizistik, 16(2), 181-193.

Zimmermann, Rüdiger (1992): Der Feind am Golf. Medienberichterstattung zwischen Gedankenlosigkeit und Komplizentum. In: Utopie kreativ - Diskussion sozialistischer Alternativen, 19-20/1992, 55-66.

Zöllner, Oliver (2001): Auswahlbibliographie zu Kriegen, Konflikten, Medien und Journalismus (Schwerpunkt ab 1980). In: Deutsche Welle (Hrsg.): „Sagt die Wahrheit: Die bringen uns um!" Zur Rolle der Medien in Krisen und Kriegen. Berlin: Vistas. 145-153.

Zöllner, Oliver (1993): Dialog als kommunikative Strategie - Öffentlichkeitsarbeit staatlicher Stellen am Beispiel der Akademie der Bundeswehr für Information und Kommunikation. Waldbröl: AIK.

Zülch, Tilman (1993): Ethnische Säuberung - Völkermord für Großserbien. Eine Dokumentation der Gesellschaft für bedrohte Völker. Hamburg/Zürich: Luchterhand.

Autorinnen und Autoren

CARSTEN BOCKSTETTE, Hauptmann, Dr. rer. pol., geb. 1973, Adjutant des Befehlshabers im Luftwaffenführungskommando in Köln-Wahn. Wissenschaftliche Arbeitsgebiete: Außen- und Sicherheitspolitik; Krisenkommunikation; Lobbyismus.

HANS-JÜRGEN BUCHER, Prof. Dr. phil., geb. 1953, Professor für Medienwissenschaft an der Universität Trier. Arbeitsgebiete: Medienrezeption; Mediensprache; Mediengeschichte; Medienkritik; Textdesign; Wissensvermittlung in non-linearen Medien; Online-Medien; Theorien der Medienwissenschaft.

THOMAS DOMINIKOWSKI, M.A., geb. 1964, Produktmanager für die europäischen Suchmaschinen von Lycos, studierte Kommunikationswissenschaft und Politologie in Münster. Wissenschaftliche Arbeitsgebiete: Friedens- und Konfliktforschung.

ALEXANDER GÖRKE, Dr. phil., geb. 1965, Wissenschaftlicher Assistent am Institut für Kommunikationswissenschaft der Westfälischen Universität Münster. Arbeitsgebiete: Journalismus- und Medientheorie, öffentliche Kommunikation, Weltgesellschaft, Unterhaltung, Teleteaching.

PHILIP HAMMOND, PhD, geb. 1964, Senior Lecturer für Media an der Londoner South Bank University. Arbeitsgebiet: Medienberichterstattung über Konflikte nach dem Ende des Kalten Krieges.

THOMAS HANITZSCH, Dr. phil., geb. 1969, Wissenschaftlicher Assistent am Institut für Medien- und Kommunikationswissenschaft der Technischen Universität Ilmenau. Arbeitsgebiete: Journalismus- und Öffentlichkeitstheorie; empirische Journalismusforschung; Kriegsjournalismus; Online-Journalismus; transkulturelle Kommunikation.

WALTER JERTZ, Generalleutnant, geb. 1945, Befehlshaber des Luftwaffenführungskommandos in Köln-Wahn. Jertz war von April bis Juni 1999 militärischer Pressesprecher der Nato während des Kosovo-Einsatzes. Zahlreiche Publikationen über Medien, Sicherheits- und Verteidigungspolitik.

MICHAEL KUNCZIK, Prof. Dr. rer pol., geb. 1945, Professor am Institut für Publizistik der Johannes Gutenberg-Universität Mainz. Arbeitsgebiete: Interkulturelle Kommunikation, Öffentlichkeitsarbeit, Gewalt und Medien.

MARTIN LÖFFELHOLZ, Prof. Dr. phil., geb. 1959, Professor für Medienwissenschaft am Institut für Medien- und Kommunikationswissenschaft der Technischen Universität Ilmenau. Arbeitsgebiete: Kommunikatorforschung (Journalismus, Öffentlichkeitsarbeit); Medieninnovationsforschung; transkulturelle Kommunikation; Krisen- und Kriegskommunikation.

HANS-JOACHIM REEB, Dr. phil., geb. 1955, Dozent Politische Wissenschaften im Fachbereich Sozialwissenschaften an der Führungsakademie der Bundeswehr in Hamburg. Arbeitsgebiete: Sicherheitspolitische Kommunikation, Militär und Gesellschaft (Konzeption Innere Führung).

CARSTEN SCHLÜTER, M.A., geb. 1971, Wissenschaftlicher Mitarbeiter am Institut für Kommunikationswissenschaft der Westfälischen Universität Münster. Arbeitsgebiete: Online-Kommunikation; multimediale Lernumgebungen; Interaktionstheorien.

JAN STAIGER, Diplom-Medienwissenschaftler, geb. 1975, zur Zeit Volontär bei der Nachrichtenagentur ddp. Wissenschaftliche Arbeitsgebiete: Konstruktivismus, soziale Systemtheorien, Chaostheorien, Journalismusforschung, Kriegskommunikation, interkulturelle Kommunikation.

TANJA THOMAS, Dr. phil., geb. 1968, Juniorprofessorin für Kommunikationswissenschaft und Medienkultur am Fachbereich Kulturwissenschaft an der Universität Lüneburg. Arbeitsgebiete: Mediensoziologie; Cultural Studies; Governmentality Studies (Identität, Rassismus, Nation/Nationalismus, Militainment/Banal Militarism).

FABIAN VIRCHOW, Diplom-Soziologe, geb. 1960, Doktorand an der Freien Universität Berlin und Lehrbeauftragter an der Fachhochschule Kiel. Forschungsgebiete: Militär-Soziologie (Militainment, Banal Militarism, mediale Selbst- und Fremdbilder im Diskurs des Militärs); Soziologie sozialer/politischer Bewegungen; Politische Kultur-Forschung.

CHRISTOPH WELLER, Dr. phil., geb. 1961, derzeit Wissenschaftlicher Geschäftsführer des Instituts für Entwicklung und Frieden (INEF) der Universität Duisburg-Essen, Arbeitsgebiete: Friedens- und Konfliktforschung; Außenpolitik-Analyse; Theorien Internationaler Beziehungen; konstruktivistische Ansätze; Feindbild-Forschung; Politische Psychologie.

Kommunikations- und Medienwissenschaft

Joan Kristin Bleicher,
Bernhard Pörksen (Hrsg.)
Grenzgänger
Formen des New Journalism
2004. 443 S. Br. EUR 39,90
ISBN 3-531-14096-5

Matthias Degen
Mut zur Meinung
Genres und Selbstsichten
von Meinungsjournalisten
2004. 251 S. mit 1 Tab. Br. EUR 24,90
ISBN 3-531-14214-3

Guido Kopp
**Audiovisuelle
Fernkommunikation**
Grundlagen der Analyse und
Anwendung von Videokonferenzen
2004. 216 S. + CD-ROM. Br. EUR 29,90
ISBN 3-531-14152-X

Maja Malik
Journalismusjournalismus
Funktion, Strukturen und
Strategien der journalistischen
Selbstthematisierung
2004. 429 S. mit 6 Abb.
Br. EUR 38,90
ISBN 3-531-14205-4

Ulrich F. Schneider
Der Januskopf der Prominenz
Zum ambivalenten Verhältnis
von Privatheit und Öffentlichkeit
2004. 473 S. Br. EUR 39,90
ISBN 3-531-14238-0

Daniel Süss
**Mediensozialisation
von Heranwachsenden**
Dimensionen – Konstanten –
Wandel
2004. 372 S. Br. EUR 32,90
ISBN 3-531-14190-2

Jörg Sydow, Arnold Windeler (Hrsg.)
**Organisation der
Content-Produktion**
2004. 229 S. mit 18 Abb. und 8 Tab.
Br. EUR 27,90
ISBN 3-531-13784-0

Andreas Vlasic
**Die Integrationsfunktion
der Massenmedien**
Begriffsgeschichte, Modelle,
Operationalisierung
2004. 249 S. Br. EUR 24,90
ISBN 3-531-14192-9

Erhältlich im Buchhandel oder beim Verlag.
Änderungen vorbehalten. Stand: Juli 2004.

www.vs-verlag.de

VS VERLAG FÜR SOZIALWISSENSCHAFTEN

Abraham-Lincoln-Straße 46
65189 Wiesbaden
Tel. 0611.7878-722
Fax 0611.7878-400

Studienbücher Kommunikations- und Medienwissenschaft

Günter Bentele, Hans-Bernd Brosius, Otfried Jarren (Hrsg.)

Öffentliche Kommunikation

Handbuch Kommunikations- und Medienwissenschaft
2003. 607 S. Br. EUR 38,90
ISBN 3-531-13532-5

Günter Bentele, Hans-Bernd Brosius, Otfried Jarren (Hrsg.)

Lexikon Kommunikations- und Medienwissenschaft

2004. ca. 300 S. Br. ca. EUR 24,00
ISBN 3-531-13535-X

Hans-Bernd Brosius, Friederike Koschel

Methoden der empirischen Kommunikationsforschung

Eine Einführung
2., überarb. Aufl. 2003. 256 S.
Br. EUR 19,90
ISBN 3-531-33365-8

Michael Jäckel

Medienwirkungen

Ein Studienbuch zur Einführung
2., vollst. überarb. u. erw. Aufl. 2002.
351 S. Br. EUR 24,90
ISBN 3-531-33073-X

Otfried Jarren, Patrick Donges

Politische Kommunikation in der Mediengesellschaft. Eine Einführung

Band 1: Verständnis, Rahmen und Strukturen
2002. 234 S. Br. EUR 18,90
ISBN 3-531-13373-X

Band 2: Akteure, Prozesse und Inhalte
2002. 250 S. Br. EUR 19,90
ISBN 3-531-13818-9

Wiebke Möhring, Daniela Schlütz

Die Befragung in der Medien- und Kommunikationswissenschaft

Eine praxisorientierte Einführung
2003. 219 S. Br. EUR 18,90
ISBN 3-531-13780-8

Rudolf Stöber

Mediengeschichte. Eine Evolution „neuer" Medien von Gutenberg bis Gates

Band 1: Presse – Telekommunikation
2003. 238 S. Br. EUR 19,90
ISBN 3-531-14038-8

Band 2: Film – Rundfunk – Multimedia
2003. 282 S. Br. EUR 22,90
ISBN 3-531-14047-7

Erhältlich im Buchhandel oder beim Verlag.
Änderungen vorbehalten. Stand: Juli 2004.

www.vs-verlag.de

VS VERLAG FÜR SOZIALWISSENSCHAFTEN

Abraham-Lincoln-Straße 46
65189 Wiesbaden
Tel. 0611.7878-722
Fax 0611.7878-400